U0083272

古代歷史文化研究輯刊

五編

王明蓀主編

第16冊

明人的山居生活

朱倩如著

國家圖書館出版品預行編目資料

明人的山居生活／朱倩如 著 -- 初版 -- 新北市：花木蘭文化出版社，2011〔民 100〕

目 4+306 面；19×26 公分

（古代歷史文化研究輯刊 五編；第 16 冊）

ISBN：978-986-254-429-7（精裝）

1. 社會生活 2. 生活史 3. 明代

618 100000588

古代歷史文化研究輯刊

五 編 第十六冊 ISBN：978-986-254-429-7

明人的山居生活

作　　者 朱倩如

主　　編 王明蓀

總 編 輯 杜潔祥

印　　刷 普羅文化出版廣告事業

出　　版 花木蘭文化出版社

發 行 所 花木蘭文化出版社

發 行 人 高小娟

聯絡地址 新北市永和區中正路五九五號七樓之三

電話：02-2923-1455／傳眞：02-2923-1452

電子信箱 sut81518@gmail.com

初　　版 2011 年 3 月

定　　價 五編 32 冊（精裝）新台幣 56,000 元

明人的山居生活

朱倩如　著

作者簡介

朱倩如，臺灣苗栗人，一九七四年出生，淡江大學歷史系學士、中國文化大學史學系碩士、博士。目前為長庚技術學院、新生醫護管理專科學校兼任教師。研究領域以明代生活史為主。

提　要

文人對於「山」的意象，從早期仰之彌高、望之彌遠的崇拜心態，逐漸成為浮世寄託、依戀的對象。明代文人對於自然山水，有強烈地想望與依託感，與山水為伍，隱然成為生活樂趣所在。因為喜好山水，自然也就選擇了依山傍水之地為居所。卜居於溪山中，遠離俗人俗事，與自然為鄰，生活頗具愜意。尤其在政治環境的氛圍下，處世為官不得人意之時，造成了辭官歸隱的居山風氣，選擇滯跡山野、寄情山景，在山水蟲魚、琴棋書畫中尋求山林野居的閒情逸致。並且明代儒、釋、道三教盛行，受到老莊、禪學的影響甚深，隱居成了一部分失意士人逃避人生的選擇，山中的靜謐與自然景致的佳美，成為最佳的選擇處所。所以因藉政治進程的演變，連動著經濟的繁榮發展、學術思想的催化等大環境的影響，明人營造出山居生活的品味，沈浸於閒適的生活中。

本文著重山居生活環境與格局的特色，居家氛圍與山家內部的陳設；以及隱居心境的調適，山居生活的體驗，與獨居以自娛、結友以共娛的生活寫照；和山居生活中感觀意識與自然關係的探究，與山居生活的苦與樂。

山居的目的、山居的人物、山居的狀態、山居的特色等，皆是本文探討的主題。山居生活使得文人欣慕的山水，成為「可行」、「可望」、「可遊」、「可居」的生活境地。

本文力求建構明人山居生活的整體面貌，藉由山居生活的論述來突顯當時的社會狀態，與明代文人的生活樣式、文化意識，並從山居生活方式中，反思現今的生活抉擇、生活環境，與物質的欲求或性靈的閒適，應具有一定的學術參考價值。

目次

第一章　緒　論

一、研究動機與目的

人類的文明是從茹毛飲血、巖居穴處的洪荒遠古，逐漸學會開闢一方美地，構築茅舍、屋宇，乃至聚族成村，結集成市，演進著一條疏離大自然、走向城市化的發展軌跡。人類雖然享受著城市的文明、繁榮和安適，卻依然有親近自然山水的渴望。自然原是孕育生命的母體，回歸與依賴，成為人類承繼不絕的精神意象和行為實踐。〔註 1〕古代中國文人在面對政治的困頓，與世事的喧囂，往往選擇「山居」這種簡單、純樸的生活方式，山林的幽深清靜，成為放浪形骸、自在無拘的歸宿，於是形塑出「山居生活」的時代狀態。

一般選擇「山居」生活，與身家安全有關，以山為屏，增強防禦性，避免外界的侵擾，後逐漸演變成「精神」上寄託的依歸。堯帝時的許由，隱居箕山，棄治天下。殷周之際的伯夷、叔齊隱於首陽山，義不食周粟。至春秋戰國時期，則創發出對於自然山水的情懷，老莊思想強調返歸自然，以達「天人合一」之境。〔註 2〕孔子提出「知者樂水」、「仁者樂山」論調，山水解釋注入道德關懷，隱山之人更以此作為高標自賞的依據。魏晉南北朝時期，鼓動隱逸山林之風，建構自然山水中的「山居生活」、「別墅生活」的樣式。〔註 3〕

〔註 1〕任仲倫，《遊山玩水——中國山水審美文化》（台北：地景企業股份有限公司，1993 年 6 月初版），頁 111。

〔註 2〕何平立，《崇山理念與中國文化》（濟南：齊魯書社，2001 年 1 月第 1 版），頁 3。

〔註 3〕蓋瑞忠，〈元明時期的園林建築研究〉，《嘉義師院學報》，5 期，1991 年 11 月，頁 444。

東晉陶淵明不爲五斗米折腰，辭官歸隱於廬山下，成爲文人孜孜以求居住方式的典範。〔註4〕唐代王維因宦途失意乃寄情山水，構築陝西藍田終南山下的「輞川別業」；〔註5〕白居易仗義言事，得罪權貴，貶謫江州，修築「廬山草堂」。〔註6〕宋代林逋，「梅妻鶴子」，結廬西湖孤山，二十年足不及城市。〔註7〕山居生活的典型，歷朝歷代皆有之，於是從中激發出對明代山居生活研究的興趣。明代因官場的競爭，經濟的繁榮，以及學術思想的發展等等的因素，促使山居的興起，而「明人的山居生活」豐富多采與深具時代特色，値得後人作一深入的研究與探討。

本文承續碩士論文《明人的居家生活》的結構與精神，對於明人的山居生活作全面性的論述，可作爲面對現今社會，「生活方式」選擇上的一種反思與學習。

二、研究範圍與界定

在年代方面，以有明一代爲主，上下擴展至元末到清初，其中元末明初與明末清初時期，是朝代轉變之際，選擇山居之人，爲數頗多。明代中晚時期「山人群體」興盛一時，呈現另類山居生活的不同狀貌，這一時期也很重要。在區域方面，並無特定的區域界定，而以明代大範圍的整體生活爲基準，但因江南各區，文風鼎盛，著述豐富，在史料的應用上，多蒐集此一區域的資料，所以展現的歷史面向以南方地區爲多，尤其在江蘇、浙江二省。如江蘇的虎丘山、惠山、洞庭山、焦山等，浙江的天目山、天台山、會稽山、剡溪山、東山等。在對象方面，議題中的「明人」，以明代「文人階層」爲主，有布衣之士，有去官閑居者，或爲官但喜於流連山水生活者，並由文人擴及到其交遊的對象，包括僧道階層等。

「山居生活」的定義，在「山」的方面，是以山爲主體的一種生活方式，而與「隱逸生活」有別。歷代高隱有兩種型態，一種是樵隱，活動於深山中；

〔註4〕周積明，〈中國文人居舍的美學追求〉，《中南民族學院學報》（哲學社會科學版），4期，1993年7月，頁59。

〔註5〕劉天華，《畫境文心——中國古典園林之美》（北京：生活·讀書·新知三聯書店，1994年10月第1版），頁122。

〔註6〕孫立群，《中國古代的士人生活》（北京：商務印書館，2003年12月第1版），頁155。

〔註7〕孫適民、陳代湘，《中國隱逸文化》（長沙：湖南出版社，1997年5月第1版），頁38。

一種是漁隱，出沒於江湖間。〔註 8〕「山居生活」專指山中生活的狀態，不強調「隱」，而重視「逸」，山居的狀態以「淺山而居」、「山城而居」爲主。在「山體」的範圍中，不論山麓、山頂，或山谷，與山體環境有相關者，皆在本文探討範圍之內。在「居」的方面，則不分「自居」、「寄居」、「旅居」、「暫居」、「官居」等，居之山中皆可。山中居處的方式，可分爲山莊園林、寺廟道觀，或學館書院等，在文中皆稍作涉及，但以「山莊園林」爲主。山居生活常因地區不同，風俗各異，或者受到政策層面的影響，常有山區封禁等措施，〔註 9〕關於山區風俗習貫，與山區政治措施等，並非本文探討的重點，而專以「文人生活」作爲論述的主體。

在山居內容界定方面，著重與自然山水環境的關係，包括山的本體——山、峰、嶺、丘、巒、崗、岩、石；山水相交——峽、谷、壑、洞、洲、汀、島、礁；與山水有關之氣象——雲、霧、月、風、雨、雪、霜；與山水有關之建築——亭、台、樓、塔、閣、園、榭、廊、寺、觀、祠、廟；與山水有關之動植物——樹、竹、藤、草、花、魚、鳥、獸等。〔註 10〕在文人生活界定方面，山中日常生活的食衣住行外，主要著重「藝文」生活，如琴棋、書畫、詩文、茶酒等。並且從山中自然物產如：石、鶴、樹、筍、泉、茶、魚等；文人書齋或日常的用物如：硯、筆、香、酒、書、紙、畫等，傳達出文人山居日常生活所從事的種種雅事，深具超脫塵俗羈絆的意味與趣韻。〔註 11〕《山家清事》目錄，羅列：相鶴訣、種竹法、酒具、山轎、山備、梅花紙帳、火石、泉源、山房三益、插花法、詩筒、金丹正論、食豚自戒、種梅養鶴圖

〔註 8〕林利隆，《明人的舟遊生活——南方文人水上生活文化的開展》（宜蘭：明史研究小組，2005 年 10 月初版），頁 53。

〔註 9〕參考：蔡嘉麟，《明代的山林生態——北邊防區護林伐木失衡的歷史考察》（台北：私立中國文化大學史學研究所博士論文，2006 年 5 月），頁 95～96：「明代的山區封禁措施，主要與所謂的禁山政策或封禁政策相關。據學者研究，明初於推展全國性墾荒運動的同時，也針對部分山區頒布法令，禁止人民前往開墾。閩浙贛三省交界的武夷仙霞嶺山區、江西東北的雲霧山區、廣東從化以北的南崑山區、楚豫陝川四省交界的荊襄山區，皆是重要的封禁山區，其中又以荊襄地區最大最廣。此類地區多處萬山之中，以及數省交界地帶，因此，山大林深、林木與礦產資源豐富、官府治理不易、逋逃隱匿、盜賊嘯聚成爲其共通特性。」

〔註 10〕戴嘉枋等，《雅文化——中國人的生活藝術世界》（鄭州：中州古籍出版社，1998 年 9 月第 1 版），頁 692。

〔註 11〕毛文芳，《晚明閒賞美學》（台北：臺灣學生書局，2000 年 4 月初版），頁 134～135。

記、江湖詩戒、山林交盟。〔註12〕也可作爲本文內容鋪陳的參考。

三、研究成果與綜述

近人對於明代社會生活史方面的議題頗多研究，但在「山居生活」的專論上，則相當匱乏，只能從相關資料中搜羅參考。以下對於相關研究成果，作一綜述。

（一）社會背景方面

這類著作，可作爲背景因素的參考。如郭英德、過常寶的《雅風美俗之明人奇情》，〔註13〕敘述明代學術思想的發展，和「奇」「情」的審美精神。牛建強《明代中後期社會變遷研究》，〔註14〕其中「明代山人群的產生所透射出的社會意義」，可供對山人所呈現社會風尚變化的參考。陳寶良《明代社會生活史》，〔註15〕包括食衣住行、休閒娛樂、宗教信仰、社交禮儀等，對明代整體的生活狀態敘述詳盡。費振鐘《墮落時代——明代文人的集體墮落》，〔註16〕陳述晚明文人的末世之感，從「狂放」與「覺醒」看明人的墮落。另外，在「心態學」方面的論著也很多，皆可參考，如周明初《晚明士人心態及文學個案》，〔註17〕論及高居廟堂、遠處江湖兩類士人的心態。羅宗強《明代後期士人心態研究》，〔註18〕對於明代後期的社會狀況，有深入探討。史小軍《復古與新變——明代文人心態史》，〔註19〕詳述從「復古」到「新變」過程的轉變，提及熱中歸隱、奇情山水、山人生活等方面。夏咸淳《情與理的碰撞：明代士林心史》，〔註20〕

〔註12〕宋・林洪，《山家清事》（《筆記小說大觀》三編三冊，台北：新興書局，1978年7月初版），頁1401。

〔註13〕郭英德、過常寶，《雅風美俗之明人奇情》（台北：雲龍出版社，1996年2月初版）。

〔註14〕牛建強，《明代中後期社會變遷研究》（台北：文津出版社，1997年8月初版）。

〔註15〕陳寶良，《明代社會生活史》（北京：中國社會科學出版社，2004年3月第1版）。

〔註16〕費振鐘，《墮落時代——明代文人的集體墮落》（台北：立緒文化事業有限公司，2002年5月初版）。

〔註17〕周明初，《晚明士人心態及文學個案》（北京：東方出版社，1997年8月第1版）。

〔註18〕羅宗強，《明代後期士人心態研究》（天津：南開大學出版社，2006年6月第1版）。

〔註19〕史小軍，《復古與新變——明代文人心態史》（石家庄：河北教育出版社，2001年11月第1版）。

〔註20〕夏咸淳，《情與理的碰撞：明代士林心史》（保定：河北大學出版社，2001年

由「崇理」變爲「尊情」，反映明人生活的心態，強調明人生命的關懷，和豐富生命的作爲。吳調公、王愷合著《自在・自娛・自新・自懺——晚明文人心態》，〔註21〕對於晚明的時代背景、商業精神、小品世界的審美情趣，文人生活的精神解脫、閒適自娛，和時代反思，有頗多建樹。

（二）隱士生活方面

隱士生活與山居生活兩者間，關係密切，而「隱逸」方面的著作很多，如吳小龍《適性任情的審美人生——隱逸文化與休閑》，〔註22〕談論明清時期隱逸文化的頽變，點出「山人風氣」的盛行。孫適民、陳代湘合著《中國隱逸文化》、〔註23〕張立偉《歸去來兮：隱逸的文化透視》、〔註24〕許建平《山情逸魂——中國隱士心態史》，〔註25〕介紹歷代隱逸文化的特色，而明清隱逸文化則有世俗化的趨向。另外，對於隱士方面，陳洪《隱士錄——中國歷史上的隱士》、〔註26〕韓兆琦《中國古代隱士》，〔註27〕包羅歷代隱士的成因、類型、居處地點、山水生活、社會交往、學術成就，以及重要隱士生活的介紹等。蔣星煜《中國隱士與中國文化》，〔註28〕關於隱士在各大名山的地域分佈，作有列表。汪栢年《元明之際江南的隱逸士人》，〔註29〕描述元明之際士人經濟生活、文會結社、日常生活等。廖肇亨《明末清初遺民逃禪之風研究》，〔註30〕提及遺民隱於山寺

---

11 月第 1 版）。

〔註21〕吳調公、王愷，《自在・自娛・自新・自懺——晚明文人心態》（蘇州：蘇州大學出版社，1998 年 9 月第 1 版）。

〔註22〕吳小龍，《適性任情的審美人生——隱逸文化與休閑》（昆明：雲南人民出版社，2005 年 5 月第 1 版）。

〔註23〕孫適民、陳代湘，《中國隱逸文化》（長沙：湖南出版社，1997 年 5 月第 1 版）。

〔註24〕張立偉，《歸去來兮：隱逸的文化透視》（北京：生活・讀書・新知三聯書店，1995 年 9 月第 1 版）。

〔註25〕許建平，《山情逸魂——中國隱士心態史》（北京：東方出版社，1999 年 6 月第 1 版）。

〔註26〕陳洪，《隱士錄——中國歷史上的隱士》（台南：笙易有限公司文化事業部，2002 年 6 月初版）。

〔註27〕韓兆琦，《中國古代隱士》（台北：臺灣商務印書館股份有限公司，1998 年 12 月初版）。

〔註28〕蔣星煜，《中國隱士與中國文化》（上海：中華書局，1947 年 1 月再版）。

〔註29〕汪栢年，《元明之際江南的隱逸士人》（台北：國立臺灣師範大學歷史研究所碩士論文，1998 年 6 月）。

〔註30〕廖肇亨，《明末清初遺民逃禪之風研究》（台北：國立臺灣大學中國文學研究所碩士論文，1994 年 5 月）。

的經濟生活。丁原基〈明代遺民隱於僧者著述考〉，〔註31〕分列人物，作各別的介紹，其中很多皆隱於山。其他還有不少單篇的論文，陳江〈退隱與抗憤——晚明江南士人的生存困境及其應對〉，〔註32〕分析晚明悠閑思隱與激昂抗憤，兩種不同的人生態度。藍東興〈歸隱：晚明士大夫的政治退避與個性張揚〉，〔註33〕提及歸隱的時代背景。張德建〈明代隱逸思想的變遷〉，〔註34〕陳述明代隱逸思想從「抱道以隱」、「市隱」、「道隱」，到「通隱」的變遷。

（三）山人文化方面

明代的山人文化，象徵部份山居生活的面向，可供本文參考。其中最重要的著作是張德建《明代山人文學研究》，〔註35〕關於「明代山人」，無論山人的成因、生存方式，以及作品表現，皆鉅細靡遺介述。其他單篇論著有：張靜秋〈晚明山人的文化風貌及文化建構〉、〔註36〕趙軼峰〈山人與晚明社會〉、〔註37〕李聖華〈晚明山人與山人詩〉〔註38〕等，林宜蓉〈晚明文藝社會「山人崇拜」之研究〉，〔註39〕提及山人崇拜的現象與成因，山人的特質與時代的背景，在山居生活方面有參考的價值。

（四）文人生活方面

吳智和《明人休閒生活文化》，〔註40〕其中山水休閒生活，強調山居的「靜」「閒」、「趣」、「宜」，以及「山水的恬適」，史料引述很多，為本文重要的依據。有關飲茶生活方面，吳智和《明人飲茶生活文化》、〔註41〕《明清時代飲

〔註31〕丁原基，〈明代遺民隱於僧者著述考〉，《東吳文史學報》，6號，1988年1月。

〔註32〕陳江，〈退隱與抗憤——晚明江南士人的生存困境及其應對〉，《史林》，2007年4期。

〔註33〕藍東興，〈歸隱：晚明士大夫的政治退避與個性張揚〉，《貴州社會科學》，2002年5期。

〔註34〕張德建，〈明代隱逸思想的變遷〉，《中國文化研究》，2007年秋之卷。

〔註35〕張德建，《明代山人文學研究》（長沙：湖南人民出版社，2005年1月第1版）。

〔註36〕張靜秋，〈晚明山人的文化風貌及文化建構〉，《安慶師範學院學報》（社會科學版），21卷4期，2002年7月。

〔註37〕趙軼峰，〈山人與晚明社會〉，《東北師大學報》（哲學社會科學版），2001年1期。

〔註38〕李聖華，〈晚明山人與山人詩〉，《西北師大學報》（社會科學版），39卷4期，2002年7月。

〔註39〕林宜蓉，〈晚明文藝社會「山人崇拜」之研究〉，《國立臺灣師範大學國文研究所集刊》，39號，1995年6月。

〔註40〕吳智和，《明人休閒生活文化》（宜蘭：明史研究小組，2009年10月初版）。

〔註41〕吳智和，《明人飲茶生活文化》（宜蘭：明史研究小組，1996年7月初版）。

茶生活》、〔註 42〕《茶藝掌故》〔註 43〕以及各種散論，內容詳盡，可對飲茶生活有很完備的了解。曹淑娟《晚明性靈小品研究》，〔註 44〕論述到性靈小品反映文人的處世模式，包括退離的處世態度、山居取閒的好尙，以及山水攬勝與庭園遊觀等方面，皆可供參考。邵曼珣《明代中期蘇州文人生活研究》，〔註 45〕對於文人階層的界定、特色與發展，文人商人化的情形，與世俗化的轉變，以及文人的「休閒生活」與「工作生活」，有豐富的論述。陳萬益《晚明小品與明季文人生活》，〔註 46〕研究小品文，進而描繪出文人生活的景況；小品文作者大都爲「明季山人」，對山人的定義有詳細的解釋與論述。

（五）山水文化方面

何平立《崇山理念與中國文化》，〔註 47〕對於崇山理念中文化的意涵、精神的象徵，與儒道佛的關係，以及山林隱逸的社會意義、類型，與園林構築的意象，有充份的論述。游琪、劉錫誠主編《山岳與象徵》、〔註 48〕謝凝高編著《中國的名山》，〔註 49〕介紹各個名山，可增加對於山岳的基本知識。陳水雲編著《中國山水文化》、〔註 50〕謝凝高《山水審美：人與自然的交響曲》、〔註 51〕任仲倫《遊山玩水——中國山水審美文化》，〔註 52〕反映山水的景觀特色，感觀美感，以及悅形、逸情、暢神等審美層次。夏咸淳〈明人山水趣尙〉，〔註 53〕強調山水的情結，造就旅遊與造園風氣之盛。

〔註 42〕吳智和，《明清時代飲茶生活》（台北：博遠出版有限公司，1990 年 10 月初版）。
〔註 43〕吳智和，《茶藝掌故》（宜蘭：著者出版，1985 年 5 月初版）。
〔註 44〕曹淑娟，《晚明性靈小品研究》（台北：文津出版社，1988 年 7 月初版）。
〔註 45〕邵曼珣，《明代中期蘇州文人生活研究》（台北：私立東吳大學中國文學系博士論文，2001 年 6 月）。
〔註 46〕陳萬益，《晚明小品與明季文人生活》（台北：大安出版社，1997 年 10 月第 2 版）。
〔註 47〕何平立，《崇山理念與中國文化》（濟南：齊魯書社，2001 年 1 月第 1 版）。
〔註 48〕游琪、劉錫誠主編，《山岳與象徵》（北京：商務印書館，2004 年 2 月第 1 版）。
〔註 49〕謝凝高編著，《中國的名山》（上海：上海教育出版社，1987 年 9 月第 1 版）。
〔註 50〕陳水雲編著，《中國山水文化》（武漢：武漢大學出版社，2001 年 10 月第 1 版）。
〔註 51〕謝凝高，《山水審美：人與自然的交響曲》（台北：淑馨出版社，1992 年 9 月初版）。
〔註 52〕任仲倫，《遊山玩水——中國山水審美文化》（台北：地景企業股份有限公司，1993 年 6 月初版）。
〔註 53〕夏咸淳，〈明人山水趣尚〉，《學術月刊》，1997 年 4 期。

（六）閒賞美學方面

明人山居生活中以「閒賞」爲主體，此類論著有很多的啓發，與參考價值。毛文芳《晚明閒賞美學》，〔註 54〕提及晚明文人「閒」、「隱」、「遊」、「賞」等美感生活，以及「閒賞」的意涵與定位。鄭幸雅《晚明清言研究》，〔註 55〕在「生活閒賞類」方面的清言中，引述很多資料，可作山居史料的參考。布丁《文人情趣的智慧》，〔註 56〕介紹文人的情趣生活，包括：琴瑟、棋局、書墨、丹青、清茗、飲酒、山水、品書、酬唱、行居等，可作爲章節鋪陳的依據。羅中峰《中國傳統文人審美生活方式之研究》，〔註 57〕對於文人的審美生活方式，以理論性的言論作解析，並提及對於品茗、飲酒、清談、繪畫、書法、弈棋、音樂等生活中的審美觀。范宜如、朱書萱合著《風雅淵源——文人生活的美學》，〔註 58〕強調傳統中國文人生活的閒賞與美感。

四、史料徵集與運用

參考引述的史料方面，以明代「子部」、「集部」爲主，綜羅《景印文淵閣四庫全書》、《四庫全書存目叢書》、《四庫禁燬書叢刊》、《叢書集成簡編》、《叢書集成續編》、《叢書集成三編》、《叢書集成新編》、《北京圖書館古籍珍本叢刊》、《明代傳記叢刊》、《廣百川學海》，以及《元明史料筆記叢刊》、《筆記小說大觀》等，台灣漢學研究中心收藏有明代文集二百七十多種，也可從中蒐集很多珍貴的文本素材。在「子部」中，著重「譜錄」、「雜家」、「類書」、「小說家」等類，而「集部」中的「別集」，以「序記」、「行狀」、「墓誌」、「傳記」、「書信」等爲主，是個人生命史的記錄，也是同時代人物往來的生活記載，爲研究社會生活史重要的資料來源；〔註 59〕另外「筆記小說」、「傳記叢刊」，以及各類「閒賞雜著」等，皆可供參考。在「山志」方面，則引據部份

〔註 54〕毛文芳，《晚明閒賞美學》（台北：臺灣學生書局，2000 年 4 月初版）。

〔註 55〕鄭幸雅，《晚明清言研究》（嘉義：國立中正大學中國文學研究所博士論文，2000 年 6 月）。

〔註 56〕布丁，《文人情趣的智慧》（台北：新潮社文化事業有限公司，2005 年 5 月初版）。

〔註 57〕羅中峰，《中國傳統文人審美生活方式之研究》（台北：洪葉文化事業有限公司，2001 年 2 月初版）。

〔註 58〕范宜如、朱書萱，《風雅淵源——文人生活的美學》（台北：臺灣書店，1998 年 3 月初版）。

〔註 59〕吳智和，《明人休閒生活文化》，頁 93。

的山志，如「慧山」、「鴈山」、「天目山」、「九華山」、「洞庭山」、「廬山」、「羅浮山」、「黃山」、「鷄足山」等。明代傳世史料豐碩，汲取不盡，不足之處，則有待爾後增補。以下列舉本文引述的幾種重要著作，作一簡要說明。

張潮《幽夢影》、〔註 60〕陸紹珩編錄《醉古堂劍掃》、〔註 61〕毛元淳《尋樂編》、〔註 62〕黃奐《黃玄龍先生小品》，〔註 63〕以及吳從先輯《小窗自紀》，〔註 64〕皆用優美的小品短語，展現明代文人的生活雅趣。安世鳳《燕居功課》〔註 65〕中，包括「冗事」、「攝生」、「謀生」、「草茹」、「巢居」、「閒適」、「對物」、「虛淨」，和「出往」等卷，撰述關於藝文生活、養生生活、經濟生活、飲食生活、園藝生活、旅遊生活等方面，對本文撰寫助益良多。朱權《神隱》，〔註 66〕提及「攝生之道」、「山人家事」、「卜築之計」、「草堂清興」、「草堂雜用」、「山家農具」、「山居飲食」等，皆是山居生活內容的重要史料。樂純《雪菴清史》〔註 67〕中「清景」、「清供」、「清課」、「清醒」、「清福」等卷，對本文論述取向有很多的啓發。高濂《雅尚齋遵生八牋》〔註 68〕中〈起居安樂箋〉，有「恬適自足」、「居室安處」、「晨昏怡養」、「賓朋交接」等方面史料，可供援引的參考。屠隆《考槃餘事》，〔註 69〕文震亨《長物志》，〔註 70〕對明人日常生活各類物件皆有詳盡的論述，包括「室廬」、「花木」、「水石」、「禽魚」、「書畫」、「几榻」、「器具」、「衣飾」、「舟車」、「位置」、「蔬果」、「香茗」等。

〔註 60〕清・張潮著、方雪蓮注釋，《幽夢影》（台南：漢風出版社，1992 年 1 月初印）。

〔註 61〕明・陸紹珩，《醉古堂劍掃》（台北：金楓出版社，1998 年 7 月革新 1 版）。

〔註 62〕明・毛元淳，《尋樂編》（《四庫全書存目叢書》子部九四冊，台南：莊嚴文化事業有限公司，1995 年 9 月初版，據無錫市圖書館藏明崇禎刻本影印）。

〔註 63〕明・黃奐，《黃玄龍先生小品》（《四庫全書存目叢書》子部一一一冊，台南：莊嚴文化事業有限公司，1995 年 9 月初版，據北京圖書館藏清康熙刻本影印）。

〔註 64〕明・吳從先輯，《小窗自紀》（《四庫全書存目叢書》子部二五二冊，台南：莊嚴文化事業有限公司，1995 年 9 月初版，據上海圖書館藏明萬曆刻本影印）。

〔註 65〕明・安世鳳，《燕居功課》（《四庫全書存目叢書》子部一一〇冊，台南：莊嚴文化事業有限公司，1995 年 9 月初版，據山東省圖書館藏明萬曆刻本影印）。

〔註 66〕明・朱權，《神隱》（《四庫全書存目叢書》子部二六〇冊，台南：莊嚴文化事業有限公司，1995 年 9 月初版，據北京圖書館藏明刻本影印）。

〔註 67〕明・樂純，《雪菴清史》（《四庫全書存目叢書》子部一一一冊，台南：莊嚴文化事業有限公司，1995 年 9 月初版，據北京圖書館藏明書林李少泉刻本影印）。

〔註 68〕明・高濂，《雅尚齋遵生八牋》（北京：書目文獻出版社，1988 年版）。

〔註 69〕明・屠隆，《考槃餘事》（《叢書集成簡編》，台北：臺灣商務印書館，1966 年 6 月臺 1 版）。

〔註 70〕明・文震亨，《長物志》（《叢書集成簡編》，台北：臺灣商務印書館，1966 年 6 月臺 1 版）。

愼蒙《山棲志》，〔註 71〕收錄傳統中國歷代隱居山林的人物典範。陳繼儒《巖棲幽事》，〔註 72〕是築居「婉孌草堂」時期，撰述而成的山居小品，有關山居生活的各類事物皆呈現在此著中。而錢謙益《列朝詩集小傳》，〔註 73〕則是本文引述中，人物小傳的重要史料來源。

〔註 71〕明・愼蒙，《山棲志》（馮可賓輯《廣百川學海》，台北：新興書局，1970 年 7 月初版，據明刻本影印）。

〔註 72〕明・陳繼儒，《巖棲幽事》（《廣百川學海》，台北：新興書局，1970 年 7 月初版，明刻本）。

〔註 73〕清・錢謙益，《列朝詩集小傳》（《明代傳記叢刊》，台北：明文書局，1991 年 1 月初版）。

第二章　山居生活的背景

每一個王朝的肇端與覆亡都是社會大變動的時代，在元末明初與明清之際，或者政治時局不安定時，明人爲求避禍，或放肆身心，或寄情山水，常選擇隱僻的山區居住，這是屬於逃避禍亂的山居型態。明代中晚葉，由於崇尚山人，再加上經濟繁榮，仕紳大夫多有捐貲以供養山人的行徑，爲其籌辦山貲，構築山房，使山人墨客因標舉隱逸高風，而逐漸建構出一套明人特有的山居生活，〔註1〕成爲一種時尚風潮的山居型態。

明人選擇山居，深受當時的一些社會背景所影響。政治官場上的困頓與失意，是導致避地山居重要的因素，由懷抱政治謀國的理想轉而放情於山水之樂，進而營造一股隱逸的風尚。文人山居的抉擇，主觀上是要離群索居，追尋寧靜性靈生活的一種逃世方式。〔註2〕然而明人因當時的社會背景，創造另一種有別於「特立獨行」、「離群索居」的隱逸風格，著重「逸樂」與「群友」。以下對於影響明人山居生活的背景作一論述。

第一節　官場的困局

一、仕隱抉擇

古代中國文人的生存思路，從先秦以來發展出兩種類型，一種是入世的廟堂之顯，一種是出世的江湖之隱。進入廟堂是對功名利祿的想望，退居江湖則

〔註1〕林宜蓉，〈晚明文藝社會「山人崇拜」之研究〉，頁678。

〔註2〕吳智和，〈晚明茶人集團的飲茶性靈生活〉，《明史研究專刊》，11期，1994年12月，頁265。

是對於身心自由的崇尚。〔註3〕文人必須在「出」（入仕）與「處」（隱逸）、「狂」與「狷」，以及「兼濟天下」與「獨善其身」之間作抉擇。選擇入仕廟堂，狂心政治，進而兼濟天下；還是隱逸山野，狷離官場，只求獨善其身，常取決於政治官場的現狀。若政治黑暗，世道混亂，憤然走上歸隱之路的人便增多。〔註4〕在官場上需要面對人際間的爾虞我詐、爭名競利，選擇乞休致仕，歸隱山林，便成爲一時的風潮。〔註5〕這種時代現象：一是對朝政失望的官員，或沈默觀望，或呈請辭官，或乾脆掛冠離職，不辭而別；二是未曾入仕的文人才士，恣意玩世自放，頹然落魄，跌蕩不羈。〔註6〕原本熱衷政治的狂者，眼見仕途浮沉多舛，允論公道不足爲憑，面對混沌的政治局勢，選擇隱身避禍，遠離政治以全眞養性，由狂者轉爲消極退離政治的狷者。或爲參加科考任官受職者，或是絕意仕進不應科考，或本有科名遂棄官不就，他們在心理上保持可以退離的自由，不再以經國大業爲志，轉而將心力置放於山水、文學、書畫甚至宗教等等。〔註7〕對於明人這種退離政治的心態，演變出「身退心不退」、「身不退心退」，甚至「身心皆退」的隱逸狀態。若就山居的隱逸方式來說，「身退心不退」則表現在山林講學論道方面；「身不退心退」則以「宦遊」、「宦隱」的閒隱山居爲代表；「身心皆退」則以山林隱逸的眞山人爲主。

在宦途多艱，人事倦怠之餘，選擇僻居山水，怡然自處，與天地同化，〔註8〕成爲一股風潮。有謂：「宦途溟渤，人心太行，良可深懼。早惟謝絕軒冕，逍遙林麓，月夕風晨，與高朋勝友，升高眺遠，薄醉清吟，乃爲得耳。」〔註9〕於是仕宦逃身、處士避居，不論形跡是眞隱或半隱，也不論是眞假山人，身心俱閒成爲時人安樂生活的理想追求。〔註10〕在動亂的時代裡，沒有理想的仕宦環境，文人轉而追求個人生活的閒適，〔註11〕以山居作爲「隱逸」的

〔註3〕羅中峰，《中國傳統文人審美生活方式之研究》，頁193。
〔註4〕韓兆琦，《中國古代隱士》，頁16。
〔註5〕林利隆，《明人的舟遊生活——南方文人水上生活文化的開展》，頁44。
〔註6〕謝景芳，〈理論的崩潰與理想的幻滅——明代中後期的仕風與士風〉，《學習與探索》，1998年1期，頁129。
〔註7〕鄭幸雅，《晚明清言研究》，頁49。
〔註8〕黃桂蘭，〈晚明文士風尚〉，《東南學報》，15期，1992年12月，頁151。
〔註9〕明・趙世顯，《趙氏連城》（《四庫全書存目叢書》子部一〇七冊，台南：莊嚴文化事業有限公司，1995年9月初版），《客窗隨筆》，卷2，總頁102。
〔註10〕吳智和，〈明人居室生活流變〉，《華岡文科學報》，24期，2001年3月，頁240。
〔註11〕邵曼珣，〈明代中期蘇州園林空間的書寫——文人生命情境的投射〉（收入元培科學技術學院國文組主編，《生命的書寫——第二居主題文學學術研討會論

風氣也逐漸興盛起來。當政治黑暗，王道不行時，文人則多萌生退意，嚮往山居田園的自然生活。〔註 12〕從政治悲觀走向離群脫世，進入山林的寂寥，對朝廷政治的強烈危機感，反過來使山林價值得以凸顯，得到生活的清淨與個體心靈的慰藉。〔註 13〕由政治爭競中實現自己的人生理想，轉而在山居的靜寞中追求另一種人生的境界。〔註 14〕

二、政治時局

處於元明易代之際，避離時局，退隱山居，詩酒優遊，成爲政治態度的一種表現方式。〔註 15〕到明初時期，隱逸風氣仍盛，「蓋是時明祖懲元季縱弛，一切用重典，故人多不樂仕進。」〔註 16〕由於明官俸最薄，〔註 17〕文人採取不合作態度，脫離政治中心，隱居不仕，多號稱山人。〔註 18〕爲解決此一問題，明太祖朱元璋（1368～1398）遂規定寰中士大夫不爲君用者，罪至抄斬，〔註 19〕文人想要隱逸山林，躲避政治禍患，並不容易，〔註 20〕此時隱逸之風爲之稍減。

明代政局不隱，宦官專權是影響明代政治重要的因素之一。英宗正統六年（1441），王振掌司禮監，爲明代宦官亂政之始。〔註 21〕內閣的權柄爲王振所攘，「生殺與奪，盡在其手。」〔註 22〕結黨營私，打擊異己，權傾一時，朝中矛盾激化。土木堡之變（正統十四年，1449）後，更出現帝位之爭，朝廷內部的矛盾進一步公開化。憲宗（1465～1487）成化年間成立西廠，實行特

文集》，台北：萬卷樓圖書股份有限公司，2003 年 8 月初版），頁 249。

〔註 12〕黃長美，《中國庭園與文人思想》（台北：明文書局，1988 年 4 月 3 版），頁 22。

〔註 13〕黃卓越，〈明正嘉年間山人文學及社會旨趣的變遷〉，《文學評論》，2003 年 5 期，頁 58。

〔註 14〕華建新，〈黃宗羲與化安山詩情——「山居詩」審美透視〉，《電大教學》，2000 年 6 期，頁 24。

〔註 15〕郭英德，《中國古代文人集團與文學風貌》（北京：北京師範大學出版社，1998 年 11 月第 1 版），頁 159。

〔註 16〕清・趙翼，《廿二史劄記》（台北：洪氏出版社，1974 年 10 月再版），卷 32，〈明初文人多不仕〉，頁 741。

〔註 17〕前引書卷，〈明官俸最薄〉，頁 750。

〔註 18〕張德建，《明代山人文學研究》，頁 7。

〔註 19〕王毅，〈中國士大夫隱逸文化的興衰〉，《文藝研究》，1989 年 3 期，頁 63。

〔註 20〕林利隆，《明人的舟遊生活——南方文人水上生活文化的開展》，頁 47。

〔註 21〕黃桂蘭，〈晚明文士風尚〉，頁 140。

〔註 22〕明・王錡，《寓圃雜記》（《元明史料筆記叢刊》，北京：中華書局，1984 年 6 月第 1 版），卷 10，〈王振〉，頁 81。

務統治，此時已經是政治動蕩，人人自危的形勢。〔註 23〕武宗正德元年（1506），劉瑾入司禮監秉筆，權擅天下。太監劉瑾用事，「尤姦險，粗知文事，遂干大政。」〔註 24〕「逆瑾以富國爲名，每欲巧取橫斂，且因以窘迫文臣。凡有公錯詿誤者，輒捏旨以姑免提問爲名，各罰米粟以實邊儲。」〔註 25〕「自逆瑾用事、文臣裁抑至甚，內官、武弁縱橫而行。」〔註 26〕劉瑾亂政，朝臣深受其害，政治的不穩定，由此可知。

世宗繼位（1522～1566）後，醉心道教醮事；大禮議一案，更折殺朝官無數。嘉靖二十一年（1542），嚴嵩參預機務，掌柄重權，〔註 27〕爲禍至深，而朝臣致仕乞休者也多。〔註 28〕神宗（1573～1620）萬曆初年，張居正任內閣首輔，銳意整飭，頗能振衰起敝。但張居正去世後，神宗寵任太監，不理朝政。在位四十八年，不郊不朝者三十年。〔註 29〕神宗皇帝是有名的好貨、荒怠之君，缺官不補，各級官僚多屬玩政怠事者，有些也就索性掛冠而去。〔註 30〕朝廷中，內閣地位日形低落，爲鞏固自身的政治地位，勾結言官，樹立黨羽，造成晚明黨禍的發生，〔註 31〕國勢因而日漸衰頹。退處林野的士大夫，講學東林，諷議時政，與當權派相抗，激烈的黨爭，終至埋下明代亡國的禍根。〔註 32〕明末清初的有識之士不無見地的指出：明朝之亡，實不亡於崇禎，而亡於萬曆。在那些潛伏亡國之機的無數事件中，明朝中樞權力的爭奪和權臣閹宦的橫霸，形成的諍臣端士難於立身在朝，也影響他們對朝廷的忠誠和信任。〔註 33〕

〔註 23〕陳憲猷，〈素琴本無弦——論陳白沙的主靜說〉，《華南師範大學學報》（社會科學版），6 期，2002 年 12 月，頁 78。參考：丁易，《明代特務政治》（北京：中華書局，2006 年 1 月第 1 版）。

〔註 24〕明·陳洪謨，《繼世紀聞》（《元明史料筆記叢刊，北京：中華書局，1985 年 5 月第 1 版》），卷 1，頁 70。

〔註 25〕前引書，卷 2，頁 83。

〔註 26〕同上，頁 84。

〔註 27〕黃桂蘭，〈晚明文士風尚〉，頁 140。

〔註 28〕明·余繼登，《典故紀聞》（《元明史料筆記叢刊》，北京：中華書局，1981 年 7 月第 1 版），卷 17，頁 300～301。參見吏部尚書廖紀所言。

〔註 29〕黃桂蘭，〈晚明文士風尚〉，頁 140。

〔註 30〕張和平，〈晚明社會的經濟與人文〉（《中國社會經濟史研究》，1993 年 1 期），頁 41。

〔註 31〕李焯然，〈論東林黨爭與晚明政治〉（《明史散論》，台北：允晨文化實業股份有限公司，1987 年 10 月），頁 176～179。

〔註 32〕黃桂蘭，〈晚明文士風尚〉，頁 140。

〔註 33〕謝景芳，〈明代仕途蹭蹬下的文人心態——「洪朝選案」的時代思考〉（收入

後來熹宗繼立（1621～1627），魏忠賢兼掌東廠，權勢日益顯赫。忠耿之臣楊漣、左光斗等皆相繼爲其所害，更突顯朝政衰亡之象。魏忠賢當國，受黨禍的士大夫不少，他們對於政治國家完全絕望，不得不滯跡園林、寄情山水，在山水蟲魚、琴棋書畫中尋求閒情逸致。〔註 34〕至崇禎時（1628～1644），「朝議以國計不足，暫借民間房租一年，於是怨聲沸京城，呼『崇禎』爲『重徵』。猶海瑞在「疏文」內呼『嘉靖』爲『家淨』，謂家家俱淨也。」〔註 35〕由此可見明代晚期，人民怨聲載道，明朝的氣數也就將盡。

武宗放蕩行事，喜好嬉遊；世宗迷信巫術，不理朝政；穆宗揮霍奢靡，醉心晏遊；神宗沖齡踐祚，權在輔臣。〔註 36〕而張居正死後，神宗久不上朝，綱紀廢弛，文武官員缺官不補。〔註 37〕權臣專橫，黨同伐異，宦官宵小，弄權君側，國家財政危機，更朝不保夕。〔註 38〕形成朝政紊亂，宦官專權，朋黨聯結，貪污成風的晚明政治，在這樣的政治局勢中，文人該如何自處？〔註 39〕就如錢一本（1539～1610）所言：「遯之時義大矣。夫遯者避也，避而必以亂，此亦所謂天地閉，賢人隱。賢者之避世、避地、避言、避色而已。」〔註 40〕亂世中，賢人所能做的，這「避」字，形容頗爲貼切。而錢氏也因疏論時弊，觸怒神宗，被削職爲民，內心的感受，應更爲深刻。

明末政治的腐敗，統治階級內部連續不斷激烈而嚴酷的黨爭，國事日非，加上女眞的掘起，邊患日深，內外交困，許多文人對於社會的前景感到失望以至絕望，這個時代籠罩著一種無法解脫的悲劇氣氛。〔註 41〕而在明清易代之際，可供文人選擇的道路也只有三條：或成爲死事忠臣，或成爲隱遁志士，

吳智和主編，《洪芳洲研究論集》，台北：洪芳洲研究會，1998 年 6 月初版），頁 390。

〔註 34〕龔鵬程，〈菜根譚・晚明小品・周作人〉（《明人小品集》，台北：金楓出版有限公司，1987 年 1 月初版），〈導論〉，頁 37。

〔註 35〕明・李清，《三垣筆記》（《元明史料筆記叢刊》，北京：中華書局，1982 年 5 月第 1 版），〈崇禎〉，頁 3。

〔註 36〕謝景芳，〈明代仕途蹭蹬下的文人心態——「洪朝選案」的時代思考〉，頁 391。

〔註 37〕晁中辰，〈明朝皇帝的崇道之風〉，《文史哲》，2004 年 5 期，頁 39。

〔註 38〕謝景芳，〈明代仕途蹭蹬下的文人心態——「洪朝選案」的時代思考〉，頁 391。

〔註 39〕吳世偉、段仁斌，〈明代遊記興盛原因探析〉，《皖西學院學報》，21 卷 1 期，2005 年 2 月，頁 55。

〔註 40〕明・吳亮采，《止園集》（台北：漢學研究中心景照明天啓元年序刊本），卷 16，〈遯世編敘〉，頁 10 下。

〔註 41〕吳承學、李光摩，〈晚明心態與晚明習氣〉，《文學遺產》，1997 年 6 期，頁 73。

或靦顏事清苟活。死事的忠臣，像劉宗周（1578～1645）、黃道周（1585～1646），他們以生命遂志，踐履自己的道德理論。至於那些隱遁的志士，或斂迹巖穴，或土室自封，或放廢山澤，〔註 42〕成就隱居山林的眞實寫照。

晚明政治的黑暗，激發知識份子的逆反心理和隱逸的傾向，顚狂放浪、寄情山水之外，甚至縱情聲色之中，而不欲投身政治濁流。〔註 43〕志行高潔者，既不能奮不顧身，挽狂瀾於既倒；又不願屈膝卑節，蠅苟權勢時俗，於是歸隱林下，退守田廬。由「達則兼濟天下」轉而爲「窮則獨善其身」，〔註 44〕形成慨見世道已亂，與其抱道忤時，不如歸隱山中的觀念。〔註 45〕山中生活與世道的界隔，使他們可以肆意放蕩自我的政治理念，或者突顯政治外的另一種獨特的生活方式。

處身於政治黑暗，國運衰竭時期的文人，常對現況不滿與失望，對前途感到徬徨無助，他們必須尋找寄託，去彌補精神上的空虛，不能以生命殉國，也只能耽玩山水，詩文自娛，以求自我的解脫。〔註 46〕雖然政治環境惡劣是催迫他們退出官場的強大外力，但是明人思想觀念更新、價値取向轉變，〔註 47〕而展現明代不同以往的生活方式。在面對晚明的社會，外有國家存亡的危機，內有安身立命的困頓時，文人處此境遇，各有其調適的方式，或與世不爭，或恬退放閒，〔註 48〕使傳統潦倒寂苦的隱士生活遂有極大的改變。

三、舉業困頓

明代科舉入仕極難，科舉制度自唐宋下沿至明代中葉，知識階層日益擴大，而進士名額卻未能相應增加。此外，在明代中葉因經商致富的商人，也可由捐納制度進入官僚體系，更使名額日減。〔註 49〕時至晚明，「萬曆時，張居正當國，遂核減天下生員。督學官奉行太過，童生入學，有一州縣僅錄一

〔註 42〕陳寶良，《悄悄散去的幕紗——明代文化歷程新說》（西安：陝西人民教育出版社，1988 年 12 月第 1 版），頁 247。

〔註 43〕趙軼峰，〈山人與晚明社會〉，頁 15。

〔註 44〕謝景芳，〈明代仕途蹭蹬下的文人心態——「洪朝選案」的時代思考〉，頁 391～392。

〔註 45〕謝景芳，〈理論的崩潰與理想的幻滅——明代中後期的仕風與士風〉，頁 130。

〔註 46〕陳少棠，《晚明小品論析》（台北：源流文化事業有限公司，1982 年 5 月初版），頁 100。

〔註 47〕藍東興，〈歸隱：晚明士大夫的政治退避與個性張揚〉，頁 94。

〔註 48〕吳智和，〈晚明茶人集團的飲茶性靈生活〉，頁 253。

〔註 49〕林宜蓉，〈晚明文藝社會「山人崇拜」之研究〉，頁 717。

人者，其科舉減殺可推而知也。」〔註 50〕而萬曆怠政，缺官多不補，科舉一途遂更爲艱辛。〔註 51〕在此種僧多粥少的現實問題下，迫使大部分科考失意的文人面臨治生乏繼的抉擇，是以衍生出明末一股強大的棄儒棄巾風潮，〔註 52〕這是文人對科舉制度的一種「遊離」心態。〔註 53〕有的主動上呈請辭，獲准棄巾；有的自行棄巾，不經官府允准，或逃入山中，或沈溺酒海，或四處遠遊。〔註 54〕這種棄儒棄巾風潮，使部份文人選擇入山生活，或者因沽名釣譽，或者爲遠離塵囂，或者只是耽嗜自然山林，都成爲明人山居的重要因素。

四、影響層面

在思想方面，明代統治者爲維護政權，將宋元理學「存天理，滅人欲」的思想觀念，藉由科舉制度，抑制文人思想。然而也因而激發士子的逆反心理，遂走向偏激，以一種狂放的行止傲立於世。〔註 55〕再加上政治黑暗，杌隉不安，文人無可奈何迂迴應世，紛紛遠離政事，避禍全身，致使在思想上反朱學、反僵化，力求開放，強調自我，重視本性，陽明心學的風行及其末流空疏狂放的學風便是一例。〔註 56〕

在生活方面，或滯跡園林，著述託意；或寄情書畫，渲染翰墨；或結社酬唱，以文會友；或講究趣韻，閑賞器玩；或習佛參禪，清談靜修，多趨於隱逸、放任、風雅。〔註 57〕於是莊禪自然、適意、清靜、澹泊的人生哲學風靡一時，〔註 58〕與世抗爭的激越，便轉化爲與世浮沉的灑脫；志士的豪言壯語，就轉化爲隱士的清言玄談；狂妄、鬱悶、憤懣的躁緒，就轉化爲逍遙、

〔註 50〕《明史》，卷 69，〈選舉一〉，頁 1687。

〔註 51〕李斌，〈晚明「山人」與晚明士風——以陳眉公爲主線〉，《學術月刊》，38 卷 6 月號，2006 年 6 月，頁 146。

〔註 52〕林宜蓉，〈晚明文藝社會「山人崇拜」之研究〉，頁 717。

〔註 53〕劉曉東，〈晚明科場風變與士人科舉心態的演變〉，《求是學刊》，34 卷 5 期，2007 年 9 月，頁 134。

〔註 54〕陳寶良，〈晚明生員的棄巾之風及其山人化〉，《史學集刊》，2 期，2000 年 5 月，頁 36。

〔註 55〕白豔玲，〈明代中後期士階層對生存方式的探索〉，《內蒙古大學學報》（人文社會科學版），32 卷增刊，2000 年 6 月，頁 104。

〔註 56〕夏金華，〈明末封建士大夫逃禪原因初探〉，《學術月刊》，1998 年 2 期，頁 70。

〔註 57〕黃桂蘭，〈晚明文士風尚〉，頁 140。

〔註 58〕吳承學，〈遺音與前奏——論晚明小品文的歷史地位〉，《江海學刊（雙月刊）》，1995 年 3 期，頁 172。

自適、淡然的情意。〔註 59〕

在宗教方面，明代正德、嘉靖之後，由於政治官場的困局，科舉考試的艱難，加之商品經濟的高度發達，使得部分文人的心理造成劇烈的震撼，士志於道的信念失去支撐，由明初的熱衷功名轉而絕意仕進，產生許多的名士、狂士、山人和隱士。他們或表現爲任性放縱，以詩酒聲色自娛；或追求一種寧靜的精神境界，怡情於山水之中；甚至力求生命價值的延續和超越，求仙和狂禪，〔註 60〕致使明人逃禪蜂起，理學正統受到質疑，佛、道思想便乘虛而入。晚明禪宗盛行，由李贄（1527～1602）、屠隆（1542～1605）的狂禪到明末文人的逃禪，文人士子陶醉於禪悅之風中，多優遊山水，放言清談，〔註 61〕把參禪問道當作生活中的一大樂事，〔註 62〕從中營造和退縮到一個屬於自己的安全舒適、平靜雅致的精神樂園。〔註 63〕

在審美方面，明人的藝術創作生活，常從山水田園中找韻味尋自我，從物我交融中獲得精神寄托。文人或者仕途坎坷，或者名場失意，深感內憂外患的危急和頹勢難挽，就只有寄情山水，效法莊子的「濠濮」之想。〔註 64〕面對官場困局，因緣於對政治俗務的退離，轉而將自我生命進入閒適的隱居場域，而此一勝場既是人我可以相得相感，更可供自我逍遙閒賞於其中，常寄托於人、事、物，栽入山情水意之盛事中。〔註 65〕

以上所述便是在官場困局中，展現山林隱逸生活的面向。然而在山居中，並非只有退離的生活姿態，在面對晚明的局勢，除退隱之風外，黨社運動極盛，尤以東林黨爲時所重。明人的人生態度和生活風尚趨於兩個極端：一方面厭倦於宦海沉浮、市井喧囂，嚮往退隱林下，追求一種高雅的、藝術化的

〔註 59〕吳中杰主編，《中國古代審美文化論——第一卷：史論卷》（上海：上海古籍出版社，2003 年 8 月第 1 版），頁 399。

〔註 60〕雷慶銳，《晚明文人思想探析：《型世言》評點與陸雲龍思想研究》（北京：中國社會科學出版社，2006 年 12 月第 1 版），頁 216。

〔註 61〕吳世偉、段仁斌，〈明代遊記興盛原因探析〉，頁 56。

〔註 62〕羅筠筠，〈禪悅士風與晚明小品〉，《文學評論》，2001 年 1 期，頁 123。

〔註 63〕吳承學，〈論晚明清言〉（收入吳承學、李光摩編，《晚明文學思潮研究》，武漢：湖北教育出版社，2002 年 10 月第 1 版），頁 338～339。

〔註 64〕吳調公，〈晚明文人的「自娛」心態與其時代折光〉，《社會科學戰線．中國古代文論》，1991 年 2 期，頁 253。

〔註 65〕林嘉琦，《晚明文人之觀物理念及其實踐——以陳繼儒《寶顏堂祕笈》爲主要觀察範疇》（台北：私立淡江大學中國文學研究所碩士論文，1995 年 6 月），頁 202。

生活情趣；另一方面又熱衷政治，關心時事，投身於公共事務，激進於人民利益而奮起抗爭。〔註 66〕在結社聚會，講學論文的同時，經常批評時政，裁量人物，建言獻策，試圖以其政治上的訴求來影響朝廷政策。〔註 67〕東林黨人在山林講學之餘，往往便是如此，而朝士慕其風，多遙相應和。〔註 68〕這是明人在避離仕途後，從山居生活中展現，突顯「身退心不退」的生活方式。

第二節　山水的情懷

山水乃是天地之精華，造物之奇構，萬物之至美，品位至高。〔註69〕有謂：「天地之精華，未生賢者，先生山水，故其造名山大川也，英思巧韻，不知費幾鑪冶。」〔註70〕古代中國歷朝歷代，文人對於自然山水有一種特殊的文化情懷。有明一代，山林文化也經歷四個階段的發展：明初的隱士，到弘治、正德間的才子，再到嘉靖、萬曆以來的山人，最終是晚明社會中普遍流行的名士群體。〔註71〕從明初的「隱士」，到晚明的「名士」，雖然名稱不同，但皆喜好親近自然山水，時代背景是在不滿意政治的意向後，而往尋山水之樂，從中尋求安定無禍的生活。由於工商業逐漸發達，城鎮市民逐漸形成旅遊風氣；再加上良知之學的傳播，教人體認鳶飛魚躍、鳥語花香的景致等，這些更縮短人與山水的距離。〔註72〕對於山水的情懷，當然也影響到擇居勝山佳水的意向。

一、山水寄興

歷來中國文人大多喜好山水，並以此爲陶融性情，修養心性之所，這種風氣到明代更是成爲一時風尚，山人名士無處無之。〔註 73〕明代文人以山水

〔註66〕陳江，〈退隱與抗憤——晚明江南士人的生存困境及其應對〉，頁 99。

〔註67〕前引文，頁 106。

〔註68〕郭英德，《中國古代文人集團與文學風貌》，頁 129。

〔註69〕夏咸淳，〈論明代徐霞客現象〉，《上海社會科學院學術季刊》，1995 年 3 期，頁 171。

〔註70〕明・王思任，《游喚》(《歷代筆記小說集成・明代筆記小說》第一冊，石家莊：河北教育出版社，1995 年 11 月第 1 版)，〈有序〉，頁 1 上。

〔註71〕張德建，《明代山人文學研究》，〈緒論〉，頁 4～5。

〔註72〕李俊杰，〈晚明社會變遷與士人休閒活動之探究——以江南地區爲例〉，《國立台中技術學院學報》，2 期，2001 年 6 月，頁 23。

〔註73〕周質平，〈袁宏道的山水癖及其遊記〉(收入吳承學、李光摩編，《晚明文學思潮研究》，武漢：湖北教育出版社，2002 年 10 月第 1 版)，頁 419。

爲性命，流連山水已內化爲文人個體的生命內涵。〔註 74〕當明人退離當前世局，心志歸隱山林，於是放曠情志於林野山壑，尋求物事之眞趣眞樂，從而將關懷人世之志隱轉爲寄興山水之情。〔註 75〕山水自然是文人寄興情懷的歸宿，可以藉此掙脫世俗社會的禮教束縛，拋棄虛假，還歸本性，成爲性靈安適之處。〔註 76〕明代隱逸之風盛行時，對於身居山林的隱士來說，他們的生存方式、審美趣味及人生追求，無不與山水息息相關，山水可說是他們的生命之源。即使居於朝市，或足跡園林，或心棲溝壑，山水也是他們心靈的表徵和寄託。〔註 77〕有謂：「夫幽人韻士者處于不爭之地，而以一切讓天下之人者也，惟夫山水花竹欲以讓人而人未必樂受，故居之也安，而踞之也無禍。」〔註 78〕可從自然山水中，尋找自我的安身立命之所。

明代文人常思遠離宦場與人群的是非，寄興山水，發展出山居取閒的好尙。袁宏道（1568～1610）亟思解去吳令，便緣於山水幽情的召喚；袁中道（1570～1623）「誓捐軀命」，以守住山水之志，更是莊嚴地選擇山居之所。〔註 79〕李新之在訪李伯時（宋時畫馬名家）舊跡時，撫盻悲歌：「山情水色，正爲我輩，遂隱桐城龍眠山子孫家。」〔註 80〕楊應詔嘗探群山，過玉溪，訪古城闕，及前古賢哲、幽人、隱士之居、講學論逆之地，縱覽天下山水。也想築構山水勝地，營一兔裘終老，與諸友朋相爲講習之處。他認爲：「登高使人心遐，臨淵使人意深，古之賢人君子藏脩游息，每得於山水之助居多。故不特圖書禮樂、佩玉鳴鸞、琴瑟聲音，以爲養耳、養目、養身、養德之具而已。而其逸心壯氣，高風雅操，仁智之情，往往於山水焉發之。」〔註 81〕寄興山

〔註 74〕林利隆，《明人的舟遊生活——南方文人水上生活文化的開展》，頁 26。

〔註 75〕林嘉琦，《晚明文人之觀物理念及其實踐——以陳繼儒《寶顏堂祕笈》爲主要觀察範疇》，頁 204。

〔註 76〕郭英德、過常寶，《雅風美俗之明人奇情》（台北：雲龍出版社，1996 年 2 月初版），頁 113。

〔註 77〕史小軍，《復古與新變——明代文人心態史》（石家庄：河北教育出版社，2001 年 11 月第 1 版），頁 163。

〔註 78〕明·陳繼儒，〈瓶花引〉（《廣百川學海》，台北：新興書局，1970 年 7 月初版，據明刻本影印），頁 3419。

〔註 79〕曹淑娟，《晚明性靈小品研究》，頁 251。

〔註 80〕明·方學漸，《邇訓》（《四庫全書存目叢書》子部二四一冊，台南：莊嚴文化事業有限公司，1995 年 9 月初版），卷 18，〈幽棲〉，頁 7 上。

〔註 81〕明·楊應詔，《天游山人集》（台北：漢學研究中心景照明刊本），卷 15，〈碧玉堂記〉，頁 15 下～16 上。

水，得懷養身心之功。譚元春（1586～1637）曾言：

> 訪中丞楊公修齡於武陵，蓋十年之約也。公忽告我曰：「今幸落籍閒居，以君父之餘恩，爲朋友而受過，管領江山，廊清昏曉。不杜門而客自謝，不絕交而遊自息。吾事濟矣，子能賀我乎？」予笑曰：「武陵山水清遠，公適生是鄉。妻子可以當梅鶴，子父可以當金蘭。閒則入山中，棲神竦聽；倦則好樓居，登高望遠。煙暮嵐朝，琴心酒德。書重經史，友商老莊。非獨公樂山水，山水數百年中，所歷奇人魁士，無此相得，今日始爲公一逐俗客耳。此山水之靈，公何得受賀？」因大笑不已。〔註82〕

在山水居處中享受山情水色，隱逸的山水是文人安身立命的洞天，閒逸的山水則爲文人心靈的故鄉。〔註83〕山水攬勝，能蟬脫塵俗之累，霞外清音，幽絕之景，則令人心地清涼暢舒。〔註84〕隱於山水、遊於山水、融於山水，以達「情」、達「韻」、達「趣」。〔註85〕「天地定位山澤通氣事畢矣，而又必生人以充塞往來其間，則人也，在大天大地大山大水之所，託以恆不朽者也。」〔註86〕這是人在山水中永恆的價值，以尋求安身立命之處，寄託其人格理想與審美趣味。自然山水能讓人悟道成佛，所以寺院常建在環境清幽寂靜的山林，有利於眾生超脫凡塵，潛心修持，達到涅槃境界。〔註87〕另外，從山水川谷中更能引伸出心性之學，爲自身的心性修養，明人往往尋覓那些傍山依水的好地方作爲修身讀書的場所，〔註88〕也從大自然的欣賞中獲得超悟。

二、山水情結

明朝中後期的旅遊熱潮，改變士大夫固有的思維模式和價值取向，文人們不再閉門造車，坐而論道，紛紛走出書齋，走進大自然。〔註89〕從山水中

〔註82〕明・譚元春，《譚元春集》（上海：上海古籍出版社，1998年12月第1版），卷29，〈先隱園題門說〉，頁787～788。

〔註83〕范宜如、朱書萱，《風雅淵源——文人生活的美學》，頁34。

〔註84〕吳智和，〈晚明茶人集團的飲茶性靈生活〉，頁262。

〔註85〕陳平原，〈晚明小品論略〉（收入吳承學、李光摩編，《晚明文學思潮研究》，武漢：湖北教育出版社，2002年10月第1版），頁305。

〔註86〕《游喚》，〈有序〉，頁1上。

〔註87〕陳水雲編著，《中國山水文化》，頁229。

〔註88〕劉康德，〈從明儒的「號」：山、水、川、谷看「心性之學」〉，《復旦學報》（社會科學版），1998年3期，頁46。

〔註89〕滕新才，〈明朝中後期旅遊文化論〉（收入《且寄道心與明月：明代人物風俗

獲取的不再只是道德修身的思維，而是放縱心性，怡情自然。〔註 90〕政治抱負不能實現，無處排解，就用山水來感化於外，泄憤娛情。〔註 91〕甚至認爲：「歷未曾到之山水，如獲至寶。」〔註 92〕山水遊賞在明代是一種享樂風尚，在野者固有優遊山水之閑暇，講學者亦借講學之名歷覽山水之勝跡，即使居官也往往由赴任或巡察之機，作山水之遊歷。〔註 93〕怡情山水，追求山水之樂，成爲文人生活不可缺少的部分。〔註 94〕尤其對於名山勝地，更是神往，「若四明、天台、金華、括蒼、金庭、天姥、武夷、匡廬、峨眉、終南、中條、五臺、太和、羅浮、會稽、茅山、九華、林屋，諸洞天福地，稱仙靈之窟宅，神明之奧區者，莫可殫數，芒屨竹杖，縱不能遍歷，隨其力之所能到而遨焉。」〔註 95〕嘉靖時狀元羅洪先（1504～1564），隱退後，「遊域內名山，至滇入楡，造弘山廬夜話，走鷄足」，〔註 96〕到處遊歷。徐學謨（1522～1593）更是前後三次登臨太和山（武當山），〔註 97〕以寄情山水、遊賞名勝。

外出遊歷畢竟不是日日可行之事，於是文人士夫紛紛於第宅旁僻地修建私家園林，或選擇依山傍水處構築居處，以情結山水之美。〔註 98〕陳寰（1477～1539）《琴溪陳先生集》中載：「（東湖錢公）未第時，厭囂擇靜，乃即虞山（今江蘇常熟）之東南麓。」「且翼以幽房，環以佳樹，治庭階，闢門徑，表曰『錢公讀書堂』。嘉靖乙酉（四年，1525）秋八月工就，邑縉紳士習而落之

考證》，北京：中國社會科學出版社，2003 年 6 月第 1 版），頁 210。

〔註 90〕鄭威，〈試析明代後期士人旅行家王思任的旅遊觀〉，《中南民族大學學報》（人文社會科學版），23 卷，2003 年，頁 254。

〔註 91〕王凱旋、李洪權，《明清生活掠影》（瀋陽：瀋陽出版社，2002 年 1 月第 1 版），頁 165。

〔註 92〕明・謝肇淛，《五雜組》（《四庫禁燬書叢刊》子部三七冊，北京：北京出版社，2000 年 1 月 1 版），卷 13，〈事部一〉，頁 6 下。

〔註 93〕羅宗強，《明代後期士人心態研究》，頁 376～377。

〔註 94〕周明初，《晚明士人心態及文學個案》，頁 174。

〔註 95〕明・屠隆，《冥寥子游》（《廣百川學海》，台北：新興書局，1970 年 7 月初版），頁 1601。

〔註 96〕清・范承勳，《鷄足山志》（《四庫全書存目叢書》史部二三八冊，台南：莊嚴文化事業有限公司，1996 年 8 月初版），卷 6，〈人物・高隱・羅念庵〉，頁 23 下。

〔註 97〕田小豔，〈明代詩文家徐學謨與武當山〉，《鄖陽師範高等專科學校學報》，24 卷 1 期，2004 年 2 月，頁 23。

〔註 98〕陳江，《明代中後期的江南社會與社會生活》（上海：上海社會科學院出版社，2006 年 4 月第 1 版），頁 168。

者凡若干人。時予適遷南雍過家，因得共諸客，宴坐竟日。山川景物鬥奇獻秀，素軒碧牖，掩映於松林竹石間，使人志清意脫，恍若夢入異境，不在人世中也。」〔註 99〕在景致幽靜中，與客宴坐，居處中可得山林之趣。胡廣（1370～1418）曾羨慕友人「蹤跡半天下於名山川，咸恣遊覽，居家而又有山水之勝。」〔註 100〕大嘆爲何江山之緣，獨厚其友！范允臨（1558～1641）「晚年徙家歸吳，築室於天平山（今江蘇蘇州）之陽，與故人及四方知交之來吳者，遨遊山水之間。」〔註 101〕享受歸隱後，縱覽山水的樂趣。

三、山水好尚

明代中後期，文人對山水有份癖好，愛山如命，嗜水成性。對山水的特殊情好，蓋因地學的大發展，遊風的大盛行，明代經濟結構、學術思想、人文心態的變遷有關。〔註 102〕其中經濟的繁榮爲遊覽山水提供物質基礎，〔註 103〕心學思想的影響也使明人對自然山水懷有一種孺慕之情，愛山水清音而不重功名利祿，脫世俗囹圄而去求性靈眞境，具有所謂「山林癖」的特質。〔註 104〕田藝蘅曾言：「居山原是癖，終得遠繁華；舉世縱難合，此心良不差。采花釀法酒，濾水試新茶；天亦從余嬾，閒堦秀藥芽。」〔註 105〕釋道炤也說：「煙霞痼疾莫能除，水畔巖阿樂有餘；每與溪雲爲畔侶，且隨巖鹿過居諸。浮生偏向山中度，寄跡眞從世外踈；枕石漱流容老我，獨存瓶鉢在茅廬。」〔註 106〕煙霞痼疾、居山癖好，爲明代文人的雅病。另外，袁中道認爲：「天下之質有而趣靈者，莫過于山水。予少時知好之，然分于雜嗜，未篤也。四十之後，

〔註 99〕明・陳寰撰，陳繩武編，《琴溪陳先生集》（台北：漢學研究中心景照明刊本），卷 2，〈錢公讀書堂記〉，頁 32 下～33 上。

〔註 100〕明・胡廣，《胡文穆公文集》（《四庫全書存目叢書》集部二八冊，台南：莊嚴文化事業有限公司，1997 年 6 月初版），卷 10，〈明秀樓記〉，頁 60 上～下。

〔註 101〕明・范允臨，《輸寥館集》（《明代藝術家集彙刊續集》，台北：國立中央圖書館，1971 年 10 月初版），張棣華〈敘錄〉，頁 1。

〔註 102〕夏咸淳，〈明人山水趣尚〉，頁 43～44。

〔註 103〕李明宗，〈晚明文人的休閒生活及其反映的時代意義〉（收入《休閒・觀光・遊憩論文集》，台北：地景企業股份有限公司，2003 年 10 月修訂 1 版），頁 294。

〔註 104〕張嘉昕，《明人的旅遊生活》（宜蘭：明史研究小組，2004 年 8 月初版），頁 136。

〔註 105〕明・田藝蘅，《香宇初集》（台北：漢學研究中心景照明嘉靖刊本），卷 4，〈山中言事〉，頁 1 上。

〔註 106〕明・釋道炤，《響泉齋詩集》（台北：漢學研究中心景照明崇禎八年序刊本），〈山居〉，頁 27 上。

始好之成癖，人有詫予為好奇者。」〔註 107〕陳獻章（1428～1500）則稱：「平生山水稍癖，待明年服闋後，采藥羅浮，訪醫南岳，上下黃龍洞，嘯歌祝融峯，少償夙願。」〔註 108〕

明人愛好山水成風，為長期與山水結緣，自然也就構築一處隱逸的居處。張羽（1323～1385）「喜吳興山水，與徐賁約卜居，家於戴山（今浙江吳興）之東。」〔註 109〕佘書升「性癖山水，結宇桃花源，地僅五畝而幽麗甲黟山，閉門隱居，客過不見，間有見者，唯啜茗默對而已。」〔註 110〕許樂善「雖托跡市肆，性則雅嗜林泉，卜築南郊外廿里許，山田數畝，房數楹，竹木數百株，每於紅艷綠稠之際，偕二三知己，觴娛竟日。」〔註 111〕楊應詔「生平雅樂于山水為伍，每遇山水奇崛處，則終日怡然與忘，故所居、所到、所游處，率多山水與余相與環列。」〔註 112〕孫文龍「雅慕武林山水，泛西泠之棹，為徑山之游，訪友禹杭，築房西目，度白雲以方潔，干青霄而直上。」〔註 113〕王陽明（1472～1528）「嘗兩至九華，愛山水之勝，居數月，學者多從之遊。」〔註 114〕皆為雅好山水，而築居山水間的實證。

然也有一些未能如願的遺憾。如曹學佺（1574～1646）「具勝情，愛名山水，卜築匡山（今浙江浦城縣富嶺鎮）之下，將攜家往居，不果。家有石倉園，水木佳勝，賓友翕集，聲伎雜進，享詩酒談讌之樂，近世所罕有也。」〔註 115〕秦一生「性好山水聲伎，絲竹管絃，樗蒲博弈，盤鈴劇戲，種種無益之事。」張岱（1597～1679）言：「死之數日前，猶在某氏觀劇，喃喃向余道之。瀕死前一日，余期一生遊寓山，至易簀之際，猶擲身數四，口中呼寓山、寓山而

〔註 107〕明・袁中道，《珂雪齋集》（上海：上海古籍出版社，1989 年 1 月第 1 版），卷 10，〈王伯子岳遊序〉，頁 460。

〔註 108〕《山棲志》，頁 12 下。

〔註 109〕《列朝詩集小傳》，〈甲集・張司丞羽〉，頁 116。

〔註 110〕清・閔麟嗣，《黃山志定本》（《四庫全書存目叢書》史部二三五冊，台南：莊嚴文化事業有限公司，1996 年 8 月初版），卷 2，〈人物〉，頁 71 上。

〔註 111〕明・許樂善，《適志齋稿》（台北：漢學研究中心景照明天啓五年跋刊本），卷 6，〈賀徐樂野七十序〉，頁 25 上。

〔註 112〕《天游山人集》，卷 16，〈環山亭記〉，頁 8。

〔註 113〕明・徐嘉泰，《天目山志》（《四庫全書存目叢書》史部二三三冊，台南：莊嚴文化事業有限公司，1996 年 8 月初版），卷 4，王在晉〈天目山房記〉，頁 51 上。

〔註 114〕明・顧元鏡，《九華志》（《四庫全書存目叢書》史部二三四冊，台南：莊嚴文化事業有限公司，1996 年 8 月初版），卷 2，〈建置・陽明祠〉，頁 3 下。

〔註 115〕《列朝詩集小傳》，〈丁集下・曹南宮學佺〉，頁 646～647。

死。一生從中道夭折，田宅子女多未了事，凡所以縈其憂慮者不可勝計，而獨以寓山不到，抱恨而沒，此亦可以想其癡痞一往之致矣！」〔註 116〕無論是未能居山之憾，或是不能遊山之怨，皆佐證明人「山林癖」的時代特質。

在人生諸樂中，山水之樂，品位尤高，能領略山水樂趣的人，以隱逸之士爲多。他們多居於山林田野，又有閑情逸致；追逐功名富貴的官宦少有此雅興，間或登山臨水，終不能探幽搜奇，難獲山水眞趣。〔註 117〕山中看山聽泉，洗心寫意等等都是山水良藥，養生利身的生活實踐，所以明人樂與泉石山水爲伍。〔註 118〕有言：「閉門閱佛書，開門接佳客，出門尋山水，此人生三樂。」〔註 119〕《垂訓樸語》提及「本來十樂」也有「得山水之勝」的樂趣。〔註 120〕而「登山臨水」的精神價値，包括：一、高世絕俗，超脫世俗社會；二、散懷解憂，暫忘現實困頓；三、玄對山水，藉以感悟宇宙；四、怡情養性，獲致恬淡寧靜；五、登覽自廣，培養藝術心靈；六、以我觀物，移情山水生命；七、以物觀物，呈現美感形象；八、自然陶寫，強調山水性靈契合；九、物我和諧，達到心境物境冥合。〔註 121〕說明文人雅士爲何喜好山水，其生命的意義便在其中展現。

第三節　隱逸的風尚

依明代各時期來說，明初士大夫的隱居生活多以山居爲主；至明代中期，有大隱小隱之別，大隱隱城，小隱隱山；〔註 122〕後期更有所謂「山人」現象

〔註 116〕明・張岱，《瑯嬛文集》（台北：淡江書局，1956 年 5 月初版），卷 6，〈祭秦一生文〉，頁 174～175。

〔註 117〕夏咸淳，《情與理的碰撞：明代士林心史》，頁 148。

〔註 118〕吳智和，〈明人山水休閒生活〉，《漢學研究》，20 卷 1 期，2002 年 6 月，頁 109。

〔註 119〕《醉古堂劍掃》，卷 4，〈靈〉，頁 70。

〔註 120〕明・陳其德，《垂訓樸語》（《四庫全書存目叢書》子部九四冊，台南：莊嚴文化事業有限公司，1995 年 9 月初版），〈本來十樂〉，頁 14 下～15 上：「吾人幸生爲萬物之靈，不墮異趨，此本來第一樂；幸生於耕讀舊家，覺人世寬展無礙，此本來第二樂；幸五官無蠹疾，身體毫無虧損，此本來第三樂；幸産於中華勝地，得山水之勝，此本來第四樂；幸佩服先聖遺言，爲四民首，此本來第五樂；幸時際昇平，無亂離之苦，此本來第六樂；幸得煮茗香，頗知清況，此本來第七樂；幸祖先不造陰騭事，覺吾身根基獨厚，此本來第八樂；幸門戶寥寂，早晚免驚虞之患，此本來第九樂；幸心地要做好人，不敢作無賴事，此本來第十樂。」

〔註 121〕羅中峰，《中國傳統文人審美生活方式之研究》，頁 167～168。

〔註 122〕陳寶良，〈論晚明的士大夫〉（《齊魯學刊（曲阜）》，1991 年 2 期；收入中國

的大量出現。至明亡後，因國亡的沈痛，而藉山林幽境來寄託內心的苦寂，明人又回歸山居生活。

隱逸是文人的一種明志生存的方式，明初和晚明的隱逸之風都極爲盛行，隱士大量出現，表明文人除急於遠離政治社會之外，其他原因不盡相同，相對來說，明初多迫於無奈，而晚明多出於自願；迫於無奈多出於政治時局，出於自願則來自個性因素。個性的轉變，當然也深受外在浪漫思潮的時代氛圍，佛道教思想的啓迪，商業發達的市井生活，以及動蕩的社會環境等影響，〔註 123〕使得明代後期出現「世俗化」的隱逸現象。

一、個性自主

明代中期以後，大約在弘治、正德年間，已經形成文士狂簡、自主的性格。〔註 124〕《廿二史箚記》有載：「此等恃才傲物，跅弛不羈，宜足以取禍，乃聲光所及，到處逢迎，不特達官貴人傾接恐後，即諸王亦以得交爲幸，若惟恐失之。可見世運昇平，物力豐裕，故文人學士得以跌蕩於詞場酒海間，亦一時盛事也。」〔註 125〕說明明代中葉文士的傲誕之習。至明代晚期，更產生許多的名士、狂士、山人和隱士，〔註 126〕展現獨特的個性，如王艮（1483～1541）、李贄、湯顯祖（1550～1617）、徐渭（1521～1593）、公安三袁等等。〔註 127〕其中李贄就認爲人應當盡己之性，〔註 128〕不必逆性，要率性而行，而不受任何教條的束縛。〔註 129〕明中後期的狂士群體在生活中崇尚適性疏放，不與世俗同，既不願受傳統道德禮法的束縛，也不受世俗觀念的影響。〔註 130〕

人民大學複印報刊資料《明清史》，1991 年 6 期），頁 17。

〔註 123〕史小軍，《復古與新變——明代文人心態史》，頁 153。

〔註 124〕陳寶良，《悄悄散去的幕紗——明代文化歷程新說》，頁 63。

〔註 125〕《廿二史箚記》，卷 34，〈明中葉才士傲誕之習〉，頁 784。

〔註 126〕周明初，《晚明士人心態及文學個案》，頁 58。

〔註 127〕高小康，《中國古代敘事觀念與意識形態》（北京：北京大學出版社，2005 年 9 月第 1 版），頁 160。

〔註 128〕明・李贄，《李溫陵集》（《續修四庫全書》集部一三五二冊，上海：上海古籍出版社，2002 年 3 月第一版），卷 9，〈童心說〉，頁 1 上：「夫童心者，眞心也。若以童心爲不可，是以眞心爲不可也。夫童心者，絕假純眞，最初一念之本心也。若失卻童心，便失卻眞心，失卻眞心，便失卻眞人，人而非眞，全不復有初矣。」

〔註 129〕陳建華，〈論晚明思潮——一個反儒文化斷層〉，《復旦學報》（社會科學版），1986 年 3 期，頁 79。

〔註 130〕徐林，〈明中後期狂士的社會交往生活與江南士林風氣〉，《北方論叢》，2004

恃才傲物，自視甚高；跌宕不羈，怪異放蕩；狷介耿直，不容俗物。〔註 131〕更出現「病癖痴狂」的顯著個性。〔註 132〕個性思想張揚會強化人的自我意識，〔註 133〕而自我意識的強化則會影響人生仕隱的抉擇，晚明文人的自我意識，對於傳統知識分子所重視的成德立功、經世濟民之事，不再被認爲是最重要或非達成不可者，〔註 134〕此即爲隱逸風尚興起的主要因素。

晚明時期，強調自我，主張個性解放，已成爲當時一種勢不可遏的思想洪流，〔註 135〕並呈現在隱逸的生活狀態。明人任情放縱，以詩酒聲色自娛，或追求一種靜的精神境界，怡情於山水之中，或力求生命價值的延續和超越，求仙和狂禪，〔註 136〕晚明文人山水之好與其自由的性格有密切的關係。〔註 137〕對於談禪說佛，則是作爲個性解放的思想工具，不再是一種崇高和虔誠的信仰。晚明文人的基本人格是放誕風流，充分地肯定人的生活欲望，好貨好色，既追求精神超越的愉悅，也追求世俗的物質享受，既狂狷曠達，又善於玩味生活。〔註 138〕藝術創造上，既超逸曠達地追求高雅文化，標榜其與俗決絕的自覺意向，又狂狷放誕地追逐俗世生活，既執著於琴棋書畫、詩詞歌賦、傳統藝術的革新創造，又沈迷於花卉果木、禽魚蟲獸、器物珍玩、飲食起居等尋常物事的把玩，將「雅」與「俗」調和集結於一身。〔註 139〕明人由自我主體的反省與期望，進而肯定人欲、貞定天理，終由肯定、貞定的努力而趨於理想的幻滅，這種幻滅、蒼茫的無奈感，在晚明文人生命中夾擊衝盪，使得主體自我更無法安頓其生命意義，於是將無法安頓的主體自我，再投射於

年 2 期，頁 72。

〔註 131〕邱曉平、胡璟，〈明中葉吳中文人的才士風度形成探析〉，《北京科技大學學報》（社會科學版），23 卷 2 期，2007 年 6 月，頁 96～97。

〔註 132〕吳承學、李光摩，〈晚明心態與晚明習氣〉，頁 65。

〔註 133〕蔣玉斌、楊欣，〈明代中晚期小說與士人的慕俗心態〉，《中國文學研究》，2006 年 2 期，頁 66。

〔註 134〕盧玟楣，《晚明文人自覺意識及其實踐之研究》（台北：私立淡江大學中國文學研究所碩士論文，1992 年 6 月），頁 23。

〔註 135〕吳兆路，《中國性靈文學思想研究》（台北：文津出版社，1995 年 1 月初版），頁 93。

〔註 136〕周明初，《晚明士人心態及文學個案》，頁 59。

〔註 137〕夏咸淳，《情與理的碰撞：明代士林心史》，頁 312。

〔註 138〕吳承學，〈遺音與前奏——論晚明小品文的歷史地位〉，頁 171。

〔註 139〕吳中杰主編，《中國古代審美文化論——第一卷：史論卷》，頁 397～398。

外在的事物，形成一種所謂「玩物喪志」的頹廢態度。〔註 140〕這些當然也都表現在明人的隱逸生活中，「隱」出現新的意義，名士高士之隱者型態，以另一種奇特的方式，再現於歷史的舞台。放逸田園或漁樵山水的隱者之外，也呈現一種隱於「市」、或隱於「心」的狀態。〔註 141〕看似以沉默退離的姿態，消極面對隱逸的人生，其實是一種積極的自我展現。〔註 142〕

明人個性自主的特性，受到當時社會背景的影響。明代中期後，尙利與奢侈的社會風氣，是明代文人慕俗心態產生的原因。〔註 143〕商人的地位提高，傳統的士商關係開始轉變，商人不再居四民之末，文人儒商並舉，甚至棄儒從商，士商關係融洽。〔註 144〕因經濟的發達，新興市民意識的萌發，晚明時期文人的狂，較之魏晉時代更放達、更奇特。〔註 145〕在繁華奢靡的生活中，人民不願受傳統禮教的束縛，行爲放浪不羈，不甘受既有成規的限制。〔註 146〕明代的審美觀，以侈爲美，以新爲美，以自由爲美。〔註 147〕社會風氣則趨於放任浮飾，政治上失意的文人，不再講論實際的政治事務，改爲專研性命天理，與僧侶交往，談說禪機。閒暇時則遊山玩水，淘洗胸中抑鬱，或沉湎琴棋書畫中，宣洩性靈，表現名士風流、優遊閒雅的氣度。此種生活態度漸漸成爲某一部份文人的特色，爲時俗所推崇。於是有貲財的富商大賈，爲附庸風雅，便樂於贊助和追隨，從而助長名士集團的聲勢。此風既成，文人無不假此以自高身價，脫略形跡，耽性山水，儼以名士山人自居，山人之名，所在皆是。〔註 148〕金錢、物欲的衝擊下，迷蕩困惑，導致心理失衡、變態，他

〔註 140〕林素玟，〈晚明「賞鑑」的審美意識〉（收入淡江大學中國文學研究所主編，《文學與美學》，第 5 集，台北：文史哲出版社，1995 年 9 月初版），頁 246～247。

〔註 141〕龔鵬程，《飲食男女生活美學》（台北：立緒文化事業有限公司，1998 年 9 月初版），頁 244。

〔註 142〕曹淑娟，〈從清言看晚明士人主體自由之追尋與呈顯〉（收入淡江大學中國文學研究所主編，《文學與美學》，2 集，台北：文史哲出版社，1991 年 10 月初版），頁 262。

〔註 143〕蔣玉斌、楊欣，〈明代中晚期小說與士人的慕俗心態〉，頁 66。

〔註 144〕史小軍，〈論中晚明士商關係的轉變及士對商的人文關懷〉，頁 104。

〔註 145〕張輔麟，〈晚明文化思潮述略〉，《明史研究專刊》，11 期，1994 年 12 月，頁 148。

〔註 146〕李明宗，〈晚明文人的休閒生活及其反映的時代意義〉，頁 292。

〔註 147〕王小舒，《中國審美文化史・元明清卷》（濟南：山東畫報出版社，2000 年 10 月第 1 版），頁 264。

〔註 148〕陳少棠，《晚明小品論析》，頁 111～112。

們企圖以種種怪異行為尋求心理的平衡。〔註 149〕發達的經濟所導致的商品消費和物質欲望的高漲，使得文人不能再安於貧賤的生活，傳統的隱逸文化對他們來說不再具有眞實的生活意義，而只有精神上的關聯。〔註 150〕明人的閒隱理念，最後乃具體化爲文雅生活情境的經營，充滿物質性與感官性，〔註 151〕經濟的發展，使晚明士大夫的習隱意識染上獨特的色彩。〔註 152〕

明代中葉以後，在迅速發展的商品經濟和陽明心學的影響下，突破程朱理學規範的限制與束縛，主張人格獨立，追求自我率眞與隱逸自由，於是狂狷成爲這一時期文人獨特的風格。〔註 153〕明代文化的市井化特徵，與名士文化、隱逸文化結合，接受並改造王學左派的思想，造就明代獨特的山林文化。這種混合型文化具有反朱學，提倡個性自由的特點，以追求個體生命欲望的滿足爲皈依，明代文人思想和行爲都與這種混融有關。〔註 154〕心學左派的泰州學派，反傳統、非名教、尊個性、重實行的精神，最初以講會的形式流傳於較低下之平民階層，但發展至耿定向（1524～1596）、耿定理、焦竑（1541～1620）、李贄諸人，便轉而深入士大夫階層，而且大量融會佛說，專研性命天理，行爲也越趨放任。下至明季，文人無不受此派思想所影響，多喜以名士山人自任，蔑棄禮教，呈現著極端自由浪漫、活潑生動的氣息，〔註 155〕重視個性，張揚個性，做爲一條主線一直貫穿於晚明文化思潮發展的始終。〔註 156〕由於王陽明心學的新變勃興，人文主義狂潮的強勁湧起，使明朝的隱逸文化，呈現心隱化、世俗化，迥然不同於以往。〔註 157〕

二、佛道崇尚

明代中後期，形成儒釋道三教並崇的局面。〔註 158〕很多棄官或罷官的失

〔註 149〕周志斌，〈論晚明商潮中的儒士〉（《長白論叢（長春）》，1994 年 2 期，頁 68～74；收入中國人民大學複印報刊資料《經濟史》，1994 年 3 期），頁 72。

〔註 150〕張德建，《明代山人文學研究》，〈緒論〉，頁 6。

〔註 151〕王鴻泰，〈明清間士人的閒隱理念與生活情境的經營〉，《故宮學術季刊》，24 卷 3 期，2007 年 3 月，頁 36。

〔註 152〕陳寶良，《悄悄散去的幕紗——明代文化歷程新說》，頁 83。

〔註 153〕劉春玲，〈論晚明士大夫的狂狷之風〉，《江漢論壇》，2005 年 4 期，頁 89。

〔註 154〕張德建，《明代山人文學研究》，頁 39。

〔註 155〕陳少棠，《晚明小品論析》，頁 107。

〔註 156〕張輔麟，〈晚明文化思潮述略〉，頁 148。

〔註 157〕許建平，《山情逸魂——中國隱士心態史》，頁 343。

〔註 158〕史小軍，《復古與新變——明代文人心態史》，頁 160。

意士大夫，困頓科場的士子，成爲佛道居士，這些逃世的文人與中下層僧侶於山林中結合，〔註159〕成就山林的隱逸文化。

儒學出自中土，講仁義、重人倫、關注社會人生，熱衷政治功名；佛教源於天竺，相信因緣、棄滅塵俗、關懷來生、空幻生命。二者之間有著極大的差異，到晚明則逐漸合流。王陽明創立心學，提出致良知、知行合一，不崇拜孔孟等儒學宗師，援佛入儒，強調本心，並且主張用靜坐參禪的方法來存養功夫。發展到後期，已經形成一種似儒非儒、似禪非禪的狂禪風氣，行止率性，純任自然。〔註160〕不以孔子之是非爲是非，獨立思考，破除思想之禁錮，從而走向思想之多元。此種思想進一步張揚發揮，與世俗社會追求奢侈享樂風尚相結合，便易走向任情縱欲，追求人生舒適快意，以達情欲與物欲的滿足。然常有一種無以爲寄之感，於是他們皈依仙、佛，以求得心靈上的寄託。〔註161〕除佛教外，晚明文人也崇尚道教，其目的在於祈求長生不老，或希望羽化登仙。〔註162〕他們求仙多半是在現實社會中遭遇挫折與苦悶，爲求解脫，只好往秀麗幽美的山水中漫遊而幻想成爲永恆的仙人。〔註163〕儒家思想的積極進取精神，在道德與政治理想的破滅後，易流於人生虛無主義，而道家無爲的思想即是他們最好的伴侶，〔註164〕以求得對於人生最佳的註解。

山水與宗教互爲表裡，在原始宗教中常存有對自然山水的崇拜意識。宗教思維中常有山水意象，宗教活動的開展又多依賴於山水空間，大凡名剎古寺、仙觀道廟多居於山水名勝之地，因此晚明文人求禪問道的過程實際上也是遊山歷水的過程。〔註165〕山居的隱逸生活，便提供極佳的悟道空間。

三、隱逸方式

「仕」是中國文人生命的基調，當現實的政治社會失去應有的秩序，不能

〔註159〕白文固，〈明中後期的居士佛教初探〉，《青海民族學院學報》（社會科學版），33卷2期，2007年4月，頁21。

〔註160〕藍東興，〈歸隱：晚明士大夫的政治退避與個性張揚〉，頁95。

〔註161〕羅宗強，〈社會環境與明代後期士人之心態走向〉，《粵海風》，2006年3期，頁7。

〔註162〕史小軍，《復古與新變——明代文人心態史》，頁162。

〔註163〕董天策，《仁智的樂趣——山水泉石》（台北：雙笛國際事務有限公司出版部，1998年2月1版），頁159。

〔註164〕陳寶良，《悄悄散去的幕紗——明代文化歷程新說》，頁244。

〔註165〕史小軍，《復古與新變——明代文人心態史》，頁163。

契合文人心中的理想，又無力改變時，退隱似乎是較明智的選擇。尤其在儒家思想體系裡，「隱」本來就是針對「仕」的問題而來，知識份子從政治社會的參與中引身而退，是一種不得已的選擇，也是一種對當政者不滿的間接抗議和批判。〔註 166〕范曄在《後漢書・逸民列傳》的序文中，曾對隱士隱居的心態作區分，〔註 167〕歸納成下列六類型：一、隱居以求其志；二、曲避以全其道；三、靜己以鎮其躁；四、去危以圖其安；五、垢俗以動其槩；六、疵物以激其清。〔註 168〕「大或輕天下而細萬物，小或安苦節而甘賤貧。扇箕山之風，鼓洪厓之志。」〔註 169〕因此中國歷史上曾出現很多的隱士集團，最著名的有：一、漢：商山四皓；二、晉：竹林七賢；三、南北朝：蓮社十八高賢；四、唐：竹溪六逸；五、五代：華山三高士；六、宋：南山三友；七、明：苕溪五隱；〔註 170〕八、海內三遺民。〔註 171〕隱士歸隱有著各種各樣的原因和心態，有恬然而隱，有怨憤而隱，心境不同，隱的程度也不同。有者無視紛擾煩濁，獨隱在山水田園間，享受一份恬靜與悠閑；有者仍不忘世俗紅塵，雖然遠離政治官場，卻仍然高擎起批判的大旗，〔註 172〕無視眼前山境水色。

明人隱逸的方式各有差異，文人的隱逸思想和隱逸活動，經歷幾個階段的發展，如明初的政治性隱逸，弘治、正德之際的市隱以及追求性命眞諦爲主要目標的道隱，中葉以來的生活化、世俗化隱逸形成，以至晚明時期的通隱、吏隱。〔註 173〕從隱士的政治生活，可區分爲眞實的隱士、虛假的隱士；

〔註 166〕吳璧雍，〈人與社會——文人生命的二重奏：仕與隱〉（收入蔡英俊主編，《中國文化新論・文學篇一・抒情的境界》，台北：聯經出版事業公司，1982 年 9 月初版），頁 165。

〔註 167〕南朝・范曄，《後漢書》（北京：中華書局，1965 年 5 月第 1 版），卷 83，〈逸民列傳第七十三〉，頁 2755：「或隱居以求其志，或回避以全其道，或靜己以鎮其躁，或去危以圖其安，或垢俗以動其槩，或疵物以激其清。然觀其甘心畎畝之中，憔悴江海之上，豈必親魚鳥樂林草哉，亦云性分所至而已。故蒙恥之賓，屢黜不去其國；蹈海之節，千乘莫移其情。適使矯易去就，則不能相爲矣。彼雖硜硜有類沽名者，然而蟬蛻囂埃之中，自致寰區之外，異夫飾智巧以逐浮利者乎！」

〔註 168〕蔣星煜，《中國隱士與中國文化》，頁 15。

〔註 169〕《雅尚齋遵生八牋》，卷 19，〈塵外遐舉牋〉，頁 1 下。

〔註 170〕苕溪五隱：孫一元、劉麟、吳琬、龍霓、陸昆。

〔註 171〕蔣星煜，《中國隱士與中國文化》，頁 41。

〔註 172〕孫適民、陳代湘，《中國隱逸文化》，頁 133。

〔註 173〕張德健，〈隱逸圖景的建構與演變——論山人的隱逸詩〉，《學術界》（雙月刊），2006 年 1 期，頁 188。

從隱士的經濟生活，可區分爲在業的隱士、無業的隱士；從隱士的社會生活，可區分爲孤獨的隱士、群友的隱士；從隱士的精神生活，可區分爲養性的隱士、求知的隱士。〔註174〕《聽雨紀談》載：

> 隱一也，昔之人謂有天隱、有地隱、有人隱、有名隱，又有所謂充隱、通隱、仕隱，其説各異。天隱者，無往而不適，如嚴子陵之類是也。地隱者，避地而隱，如伯夷、太公之類是也。人隱者，詭迹混俗，不異眾人，如東方朔之類是也。名隱者，不求名而隱，如劉遺民之類是也。他如晉・皇甫希之人，稱充隱。梁・何點，人稱通隱。唐・唐暢，爲江西從事，不親公牘，人稱仕隱。然予觀白樂天詩云：「大隱在朝市，小隱在丘樊，不如作中隱，隱在留司間。」則隱又有三者之不同矣。〔註175〕

把隱分爲「天隱」、「地隱」、「人隱」、「名隱」、「充隱」、「通隱」、「仕隱」等隱逸方式，以及白居易的「中隱」理論，有「小隱即居山，大隱即居廛」之說。〔註176〕其中隱逸方式的高下之分，因人而異，則有不同的詮釋：

> 逸民之名則一，而行則有三：上焉道隱，其次性隱，最下名隱。何謂道隱？出處進退，關係天下，王公不得友，萬乘不得臣，世可知其名，俗不蒙其教，是抱道而隱，隱之上也。何謂性隱？行有過僻，志在深傲，適志江湖，草芥軒冕，入室清風，升牖明月，是率性而隱，隱之次也。何謂名隱？欲進則懼禍，欲退則思進，爲怪行以動眾，餚恢言以矯物，上則邀天王之命，下則媒當世之稱，是吊名而隱，隱之下也。道隱者賢人也，性隱者野人也，若名隱則小人而已矣！〔註177〕

以「隱居待時」的態度，期待「天下有道」的時代來臨，並不完全放棄或否定世俗社會，可稱之爲「道隱」或「時隱」，這是上層的「隱」。而對世俗政治社會採取否定的態度，對世俗社會的改善或行道之可能性已不抱期望，只

〔註174〕蔣星煜，《中國隱士與中國文化》，頁20～21。

〔註175〕明・都穆，《聽雨紀談》（《四庫全書存目叢書》子部一〇二冊，台南：莊嚴文化事業有限公司，1995年9月初版），頁21下～22上。

〔註176〕曹明綱，《人境壺天——中國園林文化》（上海：上海古籍出版社，1994年12月第1版），頁101。

〔註177〕明・蔣以忠、蔣以化撰，林大桂集註，《新刻藝圃球瑯集註》（《四庫全書存目叢書》子部八七冊，台南：莊嚴文化事業有限公司，1995年9月初版），卷1，〈隱逸篇〉，頁14上～下。

有避世而隱，全身而退，是一種疏離性的自我放逐，可稱之爲「身隱」、〔註 178〕「性隱」。最下層的「隱」則是「欲進則懼禍」、「欲退則思進」，沽名釣譽的「名隱」，名隱與晚明的隱逸之風頗爲類同。李贄對隱逸也有如下的看法：

> 時隱者，時當隱而隱，所謂邦無道則隱是也，此其人固有保身之哲矣。然而稍有志者亦能之，未足爲難也。若夫身隱者，以隱爲事，不論時世是也，此其人蓋有數等焉，有志在長林豐草，惡囂耽寂而隱者；有懶散不耐煩，不能事生產作業而其勢不得不隱者，以此而隱，又何取於隱也？等而上之，不有志在神仙，願棄人世，如陶弘景者乎；身遊物外，心切救民，如魯連子者乎；志趣超絕，不屈一人之下，如莊周、嚴光、陶潛、邵雍、陳摶數公者乎！蓋身雖隱而心實未嘗隱也，此其隱蓋高矣！然猶未大也，必如阮嗣宗等，始爲身心俱隱，無得而稱焉。嗟夫！大隱居朝市。東方生其人也，彼阮公雖大，猶有逃名之累，尚未離乎隱之迹也，吾謂阮公雖欲爲馮道之事而不能，若馮公則眞無所不可者也。〔註 179〕

提出邦無道而隱的「時隱」，以及不同原因而隱的「身隱」，他所崇尙的是「身隱而心不隱」者，也就是所謂的「大隱居朝市」。所以隱逸的方式並非傳統的清苦修道，隱避靜地的型態。

明人對於隱逸的解釋，認爲只要志在於隱，無須異於常人，匿跡深山，即便身有所牽，也可在心中構建起一方淨地。至於山水林泉、鳥語花香之類的隱居樂趣，則完全可以在遊山玩水、治園修亭中求得。江南文人好遊山水，競築園林，追求一種恬淡閑適、悠然自得的藝術化的生活情趣，很大程度上基於這樣的隱逸觀。〔註 180〕尤其晚明，並沒有適合隱士生存的溫床，再加上社會價值觀念的轉變，純粹棲身山澤的隱士已很難出現，歸隱而不絕塵，則是較爲理想的選擇。〔註 181〕所以「隱有二道焉：有身隱者，有心隱者。身隱

〔註 178〕劉紀曜，〈仕與隱——傳統中國政治文化的兩極〉（收入黃俊傑主編，《中國文化新論．思想篇一．理想與現實》，台北：聯經出版事業公司，1982 年 10 月初版），頁 296。

〔註 179〕明．李贄，《藏書》（台北：臺灣學生書局，1974 年 8 月初版），〈外臣總論〉，卷 66，頁 1089。

〔註 180〕陳江，《明代中後期的江南社會與社會生活》，頁 165。

〔註 181〕吳承學、李斌，〈隱逸與濟世——陳眉公與晚明的士風〉，《中國文化研究》，2005 年春之卷，頁 71。

非枕流漱石不足以激其清，心隱雖泥蟠天飛皆足以葆其素。」〔註 182〕強調心隱的重要。由此看來避世的意識在明代已漸淡漠，不是不避世，而是不重避世的地點、方式。不固守傳統習俗、成見，重心隱，而不重形隱和身隱，這也是心學的影響，導致隱逸文化的普遍心隱化。〔註 183〕甚至出現身居官職卻不問或少問時事的「朝隱」或「吏隱」，〔註 184〕如袁宏道出世入世，一切都隨意而安，任意而行。而他非官非隱，亦官亦隱，既沒有普遍文人那種強烈的求取功名的入世願望，也沒有山中隱士那種棄絕塵俗的出世之想，入世既不深，出世也不力。〔註 185〕以吏爲隱而淡於宦情者，如馮夢禎（1546～1605），「築精舍於孤山（今浙江杭州），曰得附林處士（林和靖）足矣。」〔註 186〕皆爲「心隱」而非「身隱」的表現。傳統山居隱逸的寂苦生活，至明代雖然仍擇山居，但已有不同的時代風貌。

明代中後期，世俗化潮流推動下，文人要求打通聖凡，溝通雅俗，從而使文藝、文化更加貼近世情人生，加劇平民化的趨勢。晚明文人的人生觀是戀世的、適世的、娛世的，而非超世的、出世的、厭世的，世俗化使他們人生觀、價值觀、美學觀產生深刻的變化。〔註 187〕明人慕新好奇，滿足於尋幽探奇的閑情逸致，〔註 188〕因此而形成世俗化的隱逸生活。

第四節　山人與山居

隱逸的要義是通過隱居逃避世俗紛擾，保持自我人格的獨立，但這只是動機。〔註 189〕明代文人既欲逃離現實，無用於世，卻又缺乏追求遺世獨立的精神，已轉變爲「世俗性」的隱士，也就是明代後期所謂的山人。這一轉換象徵隱逸精神在明代的消解，也象徵隱士時代的終結，同樣是布衣文人的身分，甚至同樣可

〔註 182〕明・顧起元，《嬾眞草堂集》（台北：文海出版社，1970 年 3 月初版），卷 5，〈坐隱解〉，頁 34 下。

〔註 183〕許建平，《山情逸魂——中國隱士心態史》，頁 336。

〔註 184〕曹明綱，《人境壺天——中國園林文化》，頁 95。

〔註 185〕周明初，〈袁宏道：適意與避世〉，《中國文學研究》，1997 年 1 期，頁 55。

〔註 186〕明・徐復祚，《花當閣叢談》（台北：廣文書局，1969 年 1 月初版），卷 7，〈馮會元〉，頁 17 上。

〔註 187〕夏咸淳，《情與理的碰撞：明代士林心史》，頁 223。

〔註 188〕郭英德、過常寶，《雅風美俗之明人奇情》，頁 51

〔註 189〕張德建，《明代山人文學研究》，頁 207。

以身處江湖之遠，山野之幽，但「山人」卻紛紛廁身在名利場中。〔註 190〕明代山人流風很盛，文人矯情僞行，標榜清高，騙取時譽，習以爲常。〔註 191〕明代後期，已經很難尋覓像漢朝嚴光、晉朝陶潛、唐朝王績、宋朝林逋、元朝王冕那樣的高蹈遠遁之士。《明史·隱逸傳》載有十二人，〔註 192〕明末則僅錄陳繼儒（1558～1639）一人，〔註 193〕而陳繼儒就是晚明「山人」重要的代表人物。

明季山人特盛，最主要的原因是明中葉以後商品經濟發展，城市日漸繁榮，加上富商巨賈附庸風雅，使落第舉子、失意文人得以憑借詩文書畫的一技之長謀生。山人中有賣文爲生，傲然獨立的；也有奔走權勢，巧相逢迎的，不可一概而論。明代山人較少長居山中，多以「大隱隱於市」的型態生活。〔註 194〕雖然如此，也有眞山人的存在，只是居山的目的不同而已。

一、山人定義

山人自古有之，只是定義不同，古時或稱管理山林之人，或爲隱士之稱，或稱身有技藝者。〔註 195〕宋代山人常指工匠技藝之流和行走江湖的相士醫師。元代，山人一詞沿襲宋人稱謂，又有變化，特指行走江湖的相士醫師之流。

明初山人大抵承緒元代風習，山人之稱就其字面義應是指「山居之人」，「山居之人」多爲漁樵隱者，或鐘鼎山林之人，這類人物本是中國隱逸傳統中的高士。〔註 196〕但是，明代的山人生活形成特殊的時代現象，雖然所謂的眞假山人有待釐清，但一部份也展現明代山居生活的樣貌。明初有些山人，基本是元朝的遺民，不願意改侍新朝，以山人爲由而避世。〔註 197〕明初隱居不仕的文人常以「山人」自稱，如王逢（1319～1388）號席帽山人，戴良（1317～1383）號九靈山人，趙善瑛號玉峰山人。〔註 198〕此後直到弘治、正德間，

〔註 190〕羅中峰，《中國傳統文人審美生活方式之研究》，頁 194。

〔註 191〕陳少棠，《晚明小品論析》，頁 112。

〔註 192〕張介福、倪瓚、徐舫、楊恒、陳洄、楊引、吳海、劉閔、楊黼、孫一元、沈周、陳繼儒等十二人。參考：清·張廷玉等撰，《明史》（北京：中華書局，1974 年 4 月第 1 版），卷 298，〈隱逸〉，頁 7623～7632。

〔註 193〕夏咸淳，《情與理的碰撞：明代士林心史》，頁 222。

〔註 194〕陳平原，〈晚明小品論略〉，頁 309。

〔註 195〕（日）金文京，〈晚明山人之活動及其來源〉，《中國典籍與文化》，1997 年 1 期，頁 41。

〔註 196〕邵曼珣，〈明代中期蘇州園林空間的書寫——文人生命情境的投射〉，頁 258。

〔註 197〕趙軼峰，〈山人與晚明社會〉，頁 13。

〔註 198〕張德建，〈明代山人群體的生成演變及其文化意義〉，《中國文化研究》，2003

山人幾乎絕跡，之後略爲出現。〔註 199〕至嘉靖、萬曆年間，山人一稱不脛而走，相士、醫師外，詩人、畫客、隱士、幕客、俠士紛紛自冠山人稱號，甚至位高權重的官僚和享譽文壇的巨子也競相仿效。〔註 200〕「山人現象」極爲興盛，所謂山人，並不住在山中，反而是奔走公卿之門。自視爲隱者，自居爲高士、才子、名士，故形成一種時代之特色，也是明代隱逸傳統之新變，只不過這種變化，是一種趨向於世俗化的轉變，爲廁食公卿之間，藉山人之形象，以提高自己的地位。〔註 201〕如王世貞（1526～1590）等大量在官而號山人者，則只有其稱而無其實。〔註 202〕至清初，雖然山人並沒有絕跡，但晚明那種「職業山人」卻已逐漸消失。〔註 203〕

晚明山人與傳統山人本質上的區別：一者，就形跡而言，傳統山人隱居岩穴，晚明山人活躍於朝市。〔註 204〕晚明文人，受挫於制科，托跡於城市，而號稱山人，都只是心嚮往山水，而不巖棲谷匿，市隱、心隱之說正是其人居市廛的借口。〔註 205〕二者，就生存方式而言，傳統山人躬耕以自給，晚明山人挾薄技，問舟車於四方。〔註 206〕「山人」基本上都是出身南方的文人，〔註 207〕這與晚明東南地區經濟的繁榮無疑有一定聯繫。從時間上看，萬曆時期活動最頻繁，山人風氣尤烈，這與萬曆帝在位時間長久，及很少過問朝政造成的某些眞空狀況不無關係。〔註 208〕他們常從南方遠赴京城，投身在北京，成爲官員的門人清客，〔註 209〕以此謀生。

二、山人類型

明代山人約可分爲三種類型：第一類是最爲典型的山人，他們拒絕科試，終身處於體制之外，如孫一元（1484～1520）、高瀔（？～1544？）、傅汝舟（1476

年夏之卷，頁 81。

〔註 199〕趙軼峰，〈山人與晚明社會〉，頁 13。

〔註 200〕李聖華，〈晚明山人與山人詩〉，頁 77。

〔註 201〕邵曼珣，〈明代中期蘇州園林空間的書寫——文人生命情境的投射〉，頁 258。

〔註 202〕黃卓越，〈明正嘉年間山人文學及社會旨趣的變遷〉，頁 54。

〔註 203〕趙軼峰，〈山人與晚明社會〉，頁 13。

〔註 204〕李斌，〈晚明「山人」與晚明士風——以陳眉公爲主線〉，頁 143。

〔註 205〕陳萬益，《晚明小品與明季文人生活》，頁 78。

〔註 206〕李斌，〈晚明「山人」與晚明士風——以陳眉公爲主線〉，頁 143。

〔註 207〕李聖華，〈晚明山人與山人詩〉，頁 77。

〔註 208〕張靜秋，〈晚明山人的文化風貌及文化建構〉，頁 42。

〔註 209〕羅中峰，《中國傳統文人審美生活方式之研究》，頁 187。

～1557）、傅汝楫、程誥、張詩（1487～1535）等。第二類型爲曾參加科舉考試，試圖進入仕途者，以黃省曾（1490～1540）、王寵（1494～1533）爲代表。第三類型即官宦謝職後習慕山人者，如鄭善夫（1485～1523），正德年間因朝政紛亂以病歸居，築「少谷草堂」於鼇峯，巖居數年，屛戶絕客。之後雖然又入仕爲官，但因勸阻武宗南巡受杖請歸，居故廬南湖之上。〔註210〕大致上也就是分爲所謂的布衣山人，或冠帶山人，終身不入朝爲官的布衣，或者是在官或罷官的縉紳，他們均追求山人的趣味生活，建別業，築園林，徜徉其中，讀書、吟詩、焚香、煮茗、鑑賞書畫等。〔註211〕所以無論出仕或隱逸，仍自尊爲山人，形成獨特的遊於世俗、官場的遊宦之隱，一方面是通過閑暇的山居來把自己與現實世界隔離；另一方面，是從心靈、思想上退出現實世界。〔註212〕山人大多奔走塵世，在社會的夾縫中討生活，隱居沒有實際可能性，只能變成山人心目中的想象圖景，從而得到精神上的撫慰，〔註213〕也就是所謂的「心隱」。然不做官而隱居的山人，又可分爲兩種類型，一類是隱居巖穴，遠離塵囂；一類是寄跡山林而活躍朝市，雖然不爲官卻交際廣泛，與官府關係密切。〔註214〕甚至有謂晚期山人的隱逸並非眞正的隱逸，而是在不離棄世俗的前提下享受隱福，〔註215〕雖然名稱爲山人，卻可以過著非常世俗化的隱居生活。

明代中後期的社會一方面功利心熾，競尚奢華，另一方面又極度崇尚雅致，媚雅成風。在形式上山人具有隱者的特徵，又多以隱者自稱，但其歸隱多是一時，似乎是一種以退爲進的策略。〔註216〕明季山人退隱山林，藏其用不藏其身、不藏其名，結眾悠遊山林野地，共體大自然之物趣。〔註217〕山人的生活，最典型的表現就是四處遊歷，正是遊歷使晚明山人風氣播及四方，造成聲勢。〔註218〕他們的出遊一是遊山川名勝，二是遊於巨室富戶；前者似

〔註210〕黃卓越，〈明正嘉年間山人文學及社會旨趣的變遷〉，頁57。
〔註211〕陳萬益，《晚明小品與明季文人生活》，頁48。
〔註212〕孫適民、陳代湘，《中國隱逸文化》，頁50。
〔註213〕張德健，〈隱逸圖景的建構與演變——論山人的隱逸詩〉，頁189。
〔註214〕吳承學、李斌，〈隱逸與濟世——陳眉公與晚明的士風〉，頁78。
〔註215〕張德建，《明代山人文學研究》，頁205。
〔註216〕徐林，〈明代中後期隱士與山人之文化透析〉，《西南師範大學學報》（人文社會科學版），30卷4期，2004年7月，頁139。
〔註217〕林嘉琦，《晚明文人之觀物理念及其實踐——以陳繼儒《寶顏堂祕笈》爲主要觀察範疇》，頁129。
〔註218〕張靜秋，〈晚明山人的文化風貌及文化建構〉，頁42。

乎爲滿足離塵出世的追求，後者則反過來滿足對世間繁華的追求。〔註 219〕對於前者，有時山人甚至被認爲，雖輒號爲山人而實不居山。本非山林野老，僅僅是遊山的文人雅士而已。〔註 220〕像五嶽山人黃省曾的山遊狀態，可以說明當時山人的生活情形：

> 蘇州黃勉之省曾，風流儒雅，卓越罕群。嘉靖十七年（1538），當試春官，適田汝成過吳門，與談西湖之勝，便輟裝不果北上，來遊西湖，盤桓累月。勉之自號五嶽山人，其自稱於人，亦曰山人。田嘗戲之曰：「子誠山人也，癖耽山水，不顧功名，可謂山興；瘦骨輕軀，乘危涉險，不煩筇策，上下如飛，可謂山足；目擊清輝，便覺醉飽，飯纔一溢，飲可曠旬，可謂山腹；談說形勝，窮狀奧妙，含腴咀雋，歌詠隨之，若易牙調味，口欲流涎，可謂山舌；解意蒼頭，追隨不倦，搜奇剔隱，以報主人，可謂山樸，備此五者，而謂之山人，不亦宜乎。」坐客爲之大笑，此雖戲言，然人於五者無一庶幾焉，而漫曰遊山，必非眞賞。〔註 221〕

對於所謂的「山人」可說是一群癖耽山水，尋幽訪勝於山水間之人。關於後者，山人常以標榜飄逸性靈的作品來遊走公卿之間，求取筆潤爲生，〔註 222〕而且山人以抄錄諸書中瑣言僻事、性靈雋語以薈萃而成的出版品，販賣獲利。〔註 223〕有謂：「往往名掛山人之籍，跡馳卿相之庭，多摧志屈道，借譽期通，以此言高。」〔註 224〕可以了解何以明代山人多不在山，而十九居市廛的特色。眞能入山構築山宅園林的，只有那些已享有名利的山人，才有能力從事此種山人事業，如陳繼儒、周履靖、趙宧光（1559～1625）一類的山人即是。〔註 225〕而山居生活的概況，有些便由這些著名山人來構建。

〔註 219〕趙軼峰，〈山人與晚明社會〉，頁 11。

〔註 220〕龔鵬程，〈遊人記遊：論晚明小品遊記〉，《中華學苑》，48 期，1996 年 7 月，頁 50。

〔註 221〕明・朱國禎輯，《湧幢小品》（《筆記小說大觀》二二編七冊，台北：新興書局，1978 年 9 月初版），卷 17，〈山遊〉，頁 4606。

〔註 222〕林宜蓉，〈晚明文藝社會「山人崇拜」之研究〉，頁 641。

〔註 223〕前引文，頁 700。

〔註 224〕明・張昹，《吳中人物志》（《四庫全書存目叢書》史部九七冊，台南：莊嚴文化事業有限公司，1997 年 10 月台 1 版），卷 9，〈人物志〉，頁 27 上。

〔註 225〕林宜蓉，〈晚明文藝社會「山人崇拜」之研究〉，頁 696。

三、山人俗化

明代中晚期的社會風尚，因受經濟的影響，則有重利重欲的世俗傾向，山人現象其實就是當時社會的表徵。晚明山人將隱逸作爲塑造自我形象的工具，如趙宧光偕妻子隱居寒山（今蘇州），鑿山疏池，淘洗泥沙，築寒山園，凡遊於吳者無不造訪，趙宧光以此知名天下。〔註 226〕雖然號稱隱居，但與外界聲氣交通，〔註 227〕並無隱居之實，但這也彰顯出明人山居生活獨特之處。有謂山人生活的態度是遊乎山水林園之間，又不執著於山水；在精神內涵上，號隱逸而實未嘗隱，名山人而實不入山，一種「翩然一隻雲間鶴，飛去飛來宰相家」〔註 228〕的生命姿態，只是與山居隱士生活反差太大，以致受到時人的批評。

由於山人的世俗化，對於山人的看法，有時是極負面的。認爲：「山人之俗，明中葉後爲盛，綜其內容，當得三事：並不居山而聲華喧赫，此一事也；輕視勞動，貪財好色，此二事也；交通達官，趨迎勢利，此三事也。」〔註 229〕沈德符認爲山人愚妄：「近來山人徧天下，其寒乞者無論，稍知名者如余所識陸伯生，名應陽，雲間斥生也，不禮於其鄉，少時受知於申文定相公，申當國時，藉其勢攫金不少。吾鄉則黃葵陽學士，及其長公中丞稱莫逆，代筆札，然其才庸腐，無一致語。」〔註 230〕謝肇淛（1567～1624）也指出：「惟近世一種山人，目不識丁，而剽竊時譽，傲岸於王公貴人之門，使酒罵坐，貪財好色，武斷健訟，反噬負恩，使人望而畏之，若山魈木客，不敢嚮邇，足以殺其身而已矣！」〔註 231〕李贄對於山人的評價，提到「聖人」與「山人」，與當時反道學理論有關：

> 今之所謂聖人者，其與今之所謂山人者，一也。特有幸不幸之異耳。幸而能詩則自稱曰山人，不幸而不能詩，則辭卻山人，而以聖人名。幸而能講良知，則自稱曰聖人，不幸而不能講良知，則謝卻聖人而以山人稱。展轉反覆，皆欺世盜名者，名爲山人，而心同商賈；口

〔註 226〕張德建，《明代山人文學研究》，頁 78。

〔註 227〕李斌，〈晚明「山人」與晚明士風——以陳眉公爲主線〉，頁 146。

〔註 228〕龔鵬程，〈由菜根譚看晚明小品的基本性質〉（收入吳承學、李光摩編，《晚明文學思潮研究》，武漢：湖北教育出版社，2002 年 10 月第 1 版），頁 438。

〔註 229〕陳登原，《國史舊聞》（台北：明文書局，1984 年 3 月初版），卷 46，〈山人與道號〉，頁 1419。

〔註 230〕明・沈德符，《萬曆野獲編》（《元明史料筆記叢刊》，北京：中華書局，1959 年 2 月第 1 版），卷 23，〈山人愚妄〉，頁 586～587。

〔註 231〕《五雜組》，卷 13，〈事部一〉，頁 3。

談道德，而志在穿窬，夫名山人而心同商賈，既可鄙也。〔註232〕

從明代有關「山人」的記述中，看到的「山人」的形象，總不太光彩。〔註233〕認爲明朝嘉靖、萬曆年間，山人遍天下，他們並非隱居深山，而是遊食人間，假藉詩文書畫，沽名射利，〔註234〕或者僞巧逢迎，使酒罵座，種種醜態畢露。〔註235〕表面自命清高，但往往「展轉反覆，皆欺世盜名者，名爲山人，而心同商賈；口談道德，而志在穿窬。」〔註236〕與盜匪無異，可謂貶抑之極。謝肇淛感慨：

古人爲官俸祿不薄，而宦者亦不矯激求名，以陶元亮之高潔，猶求絃歌以爲三逕之資。王彥之爲太守朞年，曰：「吾山資已足，豈可久留，以妨賢路。」王述爲令，頗受饋遺，王導戒之，答曰：「足當自止，及後爲郡縣，清操絕倫。」阮裕屢辭聘召，後爲東郡太守，或問之曰：「吾少無宦情，既不能躬耕，必有所資，故曲躬二郡耳」。戴符至乞買山錢，以遂其隱。今之仕者，靦顏稛載，固不足道，而人前稱貧不已者，亦豈復有古人風哉？〔註237〕

明人有時藉由籌措歸隱買山錢，呈現高隱之態，實則重名重利，總令人感慨不復有古人風。對於山人的評價如此，因而也有一股思維出現，去期許成爲眞山人。虞淳熙（1545～1621）提及：

杭西湖有山外山，而無山外山人，顧季狂、莫叔明，客他山忘家山，雖杭人非杭人也。禎生恥名山外山人，而願爲遊山詩人，詩成應有施買山錢者，鬻得逋仙舊廬，豪民送物滿室，舉還施錢，當無愧其家，還金叟稱眞山人矣。勉之哉！〔註238〕

關於眞假山人的評述，對於撰寫山居生活來說，其實並非論述的重點，只要身居山中，無論時間的長短，皆妝點出山居生活的樣貌，而且山人的生活自然以山居爲其開展點。雖然明人居山意圖各異，其中也有眞假山人之別，但

〔註232〕《李溫陵集》，卷4，〈又與焦秣陵〉，頁12下～13上。

〔註233〕羅中峰，《中國傳統文人審美生活方式之研究》，頁189。

〔註234〕陳萬益，《晚明小品與明季文人生活》，頁105。

〔註235〕前引書，頁44。

〔註236〕費振鐘，《墮落時代——明代文人的集體墮落》，頁31。

〔註237〕明・謝肇淛，《文海披沙》（《四庫全書存目叢書》子部一〇八冊，台南：莊嚴文化事業有限公司，1995年9月初版），卷7，〈山資〉，頁3下～4上。

〔註238〕明・虞淳熙，《虞德園先生集》（台北：漢學研究中心景照明天啓三年序刊本），卷21，〈跋江禎生鵠志軒吟草〉，頁15下～16上。

就廣義山人來說，也屬山林之人，以居山來標榜高風亮節，在晚明時期大行其道，明人慕染其習，則紛紛擇山而居。山居生活中，需要有足夠的道德修養，才能夠自在徜徉於山水間，否則心境未通，反而只覺山林的風聲鳥鳴喧擾不堪，而未必能得到幽靜之趣。〔註 239〕也因爲如此，山人選擇往來山林與塵俗間以作調劑，以避山居之苦，享受山居之樂，而「山人現象」也成爲明人山居生活中重要的一環。

〔註 239〕林宜蓉，〈晚明文藝社會「山人崇拜」之研究〉，頁 705。

第三章　山居人士的類型

明代文人立身於時代洪流中，尋找自我的社會定位；〔註1〕在「仕」與「隱」間，因人而異，各自選擇不同的生活方式。要立功業成聖賢，或退隱江湖為逸民，除社會背景、政治時局的影響外，也與個人有關。《明史》·〈隱逸〉列傳載：

> 夫聖賢以用世為心，而逸民以肥遯為節，豈性分實然，亦各行其志而已。明太祖興禮儒士，聘文學，搜求巖穴，側席幽人，後置不為君用之罰，然韜迹自遠者亦不乏人。迨中葉承平，聲教淪浹，巍科顯爵，頓天網以羅英俊，民之秀者，無不觀國光而賓王廷矣。其抱瓌材，蘊積學，槁形泉石，絕意當世者，靡得而稱焉。由是觀之，世道升降之端，係所遭逢，豈非其時為之哉。〔註2〕

其中個性志向的影響很深遠，「人有志于功業者，有志于山林者；巢許不能為管晏，管晏不能為巢許，性也。」〔註3〕文人志向不同，個性相異，或成於功業，或隱於山林。隱逸山林的原因很多，北宋名臣富弼曾云：「宅居山水之人，其別有五：有貧以樵釣為業者；有好釋老之學，欲逃生死者；有以德自矜託，名高尚而沽聘命者；有遭喪亂怖禍以避世者；有賢而不能用，退伏著書者。是五者出處則一，其所趨則異也。」〔註4〕有學者認為文人山林隱逸的主要類

〔註1〕王建光，〈明代學子的心態及其價值取向的歸宿〉，《史學月刊》，1994年2期，頁40。

〔註2〕《明史》，卷298，〈隱逸〉，頁7623。

〔註3〕彭汝讓，《木几冗談》（《廣百川學海》，台北：新興書局，1970年7月初版），頁5上～下。

〔註4〕清·陳夢雷編，《古今圖書集成》（台北：鼎文書局，1977年4月初版），《經濟彙編考工典》，卷130，〈山居部·雜錄〉，頁1207。

型爲：一、亂世全身之隱；二、潔身持操之隱；三、蟄伏待機之隱；四、功成身退與退出官場之隱；五、著述傳道之隱。〔註5〕有避亂遠害，求全性命；有官場坎坷，心灰意懶；有生性淡泊，養生終老；有山林講學，傳述思維；有等待時機，待價而沽；甚至行終南捷徑，沽名釣譽。〔註6〕山林的隱逸因人而異，其中的人生抉擇很令人玩味。

第一節　政濁避禍的類型

每一朝代興起衰亡之時常處於動蕩之中，爲逃避兵災政禍，常有人逃亡到深山絕境中去謀求生存，〔註7〕深山往往成爲人們生息的保證。〔註8〕在元末明初，或明朝中後期，以及明末清初時期，面對濁政絕世避禍的隱逸態度，成爲一種反政治的狀態。〔註9〕明代文人集團中，特別是脫離政治不仕的布衣，都喜好山居的幽適，以求得心靈上的清靜。〔註10〕在朝爲官代表對功名利祿或社會責任的執取，山居閒逸則代表隱居者離開權力中心與世俗生活。〔註11〕然而山居生活時期的長短因人而異，有些是暫時避禍，有些是終生隱逸，前者對功名利祿與社會責任仍有嚮往，「莫言小隱堪遺世，琴劍還看到帝鄉。」〔註12〕短暫的沈潛，是爲等待時機；而後者是對時局失望，爲自己的人生作另種絕然的選擇。

一、元明之際

元朝時期，尤其在吳中地區，文風頗盛，然而在政治上實行民族政策，科舉考試取額減少，且爲異族統治，於是南方有些文人選擇隱居不仕之途。〔註

〔註5〕何平立，《崇山理念與中國文化》，頁98～100。

〔註6〕韓兆琦，《中國古代隱士》，頁18～27。

〔註7〕董天策，《仁智的樂趣——山水泉石》，頁46。

〔註8〕徐華龍、王有鈞，《山與山神》（北京：學苑出版社，1994年10月第1版），頁60。

〔註9〕劉紀曜，〈仕與隱——傳統中國政治文化的兩極〉，頁316。

〔註10〕吳智和，〈明代文人集團的山寺茶會〉，《茶學》，1卷1期，1990年10月，頁41。

〔註11〕龔鵬程，《飲食男女生活美學》，頁221。

〔註12〕明・江盈科，《雪濤詩文輯佚》（《江盈科集》，長沙：岳麓書社，1997年4月第1版），卷1，〈吳省祭潯陽山居〉，頁727。

〔註13〕邵曼珣，〈明代中期蘇州文人尚趣之研究〉，《古典文學》，12期，1992年10月，頁189。

13〕元末明初，政治混亂，對時局的不安，或對新朝的不信任，或對吳中張士誠勢力的態度，很多人士紛紛擇山而隱。元臣仕張士誠者在明初多被屠戮，因此在入明之後往往隱姓埋名深自蹈晦。戴良，自號九靈山人〔註 14〕，曾仕元為江浙行省儒學提舉，後避地吳中投靠張士誠，卻於天下一統之後，變姓名隱居於浙江寧波四明山中。〔註 15〕

> 洪武六年（1373），天下大定，始南還，變姓名，隱四明山海間。太祖遣使物色求之，十五年（1382），召至京師，試文詞若干篇，留會同館，命大官給饍，欲官之，以老病固辭，忤旨待罪。次年四月，卒于寓舍，蓋自裁也。世居金華九靈山下，有《九靈山人集》三十卷。〔註 16〕

原本依附張士誠，元亡後仍不忘故君舊國，誓不改節，〔註 17〕導致不得善終的結果。明初，吳下多詩人，高啓（1336～1374）與楊基（1326～？）、徐賁（1335～1393）、張羽稱吳中四傑。其中，楊基：「祖宦吳中，生基，遂家焉。九歲背誦六經，及長著書十萬餘言，名曰《論鑒》。遭亂，隱吳之赤山（今江蘇蘇州）。」〔註 18〕元末因亂而隱居，曾入仕張士誠幕。入明後仍眷懷元室，後被讒奪官，罰服勞役，死於工所。

張士誠據吳中時，也有文人不仕隱山。徐賁，「由毗陵（今江蘇常州）徙居吳，家城北望齊門外，時稱十才子。」「工詩，善畫山水。淮張開閫，辟為屬，與張羽俱避去。之吳興，張居菁山，徐居蜀山（今浙江吳興）。甲辰九月（元至正 24 年，1364），建蜀山精舍。丙午（至正 26 年，1366），吳城解圍後，復隱於蜀山。」〔註 19〕（參見圖 1）洪武中被薦入朝，後以軍隊過境，犒勞失時下獄死，而張羽則流放嶺南，投江而死。貝瓊（1297？～1379）「年四十八始領鄉薦。張士誠據吳，隱於殳山（今浙江海寧），累徵不就。洪武三年（1370），徵修元史。」〔註 20〕因元末世亂，隱居教授。另外，楊維楨（1296～1370）「初居吳山鐵冶嶺，故號鐵厓，既得鐵笛，更號鐵笛。」〔註 21〕「久

〔註 14〕《明史》，卷 285，〈文苑一〉，頁 7312。
〔註 15〕汪栢年，《元明之際江南的隱逸士人》，頁 80。
〔註 16〕《列朝詩集小傳》，〈甲前集・九靈山人戴良〉，頁 55。
〔註 17〕汪栢年，《元明之際江南的隱逸士人》，頁 90。
〔註 18〕《明史》，卷 285，〈文苑一〉，頁 7328。
〔註 19〕《列朝詩集小傳》，〈甲集・徐布政賁〉，頁 117。
〔註 20〕同上註，〈甲集・貝助教瓊〉，頁 133。
〔註 21〕明・田汝成輯撰，《西湖遊覽志餘》（台北：木鐸出版社，1982 年 6 月初版），

之，陞江西等處儒學提舉，未上，會兵亂，避地富春山（今浙江桐廬），徙錢塘。」〔註 22〕明洪武年間，召至京師，議訂各種儀禮法典，事成後即請歸，朱元璋命百官於京都西門外設宴歡送，歸後不久逝世。

元末政局紛亂，才學之士多避居，待明朝政局隱定時才出山任官。元代傑出的畫家王蒙（1308～1385）（趙孟頫之甥）「敏於文，不尚檕度。」「元末官理問，遇亂，隱居黃鶴山（今浙江餘杭），自稱黃鶴山樵，〔註 23〕又稱香光居士。」芒鞋竹杖，高臥白雲間，幾至三十年。〔註 24〕（參見圖 2）洪武初，爲山東泰安州知州，〔註 25〕因胡惟庸案受到牽連，死於獄中。徐達左（1333～1395），「隱居光福山中（今江蘇鎮江鄧尉山），自號耕漁子。」〔註 26〕洪武初年，起爲訓導。劉基（1311～1375），「至正十六年（1356），獻策給朝廷以討滅賊寇，卻遭到貶抑，迫不得已才隱居青田山（今屬浙江）中，不問世事。」〔註 27〕洪武四年（1371），因與左丞相胡惟庸交惡，被胡所譖，受朱元璋猜忌，賜歸鄉里。劉基「還隱山中，惟飲酒弈棋，口不言功」，閉門不出。〔註 28〕王禕（1322～1373），「出柳待制（柳貫）、黃侍講（黃溍）之門。元季，覩時政衰敝，走燕都，上書不報，歸隱青岩山（今浙江義烏）中。」〔註 29〕他認爲：「今天下用兵，南北離亂，吾之所學非世所宜用，其將何求以爲仕，藉使世終不吾用，吾其可以枉道而徇人，則吾終老於斯。」〔註 30〕「將長往窮山中，無復有求於世矣，苟有求我者，君其問諸山靈。」〔註 31〕但因受朝廷賞識，後而入仕爲官。據《玉堂叢語》載：

> 有齊琦者，得傳邵子先天數，推言天人興衰甚驗，見王公禕，歎曰：「子充異代人物也。」公亦知世道終不可爲，乃歸隱青巖山中，若有所待者。歲戊戌（至正十八年，1358），太祖親取婺，遣使徵之，

卷 11，〈才情雅致〉，頁 194。
〔註 22〕《列朝詩集小傳》，〈甲前集・鐵崖先生楊維楨〉，頁 59。
〔註 23〕《明史》，卷 285，〈文苑一〉，頁 7333。
〔註 24〕夏咸淳，《情與理的碰撞：明代士林心史》，頁 24。
〔註 25〕《列朝詩集小傳》，〈甲前集・黃鶴山樵王蒙〉，頁 68。
〔註 26〕前引書，〈甲集・徐廣文達左〉，頁 173。
〔註 27〕汪栢年，《元明之際江南的隱逸士人》，頁 64。
〔註 28〕前引書，頁 38。
〔註 29〕《列朝詩集小傳》，〈甲集・王待制禕〉，頁 121。
〔註 30〕明・王禕，《王忠文集》（《景印文淵閣四庫全書》集部一二二六冊，台北：臺灣商務印書館，1986 年 3 月初版），卷 8，〈青嵒山居記〉，頁 19 下。
〔註 31〕前引書，卷 7，〈送朱仲桓序〉，頁 9 上。

公幡然許曰：「吾聞大亂極而聖人出，齊琦之言，良足徵乎！」即日詣行在，上見大嘉。每商略機務，悉契上衷，益加禮敬，語必稱子充而不名。〔註 32〕

王佑，「元末與其兄沂，隱居平川山中，與辛敬萬、石曠逵、楊士弘、劉永之、練高爲詩友。」洪武年間，舉教官。〔註 33〕王翰，「元季隱居中條山（今山西永濟）中。國初，出爲周藩相。王素驕，有異志，正諫弗納，斷指佯狂去。」〔註 34〕魏觀，「元季隱居，讀書蒲山（今河南南陽）。」〔註 35〕朱元璋稱吳王時，被聘爲國子助教。桂德稱，「元末聚徒山中，交辟不起。」「洪武六年（1373），待詔公車，以白衣錫宴，除太子正字。」〔註 36〕這些都是元末居山以待時的例證。

對於時局的不穩定，許多人選擇終身隱山而居。王冕（1287～1359）少好學，〔註 37〕「屢應進士不第，嘆曰：此童子羞爲之，吾何溺是哉！」〔註 38〕「既歸，每大言天下將亂，攜妻孥隱九里山（今浙江會稽），樹梅千株，桃杏半之，自號梅花屋主，善畫梅，求者踵至，以幅長短爲得米之差。」〔註 39〕以書畫自娛，終身未仕。劉養晦，「元末，避亂龍頭山（今屬湖南）中。明興，返故廬，堅臥不出。」〔註 40〕胡翰（1307～1381），「或勸之仕，不應。既歸，遭天下大亂，避地南華山（今浙江開化），著書自適。」「洪武初，聘修元史，書成，受賚歸。愛北山（今浙江金華市北）泉石，卜築其下，徜徉十數年而終，年七十有五。」〔註 41〕原本不仕，國初，受人推薦，爲衢州教授，修元史，分撰英宗、睿宗本紀，及丞相拜住等傳，〔註 42〕史成後，則逍遙泉石，居山而終。周砥（1367？～？），「寓居無錫，博學工文詞。兵亂避地，與義

〔註 32〕明．焦竑，《玉堂叢語》（《元明史料筆記叢刊》，北京：中華書局，1981 年 7 月第 1 版），卷 7，〈術解〉，頁 253～254。

〔註 33〕《列朝詩集小傳》，〈甲集．王崇慶佑〉，頁 151。

〔註 34〕同上註，〈甲集．王編修翰〉，頁 151。

〔註 35〕同上註，〈甲集．魏蘇州觀〉，頁 127。

〔註 36〕同上註，〈甲集．桂右傅德稱〉，頁 132。

〔註 37〕清．高兆，《續高士傳》（《四庫全書存目叢書》史部一二一冊，台南：莊嚴文化事業有限公司，1996 年 8 月初版），卷 4，〈王冕〉，頁 9 下～10 上。

〔註 38〕明．王思義輯，《香雪林集》（《四庫全書存目叢書》子部八〇冊，台南：莊嚴文化事業有限公司，1995 年 9 月初版），卷 3，〈事類〉，頁 14 下。

〔註 39〕《明史》，卷 285，〈文苑一〉，頁 7311。

〔註 40〕《列朝詩集小傳》，〈甲前集．劉處士養晦〉，頁 108。

〔註 41〕《明史》，卷 285，〈文苑一〉，頁 7310。

〔註 42〕《列朝詩集小傳》，〈甲集．胡教授翰〉，頁 133。

興馬治孝常善，往舍荊溪山（今浙江樂清）中，治為治具，巾車泛舟，窮陽羨溪山之勝。」〔註 43〕甘復（1341？～？），字克敬，「至正之亂，張仲舉僑居雲錦山（今江西貴溪龍虎山）中，克敬與甘彥初，張可立往從之游。」〔註 44〕元亡後，與友交遊，遁跡以終。

文人面對亂世，則歸隱山林，選擇讀書著述，或者教學傳道。趙善瑛，「八歲能詩，明詩、禮、春秋，隱居教授。至正癸卯（二十三年，1363），明氏據蜀，隱居樂績山中（今四川）。」〔註 45〕趙汸（1319～1369），「道學淵源，隱居著述，築東山精舍，以奉母，學者稱東山先生。」「避亂黃山，復結茅星溪古閬山，洪武二年（1369），召修元史，不願仕，還未幾卒，年五十。」〔註 46〕周之翰，「博極群書，尤精易學，自號易癡道人。兵興，隱居神山（今安徽滁州）。頎然長身，松形鶴骨，終日談經論史，典故亹亹不竭。晚年游涉老莊竺乾等書。卒年七十有六。」〔註 47〕謝應芳（1296～1392）：

> 自幼篤志好學，潛心性理，以道義名節自勵。元至正初，隱白鶴溪上。搆小室，顏曰「龜巢」，因以為號。郡辟教鄉校子弟，先質後文，諸生皆循循雅飭。疾異端惑世，嘗輯聖賢格言、古今明鑒為辨惑編。有舉為三衢書院山長者，不就。及天下兵起，避地吳中，吳人爭延致為弟子師。久之，江南底定，始來歸，年逾七十矣。徙居芳茂山（今江蘇常州—橫山），一室蕭然，晏如也。有司徵修郡志，強起赴之。年益高，學行益劭。達官縉紳過郡者，必訪於其廬，應芳布衣韋帶與之抗禮。議論必關世教，切民隱，而導善之志不衰。詩文雅麗蘊藉，而所自得者，理學為深。卒年九十七。〔註 48〕

潛心於教學著述、修撰郡志，也議論世風，關切民情。

二、政治環境

明人面對政治現實的殘酷時，必須為人生的出處作下抉擇。有時政治理念無法實現，有時政治污濁無法同流合污，於是不復有用世之意。他們既不

〔註 43〕同上註，〈甲前集・周山人砥〉，頁 70～71。
〔註 44〕同上註，〈甲前集・甘布衣復〉，頁 105。
〔註 45〕同上註，〈甲前集・玉峰山人趙善瑛〉，頁 87。
〔註 46〕《黃山志定本》，卷 2，〈人物〉，頁 52。
〔註 47〕《列朝詩集小傳》，〈甲前集・周處士之翰〉，頁 91。
〔註 48〕《明史》，卷 282，〈儒林一〉，頁 7224～7225。

願趨炎附勢，卑諂干進，又不想苟且祿位，久困吏局，於是棄官而去，徜徉山水；或托病告歸，深藏遠避；或杜門謝事，著述自娛，〔註 49〕人生的寄託則由官場的爭競，轉爲山居的閒逸。

入仕爲官，政局險惡，並非從此一帆風順，時遇困蹇，使明人選擇離退，入山而居。如王紱（1362～1416）未仕時，與吳人韓奕爲友，隱居九龍山（無錫惠山或慧山），自號九龍山人。〔註 50〕後爲諸生，尋棄去，遊江淮晉代間，〔註 51〕遭胡惟庸案連累，發放到山西大同爲戍卒十餘年。建文年間赦罪回鄉後，再度隱居九龍山，賦詩作畫，教授弟子。謫戍的創痛，使他嚮往清靜自在的山居生活。〔註 52〕唐寅（1470～1523），因科場案入獄，被罷黜貶謫。遭此巨變，不再入仕，追求一種不求仕進、隱跡山林、瀹茗閑居的生活。〔註 53〕陳遁，「少爲諸生，忽忽不得志。一日，盡發篋衍中應舉文字，及所著衣巾，燔之而舞其灰。逃入越王山（今江西奉新）中，以釣弋自娛者二年。出爲村夫子教授，三年復棄去。」〔註 54〕謝仁，弘治間舉人，寧波府同知，「忤權貴，被搆，調浙江市舶提舉，罷歸，隱居羅浮（今廣東惠州）。」〔註 55〕

明朝於武宗正德之後，劉瑾亂政，政局逐漸敗壞，文人對朝政也漸感失望，於是紛紛退離官場，隱居山間。羅玘（1447～1519），「正德中，疏言逆瑾逐榮王虛朝廷，上未有子，大臣依違，不肯爲國長慮，忤時宰致仕去。寧庶人卑詞致餽，走避深山中。」〔註 56〕章懋（1437～1522），「居白露山（今浙江蘭溪）下，好獎接後進，和易不事邊幅，每對諸生云：『甲子以後，天下必多事。』乙丑，孝皇賓天，果有劉瑾擅權之禍。」〔註 57〕知天下必有亂事，

〔註 49〕陶建平，〈明代謫官的典型心態與作爲述論〉，《中南民族學院學報》（哲學社會科學版），1994 年 5 期，頁 67。

〔註 50〕《明史》，卷 286，〈文苑二〉，頁 7337～7338。

〔註 51〕明・邵寶，《慧山記》（《四庫全書存目叢書》史部二二九冊，台南：莊嚴文化事業有限公司，1996 年 8 月初版），卷 3，〈物望第八〉，頁 3 上。

〔註 52〕宋后楣，〈明初畫家王紱的隱居與竹茶爐創製年代〉，《故宮學術季刊》，2 卷 3 期，1985 年春季，頁 18。

〔註 53〕咚咚，〈山居閑適品茗香——唐寅《事茗圖》〉，頁 44。

〔註 54〕陳寶良，〈晚明生員的棄巾之風及其山人化〉，頁 35。

〔註 55〕清・宋廣業，《羅浮山志會編》（《四庫全書存目叢書》史部二四○冊，台南：莊嚴文化事業有限公司，1996 年 8 月初版），卷 6，〈人物志三・名賢〉，頁 24 上。

〔註 56〕《列朝詩集小傳》，〈丙集・羅侍郎玘〉，頁 310～311。

〔註 57〕《湧幢小品》，卷 23，〈甲乙之科〉，頁 4792。

棄官歸隱。鄭善夫因劉瑾用事，「憤之，乃告歸，築草堂金鼇峰（今福建）下，爲遲清亭，讀書其中，曰:『俟天下之清也。』寡交游，日晏未炊，欣然自得。」〔註58〕《列朝詩集小傳》載：

> 弘治乙丑（十八年，1505）進士，除户部主事，理滸墅關。正德初，瑾逆亂政，力告得請，築少谷草堂於金鼇峯，作遲清亭以見志焉。居六載，起改禮部祠祭。武皇南狩，與諸曹郎黃鞏等，跪闕門泣諫，杖闕下，尋復乞歸。嘉靖初，用薦起南刑部，改稽勛郎中，好遊名山，峻陟冥搜，經時忘返。再得請，走浙，吊孫太初於道場山中。畢遊越山水，八月而後返。其赴召也，便道游武夷，深入九曲，絕糧抱病，放舟南下，抵家而卒，年三十九。〔註59〕

除正德年間劉瑾專權外，嘉靖年間的嚴嵩當政，與「大禮議」之爭，使名臣張居正（1525～1582）歸居湖北荊州，山居六年（1554～1559）：

> 太師體故孱弱，又倦游。三十三年甲寅（1554），遂上疏請告。既得請歸，則卜築小湖山（今湖北江陵）中，課家僮鍤土編茅，築一室，僅三五椽，種竹半畝，養一瘦鶴，終日閉關不啓，人無得望見，唯令童子數人，事洒掃、煮茶、洗藥。有時讀書，或栖神胎息，內視返觀。久之，既神氣日益壯，遂下帷，益博極載籍，貫穿百氏，究心當世之務。蓋徒以爲儒者當如是，其心固謂與泉石益宜，翛然無當世意矣。〔註60〕

天啓年間魏忠賢亂政，也影響明人退隱的意向。李流芳（1575～1629），萬曆三十四年（1606）舉人，「三上公車不第，因魏忠賢亂政，遂絕意進取，築檀園讀書其中。」〔註61〕岳傳，萬曆十一年（1583）進士，「爲武穆裔孫，其直節正氣，動天地，昭日月，格鬼神，固宜有之，乃不幸而爲群小所讒，擯斥以老，未竟其用，斯固烈夫志士所爲痛心而扼腕者也。」嘗築石室於杭州孤山之巓，以祀楊、左諸君子，並銘曰：「臣心如水，臣節如山」，〔註62〕以彰

〔註58〕《明史》，卷286，〈文苑二〉，頁7356。

〔註59〕《列朝詩集小傳》，〈丙集・鄭郎中善夫〉，頁369～370。

〔註60〕明・張居正，《新刻張太岳先生文集》（《續修四庫全書》集部一三四六冊，上海：上海古籍出版社，2002年3月第1版），卷47，〈太師張文忠公行實〉，頁3下～4上。

〔註61〕明・李流芳，《檀園集》（《景印文淵閣四庫全書》集部一二九五冊，台北：臺灣商務印書館，1986年3月初版），〈提要〉，頁1上。

〔註62〕清・鄒漪，《啓禎野乘》（《明代傳記叢刊》一二七冊，台北：明文書局，1991

其心志氣節。姜傳，有載：「天啓末，逆璫建祠，趨者蟻附，公危言侃侃，以此得過，有司或且跡之，公急攜家入山，變姓名，為人耕傭。」〔註 63〕以避其禍。

及至明代末年，端伯為崇禎元年（1628）進士，歷寧波、杭州二府推官，「行取赴都，母憂歸。服闋入都，疏陳益王居建昌不法狀，王亦劾端伯離間親藩，及出妻酗酒諸事。有詔候勘，避居廬山。」〔註 64〕因忤逆權貴，只好隱於山中。祁彪佳（1602～1645），在崇禎六年（1633），秉公辦事卻得罪首輔周延儒，看清官場黑暗，藉養母思歸，一再奏請辭官，終獲批准，從而結束十多年的仕宦生活，回到家鄉浙江紹興山陰，在寓山構造園林隱居。〔註 65〕只是閒逸生活，在清軍破南京、杭州後結束，最終投水而死。在政治路途上，有受到牽連、有被罷黜貶謫，以及鬱鬱不得志者，山居生活的恬然自得是撫平創傷、憂憤、失志的處世良藥。

三、明清之際

明清之際，流離顛沛，喪亂頻仍，對於人生的幻滅，產生巨大的時代挫折感。〔註 66〕明代遺民抗清復明，守志赴死，或者杜門掩關，屏跡山中等方式，〔註 67〕來傳達國亡自處的心態。在抗清失敗，匡復無望之後，遺民多避世隱居，有些縱情放蕩，有些卻未曾放棄對於社會的責任感，〔註 68〕他們不仕外族，隱居山中，卻仍發憤著述與講學揚志，如黃宗羲（1610～1695）、顧炎武（1613～1682）、王夫之（1619～1692）、孫奇逢（1584～1675）等，更是此類隱逸中的佼佼者。〔註 69〕

崇禎末年，江西省虔州（今贛州）巡撫李永茂（1601～1648）抗清不遂，隱居丹霞山（今廣東仁化縣境）。〔註 70〕傅鼎銓（1610～1651），「唐王時，曾

年 10 月初版），卷 6，〈岳侍郎傳〉，頁 17。

〔註 63〕前引書，卷 13，〈姜文學傳〉，頁 2 下～3 上。

〔註 64〕《明史》，卷 275，〈列傳第一六三〉，頁 7048。

〔註 65〕吳承學，《晚明小品研究》（南京：江蘇古籍出版社，1999 年 9 月第 1 版），頁 250～251。

〔註 66〕吳調公、王愷，《自在・自娛・自新・自懺——晚明文人心態》，頁 144～145。

〔註 67〕吳智和，〈明人習靜休閒生活〉，《華岡文科學報》，25 期，2002 年 3 月，頁 157。

〔註 68〕李瑄，〈豪傑：明遺民群體的人格理想〉，《浙江學刊》，2007 年 5 期，頁 104。

〔註 69〕何平立，《崇山理念與中國文化》，頁 101。

〔註 70〕謝凝高編著，《中國的名山》，頁 211。「發現峰林日暉，色渥如丹，燦若明霞，故冠以丹霞山之美名。」

櫻薦鼎銓，命予知府銜，赴贛州軍自效，尋復其故官。贛州破，退隱山中。」〔註71〕皆爲抗清失利而歸隱。李曰滌，「少有志操，內行孝謹，讀書喜博覽，通眾流百家之言，與里中張大力、羅文止友，爲文幽潔深邃，有名於時。遭世變，避亂宜黃戴溪山中（今江西宜黃），志意蘊憤，著《筆語集》一十五卷，凡十餘萬言，明天人順逆，謫物類同異，其思深其語，哀鼎革後屨徵不起，卒於家。」〔註72〕王弘撰（1622～1702），因遭逢戰亂，痛有明之失國，入清不仕，隱居華山（今陝西華陰），築「讀易廬」，潛心治學，探研經史，博雅能文，酷好金石，擅長書法，被譽爲關中四君子之一，爲學者之聲氣領袖。〔註73〕沈壽民（1607～1675）：「文章道誼，爲詞壇領袖數十年。崇禎間，中丞張國維以賢良薦於朝，應聘至都連，疏陳時弊，不用，退耕巖野遂，號耕巖。後弘光立，清流之禍將起，公避地金華山（今四川射洪）中，守令聞其賢，造廬餽粟，亟避之，冒雪攜家棲隱翠微之麓，搆屋數椽，顏爲耕巖書院，與生徒講學其中。」〔註74〕於明清之際，局勢丕變後，隱山治學。周永年（1582～1647），「少負才名，制義詩文，倚待立就，才器通敏，風流弘長。禪宮講席，西園北里，參承錯互，詩酒淋漓，莫不分身肆應，獻酬曲中，海內咸以通人目之。晚而扼腕時事，講求掌故，思以桑榆自奮，遭亂坎坷，卜居吳中蘇州西山，未幾而歿。」〔註75〕無奈時局紛亂，徒懷才學，避居以終。

黃宗羲兩次被清朝徵召，均以老病辭。〔註76〕擇居浙江餘姚化安山龍虎草堂三年，過著出而耕樵，入而誦讀的隱居生活，寫下詩篇《山居雜咏》等作品。〔註77〕明末進士余增遠，明亡逃入山中，教讀《三字經》，二十四年不出村落。六十五歲病重，黃宗羲爲其切脈診治，對於亡國的憤慨，早置生死於外，這是遺民心中的悲涼，〔註78〕也令黃宗羲同感哀痛。王夫之於明亡之後，「益自韜晦，歸衡陽之石船山（今湖南衡陽），築土室曰：觀生居。晨夕

〔註71〕《明史》，卷278，頁7129。

〔註72〕清・李曰滌，《竹裕園筆語集》（《四庫全書存目叢書》子部一六五冊，台南：莊嚴文化事業有限公司，1995年9月初版），〈傳〉，頁1上。

〔註73〕清・王弘撰，《山志》（《元明史料筆記叢刊》，北京：中華書局，1999年9月第1版），〈點校説明〉，頁1。

〔註74〕《黃山志定本》，卷2，〈人物〉，頁71下。

〔註75〕《列朝詩集小傳》，〈丁集下・周秀才永年〉，頁634。

〔註76〕夏咸淳，《情與理的碰撞：明代士林心史》，頁325。

〔註77〕華建新，〈黃宗羲與化安山詩情——「山居詩」審美透視〉，頁24。

〔註78〕韓兆琦，《中國古代隱士》，頁44。

杜門，學者稱船山先生。」〔註79〕山下有著名的湘西草堂，是王夫之的故居。〔註80〕王夫之曾對吳三桂的勸進，言道：「亡國遺臣，所欠一死耳，今安用此不祥之人哉！」〔註81〕可知其不仕清室，堅守己志之心。明末賊盜縱橫，孫奇逢，「攜家入易州（今河北保定）五峰山，門生親故從而相保者數百家，奇逢爲部署守禦，絃歌不輟。順治二年（1645），祭酒薛所蘊以奇逢學行可比元許衡、吳澄，薦長成均，奇逢以病辭。七年，南徙輝縣之蘇門。九年，工部郎馬光裕奉以夏峰田廬，遂率子弟躬耕，四方來學者亦授田使耕，所居成聚。居夏峰二十有五年，屢徵不起。」〔註82〕

范文光，「天啓初，舉於鄉。崇禎中，歷官工部主事，南京戶部員外郎，告歸。」〔註83〕避亂四川峨嵋山，修淨土業。〔註84〕南明既滅，遺臣龔賢（1618～1689），自號半千，於南京清涼山善慶寺旁隱居，〔註85〕建「掃葉樓」。〔註86〕李孔昭見世事已非，則奉母歸山：

> 性孤介，平居教授生徒，倡明理學。崇禎十五年（1642）進士，見世事日非，不赴廷對，以所給牌坊銀留助軍餉。奉母隱盤山（今天津薊縣）中，躬執樵採自給，母病，刲股療之。北都陷，素服哭於野者三載。薊州城破，妻王殉難死，終身不再娶，形跡數易，人無識者。〔註87〕

時代易變之際，擇居山野，是對舊朝哀痛無奈的一種表達方式，這是一種「忤世之隱」，〔註88〕有時也是一種自虐型的「抗議之隱」，明清之際則處處可見，這樣的山居生活，並非逍遙自在。《山中答問》載：

> 避亂窮山中，緝荊爲室，倚石爲几，燒筍煮薺，以佐糲食。每陟巔

〔註79〕趙爾巽等撰，《清史稿》（北京：中華書局，1977年8月第1版），卷480，〈儒林一〉，頁13106～13107。

〔註80〕文偶初主編，《中國名山事典》（北京：中國國際廣播出版社，1997年7月第1版），頁351。

〔註81〕《清史稿》，卷480，頁13107。

〔註82〕同上註，頁13101。

〔註83〕《明史》，卷279，頁7149。

〔註84〕蔣星煜，《中國隱士與中國文化》（上海：中華書局，1947年1月再版），頁65。

〔註85〕展望之，《居室雅趣》（上海：上海古籍出版社，1991年12月第1版），頁131。

〔註86〕文偶初主編，《中國名山事典》，頁241。

〔註87〕《清史稿》，卷501，〈遺逸二〉，頁13843～13844。

〔註88〕張立偉，《歸去來兮：隱逸的文化透視》，270頁。

> 四望，烽煙竟日。唐子西云：「山靜如太古。」恐此時無深處矣！犬嘷籬間，有客穿林，來告以屠城之慘。予始聞而驚，既而悲，終而嗒然若失也。呼童掃葉煮茗延客，客曰：「之天下之亂，漸以平矣，閩處一隅，前既倒戈，後復舉旗，以自干於天，討兹何足怪。」予曰：「噫！嫠婦之憂！今嗟何及矣！」〔註 89〕
>
> 今春疇半燕而耕，犂尚依壁，都人士之脫難而出者。我行其野，謂他人父子之居此也。山花野鳥增我悲憫，以爲入林之樂過矣，時淒風四起，鴉呀猿啼，山中人潸潸泣下，客亦相對唏嘘，而不自禁。〔註 90〕

除用哀痛的生活方式來表達對亡國的哀悼外，另有一種閒逸的生活態度，則彰顯生命的對待。張岱在隨著明朝的覆亡，豪奢享樂的生活轉爲幻滅後，從此澹入山林，隱居於浙江嵊縣剡溪山，〔註 91〕專事著述，三十餘年間成就有文學小品，也有史學鉅構，〔註 92〕然心中仍不忘大明故國。〔註 93〕嘗感慨言道：

> 少爲紈絝子弟，極愛繁華，好精舍，好美婢，好孌童，好鮮衣，好美食，好駿馬，好華燈，好煙火，好梨園，好鼓吹，好古董，好花鳥，兼以茶淫橘虐，書蠹詩魔。勞碌半身，皆成夢幻，年至五十，國破家亡，避跡山居，所存者破床碎几，折鼎病琴，與殘書數帙、缺硯一方而已。布衣蔬食，常至斷炊。回首二十年前，眞如隔世。〔註 94〕

改朝易代後，明遺民對於生命的處境是降清屈節，是直節致死，還是棄家逃禪、削髮爲僧，張岱則選擇寄情書史這條路，〔註 95〕一生始終保持投閒置散的自我姿態。〔註 96〕李漁（1611～1680），在入清後，無意仕進，從事著述和

〔註 89〕清・楊士美，《山中問答》（《叢書集成續編》文學類二一五冊，台北：新文豐出版股份有限公司，1989 年 7 月台 1 版），總頁 459。

〔註 90〕同上註，總頁 460。

〔註 91〕吳智和，《茶藝掌故》，頁 86。

〔註 92〕黃桂蘭，〈論張岱小品文的雅趣與諧趣〉（收入中國明代研究學會主編，《明人文集與明代研究》，台北：中國明代研究學會，2001 年 12 月初版），頁 276。

〔註 93〕周志文，《晚明學術與知識分子論叢》（台北：大安出版社，1999 年 3 月第 1 版），頁 248。

〔註 94〕《瑯嬛文集》，卷 5，〈自爲墓誌銘〉，頁 138～139。

〔註 95〕徐世珍，《張岱《夜航船》研究》（台北：國立政治大學中國文學研究所碩士論文，2002 年 6 月），頁 37。

〔註 96〕曹淑娟，《晚明性靈小品研究》，頁 102。

戲劇指導，生活態度更爲閒適自在：

> 追憶明朝失政以後，大清革命之先，予絕意浮名，不干寸祿，山居避亂，反以無事爲榮。夏不謁客，亦無客至，匪止頭巾不設，併衫履而廢之，或裸處亂荷之中，妻孥覓之不得；或偃臥長松之下，猿鶴過而不知。洗硯石於飛泉，試茗奴以積雪，欲食瓜而瓜生户外，思啖菓而菓落樹頭，可謂極人世之奇閒，擅有生之至樂者矣！後此則徙居城市，酬應日紛，雖無利欲薰人，亦覺浮名致累，計我一生，得享列仙之福者，僅有三年，今欲續之，求爲閏餘而不可得矣！〔註97〕

政治混亂，絕世隱居，放下世俗，反而有種「若無閒事掛心頭，便是人間好時節」的況味。

第二節　終老養生的類型

一、老計規劃

在歷經政治塵囂，人生的歸宿常以山居隱逸作爲老計的規劃。許曄，「洪武間應召至京，有詩經義進，復陳省刑罰、薄稅斂之策。以年老乞歸，上許之，有布袍之賜。今吳中山中，尚有許山人茅亭。」〔註 98〕劉紹先，「曾任休寧知縣、刑部郎，樂于恬退，歸耕衡山（今湖南衡陽）之下。」〔註 99〕程誥，「少好遊，終隱黃山，其詩極有風調。」〔註 100〕孟主一（栻）云：「府君即信州錄事，年甫六十，慨然嘆曰：『故山榛莽，田園日蕪。』遂引年謝事而歸，閉門不出十餘載，日與高人幽士，吟嘯自娛，教子耕讀，優游泉石，將終身焉。」當九龍峰之陽，惠錫兩山之間隱逸。〔註 101〕張之象（1507～

〔註 97〕清・李漁，《閒情偶寄》（台北：長安出版社，1979 年 9 月台 3 版），卷 15，〈頤養部・行樂第一・夏季行樂之法〉，頁 333。

〔註 98〕明・張昶，《吳中人物志》（《四庫全書存目叢書》史部九七冊，台南：莊嚴文化事業有限公司，1997 年 10 月台 1 版），卷 9，〈人物志〉，頁 22 下。

〔註 99〕蔣星煜，《中國隱士與中國文化》，頁 58。

〔註 100〕清・閔麟嗣，《黃山志定本》（《四庫全書存目叢書》史部二三五冊，台南：莊嚴文化事業有限公司，1996 年 8 月初版），卷 2，〈人物〉，頁 54 下。

〔註 101〕明・談修，《惠山古今考》（《四庫全書存目叢書》史部二三三冊，台南：莊嚴文化事業有限公司，1996 年 8 月初版），卷 3，明・孟主一，〈惠麓小隱記〉，頁 1 下～2 上。

1587)，「由諸生入國學，授浙江按察司知事，以吏隱自命。歸益務撰著，晚居秀林山（今湖北石首），罕入城市，卒年八十一。」〔註102〕趙鼎卿，致歸徜徉山水間，生活知足淡泊，年踰五十，即預卜石鼓山爲藏地，題曰「俟丘」。爲文而祭之：

> 歲時耕于斯，烟霞既足；他日藏于斯，體魄亦安。山靈當不拒吾，吾亦不負山靈。吾有古書一腹，仁義一腔，談天口一張，詩酒腸一丈，觀花之目一副。將來與山林，出入于清泉白石，徙倚于修竹茂林，無古無今，任來任去，不亦樂乎。〔註103〕

人屆年老，生活起居純爲娛老自適、游息自得，快意於卜築山居樂地，也是人生的自然屬性。〔註104〕

二、養病規劃

山居隱逸亦可養痾，有些因病或稱病而養身山中。梁寅（1309～1390），「在禮局中，書成，以老疾辭歸。結屋石門山（今山東曲阜），學者稱爲梁五經。」〔註105〕楊循吉（1458～1546），成化二十年（1484）進士，授禮部主事，「善病，好讀書，每得意，手足踔掉不能自禁，用是得顛主事名。一歲中，數移病不出。弘治初，奏乞改教，不許。遂請致仕歸，年纔三十有一。結廬支硎山（今江蘇吳縣）下，課讀經史，旁通內典、稗官。」（參見圖3）〔註106〕黃佐（1490～1566），「晚歲謝病隱羅浮（今廣東惠州），撰《羅浮圖經》一篇，修志一部，嘗作《鄉禮》，寓保甲之法，卒年七十七。」〔註107〕許樂善，「善臥疾，山居有年，一切戶外不問。凡縉紳交際，率多簡節。」〔註108〕王寵，號雅宜山人，吳縣人。少與其兄守，字履約，同學於林屋山人蔡羽（？～1541）先生，居洞庭之西山（今江蘇蘇州），〔註109〕「居洞庭三年，既而讀書石湖之上二十年，非省侍不入城市。善病養疴，棲息虞山（今江蘇常熟）之白雀寺

〔註102〕《明史》，卷287，〈文苑三〉，頁7365。
〔註103〕《適訓》，卷17，〈任達〉，頁3上～下。
〔註104〕吳智和，〈明人居室生活流變〉，頁245。
〔註105〕《列朝詩集小傳》，〈甲集・梁徵士寅〉，頁138。
〔註106〕《明史》，卷286，〈文苑二〉，頁7351。
〔註107〕《羅浮山志會編》，卷6，〈人物志三・名賢〉，頁25上。
〔註108〕明・許樂善，《適志齋稿》（台北：漢學研究中心景照明天啓五年跋刊本），卷7，〈與趙寧宇〉，頁44上。
〔註109〕《列朝詩集小傳》，〈丙集・蔡孔目羽〉，頁347。

者累年。未幾而卒，年才四十。所與游者，文徵仲、唐伯虎最善。」〔註 110〕方獻夫（？～1544）生而孤，「弱冠舉弘治十八年（1505）進士，改庶吉士。乞歸養母，遂丁母憂。正德中，授禮部主事，調吏部，進員外郎。與主事王守仁論學，悅之，遂請爲弟子。尋謝病歸，讀書西樵山（今廣東佛山）中者十年。」〔註 111〕曹璘，「出按廣東，訪陳獻章於新會，服其言論，遂引疾歸。居山中讀書，三十年不入城市。」〔註 112〕許相卿（1479～1557），「正德丁丑（1517）進士，兵科給事中，引疾歸。山中四十年，累徵不起。」〔註 113〕

三、養壽規劃

世俗的煩擾，對身心是一大折損，山川勝景則是一大靈藥。甚至有終生不仕，晚年居山養壽者，如隱士楊黼：

> 雲南太和人也。好學，讀五經皆百遍。工篆籀，好釋典。或勸其應舉，笑曰：「不理性命，理外物耶？」庭前有大桂樹，縛板樹上，題曰「桂樓」。偃仰其中，歌詩自得。躬耕數畝供甘軃，但求親悅，不顧餘也。注《孝經》數萬言，證群書，根性命，字皆小篆。所用硯乾，將下樓取水，硯池忽滿，自是爲常，時人咸異之。父母歿，爲傭營葬畢，入鷄足（今雲南賓川），棲羅漢壁石窟山十餘年，壽至八十。〔註 114〕

住山習棲，養生有成，長壽延年。也有一些人士，早就預備未來退休的山居住所：

> 洪武四年（1371），詔天下舉秀才，永嘉葉伯旼伏處草野，素以行義著聞，實預是選，出爲湖州府經歷。嘗舉所謂水北山居者，以告潯陽張羽曰：「是居吾受之先人，歷有年所，吾嘗藏於斯、修於斯，遊且息於斯矣。今茲雖幸而出仕，吾其敢棄而忽諸！賴先人之靈，他日獲報最還鄉里，拜君之賜，吾將往而就休焉。」〔註 115〕

選擇「水北山居」，作爲未來壽養終老的地方。鄭岳（1468～1539）落跡壺山

〔註 110〕前引書，〈丙集・王貢士寵〉，頁 348。

〔註 111〕《明史》，卷 196，〈列傳第八十四〉，頁 5185～5186。

〔註 112〕前引書，卷 180，〈列傳第六十八〉，頁 4793。

〔註 113〕《列朝詩集小傳》，〈丁集上・許給事相卿〉，頁 446。

〔註 114〕《明史》，卷 298，〈隱逸〉，頁 7629。

〔註 115〕明・張羽，《張來儀先生文集》（《叢書集成續編》文學類一八五冊，台北：新文豐出版股份有限公司，1989 年 7 月台 1 版），〈水北山居記〉，頁 56 下。

（今福建莆田），以息以遊，生爲別業，死爲永宅。〔註116〕〈山翁樂丘記〉載：

壺山，莆巨望也，余嘗陟其巔，窮其脉絡。其山自西南來，近百數十里，分爲三支。其一支北行至木蘭陂而止，一支東行突起兩峰，狀類壺，故名壺山。東爲梅花山下，爲梅隴，其一支繞出壺之背，由柯山爲五侯，爲文峰。……余謝事歸，將營一丘自老。〔註117〕

不論仕隱，忙碌一生的最終階段，皆想望營一丘以壽養自老，以山景入簾，與山色共伴一世。

第三節　隱身佛道的類型

一、元明之際

元末明初之際，社會動盪，民不聊生，隱身佛道是試圖追求一種精神上的解脫，且在生活上遺世獨立，藉由耕田種蔬，自食其力，得以在喪亂之世，求全求生。〔註118〕出家爲僧，遁入空門，或者煉丹吐納，修道求仙，這是文人面對政治動亂的生活方式。〔註119〕于立（1341？～？）「學道會稽山（今浙江會稽）中，得石室藏書，放浪江湖間。」〔註120〕洪武中，召修《元史》。張憲（1341？～？），「嘗仕張士誠，張亡，遁入四明山（今浙江寧波），變姓名爲佛家奴。嘗攜一冊自隨，臥則以之藉首，一夕死於寺中，發而讀之，乃《玉笥集》也，其詩始行於世。」〔註121〕其負才不羈，嘗走京師，恣言天下事，眾駭其狂，混緇流以自放。〔註122〕張簡（1367？～？），「初師張雨爲道士，隱居鴻山（在今無錫）。元季兵亂，以母老歸養，遂返儒服。」〔註123〕王偁（1370～1415），「元賜姓唐兀氏。父翰，用薦至潮州路總管。元末道梗，浮海至閩，留永福山（今

〔註116〕明·鄭岳，《鄭山齋先生文集》（台北：文海出版社，1970年3月初版），卷12，〈山翁樂丘記〉，頁3上。

〔註117〕同上註，頁1。

〔註118〕夏咸淳，《情與理的碰撞：明代士林心史》，頁24。

〔註119〕錢杭、承載，《十七世紀江南社會生活》（杭州：浙江人民出版社，1996年3月第1版），頁197～198。

〔註120〕《列朝詩集小傳》，〈甲前集·于立〉，頁74。

〔註121〕清·黃宗義，《四明山志》（《四庫全書存目叢書》史部二三六冊，台南：莊嚴文化事業有限公司，1996年8月初版），卷9，〈撮殘〉，頁4上。

〔註122〕《明史》，卷285，〈文苑一〉，頁7326。

〔註123〕同上註，頁7321。

福建）中，為黃冠十年。」〔註 124〕明初有詔徵用，因恥事二姓，竟自引決死。

二、崇佛好道

文人常匿跡於深山佛寺、道觀，或為避開俗世的煩惱，或為逃避出仕任官的壓力。〔註 125〕明代佛道思維皆極為興盛，甚至在英宗正統時期，京師風俗澆漓，其中之一便是事佛過甚。〔註 126〕文人的字號也多帶有佛、道家清靜無為的思想，如香光居士（王蒙）、染香庵主（王鑒 1598～1677）、石師道人（王原祁）等。〔註 127〕明人甚至在每月中，定出適宜入山修道的時間，〔註 128〕可見崇佛尚道的風尚。

晚明中後期，由於王門後學對虛無主義世界觀的鼓吹，從而導致心學的禪宗化，淨心自悟、面壁禪坐之風廣泛流行，清談之風極盛。〔註 129〕如袁中道的思想強調追求一種解脫之趣，認為若世間之樂不可得，則去追尋世外之樂。這種享樂主義，既有閑情逸趣，又注入禪宗人生虛無主義的內涵。〔註 130〕藉由逃禪，來醫治自己的心病；以遁跡清幽的深山寺院，來忘卻仕途的坎坷；〔註 131〕對於徬徨茫然的的未來，則尋找生活的歸宿。

文人好與佛道方外結友，山林深處的寺觀，成為文人遊憩或避禍歸隱之所。〔註 132〕僧道之士，多自視清流，不喜俗客，而獨與文人集團在意識形態上較為投契，文人居士又多傾心於佛，因此文人集團與僧家多有往來。〔註 133〕僧道大多棲居靜寂幽冥的山林，以遠離塵網，修心悟道，文人雅士雖然不忘仕途奔競，但仍羨豔山水的清幽，〔註 134〕文人僧道的結交，營造出山居生活

〔註 124〕《列朝詩集小傳》，〈乙集・王檢討偁〉，頁 219。

〔註 125〕汪栢年，《元明之際江南的隱逸士人》，頁 93。

〔註 126〕牛建強，《明代中後期社會變遷研究》，頁 30：「事佛過甚；營葬破家；服食靡麗；優娼為蠹；博塞成風。」

〔註 127〕吳美鳳，〈明清文人閒情觀——事在耳目之內，思出風雲之表〉，《國立歷史博物館館刊（歷史文物）》，7 卷 9 期，1997 年 12 月，頁 18。

〔註 128〕明・瞿佑，《四時宜忌》（《四庫全書存目叢書》史部一六四冊，台南：莊嚴文化事業有限公司，1996 年 8 月初版），〈五月事宜〉，頁 21 上：「是月十一日天開節，宜入山修道。」；〈三月事宜〉，頁 12 下：「是月二十日，天倉開日，宜入山修道。」

〔註 129〕陳寶良，《悄悄散去的幕紗——明代文化歷程新說》，頁 130。

〔註 130〕前引書，頁 196。

〔註 131〕夏金華，〈明末封建士大夫逃禪原因初探〉，頁 72～73。

〔註 132〕汪栢年《元明之際江南的隱逸士人》，頁 95。

〔註 133〕吳智和，〈明代文人集團的山寺茶會〉，頁 41。

〔註 134〕周群，《儒釋道與晚明文學思潮》（上海：上海書店出版社，2000 年 3 月第 1

的雅趣。有謂：「吾輩縱極高雅，一入公門說公事，便覺帶幾分俗惡；縱極鄙俗，一入佛寺看經啜茶，便覺有幾分幽致。」〔註 135〕在僧道的山居生活中，一方面靜心息慮，忘懷世事，瀟洒放曠地優遊於山林之間；另一方面不受外境所惑，在山水世界中始終保持心靈的主體性。在心神相合中，具有悠閑自在的禪意。〔註 136〕以下列舉明人隱身佛道山居的實例。有自幼便喜歡佛道之術者，姚廣孝（1335～1418）幼時曾說：「某不樂爲醫，但欲讀書爲學，以仕王朝，顯父母，否則從佛爲方外之樂。」元順帝至正間，年十四，遂出家於里之妙智庵，名道衍，遊學湖海。洪武四年（1371），詔取高僧，以病免。八年（1375）詔通儒學僧，出仕禮部，考中不願仕，賜僧服還山。〔註 137〕李孤雲，「氣性純粹，容貌樸實。自幼志慕清虛，明全眞理。洪武初來武當（今湖北丹江口市）五龍宮住，與鄉人李幽岩結方外友。日積月深，玄理造詣。青山白雲之際，無不徜徉自得。」〔註 138〕彭祖年，「少業儒，明道學，詞翰俱美，至乎天文、地理、陰陽、度數、卜筮、醫術無不研究。從汪眞人入大都，侍弟子禮，方歸終南山（今陝西西安）太平宮，以道法濟人，其陰功及世不淺哉。洪武初，仍來武當棲遁養高，如如自樂，心無所爲，以此身若不繫之舟，幻我何有窮焉。」〔註 139〕

有人則棲寺習靜，好佛修禪。沈周（1427～1509），「工畫山水人物，嘗寓西湖寶石峰僧舍。」〔註 140〕胡宗仁，「隱於冶城山（今南京）下。生而偉壯，美髯。晚年，衲衣拄杖，反手除步，鬚髯從風飄颻，市人皆目爲神仙。喜譚論，作畫師雲林、子久。本富家子，老而食貧，不謁時貴。嘗詠唐六如詩：『閑來自寫青山賣，不使人間作業錢。』殊自得也。」〔註 141〕有人則出家爲僧，左派心學鄧豁渠落髮爲僧，抵雲南大理，訪學佛居士李元陽（1497～1580），

版），頁 313～314。

〔註 135〕明・趙民獻輯，《萃古名言》（《四庫全書存目叢書》子部一四九冊，台南：莊嚴文化事業有限公司，1995 年 9 月初版），卷 3，〈居鄉〉，頁 46 上。

〔註 136〕祁偉、周裕鍇，〈從禪意的「雲」到禪意「屋」——禪宗山居詩中兩個意象的分析〉，《文學遺產》，2007 年 3 期，頁 93。

〔註 137〕明・王鏊，《守溪筆記》（《歷代筆記小說集成・明代筆記小說》二冊，石家莊：河北教育出版社，1995 年 11 月第 1 版），〈姚廣孝〉，總頁 515。

〔註 138〕明・任自垣纂修，《敕建大岳太和山志》（《明代武當山志二種》，武漢：湖北人民出版社，1999 年 9 月第 1 版），卷 7，〈采眞遊第六〉，頁 130。

〔註 139〕《敕建大岳太和山志》，卷 7，〈采眞遊第六〉，頁 131。

〔註 140〕《西湖遊覽志餘》，卷 17，〈藝文賞鑒〉，頁 337。

〔註 141〕《列朝詩集小傳》，〈丁集上・胡布衣宗仁〉，頁 507。

入鷄足山（今雲南賓川）修禪，並雲遊各地。〔註142〕吳文潛，「孤癖苦吟，詩不多作，或累月始成一章。棄家學道，寄食武夷山（今福建武夷山市）中，數載後，薙髮爲僧。」〔註143〕李贄在姚安任上，以病致仕，也遁入鷄足山中，住寺院，閱藏經。〔註144〕其後祝髮爲僧，以狂禪名世。

有人則好道學仙，煉丹求藥。沈應魁，嘉靖二十九年（1550）進士，有文名，工書翰。「晚年結廬於虞山（今江蘇常熟），葛洪丹井之上，好燒水銀爲黃金，平生貲業費于炭值，爲方士所誑惑，鬱鬱不遂其志，卒以貧死。」〔註145〕金傑，嘉靖三十七年（1558）貢生，「性恬憺持正，不事鞭樸，裁省供億，致忤上官，任半載，一夕謁上官，授吏以印，竟去，不知所適，家人號泣，倉皇而歸，後聞隱九華山（今安徽青陽）學仙。」〔註146〕梁可瀾，「博學能詩，隱居羅浮（今廣東惠州），慕葛稚川修煉故事，自號三十二峯太狂長嘯仙，署邑令連公繼芳，高其人，訪諸山中，酬和竟日，所著有《狂仙詩》、《修眞要語》行世，卒年八十。」〔註147〕也有人佛道兼修，據《震澤集》載：

> 無錫華某，生而好道，清癯鮮潔，凡世人之名場利苑，愛河慾海，皆不能染焉。棄其妻子，來林屋山（洞庭西山、包山，今江蘇吳縣）中，獨居三十餘年。往來興福寺，博參內典，人疑其爲僧而非僧也。酷嗜參同，契悟眞篇，默坐內視，求長生不死之法，人疑其爲仙而非仙也。時亦不能忘情，作爲歌詩，蓋無意於言，不能不言，而自成其言，人疑其爲詩人而非詩人也。〔註148〕

是僧家、仙道，還是詩人？這些身份其實並不衝突，文人常集三者爲一身。虞淳熙與其弟淳貞，偕隱於南山（今浙江杭州），相與棲寂課玄，採蕁行藥，更加沈浸於仙、佛之中。〔註149〕據載：

〔註142〕夏金華，〈明末封建士大夫逃禪原因初探〉，頁72。

〔註143〕《列朝詩集小傳》，〈丁集上・吳文潛〉，頁504。

〔註144〕許建平，《山情逸魂——中國隱士心態史》，頁376。

〔註145〕明・劉萬春，《守官漫錄》（《四庫禁燬書叢刊》子部三七冊，北京：北京出版社，2000年1月第1版），卷1，〈內編養生得失〉，頁61下。

〔註146〕明・談遷，《棗林雜俎》（《筆記小說大觀》二二編六冊，台北：新興書局，1978年9月版），和集，〈金傑棄官〉，頁33下。

〔註147〕《羅浮山志會編》，卷5，〈人物志二・仙二〉，頁15上。

〔註148〕明・王鏊，《震澤集》（《景印文淵閣四庫全書》集部一二五六冊，台北：臺灣商務印書館，1986年3月初版），卷14，〈雲水詩集序〉，頁13。

〔註149〕尹恭弘，《小品高潮與晚明文化：晚明小品七十三家評述》（北京：華文出版社，2001年5月第1版），頁93。

家貧無書，與其弟淳貞字僧孺者，搜奇獵祕，閉門鈔寫，方術陰符，靡不通曉。十七喪母，相依習天台止觀，夜則談神鬼變化狡獪之事，至漏盡不寐。長孺好仙，僧孺亦好仙；已而長孺好佛，僧孺亦好佛。兄弟偕隱南山回峰（今杭州）下，相與棲寂課玄，採蕈行藥，以終老焉。〔註 150〕

有人則好遊寺觀、尋仙訪勝、交遊僧道。顧起元（1565～1628），「性好山寺，每一遊歷，意輒欣然，尤於荒涼岑寂之區，倍爲延佇。自謂宿世有空門緣，所交緇流頗眾。」「與偕淨侶，晨鐘夕梵，晏坐經行，便可敝屣浮名，樂而忘老矣。」〔註 151〕袁中道於玉泉築柴紫庵、堆藍亭，以爲棲隱居所，效法陶弘景隱居茅山（今江蘇），遊歷玉泉山水，訪尋仙藥。〔註 152〕王一中，「從龍虎山（今江西貴溪）上清宮高士遊，得清微至道。符水濟人，御災捍患，事多靈驗。永樂初，奉命遊於四方名山大洞。」〔註 153〕

三、明清之際

明末清初之際，面對亡國之痛，明遺民歸隱的方式，多有「隱身緇流」或「託身黃冠」者，有異於前代遺民的一大特色。〔註 154〕明遺民對於人生的幻滅，選擇學佛學道，或是出家爲僧爲道，甚者是死亡的徹底解脫。〔註 155〕不但對社會國家蒙難現實的極度失望痛心，更有懷才不遇的悲憤鬱結胸中，且又憂於清初文字之獄，故而對寺院清遠之境，頓生不勝嚮往之情，這的確是文人處在深重抑鬱狀態下的一種尋求宣洩渠道的心理反映。〔註 156〕若沙門可以不禮王者，逃禪遺民就可保留殘存的尊嚴與氣節，在與清政權實際交涉時，不致俯仰由人，這層意義遠較放逸山林更爲積極。〔註 157〕

〔註 150〕《列朝詩集小傳》，〈丁集下・虞稽勳淳熙〉，頁 659。

〔註 151〕明・顧起元，《客座贅語》（《元明史料筆記叢刊》，北京：中華書局，1987 年 4 月第 1 版），卷 3，〈名僧〉，頁 85。

〔註 152〕黃雅雯，《袁中道溪遊生活研究——以《遊居杮錄》爲例》（台北：私立淡江大學中國文學研究所碩士論文，2004 年 6 月），頁 32。

〔註 153〕《敕建大岳太和山志》，卷 7，〈采眞遊第六〉，頁 134。

〔註 154〕廖肇亨，《明末清初遺民逃禪之風研究》，頁 36。

〔註 155〕廖可斌，〈晚明浪漫文學思潮美學理想的三個層次〉（收入吳承學、李光摩編，《晚明文學思潮研究》，武漢：湖北教育出版社，2002 年 10 月第 1 版），頁 414。

〔註 156〕夏金華，〈明末封建士大夫逃禪原因初探〉，頁 73。

〔註 157〕廖肇亨，《明末清初遺民逃禪之風研究》，頁 41。

明清之際，常有明朝遺民隱身佛道，或是出家爲僧，如王夫之，避世於方廣寺。〔註 158〕方以智（1611～1671），曾在浮山（今安徽樅陽）爲僧。〔註 159〕郭些菴，「隱廬山，北京陷，悲憤不食，史可法薦南京操江，不赴，未幾祝髮爲僧。」〔註 160〕呂得璜，崇禎十二年（1639）舉人，「善詩文，博洽有名。闖賊李自成據長安，士夫多受僞職，與兄釣璜遯入太華山（今陝西華陰），擔簦策蹇，奚童皆以爾汝呼之，人無知者。國亡後，謝絕人事，自號鬚眉和尚。」〔註 161〕王應玘，「曾從張同敞軍，同敞殉難，乃入天童山（今浙江鄞縣）爲僧，名等月，人呼不了和尚。」〔註 162〕葉紹袁（1589～1648），吳江人，清軍佔據吳江後，率世侗、世倌、世倕三子，棄家入杭州之皋亭山，剃髮隱遁爲僧，自號桐華流衲，又號木拂。〔註 163〕江浩，「南都陷，浩奔走號呼，往謁潞王，畫守禦策，嗣見言不用，棄家赴黃山（今安徽黃山市）祝髮爲僧，更名智宏，字夢破。居山中四年，晨夕遊憩，哀至輒歌，歌已輒哭。」汪沐日，「兩都陷後，唐王建國于閩，起爲金衢副使。閩亡，遂爲僧，名正濟，號益然。宰相陳名夏薦于清廷，不就，遁匿山中。晚以鄉人迎歸黃山，自知死日，集故交爲詩畢而逝。」〔註 164〕王瀚，太倉生員，性好佛，崇禎十七年（1644）甲申之變後，棄去衣巾，入山爲僧。〔註 165〕呪林明大師祁班孫，崇禎時都御史彪佳子，康熙四年（1665），祝髮於吳堯峰。〔註 166〕惲日初（1601～1678），別號南國餘民，又號黍菴，「崇禎十六年（1643）應詔上備邊五策，不報，知時事不可爲，及歸，携書隱天台山（今浙江天台）。清兵下浙，避走福州，福州破，走廣州，廣州復破，乃祝髮爲浮圖，號明曇，參永明王軍事，兵敗歸，僧服講學。」〔註 167〕鄭逢元（1613～1689），字天虞，又稱天瑜，貴州平溪人。「永明被執，遂祝髮滇之寶台山（今雲南永平），自號天問和尚。」〔註 168〕

〔註 158〕蔣星煜，《中國隱士與中國文化》，頁 58。
〔註 159〕文偶初主編，《中國名山事典》，頁 240。
〔註 160〕蔣星煜，《中國隱士與中國文化》，頁 50。
〔註 161〕丁原基，〈明代遺民隱於僧者著述考〉，頁 131。
〔註 162〕前引文，頁 128。
〔註 163〕尹恭弘《小品高潮與晚明文化：晚明小品七十三家評述》，頁 451。
〔註 164〕丁原基，〈明代遺民隱於僧者著述考〉，頁 129。
〔註 165〕陳寶良，〈晚明生員的棄巾之風及其山人化〉，頁 35。
〔註 166〕丁原基，〈明代遺民隱於僧者著述考〉，頁 130。
〔註 167〕前引文，頁 145。
〔註 168〕前引文，頁 151。

錢默，「國變後，入黃山，薙髮爲僧，更名成回，字霜華，號無知大師。」〔註169〕逃禪遺民當中，不乏飽學之士與名公鉅卿，面對國破家亡境遇，只能以入山爲僧道，來表明對故國舊朝的赤膽丹心。

第四節　其他類型

一、困頓科場的類型

文人在面對人生挫敗，屢試不第時，常有不如歸去、隱居山林之想。〔註170〕如黃畿（1464～1513），「性至孝，年十六，補弟子員，累舉不第遂棄去，讀書羅浮（今廣東惠州）」，研究九流五行，深探星氣象數之書、軒岐釋老之學。〔註171〕栗應宏，「弱冠舉於鄉，累試南宮不第」，耕讀太行山（今山西）中。〔註172〕袁中道原本自負，認爲科舉及第爲唾手可得之事，但卻「落春官，自此後，頻遭患難，遂棄而入山，以看雲聽水爲功課。」〔註173〕周孚先舉正德十四年（1519）鄉試，「上春官不第，遂絕意仕進，遇名山勝處，輒命駕忘返，或託諸謳吟以見志，人莫測也。久之，入梅州之陰那山（今廣東梅縣）中，不歸者數歲，後還桃谿，更不復出。」〔註174〕方惟素才名冠一時，「屢試不第，應貢年方四十，喟然嘆曰：丈夫不能飛九天，則鳳翔千仞耳。更號空石，隱于赤城（今浙江天台）湖山之間，不問生事，時托興杯酒，爲詩歌。三十年不入市，江南北皆慕其高。」〔註175〕胡應麟（1551～1602），萬曆四年（1576）舉於鄉，「久不第，築室山中，搆書四萬餘卷，手自編次，多所撰著。攜詩謁世貞，世貞喜而激賞之，歸益自負。」〔註176〕前述諸人多因累試不第後，便擇居山中，探求佛老之術，或托興茶酒、寄情書史，甚至終身不仕，以布衣而終。早年孜孜矻矻，寒窗苦讀，但因舉業多舛，而放棄原有的人生目標，退而隱頓山林。處士李公「早歲學舉子業，矻矻攻苦，有不窺園之志，屢試輒蹶，遂隱於紫荊山（今

〔註169〕前引文，頁152。

〔註170〕陳寶良，〈晚明生員的棄巾之風及其山人化〉，頁35。

〔註171〕《羅浮山志會編》，卷6，〈人物志三・名賢〉，頁16下。

〔註172〕《列朝詩集小傳》，〈丁集上・栗舉人應宏〉，頁432。

〔註173〕《珂雪齋集》，卷10，〈翁承爔文序〉，頁486。

〔註174〕明・張萱，《西園聞見錄》（中華文史叢書之四十二，民國廿九年北平哈佛燕京學社排印本，華文書局股份有限公司印行），卷22，〈高尚〉，頁12上。

〔註175〕《邇訓》，卷18，〈幽棲〉，頁6上。

〔註176〕《明史》，卷287，〈文苑三〉，頁7382。

福建漳州）下，有終焉之志。爲人慮澹寡營，油油然無畛域町畦。里人有犯之者，虛受而已，終身若無喜慍之時。」〔註177〕便是文人屢困科場，最終隱跡山林的寫照。甚至入山修道閉關，如房居士，「仕途不得意，入中條山（今山西永濟）修道，閉關十一年，後往麻衣山姑射山。」〔註178〕

二、侍親盡孝的類型

古代中國歷朝皆崇重孝道，文人常以侍親而致仕歸隱，王問（1497～1576）因奉養父親不仕，屏居三十年，築別墅無錫寶界山，杜門埽軌，用自娛悅。〔註179〕據載：

> 嘉靖壬辰（十一年，1532）進士，擢第後歸里，讀書六年，然後廷試。釋褐，除户部主事，改南職方，以便將父。歷車駕郎中，擢廣東按察僉事，行至桐江（今浙江桐盧縣），徘徊不欲去，筮得甘節之卦，賦詩十二章，投劾而歸。父歿，遂不起，築室於湖濱寶界山，焚香讀易，興至則爲詩文，或行草書數紙，或點染竹石花鳥，不矜研削，用自娛悅。年八十乃終。〔註180〕

赴任時因思念老父，遂決心棄官回無錫，終養其父，從此淡出仕進，留戀湖山林泉，隱居寶界山房，三十年不履城市。

宋濂（1310～1381），「幼英敏強記，就學於聞人夢吉，通五經，復往從吳萊學。已，遊柳貴、黃溍之門，兩人皆亟遜濂，自謂弗如。元至正中，薦授翰林編修，以親老辭不行，入龍門山（今浙江浦江）著書。」〔註181〕朱善（1314～1385），「九歲通經史大義，能屬文。元末兵亂，隱山中，事繼母以孝聞。洪武初，爲南昌教授。」〔註182〕舒頔，「年十五六，與同郡朱允升、鄭子美、程以文，講明經史之學。」「至正庚寅（二十七年，1290），轉台州學正，時艱不仕，奉親攜書歸遁山中。」「高臥北山（今浙江金華市北）之陽，以疾辭，不出。」〔註183〕管子行，「即武勝（今屬四川）偏處，龍山之北麓，

〔註177〕明・李蛟禎，《增城集》（台北：漢學研究中心景照明崇禎刊本），卷17，〈處士李公夫人張氏合葬墓誌〉，頁14下。

〔註178〕蔣星煜，《中國隱士與中國文化》，頁61。

〔註179〕吳智和，〈明人居室生活流變〉，頁239。

〔註180〕《列朝詩集小傳》，〈丁集上・王僉事問〉，頁438。

〔註181〕《明史》，卷128，〈列傳第十六〉，頁3784。

〔註182〕前引書，卷137，〈列傳第二十五〉，頁3943。

〔註183〕《列朝詩集小傳》，〈甲前集・舒學正頔〉，頁109。

敗屋數間，蔬園半畝，召諸弟同居，以悅二親。或門下舊知使聘至，輒就謂不用於時，庶幾明於下道，豈終窮哉。」〔註 184〕冼桂奇，「嘉靖乙未（十四年，1535）進士。工部主事時，夏貴溪當國，諸司震懾，桂奇與語不屈，疏乞終養。嘗師湛甘泉，同訪匡廬白鹿。奉母居羅浮（今廣東惠州）青霞洞，革履布服，無異野人。」〔註 185〕皆以隱山奉養親老。

有些則因父母憂歿，而哀痛隱山。李祁，「母憂，解職歸，隱居永新山（今江西吉安）中。入國朝，力辭徵辟，年七十餘卒。」〔註 186〕徐渭，號天池山人、青藤道人、青藤居士，於隆慶六年（1572）喪考，考以松江天馬山屬藏，遂結廬奉母氏居之，讀書其中。〔註 187〕莊昶（1437～1499），「自幼豪邁不群，嗜古博學。」「居三年，母憂去。繼丁父憂，哀毀，喪除不復出。卜居定山（今江蘇江浦）二十餘年，學者稱定山先生。巡撫王恕嘗欲葺其廬，辭之。」〔註 188〕來知德（1525～1604），「十歲通舉子業，舉嘉靖壬子（三十一年，1552）鄉試，以終養不上公車。親歿，廬墓六年，遂無宦情，至萬縣（今屬四川）山中，潛心三十年，以求易象，著《錯綜圖》。」〔註 189〕陳繼儒，幼穎異，能文章，年甫二十九，取儒衣冠焚棄之。隱居崑山之陽，搆廟祀二陸，草堂數椽，焚香晏坐，意豁如也。時錫山顧憲成講學東林，招之，謝弗往。親亡，葬神山麓，遂築室東佘山（今上海），杜門著述，有終焉之志。」暇則與黃冠老衲窮峰泖之勝，吟嘯忘返，足跡罕入城市。〔註 190〕

另一方面，也有因親在而不能隱山而居者。袁中道《珂雪齋集》載：

> 王子與予，皆有志于出世之學，而王子較切，即區區功名，直欲一了以完世緣耳。南山之南，北山之北，安往而不得貧賤者，是王子有所不可于世，即不難脫屣去矣。而又若有所踟躕不能捨者，何也？則以母夫人在堂故也。予以謂王子入山之興，眞未可輒動也。……

〔註 184〕明・孫應奎，《燕詒錄》（台北：漢學研究中心景照明萬曆年刊本），卷 7，〈兵部左司務管子行墓銘〉，頁 16 上。

〔註 185〕《羅浮山志會編》，卷 6，〈人物志三・名賢〉，頁 26 上。

〔註 186〕《列朝詩集小傳》，〈甲前集・李翰林祁〉，頁 57。

〔註 187〕明・徐渭，《徐文長逸稿》（台北：淡江書局，1956 年 6 月初版），卷 19，〈天馬山房記〉，頁 288。

〔註 188〕《明史》，卷 179，〈列傳第六十七〉，頁 4754。

〔註 189〕清・黃宗羲，《明儒學案》（《明代傳記叢刊》，台北：明文書局，1991 年 1 月初版），卷 53，〈諸儒學案下一・徵君來瞿塘先生知德〉，頁 1285。

〔註 190〕《明史》，卷 298，〈隱逸〉，頁 7631。

若夫入山之事，即予亦素籌之矣。山之蒼蒼，水之咽咽，吾欣然而會心矣。偶一念至，曰：「母氏得無憶我耶？母氏得無憶我苦耶？」則心之隱痛，馮馮然不可拔矣。〔註 191〕

若居處深山，是因自身的放浪尙情，避世而居則親情的分離在所難免。

三、讀書尚志的類型

有明一代重科舉，尤其自中葉以後文人出仕多由此一途，無論在朝在野的文人，其社會地位皆相當崇高。〔註 192〕爲科舉及第，或單純好尙，常常結廬山中，或棲隱寺觀，以幽靜的環境，潛心讀書。或藉由結社、讀書會、講學等活動，以求得知識的增長。

楊維楨，「少時，日記書數千言。父宏，築樓鐵崖山中，繞樓植梅百株，聚書數萬卷，去其梯，俾誦讀樓上者五年，因自號鐵崖。」〔註 193〕少時於鐵崖山築樓讀萬卷書，晚年則僑寓淞江華亭，築室百花潭上。〔註 194〕李承箕（1452～1505），「幼有大志，不喜爲舉子業，讀書大匡山，非禮不動。成化庚子（十六年，1480）鄉試，考官桑悅首選其卷，監臨不從，悅上書政府論薦。丙午（二十二年，1486）領鄉舉，一試禮闈而歸，徒步師陳獻章于嶺南，不復仕進。兄承芳，以大理寺副謝病歸，築釣台於黃公山（今浙江永嘉）。日夕奉母，講學賦詩。」〔註 195〕禮部侍郎薩琦（？～1457），曾讀書於福州大夢山的廉山草堂。〔註 196〕王彝（？～1374），「少孤貧，讀書天台山（今浙江天台）中。」〔註 197〕霍韜（1487～1540），「目有重瞳，始就小學，即揭「居處恭」三字于壁，力行之。日誦數千言，一二歲間，諸經皆遍。登正德甲戌（九年，1514）進士第。告歸，讀書西樵山中。」〔註 198〕梁時，「其父貧無行，以博得婦，生子。逾年，又博而負，人攜之去，隨其母長，乃走會稽山中讀書。」〔註 199〕

〔註 191〕《珂雪齋集》，卷 9，〈送石洋王子下第歸省序〉，頁 445。
〔註 192〕吳智和，《茶藝掌故》，頁 101。
〔註 193〕《明史》，卷 285，〈文苑一〉，頁 7308。
〔註 194〕陳靜秋，〈論晚明大山人陳繼儒的文化性格及其形成原因〉，《中國文化月刊》，248 期，2000 年 11 月，頁 63。
〔註 195〕《列朝詩集小傳》，〈丙集・李舉人承箕〉，頁 326。
〔註 196〕文偶初主編，《中國名山事典》，頁 164。
〔註 197〕《明史》，卷 285，〈文苑一〉，頁 7320。
〔註 198〕《明儒學案》，卷 53，〈諸儒學案下一・文敏霍渭厓先生韜〉，頁 1272。
〔註 199〕《列朝詩集小傳》，〈乙集・梁典籍時〉，頁 242。

鄭作，「讀書方山（今南京）之上，自號方山子。」〔註200〕王陽明曾在龍泉山（今浙江餘姚）講學，又稱陽明書院。〔註201〕趙志皋（1524～1601）曾在六洞山（今浙江蘭溪）讀書和建造書院。〔註202〕

雖然「隱居以求志，行義以達道，非有二也。志者志此道，達者達此道，窮達雖異遇也，而道本致一，性無二也。故舜在深山而四岳舉以任天下，顏子在陋巷而孟子謂其同禹稷，亦以其學致一，道之同耳。」〔註203〕讀書求道，進而行道天下，不因環境而有別，只是山中的幽深景況更適宜沉潛心志，專心讀書。

四、放浪任情的類型

明代中後期，陽明心學更加走向個體自我生命的關注，從現實羈絆中擺脫而出，去過那種任我自由的瀟灑生活，任性所爲，隨口談玄，享自然之清風，見山間之明月。〔註204〕而泰州學派分支發展，其反傳統、非名教、尊個性、重實行的精神，大量融會禪佛之說，專研性命天理，行爲也越趨放任。下至明季，文人無不受此派思想所影響，多喜以名士山人自任，呈現著極端自由浪漫、活潑生動的氣息。〔註205〕明末政壇氣氛、社會趨勢，以及學術思潮等各方面的狀況，帶有末世王朝的幽暗特質，與隨著政治失控而來的解放氣象，部分人士既厭於淌入政治鬥爭的渾水，又感於生命的空虛無常，因此轉而宣揚享樂，表達對於紛亂政局一種消極性抗爭。晚明時期「行樂圖」中的所行之樂，大部分以山居取閒、獨行林野的行樂方式爲主，〔註206〕於是「今業已厭倦，數年後當遂上書罷去，三山五岳，何處不可著，江生短筇，而戀戀五斗，與鷄鶩爭食耶？白社之盟，有待而結耳。」〔註207〕表現出文人的遁

〔註200〕前引書，〈丙集・方山子鄭作〉，頁362。

〔註201〕文偶初主編，《中國名山事典》，頁358。

〔註202〕前引書，頁89。

〔註203〕《燕詒錄》，卷3，〈憶言下〉，頁10下～11上。

〔註204〕左東嶺，《王學與中晚明士人心態》（北京：人民文學出版社，2000年4月第1版），頁234～235。

〔註205〕陳少棠，《晚明小品論析》，頁107。

〔註206〕李國安，〈古代士人休閒生活的寫真集——行樂圖〉，《歷史月刊》，38期，1991年3月，頁9；毛文芳，《圖成行樂：明清文人畫像題詠析論》（台北：台灣學生書局，2008年1月初版）。

〔註207〕明・江盈科，《雪濤閣集》（《江盈科集》，長沙：岳麓書社，1997年4月第1版），卷13，〈與錢隱君〉，頁640。

世與玩世。〔註 208〕放浪任情的處世態度，影響山居生活的抉擇，文人不需要特別的原因，只依性情而選擇棲身山中。

貢悅，「世家宣城之南湖，因號南湖先生。元季爲閩省理官，國初隱居越之山陰，更名悅。從兄弟仕於朝，迎歸金陵、宣城，俱不往。遂終於越，門人私謚貞晦先生。」〔註 209〕吳兗，「性簡伉不善宦，又復疎宕不善家，出則忤世皆自投進賢之冠，歸則遺世必各營菟裘之業。」〔註 210〕丘雲霄，「嘉靖十七年（1538）貢士，官南京國子監典簿，遷廣西柳城知縣，歸隱于武夷。」〔註 211〕「博極群書，精詞賦，工草隸，以明經授粵西柳城令，蒞事首先文治，有廉能聲，僅踰歲，遂解官歸，結茆于止止庵側，因自別曰止山，葉艇芒鞋，諸勝鮮不剔歷，誠一時之文獻士流之師表也。」〔註 212〕佘初泰，「疎狂不能自禁，不得不以逃之山林。」〔註 213〕何岫，「桐城人，無嗣。曰：吾將以青山爲後昆，營壽藏，結屋其傍，曰九龍庵，石室栢臺，函丈可讀耳，舍棲羽客田數晦，供薰爐茗椀。」〔註 214〕鄒迪光（1550～1626），「萬曆甲戌（二年，1574）進士，官至副使，提學湖廣，罷官時年纔及強。以其間疏泉架壑，徵歌度曲，卜築惠錫之下，極園亭歌舞之勝。賓朋滿坐，觴詠窮日，享山林之樂幾三十載，年七十餘乃卒。」〔註 215〕有文人生性孤傲，遇有折辱，則閉戶隱居：

> 趙樞生，字彥材，郡人。……以諸生應都試，見扞掫士呵辱諸生，太息曰：「待士也賤若此，吾寧被髮入山耳，安能受有司塗炭耶！」遂謝去博士家言，日嗒焉坐一室，室無他設，僅一几一榻，及《黃庭》、《楞嚴》數卷而已。終日閉户，不接俗客，惟支頤吟咏。所衣布袷，歲久敝則緝之，不勝緝則纍纍下垂，躄躄草屨，足趾時出外，不顧也。日不食肉，亦不用庖者，支釜屋下，躬取醬醯蓴蕨，手芀

〔註 208〕吳調公，〈晚明文人的「自娛」心態與其時代折光〉，《社會科學戰線．中國古代文論》，1991 年 2 期，頁 256。

〔註 209〕《列朝詩集小傳》，〈甲集．貢貞晦悅〉，頁 146。

〔註 210〕明．吳亮釆，《止園集》（台北：漢學研究中心景照明天啓元年序刊本），卷 16，〈山居雜著引〉，頁 40 上。

〔註 211〕《列朝詩集小傳》，〈丁集中．丘柳城雲霄〉，頁 545。

〔註 212〕明．衷仲孺，《武夷山志》（《四庫全書存目叢書》史部二二八冊，台南：莊嚴文化事業有限公司，1996 年 8 月初版），卷 7，〈賢寓〉，頁 16。

〔註 213〕明．丁紹軾，《丁文遠集》（台北：漢學研究中心景照明天啓刊本），卷 20，〈佘初泰副憲〉，頁 15 上。

〔註 214〕《逌訓》，卷 17，〈任達〉，頁 3 下～4 上。

〔註 215〕《列朝詩集小傳》，〈丁集下．鄒提學迪光〉，頁 687。

藥之，忻然果腹。〔註 216〕

生活雖見蹙絀，但也放浪任情，忻然自得。科舉入仕雖然不易，但入仕爲官，常常「疲於將迎，困於簿書，苦於催科，吾膝欲穿，吾腕欲折，吾形凋瘁，作枯蝦伏。」有氣節的文人則寧願順性放浪，「牧犢山間，釣魚溪滸，山農野漁，藉草攤簑，穩卧自適。」〔註 217〕明人抉擇山居的原因多途，且並非只專屬於其中一種類型，各個類型間彼此互有影響。以上舉例的類型，大致上僅作一概括的介述。

〔註 216〕《花當閣叢談》，卷 5，〈趙處士〉，頁 13 下～14 上。
〔註 217〕《雪濤閣集》，卷 13，〈與龍雲車〉，頁 605。

第四章　山居環境與格局

選擇居處地點是非常重要的，所謂：「靈神之區，所產多傑，特而傑人者，亦必擇勝境以居，人卜居，居助人宜哉！」〔註1〕也就是「地靈人傑」之意。保家之要有五：「曰擇交、擇隣、擇親、擇師、擇地。凡此都關繫我身心，能愼而擇之，將見家風孝友，人品秀異，集福迎禧，自然永遠。」〔註2〕可知「擇地」的重要性，而山水通常是文人尊生養壽居處環境的第一選擇。〔註3〕文人在追撫自然山川的自在從容時，也希望自己歇息的居處有山水的逸宕與悠然。〔註4〕有謂：「居山水間者爲上，村居次之，郊居又次之。」〔註5〕山居的山川景致，即是山水居處的最佳代表。

山水居處之所以令人嚮往，爭相擇山而居，主要的原因在於山中環境勝景環繞，自然風光觸目所及，山中幽致足供歸居娛情。藏居山水間是一種雅興，是身心靈的寄託。對外，可以遠離俗囂，古代交通不便，深山幽林閉塞不通，人煙稀少，是非不及，是隱逸的極佳去處。〔註6〕對內，在心靈方面，承受自然山水中的無私無我，寄予生命憂喜，達到物我交融與合一。〔註7〕故

〔註1〕明・祝允明，《祝氏集略》（台北：國立中央圖書館，1971年6月初版），卷27，〈賓山堂記〉，頁20下。

〔註2〕《垂訓樸語》，〈保家五要有引〉，頁12上。

〔註3〕毛文芳，《晚明閒賞美學》，頁191。

〔註4〕范宜如、朱書萱，《風雅淵源——文人生活的美學》，頁45。

〔註5〕《長物志》，卷1，〈室廬〉，頁1。

〔註6〕趙映林，〈中國古代的隱士與隱逸文化〉，《歷史月刊》，99期，1996年4月，頁34。

〔註7〕丁俊清，〈水與居住文化〉，《同濟大學學報》（人文社會科學版），5卷1期，1994年5月，頁49。

而居室宅地多擇山水幽遠之地，以閒曠自適，這也是明人多康壽的生活哲學。〔註8〕在桃花流水，白雲深山中，混跡漁樵，興頗不惡。〔註9〕而山中「廓落泬寥之境，別自有味，非役役者所知。」〔註10〕是一種解脫釋放的情韻，有別於世俗的困頓與桎縛。

明人居家選擇，首先考量志趣財力，其次決定居家位置，再次以有限的空間規劃格局。〔註11〕山居屋舍的空間格局上，除外部山水景致的環境外，屋舍的整體結構與屋內的裝置安排，不但呈現屋主的財力狀況，也顯示個人的審美的追求，與文化品味的素養。〔註12〕明代文人在空間格局的處理上，獨具個人風格與美感。而山居生活不同於其他居處者，是在於生活中與自然山水的密合，無論居宅之外與內，皆涵孕山水的風采。

第一節　山居的環境

一、山居環境與自然

山居的環境主要以自然景物爲主，有居室的清雅，還有群山環抱、疊嶂西馳的壯闊，以及眾山臥伏、屹然高踞的幽遠。除山勢的雄偉佈景外，還有怪石、雲嵐、花木、川泉的細緻點綴，增添山居環境的多變。怪狀柱立的堅石使山雄偉壯然，變化倏忽的雲嵐使山活潑秀麗，生生不息的花木使山青翠多彩，潺湲不休的川泉更增山的秘靜與嫵媚。所謂：「山無雲則不秀，無水則不媚，無道路則不活，無林木則不生，無深遠則淺，無平遠則近，無高遠則下。」〔註13〕「泉能使山靜，石能使山雄，雲能使山活，樹能使山蔥。」〔註14〕「山之奇，以泉以雲以松。」〔註15〕所以山居環境以怪石奇峰，走泉深潭，老木名花爲勝。〔註

〔註8〕吳智和，〈明人居室生活流變〉，頁232。

〔註9〕明・吳從先輯，《小窗自紀》（《四庫全書存目叢書》子部二五二冊，台南：莊嚴文化事業有限公司，1995年9月初版），卷1，〈雜著〉，頁31上。

〔註10〕明・陳勳，《陳元凱集》（台北：漢學研究中心景照明天啓二年序刊本），卷3，〈澹言〉，頁101下。

〔註11〕吳智和，《明人休閒生活文化》，頁94。

〔註12〕李硯祖，〈環境藝術設計：一種生活的藝術觀——明清環境藝術設計與陳設思想簡論〉，《文藝研究》，1998年6期，頁130。

〔註13〕宋・郭熙，《林泉高致集》（《景印文淵閣四庫全書》子部八一二冊，台北：臺灣商務印書館，1986年3月初版），〈山水訓〉，頁11上。

〔註14〕董天策，《仁智的樂趣——山水泉石》，頁221。

〔註15〕清・錢謙益，《牧齋初學集》（上海：上海古籍出版社，1985年9月第1版），

16〕其中所展現的「秀」、「媚」、「活」、「生」、「靜」、「雄」、「蔥」，以及「深遠」、「平遠」、「高遠」等，對山居生活環境來說，皆極爲重要。

而不同的山也有不同的風采特色，如「嵩山多好溪，華山多好峯，衡山多好別岫，常山多好列嶂。」〔註 17〕據《鼂采館清課》載：

> 武夷最爲工巧，水可舟尤勝。其山在羅浮、雁岩伯仲之間，峭削恠幽，差勝武林西山，借土木宮觀以成其概。夫以太華之險絕，峨眉之神秀，太和之偉麗，天台、匡廬幽邃，祝融、太岱挺拔，終南曠蕩，太行逶迤，金山孤特，五臺王屋，玄岳嵩少，名勝所在，非許椽濟勝有具，佐之以緣，終身向往，不至其地，王逸少（王羲之）汶峨之興，致嘆於益公，難言之矣。〔註 18〕

名山各展現不同的風貌，在不同景致中，山居者可以享有不同的生活體會與美感品味。

（一）在山與山之間

群山屏障的山居環境中，有「山」與「山」的交疊。峰峰相連，層巒疊嶂，使得視野壯闊遼遠，群山的峭深雄偉，是山居極佳的勝景。據〈屏山小隱記〉載：

> 吾南山之居，遠水而獨近山，故唯屏焉是賴。山北環而南，正北如駝如象，勢若奔湊者爲小石，大石迤東伏而忽起曰「戴山」，特高且奇者曰「牛頭花巖」，祖堂三大峰逶麗南廻其上，佛宇紺碧可覩，正南與吉山對，獨立不倚，形凹突如筆格。諸山旦暮異彩，紫翠交映，雨作則吐雲蒸嵐，因風蔽虧，或有或無不可辨。過是岡巒，連延弗斷，然不甚高而亦無名。西南蒼林鬱然而近曰「廟山」，西山高者在江北，卓青橫黛，隱隱來赴，如人知心夢寐潛達。吾廬處其間藐焉，廻兵之麓，顧左左見，顧右右至，前瞻後矚，皆莫避去。或角巾杖履，出户四望，山所露見，悉爲我有，使吾舍城市而婆娑於此，凡以屏故，故取以名。〔註 19〕

卷 46，〈游黃山記序・記之八〉，頁 1157。

〔註 16〕明・陳繼儒，《白石樵眞稿》（《四庫禁燬書叢刊》集部三二冊，北京：北京出版社，2000 年 1 月 1 版），卷 3，〈綠野池記〉，頁 24 上。

〔註 17〕《林泉高致集》，〈山水訓〉，頁 7 下。

〔註 18〕明・費元祿，《鼂采館清課》（《筆記小說大觀》一四編四冊，台北：新興書局，1976 年 8 月版），卷下，頁 8 下～9 上。

〔註 19〕《顧華玉集》，《息園存稿文》，卷 4，〈屏山小隱記〉，頁 6 上～下。

顧璘（1476～1545）屏山而居，諸山環繞，岡巒迤邐，雙目所望，佳景歷歷，這也是他不選城居而擇山以居的重要因素。

湯顯祖因氣節孤峻，被罷謫後，轉任平昌令，邑在萬山之中，人境僻絕，土風淳美，爲官治理簡易，人民樂而安居。〔註 20〕當官也能享受處在萬山中的閒逸，可以說是因禍得福。趙鼎卿亦是，於任官時曾作「愛山堂」，體會群山四圍的曠達：

> 趙鼎卿爲中丞，入貴州，自謂度嶺見飛鳥出人履下，其懷益曠。及入谷仰視，後騎蹀蹀在頂上如畫，群峰四圍，碧雲出肘腋間，則又恐羅列不密，乃就貴州舘作愛山堂。晚歸居麒麟山中，令土人爲導，日遊一山。篤山之孤特，小龍之峭麗，麒嶺之崔嵬，石鼓之蜿蜒，蓮花峰之高秀，舞蹈嶺之徊翔，玄玄峽之盤欝，龍門坤之幽深。〔註21〕

無論山景的孤峭崔嵬、高秀迴旋，還是峽谷的盤結青鬱、遠幽高深，皆可堪歸居或怡生。

（二）在山與水之間

山居環境中，有「山」與「水」的交迴。山與水的構合，將使山呈現出不同的風貌，如慧山又名九龍山，是因爲「慧山有九峰，峰各有澗，澗各有隖，起伏層疊，故曰：九龍，狀其形也。」〔註 22〕「其夭矯之形固，由於峰隖相間，如皴如劃而成也，過此則爲龍尾陵。」〔註 23〕山形由「峰」、「澗」、「隖」等山水特色組合而成。「山得水而活，水得山而媚。」〔註 24〕沒有山，水便少幾分奇秀；沒有水，山便缺幾分輕靈。〔註 25〕沒有靜態的山就無法反襯動態的水，沒有活潑飛動的水態就無法體現靜謐安詳的山容。〔註 26〕山若無水，則毫無生意可言，只有山水結合才能相得益彰。〔註 27〕據《顧華玉集》載：

〔註 20〕明・湯顯祖，《湯顯祖集》（台北：洪氏出版社，1975 年 3 月 1 日初版），屠隆〈玉茗堂文集序・二〉，頁 1521。

〔註 21〕《適訓》，卷 17，〈任達〉，頁 7 上～下。

〔註 22〕明・邵寶，《慧山記》（《四庫全書存目叢書》史部二二九冊，台南：莊嚴文化事業有限公司，1996 年 8 月初版），總頁 219。

〔註 23〕前引書，卷 1，〈峰隖第四〉，頁 18 上。

〔註 24〕《林泉高致集》，〈山水訓〉，頁 10 下。

〔註 25〕陳炳盛執行主編，《中國山川地圖》（台北：人類智庫股份有限公司，2007 年 1 月初版），頁 95。

〔註 26〕陳水云編著，《中國山水文化》，頁 38。

〔註 27〕謝凝高編著，《中國的名山》，頁 219。

凡居，恒藉山水爲勝。山以屏、水以鑑，非徒爾也。屏于山則端凝尚體，峭厲尚節，而吾有得於實；鑑于水則量以容廣，智以澄別，而吾有得於虛。若夫日月烟雲之麗，草木禽魚之生，晦明慘舒之變，以達其用，以成其文，一皆有助於德，此眞知山水之情者。〔註 28〕

山水之居，不但能增添景致，亦能修德廣智，所以明人尋山問水，望能構得山水兼具的居所。但「凡山居者恒恨於水，水居者恒恨於山，山水居者或陋且瘠，而不可以園。」〔註 29〕若能山水兼得，則是極佳的居所。袁中道《珂雪齋集》載：

質有而趣靈者，莫如山水，而常苦其不相湊，得其一，即可以送目而娛老。昔宗少文懷尚平之志，欲結宇衡山，而其後竟止江陵，立宅三湖上。豈非深山道遠，飲食藥餌俱艱，于老人不宜；而三湖皓淼之波，粘天蕩日，亦可借其秀潤，以暢性靈耶？荊州百里，無培塿之山，而惟大江自蜀來，浪噴波騰，爲天下奇觀。中郎卜居沙市，既治一樓曰「硯北」以瞰江，其前尚有隙地。一日梯而自登其脊以望，大笑曰：「吾事濟矣！」遂于樓之前復植兩楹，承霤而出之，如頭上髻，始盡得江勢。〔註 30〕

山水之間，若能得其一，便足以怡情終老，袁宗道（1560～1600）兼而得之，令人稱羨。如屠隆「歸矣，以一官還朝廷，以虛名還造化，四明山上，八窗玲瓏，下瞰白波，上擥海日。」〔註 31〕顧璘曾云：「今春，長居墓田，舊時草堂移入山中數舍，四面竹松，前通古道，可步尋諸寺。後有崇岡，飯食一登，南對牛峰、石嶺，西望大江，令人灑然可忘死。」〔註 32〕屠氏與顧氏能面對大山大江美景，山中生活可以終老。黃宗武構草堂於住屋東偏，字曰「山中草堂」。外部也是山與水的景致：「繇峽江入南半舍許，曰『瀨江』，瀨江有山曰『紫臺』，其東曰『鰲峰』，西曰『三狼』，南曰『大頂』，北曰『方山』，環四山於外，若

〔註 28〕《顧華玉集》，《息園存稿文》，卷 4，〈屏山小隱記〉，頁 6 上。

〔註 29〕明・王世貞，《弇州山人續稿》（台北：文海出版社，1970 年 3 月初版），卷 60，〈安氏西林記〉，頁 5 上。

〔註 30〕《珂雪齋集》，卷 14，〈捲雪樓記〉，頁 624～625。

〔註 31〕明・屠隆，《白榆集》（台北：偉文圖書出版社有限公司，1977 年 9 月初版），卷 11，〈答胡從治開府〉，頁 18 上～下。

〔註 32〕明・愼蒙，《山棲志》（《廣百川學海》，馮可賓輯，台北：新興書局，1970 年 7 月初版），頁 12 下。

賓旅列，率高而大，獨紫臺處其內，若主退讓，實卑而小。」〔註 33〕主山較小，四面大山環繞，顯得高峻壯偉，氣勢雄浩。楊循吉《居山雜志》載：

> 山高可五十丈，中隆傍掖厥向東也。右轉而南，有嶺焉，即深者由之，其前皆沃野可畊，以諸壑爲灌，每雨餘則潤，流之聲淙淙不絕。有溪焉，山人之所鑿也，亦與大渠通，而天旱多涸，遊船或不能至。……陟右得長崗隆坡，有松有竹，拾級行數十武，山乃半，亦有屋甚麗，憑闌可遐覽，隱隱見城郭也，自是而上，皆荒峻不可即矣。〔註 34〕

楊氏居所位於蘇州府轄吳縣西的金山，有溪流可助耕，與大渠通，甚至雨多可遊船，更可憑闌遠眺，景致宜人。黃綰（1480～1554）敘述其弟黃宗傳的藏脩之所：

> 吾邑北山有洞曰：「小有空明」，洞天在紫霄之下，杜村之上，石壁拔地數千餘尺，洞在壁間，磴道而入，飛跨木杪僅如一線。鳴瀑懸其左，澄潭映其下，近視則靈、巖兩山，拱列如門牆。杜村平疇，鋪展如庭院，遠視則吾邑諸山翠巒舟巘，與海上之晴嵐雪浪常若揖讓。而環顧者其中，則澄江九曲，皛渺如練，洄沿旋折，猶蘭亭曲水，可坐玩而流觴也。宗傳結屋洞上絕壑，時往來洞中，若可忘世而超然也。且宗傳善書能爲歌詩，余故友鄭繼之（鄭善夫，字繼之）過而止宿，題曰：「空明小隱」。〔註 35〕

有「飛瀑懸鳴」、「澄潭映色」、「諸山競翠」、「曲江洄沿」，山水間可超然忘世。《芻蕘集》有載：

> 豐溪在盧陵之西六十里，溪之陽有高原茂林，望之鬱然而深秀者，著姓顏氏世居之。溪之陰諸峰羅立，其一峰曰「雞山」者，尤聳拔奇異，因形似而得名自古矣。顏之甥彭子明，喜茲山之勝，乃卜宅而依其麓焉，爰來爰止，以種以植，不五六年而叢篁嘉木蔽翳雲日，

〔註 33〕明・王褒撰、王應鍾編，《王養靜全集》（台北：漢學研究中心景照明萬曆一六年序刊本），卷 1，〈山中草堂記〉，頁 50 下～51 上。

〔註 34〕明・陶珽編，《說郛續》（《續修四庫全書》子部一一九一冊，上海：上海古籍出版社，2002 年 3 月第 1 版），楊循吉，《居山雜志》，〈山勢第一〉，頁 1 上～下。

〔註 35〕明・黃綰，《久庵先生文集》（台北：漢學研究中心景照明萬曆刊本），卷 8，〈空明小隱記〉，頁 13 上～下。

與顏氏之居夾溪相矚，過之者如行輞川圖畫中也。環新居之田，皆膏腴常稔，子明日躬耕以奉其親，采於山、釣於水，裒其美鮮爲滫瀡，助待其弟子，凱盡友愛之道，一門內外，和樂無間。〔註36〕

兩浙名溪山，以會稽、若耶爲首稱。其秦望鑑湖，蓬萊曲水之勝，亦皆磊落不群，而彰彰乎古今天下者也。雅士孫宗佑氏，世居山陰之卧龍山，山蜿蜒盤旋，驤首蹲尾，蓋以形似而得名，於鴻濛開闢初，孫氏則旁占其秀，以儲英毓靈，綿綿奕葉，演慶源於無涯者如彼也。〔註37〕

依山面溪而居，前有溪水曲流，後有山峰盤旋，不但有山水美景相伴，亦能躬耕漁樵，奉親愷悌其中。《小山類稿》也載：

莆陽環山水以爲郡，城中之山，南曰「烏石」，北曰「梅峰」。烏石負郡治，梅峰稍麗，其北以東，靈秀輸委，聚廬成廛，赤桂林氏之居，適中其會焉。兩山之麓，外抱中寬，流泉散洑榛叢間，漸遠漸微，前郡守蒙泉岳公，迺隄其抱處，疏諸泉注其中，溢隄而去，循舊溝復經赤桂氏之居，以達于江，即所謂小西湖者也。退齋林子，赤桂氏之秀也，嘗濱湖南厓，築室數椽爲別業，以度聖賢群書。事親幹蠱之暇，輒偃息於此，日取所度之書讀之，反求諸身，必有以實見夫理之不可易者。時或釋卷而靜坐，或感物而深思，又或時登高遠眺，臨流嘯詠，所取適於斯。〔註38〕

莆陽是浙江山水城，林氏的「湖南別業」，有城居之便，亦有山居的山水景色，可登高臨流，亦能讀書靜坐，爲極佳的偃息閒適居所。就上引可知，山水居所，適宜「歸居終老」、「藏脩治德」、「奉親怡養」，更適宜「讀書治學」。貝瓊云：

江陰舊爲常屬邑，大江自岷導之，東流萬里，至江陰達于海岸。江之山曰「君山」，君山迤而東，嶄然與由里秦望秀拔天半者曰「黃山」，蓋江陰以楚封春申君黃歇之地，山繇是得名。而君山則歇之墓實在焉，若敔若啓，若定若華，向背起伏，戟列屏峙，皆境內之勝，惟

〔註36〕明・周是脩，《芻蕘集》（《明代藝術家集彙刊續集》，台北：國立中央圖書館，1971年10月初版），卷6，〈雞山新居記〉，頁6上～下。

〔註37〕前引書，卷5，〈秋江送別圖敘〉，頁58上～下。

〔註38〕明・張岳，《小山類稿》（台北：漢學研究中心景照明嘉靖三九年序刊本），卷3，〈湖南別業序〉，頁7下～8上。

黃山其尊且大者也。邑之津南張先生，仕元至江浙行樞密院都事，去之十有五年始歸，而省其先隴于黃山，乃剪蓬藋藝松柏，築別墅于山之陽以居。朝嵐夕紫，接于窻户，江濤海雨，撼乎几席，此據其最勝處，遂老而不復出矣。先生之子宣，率其弟完歲治田爲事，上給滫瀡之奉，暇則取群聖賢書讀之，世之紛華不接于耳目也，因題其居曰「黃山書舍」，且求文以記之。〔註39〕

江陰張津南退隱於黃山之南，築「黃山書舍」以居，江海奔流，山景宜人，是適宜讀書的好地方。若人生不順，多遇挫折，可寄興山水，以暢懷心志。張岳記載其「小山讀書室」：

小山在五公北麓，前挹平蕪，後負列嶂，大帽盤紓於其左，輞海灣環於其右。嘉靖己丑（八年，1529）冬，余始遷自香山（今福建）下，結屋居焉。諸葛長嘯之廬，司馬獨樂之園，古人高風，匪余敢望。若夫山川幽曠，景物鮮澄，仰觀于山，則雲蘿發興，俯狎于野，則魚鳥會心。盼北極于中霄，結殷念于千載，雖古人可作，未必不同斯抱也。〔註40〕

張岳（1492～1552）政途多舛，與首輔張璁不合，又在議禮上多所衝突，在山水幽曠間尋得依託。金幼孜（1368～1431）提及：

予少時嘗以先大夫諭德之命，游學廬陵，道出南嶺，有地曰楊家莊，是爲忠襄公之里莊。之西兩山嶄絕秀聳，曰「鹿峯」，其前衍爲平田，有二小山突起，與鹿峰相直者曰「金魚峯」。峰之下有澗水清泠可愛，其聲淙淙然。佳木茂林，陰森蔽日，禽鳥上下，鳴聲相答，白雲烟光蔽虧朝夕，誠幽絕奇勝之所萃。問之居人，則曰：「此楊氏所居之南麓也。」爲之徘徊留憩，久而後去。〔註41〕

廬陵楊家莊，世代傍山而居，前有小山二座，峰下則澗水泠泠、雲嵐幽蔽。「楊氏齋居，巍然於烟雲之表，與山川人物相爲悠久，卓卓乎爲鄉里所倚重，非先世積累之深，後賢繼述之善者，能若是哉！」〔註 42〕人和地利相爲表裡，

〔註39〕清・黃宗羲編，《明文海》（《景印文淵閣四庫全書》，台北：臺灣商務印書館），卷 328，貝瓊，〈黃山書舍記〉，頁 7 下～8 上。

〔註40〕《小山類稿》，卷 12，〈小山刻石〉，頁 8 上～下。

〔註41〕明・金幼孜，《金文靖公集》（台北：文海出版社，1970 年 3 月初版），卷 8，〈南麓齋記〉，頁 18 下。

〔註42〕前引文，頁 20 上。

也是「地靈人傑」的最佳寫照。張羽〈水北山居記〉亦載：「按地理志，浙以東，山水之郡七，最勝者莫如永嘉。環永嘉數百里，幽曠特出，可以盡覽一州之勝者，莫如江北諸山。環江北而居者數千百家，勝之所專，又莫如葉氏之居。」〔註43〕葉氏居所可謂浙東山水郡之最，「世之擇居者，得一山水以爲勝，尤足夸於眾口，況几席戶牖而坐納百里，包山含江，眾類咸集，晦明朝夕變化無窮，誠隱居之具美者。」〔註44〕這是一則隱居山水處所的最佳實例。

（三）在山與湖之間

碧湖的默然，不同於江海飛泉的激躍，山與湖的交映下，使山的蒼茫，增添靜謐的神采。被喻爲「明文第一」的歸有光（1506～1571），對「山」、「水」「湖」的關係，有一番獨到的見解：

> 太湖，東南巨浸也。廣五百里，群峰出於波濤之間以百數。而重涯別隖，幽谷曲隈，無非仙靈之所棲息。天下之山，得水而悅；水或束隘迫狹，不足以盡山之奇。天下之水，得山而止；山或孤孑卑稚，不足以極水之趣。太湖漭淼澒洞，沉浸諸山，山多而湖之水足以貯之。意惟海外絕島勝是，中州無有也。故凡犇湧屏列於湖之濱者，皆挾湖以爲勝。〔註45〕

「山」、「水」間，或者因「水」短狹急迫，或者因「山」矮小卑低，不能盡得山水的「奇」與「趣」，然以太湖爲例，面積廣闊，湖水滄淼，無論山卑水狹，群峰眾谷皆足以涵容其中，而營造出「湖」的美感。

袁宏道嘗居太湖洞庭山，〔註46〕「藍輿行綠樹中，碧蘿垂幄，蒼枝掩逕，坐則青山列屏，立則湖水獻玉，一巒一壑，可列名山，敗址殘石，堪入畫圖，天下之觀止此矣。」〔註47〕坐看青山，立俯湖水，盡得太湖與洞庭山的湖光山色。在洞庭山消夏灣，居住「西村別業」的隱士蔡昇亦有感觸：「仰而看山，

〔註43〕明・張羽，《張來儀先生文集》（《叢書集成續編》一八五冊，台北：新文豐出版股份有限公司，1989年7月台1版），〈水北山居記〉，頁56下～57上。

〔註44〕《張來儀先生文集》，〈水北山居記〉，頁57下。

〔註45〕明・歸有光，《震川集》（《景印文淵閣四庫全書》集部一二八九冊，台北：臺灣商務印書館，1986年3月初版），卷15，〈寶界山居記〉，頁31。

〔註46〕清・王維德，《林屋民風》（《四庫全書存目叢書》史部二三九冊，台南：莊嚴文化事業有限公司，1996年8月初版），陳鵬年〈林屋民風序〉，頁1上：「太湖周五百餘里中有峰七十二，洞庭最大。洞庭有東西兩山，東曰莫釐，西曰林屋。」

〔註47〕《林屋民風》，卷2，袁宏道〈前題（洞庭山記）〉，頁5上。

俯而臨水，食其地之所入，以供粢盛，伏臘之費，蓋又不出戶庭而湖山之偉觀具焉。」〔註48〕沈衡「宜春堂」亦築於環湖的戴山：「環湖之東北郊，山之特起者以十數，戴山其一也。環而居者數百家，沈氏最大。沈氏之子姓以百數，內惟仲倫公衡氏最秀而好文，嘗即其寢之南爲堂，曰宜春。」〔註49〕歸有光，「嘗讀書萬峰山，盡得湖濱諸山之景。雖面勢不同，無不挾湖以爲勝；而馬跡長興，往往在殘霞落照之間，則所謂寶界者，庶幾望見之。」〔註50〕在湖山交映的勝景中讀書，對身處荒江野外，困蹇科場的歸氏而言，自有一番雅趣與感受。

（四）在山與泉之間

「山厚者泉厚，山奇者泉奇，山清者泉清，山幽者泉幽，皆佳品也。不厚則薄，不奇則蠢，不清則濁，不幽則喧，必無佳泉。」〔註51〕山與泉的關係密不可分，山使泉「厚奇清幽」，反之亦然。山居若有活泉可資利用，則可以開掘多種不同的水體景觀，〔註52〕不但具有實用性，亦兼具美感。天然的水泉，從山間層岩中湧出，自高而下，千迴百折，或跌蕩於百尺崖間，或盤旋於亂石叢中，或受雨而如雷灌耳，或遇旱而涓涓細語。〔註53〕如王思任（1576～1646）所言：「瀑既善吼，人不得隔丈語，而四山白晝俱陰，夜更易，不無恐怖，眠覺公樓上，喧極反寂，然夢中時時是雷雨。」〔註54〕山以不動之靜，則更顯飛泉之奇。〔註55〕有謂：「山上須泉，徑中須竹。」〔註56〕山與泉之間，以靜化動，以動入靜，靜動之間，是寂是喧，是幽是噪，無論其「形」或「聲」，皆能使山居者有特別的視聽感受。

（五）在山與石之間

「石者，山之骨相也，千態萬狀，厥類不一。」〔註57〕「無山不峯，無峰

〔註48〕前引書，卷6，聶大年〈西村別業記〉，頁14上。
〔註49〕《張來儀先生文集》，〈沈氏宜春堂畫屏記〉，頁52下。
〔註50〕《震川集》，卷15，〈寶界山居記〉，頁31下～32上。
〔註51〕明．田藝蘅，《煮泉小品》（《四庫全書存目叢書》子部八〇冊，台南：莊嚴文化事業有限公司，1995年9月初版），〈源泉〉，頁4下～5上。
〔註52〕曹明綱，《人境壺天——中國園林文化》，頁157。
〔註53〕前引書，頁160。
〔註54〕《游喚》，〈天台〉，總頁487。
〔註55〕張嘉昕，《明人的旅遊生活》，頁71。
〔註56〕《小窗自紀》，卷1，〈雜著〉，頁3上。
〔註57〕《說郛續》，楊循吉，《居山雜志》，〈品石第二〉，頁2下。

不石，無石不泉也。」〔註58〕人無骨不立，山無石不堅，可知「石」對山體的重要性，有些名山甚至以奇石著稱。歸有光自言：「昔余讀書鄧尉山中，於郡西太湖邊諸山，無所不陟。惟獨其北陽山大石，聞其勝，舟行時過之，而以不得登爲恨。大石傍有陳翁居之，生平不知城市官府，其容頎然，有太古之色。」〔註59〕楊循吉也提到山居時，「山故多美石，巉巉高聳，皆碧綠色，或至十餘丈，有壁立之勢，其左有石焉，尤偉而峭。」〔註60〕祁彪佳的「寓山」園林中有「鐵芝峰」在寓山之巔，因有一石形狀如芝，故以鐵芝命名。〔註61〕林有麟《素園石譜》一書專論石，對石有詳細的論述與記載，並指出奇石多出於名山。〔註62〕峭立的石壁，怪石嵯峨，有時則顯出居山環境的冷然與滄桑：

> 苦齋者，章溢（1314～1369）先生隱居之室也。室十有二楹，覆之以茆，在匡山（今浙江浦城縣富嶺鎮）之巔。匡山在處之龍泉縣西南二百里，劍溪之水出焉。山四面峭壁拔起，巖崿皆蒼石，岸外而白中。其下惟白雲，其上多北風。風從北來者，大率不能甘，而善苦。故植物中之，其味皆苦；而物性之苦者，亦樂生焉。〔註63〕

元末明初時期，章溢避世隱居匡山，沉潛待出。匡山以峭壁蒼石著稱，加上北風颯颯，蕭然的氣息瀰漫一股亂世的落漠與無奈。

（六）在山與雲之間

山間雲煙杳渺，變化萬千，使眼界目眩神迷，這是「山」與「雲」的交融。「山無烟雲，如春無花草。」〔註64〕烟雲以灰濛之姿，隱見山川奇景；有時與七彩光芒共伴，點綴山川谷澗，繽紛多彩，目不暇己。吳鑑於公退之暇，在安徽滁陽，賦詩寫畫自娛，曾於官署之旁，築室數楹，爲宴休之所。「引釀

〔註58〕明・王思任，《王季重雜著》（台北：偉文圖書出版社有限公司，1977年9月初版），〈游廬山記〉，頁21上。

〔註59〕《震川集》，卷11，〈送陳子加序〉，頁24上。

〔註60〕《說郛續》，楊循吉，《居山雜志》，〈品石第二〉，頁2上。

〔註61〕曹淑娟，《流變中的書寫——祁彪佳與寓山園林論述》（台北：里仁書局，2006年3月初版），頁183。

〔註62〕明・林有麟輯，《素園石譜》（《四庫全書存目叢書》子部七九冊，台南：莊嚴文化事業有限公司，1995年9月初版），卷1，〈素園石譜凡例〉，頁1：「一奇石多出名山，今入譜者，惟據目所覩，記十不得其一二，然識一斑而不窺全豹者，世無其人也。」。

〔註63〕明・劉基，《劉基集》（杭州：浙江古籍出版社，1999年12月第1版），卷3，〈苦齋記〉，頁125～126。

〔註64〕《林泉高致集》，〈山水訓〉，頁11上。

泉爲渠，紆流于外，舉目而望，則豊山、琅琊諸峰環列。遠近發奇吐秀，隱見於烟雲杳藹間，而朝暮之景，變化無窮，乃取歐陽公之言，名之曰：『皆山軒』。」〔註 65〕宋彥，「所寓山房，僅得容膝，四山圍繞掩映，短垣遮窗，窗前垣缺處，從綠楊景裡，晃朗一片湖光，千峰倒入，浮動墟烟，晴陰明晦，昕夕變態百出。」〔註 66〕早晚煙雲的幻變，形成的山中美景，有時無法用筆墨言語來形容。顧璘《山中集》載：

> 丘子嘗遊于白塔山，抵萬仞之巔，據磐石而坐，俯首而縱睫焉。時曉雲初隮，充斥六虛，萬彙潛形，漂漂漠漠，鬱鬱英英。有如混沌肇開，剛柔未立而渾乎無際；又如溟渤汪洋，波濤翻沸而茫乎莫測也。〔註 67〕

雄據山巔而坐，俯瞰「曉雲」，具有渾然飄渺的陰柔，又有波瀾壯闊的豪氣。山雲的美秀，無須憑藉名山勝景的依託，玲瓏小山也有一番氣象：

> 踰浙江以東，多大山，東南極海上，尤秀絕。其最著者，天台、四明、鴈蕩、天姥，皆穹窿巉峻，爲天下奇觀。跡擬乎蓬閬，名播乎區極，士之選幽探勝者，宜其樂趨之。然而居其旁者，往往終身未嘗一至，豈以其崇高不易援企，而遺之歟？台城中有小山特立，圓秀蒼潤，遠望之如人之弁冠，人因語之曰「巾山」。其上有樓閣、室廬之美，高人至郡者，無不往遊。凡宅于左右者，必構危架迥，以挹取朝嵐夕霏之異態。蓋其勢邇且卑，其所蘊易見，至而窮之不難也，是以眾樂觀焉。盧處士定谷家正與山相面，因名其堂曰「巾山草堂」。〔註 68〕

浙東小山「巾山」，在險峻名山的環伺下，因登爬方便，加上樓閣室廬之美，遊人如織。居宅於上，可體會山的蒼潤秀麗，挹取朝嵐夕霏，是爲人生一大樂事。

（七）在山與花木之間

山形因花木的妝點，展現出色彩繽紛，生意盎然之態，草與樹增加山色的青蔥或蒼黃，群花的豔麗，則滿佈山色的絢爛。有謂：「山以樹爲衣。山無樹，

〔註 65〕明．胡廣，《胡文穆公文集》，卷 10，〈皆山軒記〉，頁 3 上。

〔註 66〕明．宋彥，《山行雜記》(《筆記小說大觀》一三編五冊，台北：新興書局，1983 年 10 月版)，頁 6 下。

〔註 67〕《顧華玉集》，《山中集》，卷 8，〈雲巖說〉，頁 3 下。

〔註 68〕明．方孝孺，《遜志齋集》(寧波：寧波出版社，1996 年 10 月第 1 版)，卷 15，〈巾山草堂記〉，頁 503～504。

猶麗姝不得羅襦繡帶，而驕語綦縞，能發其驚鴻遊龍之態否耶？」〔註 69〕花木是山的外衣，猶如人須衣裝一般。費元祿「鼂采館」園林八十里處，有葛仙山，位於江西鉛山，是晉朝葛玄修煉之地。費氏「遠抵峰頂，道便行訪故人，或竹樹蒙密，山花笑映，澗瀑松聲，引下席地憩陰而坐，斜陽歸輿，黃犢樵歌，帖背隨聽，斯亦濟勝之一具耳。」〔註 70〕彭年（1505～1566）有云：「都梁縣（今安徽）左右二罡對峙，重岨齊秀間可二里，西有小山，山上有淳水，既清且淺，其中悉生蘭草，綠葉紫莖芳風藻川，蘭馨遠馥。」〔註 71〕「萊蕪谷澗中，出草藥，饒松栢，林藿綿濛，崖壁相望。或傾岑阻徑，或廻巖絕谷，清風鳴條，山壑俱響。言是昔人居山之處，薪爨煙墨猶存谷中，林木緻密，行人尠有能至矣。」〔註 72〕李流芳買山西蹟下，「環山三十里皆梅花，花時千邨萬落，漫山照野。」〔註 73〕蘭草馨香，綠意如茵，繁花盎然，漫山開落，草樹與山花點綴山間，增添山居意趣。徐世溥（？～1637？）〈山居賦〉也載：

> 爾廼季秋玄冬，凜冽勃蓬，廻薄衝激，浩呼洶湧，若長江之澎湃，林壑爲之震動。逮其狂闌怒緩，樹定草靡，千山倏靜，不知所止。木則叢灌茂林，蔚然四植，柯葉交加，枝幹相直，橘柚千章，杉松百尺，蒼皮兕形，碧鱗虬色。甘受霜而秋黃，苦凌寒而冬碧，或懸垂于傾岩，亦橫生于絕壁。繡天餘影，透日有隙，靈卉奇藥，雜產其中，女羅薜荔，繚繞其側，薈蔚芬芳，難以殫記，卉木藥芝，不可備識。〔註 74〕

徐氏在明亡入清後，隱居山中，絕意仕進，在卉木藥芝中，著述自娛。

二、山居環境與風水

以山脈形勢爲背景，依託的風水寶地環境模式，在客觀上很大程度滿足人們的心理需求。特別是在天人合一、天人感應的中國傳統哲學思想指導下的堪輿學，其所追求的是人與自然的和諧融洽關係，也就必然會體現在風水

〔註 69〕周作人原編，《明人小品集》（台北：金楓出版有限公司，1987 年 1 月初版），姚希孟，〈山中嘉樹記〉，頁 156。

〔註 70〕《鼂采館清課》，卷上，頁 3 下～4 上。

〔註 71〕明・彭年，《林水錄》（《廣百川學海》，台北：新興書局，1970 年 7 月初版），頁 12 上。

〔註 72〕前引書，頁 6 上。

〔註 73〕《牧齋初學集》，卷 60，〈鄒孟陽墓誌銘〉，頁 1450～1451。

〔註 74〕明・鄭元勳輯，《媚幽閣文娛初集》（《四庫禁燬書叢刊》集部三二冊，北京：北京出版社，2000 年 1 月 1 版），徐世溥〈山居賦〉，頁 11 下。

寶地的景觀審美意識中。〔註 75〕風水理論認為，凡是理想的居住環境必含有一種依山傍水、藏風納氣的風水圖式，其中居舍需有朝向吉氣的山峰——龍脈，兩側一大一小兩座山頭拱抱，稱為「上砂」和「下砂」，山前必有水流經過，即「水界」，近為案山，遠為朝山，均與「龍脈」成遙相呼應之勢，住宅基址便選在山水之間。〔註 76〕屋舍，左有流水，謂之青龍；右有長道，謂之白虎；前有汙池，謂之朱雀；後有丘陵，謂之玄武，〔註 77〕若無此相則凶。〔註 78〕房屋的布局，以枕山、環水、面屏，為理想模式。〔註 79〕房舍多是背山面水，在山水的環抱之中，有山可依，有水滋養，象徵生命的皈依與保障。〔註 80〕從前述諸多史例中，可知明人居舍的環境，多以此為尚。

一般選擇墓地，多重風水，以庇護後人，「死地」如此，「活地」－生活之地更是如是。林一夔言：「吾父墳墓吾所擇自善，吾之宅沿吾先世，其居在於山足與水涯，吾即不遂，吾安能不望吾子，遍走善地可宅者？於近山無所得，一日與形家過仙游縣，道上望有山一區，盤鬱而深秀，大樂之，則棄其故前間所居，於是築舍而家焉。」〔註 81〕擇善驅惡，趨吉避凶，風水理論也應用在住宅的選擇上。

人本是自然界的一部份，自然對於人有很深遠的影響，「人」與「地」之間，有一定的關聯性，選擇何種居處環境是非常重要的。有載：「山氣多男，澤氣多女，水氣多喑，風氣多聾，木氣多傴，石氣多力，險阻氣多瘿，暑氣多殘，雲氣多壽，谷氣多痺，丘氣多尫，衍氣多仁，陵氣多貪。」〔註 82〕而山水佳處，往往即是「靈氣」集聚之地。「武夷多佳山水，其巔崖峭以拔，其

〔註 75〕何平立，《崇山理念與中國文化》，頁 526。

〔註 76〕莊華峰，《中國社會生活史》（合肥：合肥工業大學出版社，2003 年 11 月第 1 版），頁 94。

〔註 77〕明・不著撰者，《居家必用事類全集》（《四庫全書存目叢書》子部一一七冊，台南：莊嚴文化事業有限公司，1995 年 9 月初版），〈丁集・宅舍〉，頁 1 上。

〔註 78〕明・劉基輯，《多能鄙事》（《四庫全書存目叢書》子部一一七冊，台南：莊嚴文化事業有限公司，1995 年 9 月初版），卷 5，〈住宅宜忌〉，頁 1。

〔註 79〕丁俊清，〈水與居住文化〉，頁 50。

〔註 80〕周紀文，《中華審美文化通史・明清卷》（合肥：安徽教育出版社，2006 年 8 月第 1 版），頁 256。

〔註 81〕明・何喬遠，《鏡山全集》（台北：漢學研究中心景照明崇禎一四年序刊本），卷 67，〈林處士夫妻合葬墓誌銘〉，頁 11 上。

〔註 82〕明・葉子奇，《草木子》（《元明史料筆記叢刊》，北京：中華書局，1959 年 5 月第 1 版），卷 4 下，〈雜俎篇〉，頁 86。

谿流冽以駛，故其人多廉峻潔清，有類其地之勝。」〔註 83〕「西山去都城三十里，而北護諸陵，東拱京邑，佳氣所鍾。」〔註 84〕山水的「靈氣」進而影響到「居人」的「傑氣」。據載：

> 仲履居在黃山之麓，產自名家，少即超乘。其才藻麗逸，翩翩然有凌雲之槩，誦之令人欲仙，形之篇什者，往往與茲山相映發。其孤高蒼翠，上薄雲天，若蓮花之峰，壁立萬仞，挂星斗而旁日月。其深靚窈窕，妍媚而鬱紆，若三十六峰，秀色可餐，効伎獻奇于煙霄之外。〔註 85〕

讚歎馬氏文采與所居之山相映發，雖然序文過諛，但亦顯現出地靈人傑之狀。福建樂清侯一元（1511～1585）也說：「吾樂形勝，不甲於他邑，而却阻疊巘，前縈二流，鬱乎麗佳。二流之外，有峰對起，塔湧其巔，望之筆立左右，蓋他邑鮮焉。在東者，其峰尤奇峭絕特，而其流亦特盛，以故吾邑之產，聞人卓行，儒林雋材，崢嶸代作。」〔註 86〕另外，「廬山山川明淨，風澤清廣，氣爽節和，土沃民逸，嘉遁之士，繼響窟巖，龍潛鳳采之賢，往者忘歸矣。」〔註 87〕山峰奇絕之處，皆是歷代名士才人產出之所。

三、山居環境與位置

山居的位置有時偏遠，離俗絕世；有時近城，遊人眾多。城市中有山林之幽趣，山林中有城市之繁華，居舍位置的繁幽，依文人自身的喜好，而擇居其上。何喬新（1427-1502）云：

> 廣昌西南九十里，有地曰金井（今江西萬年縣），承仕郎黃君愈敬之別墅也。愈敬謂予曰：「自吾祖、吾父以及吾身，家銀溪之上三世矣。銀溪距縣治四十里，然居民稠密，市肆浩穰，吾病其未能遠煩囂，而極山水之樂也，故擇其幽遐深邃者居之，得金井焉。金井多佳山水，若牙梳嶂，若飛來峰，巔崖秀壑，虎兕蹲而鸞鶴翥者，皆環拱於吾居。而仙人井、七星潭，含烟雲而出風雨者，近在東阡西陌可

〔註 83〕明・鄭懷魁，《葵圃存集》（台北：漢學研究中心景照明萬曆年刊本），卷 8，〈漳郡學愽旭山丘先生六十壽序・代〉，頁 15 上。

〔註 84〕《陳元凱集》，卷 3，〈西山游記〉，頁 24 上。

〔註 85〕《嬾眞草堂集》，卷 13，〈馬仲履天都峰草序〉，頁 5 下～6 上。

〔註 86〕明・侯一元，《二谷山人集》（台北：漢學研究中心景照明嘉靖三七年序刊本），《武林集》，〈雲村記〉，頁 1 上。

〔註 87〕《林水錄》，頁 14 下。

遊也。吾甚愛之，故築室於茲，前爲堂，後爲寢，旁爲燕休之室。墾田以種稻，歲時衣食仰給焉，鑿池以養魚，賓祭於是乎取之。度地以爲圃，雜時花卉果蔬，可以娛耳目而養口體，吾將老焉！〔註 88〕

黃愈敬不喜煩囂，徙居江西廣昌金井山，地遐景幽，環山秀拱，烟雲漫散，可供終老。

有些山林近城，沾染城市息氣，漸失山林野意，如虎丘山（今蘇州長洲）「不幸與城市密邇，遊者皆以附羶逐臭而來，非知登覽之趣者也。」〔註 89〕有云：「家居闤闠，或有隙地，可樹花竹，或隣寺院，便可稱城市山林。今吳中虎丘，本自奇絕，而不幸地隣城郭，遂同人境，游躅縱橫，以僧寮爲淫坊酒肆，乃可稱山林城市耳，此山有靈，何不使巨靈移去。」〔註 90〕山居的位置於此地，則須多作考量，但有些居處雖近城而僻靜，適合隱居。如吳溥（1363～1426）〈予莊記〉載：「予莊去城南僅十五里，舟行道迂則倍之，其地皆山而面流，田遶四周，饁餉者不出百步，僻幽而靚深，最宜隱者居。然山卑而樵牧不輟，其上常濯濯，水清且寒，無大魚，土磽瘠不甚宜稼穡，力勤而收薄，富人多不欲之，棄而不售者，數十年矣，予始得之。」〔註 91〕有些山景幽美，雖距城鎮不遠，仍適宜藏修。如「錢塘山水佳麗甲江左，其地爲勝國故都，民物繁夥，閭閻櫛比，置圃無所。而吳山（浙江杭州市西湖東南）屹立闤闠中，兼城市山林之秀，其佳麗又甲於錢塘。文人郝思道，即時築室焉，崇石於庭，蠠泉及霤，白雲時來，皓月下侵，玩而樂之，仍效晉人枕石漱流之旨，顏其藏脩游息之居曰：『泉石山房。』」〔註 92〕「荊谿南有南嶽山，勝地也，山不崇聳而窔窕可尋，水不泓深而清淺可掬。去城十里許，登高指顧，雉堞在前，荊谿縉紳，多選勝營別業於斯。」〔註 93〕其實，境由心轉，居人的心境調適才是重點，無論殘山剩水，還是佳山勝景，只要心境暢意舒懷，

〔註 88〕《古今圖書集成》，《經濟彙編考工典》，第 129 卷，〈山居部・金井山居記〉，頁 1196～1197。

〔註 89〕《檀園集》，卷 11，〈江南卧遊冊題詞・虎邱〉，頁 12 下。

〔註 90〕明・莫雲卿，《莫廷韓遺稿》（台北：漢學研究中心景照明刊本），卷 15，〈雜言〉，頁 28 下。

〔註 91〕《明文海》，卷 329，吳溥，〈予莊記〉，頁 11 下。

〔註 92〕明・張以寧，《翠屏集》（《景印文淵閣四庫全書》集部一二二六冊，台北：台灣商務印書館，1986 年 3 月初版），卷 4，〈泉石山房記〉，頁 22 上。

〔註 93〕明・于孔兼，《山居稿》（台北：漢學研究中心景照明萬曆四〇年序刊本），卷 2，〈遊南嶽記〉，頁 7 上。

居處的環境是否可供閒適的生活已非那麼重要。

第二節　屋舍格局與類別

山居的環境與格局，有別於其他居處，主要在於外部的自然山川景致。投身於山林的居者，營建屋舍必依託山景，因勢借景，就所處環境之勢加以發揮，使居室與自然之景物配合得宜，〔註 94〕渾然相成，將自然的元素融入居者的生活中。「善棲山者不修室，因巖以為寢，取林以為垣，風雨虎狼之患，弗及斯已矣。」〔註 95〕這種完全取於自然，融入自然的居處模式，在明代已非山居生活的樣貌狀態，世俗文化結合山水情懷，已使山居屋舍的樸質，注入較為華美的建築風格，有別於以往隱士簡樸苦修的生活方式。

明人好山居，多屬家山近水的淺居性質，或是聚族而居的山莊園林。文人好遊山，山居的型態也常見於寄宿寺觀、山莊，以及民舍等。〔註 96〕另外在山中還常自建別館、園林，作為休憩或退隱的寓所，而山中書館、書院則提供文人讀書尚志之用。〔註 97〕

一、屋舍整體的結構

明人屋舍的結構，有華麗的繁複構造，亦有樸簡的單純建築，依財力與志趣興建之。寧獻王朱權（1378～1448）對山中的屋舍，基本的結構曾作一明確的介紹：

> 凡山林之士，必擇地向陽，背山臨流處，而為終焉、計焉。房屋正屋五間，柱令稍高，簷用長或苫以草，或蓋以瓦，四面用土坯砌之，務要厚密泥飾如法。須忌風隙，折縫門窻，依常法用……左右起屋十間，離正屋簷相接，為子女親屬所居房屋也，院外置一客位以待客。〔註 98〕

朱權為朱元璋第十七子，是明代道教學家、戲曲作家，以及古琴名家。封藩

〔註 94〕陳澤修，〈中國建築中文人生活的趣觀〉，《逢甲建築》，21 期，1984 年 6 月，頁 49。

〔註 95〕《古今圖書集成》，《經濟彙編考工典》，卷 129，〈山居部・居山雜志・山居〉，頁 1187。

〔註 96〕吳智和，〈明人山水休閒生活〉，頁 117。

〔註 97〕謝凝高，《山水審美：人與自然的交響曲》，頁 27。

〔註 98〕《神隱》，卷上，〈卜築之計〉，頁 13 下。

塞外大寧，後遷徙江西南昌，隱逸學道，清靜養晦，寄情山中，作終老計。在屋舍的結構上，要求方位要背山向南，除正屋數楹外，邊屋幾間，以供子女親屬居住，也須另置一房，在與文人學士往來之間，以供客居。

晚明山人陳繼儒因性好山水，崇尚山居，追求山林隱逸、超塵脫俗的生活趣味。至四十歲時，獲得陸樹聲（1509～1605）、包羽明、董其昌（1556～1637）合捐山貲，築讀書台於小崑山之陽，依崗負壁，構至五楹，題榜「婉孌草堂」，才終於達到山居之願。〔註 99〕父亡後，移居東佘山，在山上築「東佘山居」。陳氏〈書山居〉載：

> 余山居有頑仙廬、有含譽堂、有邁菴，此在南山之麓者也。有高齋、有清微亭，此在山之中央者也。有點易亭、有水邊林下、有磊砢軒，此在山之西隅者也。有喜菴，道經山之上下，必取道焉，此依山近岸者也。山有松、有杉、有梧、有柏、有樟、有梓、有椿、有柳、有桃、有李、有石楠、有修竹，其下有梅、有杏、有紫薇、有叢桂，有楓葉，大率皆有之，更多西府玉蘭、石榴、大柿、異種芙蓉、高柄大紅藕花。〔註 100〕

山居結構中，有「邁菴」、「高齋」、「喜菴」、「頑仙廬」、「含譽堂」、「清微亭」、「磊砢軒」等建築，而花木種類應有盡有，點綴山間。許孚遠（1535～1604），〈德清山館記〉載：

> 天目在德清西南百里外，龍翔虎躍，湧出諸山，各有脈絡難圖狀，而其迤邐而來，亘餘不溪之北者爲百僚山。其西爲金鵝山，南爲乾元山，東爲德清山（今浙江德清），四山崢嶸列峙，若四維無闕。德清山，古名烏山，考唐志以德清名邑因名山，然獨以名東之一山，則其故不可曉也。是山尊嚴龐厚，西對金鵝，而乾元、百僚在其左右，復有支脈，盤旋橫於襟帶之間，遠近峰巒森羅如畫。余家世阻山爲居，丘隴之所依，蓋旦暮春秋而在於山。其入山稍深處，窈靜可隱，余始除地而築焉。伐木爲材，壘土爲垣，疏泉爲池，凡營搆之具，半取諸山，而得於是。當山之中，爲樓數楹，曰「尊樂樓」，前爲軒曰「朋來軒」，闢徑爲園曰「逍遙園」，池在園曰「獨照池」，

〔註 99〕耿湘沅，〈眉公《巖棲幽事》所反映之處世態度〉，《中華學苑》，48 期，1996 年 7 月，頁 6。

〔註 100〕《白石樵眞稿》，卷 21，〈書山居〉，頁 32 上。

> 距樓北百步，而近崇爲臺曰「函虛臺」。大都因地之宜，從吾之便，取其意不求其工，故功易就也。〔註101〕

構築山居屋舍，山中土木可就地取材，非常便利。「德清山館」有「尊樂樓」數楹，前有「朋來軒」，旁有「逍遙園」，園中有「獨照池」，樓北有「函虛臺」。「樓」可望高，「軒」可待客，「園」可藝圃，「臺」可「眺遠」，因地制宜，依勢就景。（參見圖4）徽州休寧兗山有「國華堂」：

> 徽居萬山中，地陿而人眾，居室櫛比，甚贏縮所較僅尋丈，而休寧爲尤甚。去休寧之南郭，可三十里，曰兗山，乃稍寬而腴，汪氏世居之。其居延袤以畝計者，佹得十，中有堂，宏麗不減侯家。堂後有樓，軒窓四闢，兗山之蒼翠，與溪流之夭矯，若玦者時時在目。樓後復有樓，積書萬卷。……既落成，而邑之名輩長者過之，署堂名曰：國華。〔註102〕

汪氏世居此地，整體結構以「堂」爲主，華麗宏偉，堂之後有「樓」，可極目遠望山川景致，作爲閒適之所，樓後又有「樓」，作爲讀書藏書之處。祝允明（1461～1527）〈南山隱居記〉載：

> 天順中，故處士大章有三子，各授以業。季氏公正君，得山南地，地廣而薈，君時壯且敏，視其地若玉未琢也，力治之。薙其蕪、夷其垤、壚其埴、整其缭、築其領爲第，易其幅爲疇、藝其裔爲圃，第之屬敞而爲堂，密而爲室，重而爲樓，虛而爲亭。敞者主之，餘者從之其制，無飛題藻績之靡。其貯惟琴書耕織之具，疇之屬有畎、有畝、有溝、有瀦，其種秔秫、麥菽，圃之屬，鑿曰沼疊、曰山障、曰籬通、曰徑，其植柿栗、桐漆、松杉、竹蔬、麻枲。大率居尚樸固而等威有章，物可游玩，而材實給用，美足暢適而規可示後，於是地事乃盡而安處焉。犁鉏共簡編並持，樂道與治生偕事，子姓日侍，賓朋時集，安之而不遷，享之而亡怍，信居室之善者也，君標其稱曰「南山小隱」。〔註103〕

其構建居室的原則是，寬敞處可爲「堂」，隱密處可爲「室」，層而疊之而作

〔註101〕明・許孚遠，《敬和堂集》（台北：漢學研究中心景照明萬曆二二年序刊本），卷不明，〈德清山館記〉，頁8下～9上。

〔註102〕《弇州山人續稿》，卷65，〈國華堂記〉，頁3上。

〔註103〕《祝氏集略》，卷28，〈南山隱居記〉，頁16。

「樓」，虛而靜處可置「亭」，無須華麗紋飾，一切以樸質為尚。「園圃」中有池、有徑、有籬，花木蔬果植於其中，以供實用。孝廉吳子孝（1496～1563）有「玄脩別墅」：

> 子孝天性清澹，神情閒滌，身承大司寇公，堂搆獨嘐嘐慕古，瀟然風塵外，俗客不得頻闖，君戶門徑深處，剝琢都盡。……別墅中，覺卉草承睞，禽鳥親人，池之清足以鑑，亭之虛足以眺，小山足以對遠峯，四部足以供筆研。雙鶴時淚時舞，足發天籟，萬玉之竹，琮琮濯濯，足潤湘碧而忘燠寒。〔註 104〕

宅第之外，另築別墅，公暇之時，閒居其中。「清池」可以鑑德，「虛亭」可以眺遠，立於小山可以對望遠峯，而植於四圍的叢竹，輕風揚起清潤之音可以忘寒。在屋舍結構中，除主要的「堂」、「樓」、「軒」、「室」、「園」、「亭」等空間的構築外，廚房、浴室也極為重要。李流芳至鎮江焦山訪友，見其居宅「結構精雅，庖湢位置，都不乏致，竹色映人，江光入牖，是何欲界有此淨居！」〔註 105〕精雅的空間，連「庖湢」也不例外。

山居生活中，簡單無華的建築格局，更符合樸質自在的隱逸生活。所謂：「結廬僅容膝，披襟常抱一，閱世五湖濱，長嘯萬事畢。」〔註 106〕一方小小的空間，展現出淡泊的人生觀。俞五如山居處，王穉登（1535～1612）顏以「灌莽」，「名流第進，圖記不受。謂芙蓉結屋，孟浪草為蓋，風雨不蔽且蠹恣。」「在鵡水聖堂關曲，築不數宇，宇不數椽，不足容僮僕，充以牛衣鷄棲。屋後護秫如朱草，結桑為垣，飼冰蠶。池種菱芡，蓮藕供客，樹白榆青楊作關。」〔註 107〕「竹樓數間，負山臨水，疏松修竹，詰屈委蛇，怪石落落，不拘位置，藏書萬卷。其中長几軟榻，一香一茗，同心良友，閒日過從，坐臥笑談，隨意所適。不營衣食，不問米鹽，不敘寒暄，不言朝市，丘壑涯分，於斯極矣！」〔註 108〕空間不大，但足供山居生活的自給自娛。據載：

> 大抵雙澗之外，兩山之間，陵谷幽邃，川原夷曠，而草樹甚繁茂，

〔註 104〕明・張維樞，《澹然齋小草》（台北：漢學研究中心景照明萬曆四三年序刊本），卷 4，〈玄脩別墅記〉，頁 18 上～下。

〔註 105〕《檀園集》，卷 8，〈遊焦山小記〉，頁 9。

〔註 106〕明・岳元聲，《潛初子文集》（台北：漢學研究中心景照明刊本），卷 2，〈山居感懷〉，頁 32 下。

〔註 107〕《小窗自紀》，卷 4，〈灌莽山居記〉，頁 64。

〔註 108〕《五雜組》，卷 13，〈事部一〉，頁 6 上。

> 雅宜爲隱者之居。……結屋居之，爲屋僅三數楹間，屋外植以竹木，右偏別爲小軒，度書其內。讀書之餘，出緣澗而行，南澗水稍深，昌蒲生石上，與異草青翠相錯絕可愛。北澗石淺，稍雨水激石面，聲潺湲輒不休，有老梅數株，偃蹇橫岸側。由雙澗所合宜，兩山之間而西望金華芙蓉峰，近在目睫可攬也，予於是居而樂之，若將終身焉。〔註 109〕

王禕於青岩山，爲屋僅數楹，屋外植竹林，右則置一「小軒」以藏書，平日讀書自樂，閒則散步山間，悠遊自得。《長物志》中「山齋」的格局亦是：

> 宜明淨，不可太敞，明淨可爽心神，太敞則費目力，或傍簷置窗檻，或由廊以入，俱隨地所宜。中庭亦須稍廣，可種花木、列盆景，夏日去北扉，前後洞空，庭際沃以飯瀋，雨漬苔生，綠褥可愛，遶砌可種翠芸草令遍，茂則青蔥欲浮，前垣宜矮，有取薜荔根瘞牆下，灑魚腥水於牆上以引蔓者，雖有幽致，然不如粉壁爲佳。〔註 110〕

認爲山齋不可太寬敞，以明淨雅緻爲主。中庭則可寬廣些，種植花草，青新宜人。牆垣則宜矮，可引蔓爲籬，但以粉牆爲佳。其實，無論居宅空間的華麗或簡約，只要結構精巧典雅，皆可成爲浮世依託的美宅吉室。

二、庭園空間的規劃

中國傳統的居室建築，以庭院爲單位，房舍也以「院落」稱之。特別重視室內陳設與戶外環境的配合，因而居室建築常與庭園連成一體，富麗者亭台樓閣，各得其宜，寒儉者竹籬小院，巧心獨具。〔註 111〕而山居生活，背山臨流，花木扶疏，山光水色與庭園宅第融合，更成雅緻風韻。

（一）園圃的佈局

江西浮梁戴廷節有「靜定山居」別墅，作爲辭官歸老後，養壽藏修之所：

> 歸老營此以居，蓋距其邑南二十里。居之後爲壽藏，樹石表曰「明戴參政宅」，而書其陰曰「希安」。居前鑿石塘，廣袤可二畝，形若半月，塘之中架木爲亭，闢四牖，各因其泉之來立名之，而取以自

〔註 109〕《王忠文集》，卷 8，〈青岛山居記〉，頁 19 上。

〔註 110〕《長物志》，卷 1，〈室廬・山齋〉，頁 3。

〔註 111〕吳宏一，〈中國古典文學中的居室建築〉，《中外文學》，8 卷 3 期，1979 年 8 月，頁 105。

> 況。曰「出蒙」，本其學之始也；曰「盈科」，志其成也；曰「朝宗」，不忘君也；曰「臨深」，示歸全之意也。居之外，山徑委蛇，蔭以竹木，越三百步許，樹石表曰「靜定山居」，猶云靜翁之居定於此也。〔註 112〕

宅居前庭，鑿一半月石塘，塘上有亭，亭有四窗。宅居外則竹木護蔭，小徑蜿蜒，成爲長久靜居之地。黃鞏（1480～1522）在福建建寧山中，築「西嶼草堂」：

> 西嶼在郡城西北十里許，其地群峰層疊，溪流走其下，俗呼西津鎮。野人嘗爲鑿池，池中小嶼，孤起可數仞，蒼松翠檜，時花美竹，鬱然成林。山霞溪雲，映帶下上，遠望若有凌霄之勢者，因售而得之作堂。臨池規爲瓜區、藥畦諸處，深入邃谷有泉殊甘洌，經旱不涸，然汲者亦罕至。層峰之巔，深林蓊翳，佛廬隱見其間，而溪翁田父時復往來嘯歌，如在世外。〔註 113〕

草堂外，水池邊，闢爲「瓜區」、「藥畦」，作爲飲食養生之用。張維樞在北山下也有「復圃」：

> 余北山之下有圃焉，原出從祖叔植田翁營構，兩傳而弓冶中蕪，幾屬他姓。余念前人以山簑釣具相遺，後獨不能守之耶？因贖回而題曰「復圃」。圃枕齊雲、獅巖數峯，前揖紫帽，而雙陽、翠屏、三台、石室諸勝，映帶左右。中錯置爲亭三，後亭僅堪五步，而清源洞蒼翠之氣，時來親人，惜今圮。旁可蒔雜花奇草，與渭川數畝，亭前轉一小軒，開軒即爲聽松齋，可觴客觴醉，旁有四房，可枕卧齋頭。古木數株，大可十人圍，支柱東來，雄風殷殷，作江濤聲，堂名聽松以此。至松樹交陰，石亭平布，其址可坐數十人，於納涼、翫月、清嘯、啣杯相宜。而東西三池，列在衽席，黛蓄膏瀛，可種數石魚，并植桃李柳竹之屬。南行十餘步，過一石橋爲外游亭，則縈青繚白，水色山光，四望如一，固北郭外小致也。〔註 114〕

復圃枕山面屏，中有三亭，旁可藝卉。亭前有「聽松齋」，旁置房以待客。東

〔註 112〕明・程敏政，《篁墩文集》（《景印文淵閣四庫全書》集部一二五二冊，台北：臺灣商務印書館，1986 年 3 月初版），卷 19，〈靜定山居記〉，頁 24 上～下。

〔註 113〕明・黃鞏，《黃忠裕公文集》（揚州：江蘇廣陵古籍刻印社，1997 年 3 月第 1 版），〈西嶼草堂記〉，頁 222～223。

〔註 114〕《澹然齋小草》，卷 4，〈北山復圃記〉，頁 15 上～下。

西有三池，以養魚植木。園圃的格局多置「池」、「亭」、「圃」等，池可供灌溉，亭可供休憩，圃則供植種，其中以「池」最爲重要。王穉登曾受邀遊居山莊，「以筍輿載客，從屋後出，行田間半里入莊。莊在膠山麓，大池數百畝，蔽以芳渚，蕩舟沿洄，乍出乍沒。池盡處登岸，更上數百步，復一池，三倍之。二島峙中流，鬱然相望，不知何人題作『金焦』。」〔註 115〕山莊有百畝大池，可蕩舟其間。吳兗〈茶山草堂記〉也記載：

> 余少好郊游，每至此必藉草坐，便有卜居之想。萬曆壬子歲（四十年，1612），始買山而營菟裘焉。山下有白蕩幾數百頃，水清冽，藻荇交橫，葉葉可數，且味與常異，可收之湯社十六品中。余因堤以蓄之，溝以環之，沼與澗以縈洄之，其延廣足當居址之半。雨後山溜淙淙，注之悉受，其不勝受也，乃從石窟中放而之蕩，且設版焉，以觀其建瓴瀑布之勢。凡田畯園丁，取之不禁，減則補之，故水常與階平，而與蕩水相懸，偶至尋丈。山居之勝，不獨得山，又復得水矣。更以水易土，累而成阜，移山松之中材者植之，與山幾無以辨，而山益勝。乃插棘爲藩，截柴爲門，種竹樹爲障，而搆堂二楹于間，至丙辰（萬曆四十四年，1616）始落，而題曰：「茶山草堂」。〔註 116〕

山居與其他居處的不同，在於常有天然的水泉池湖可供取用，山居之勝，不獨得山，亦復得水。可以蓄水爲池，引泉爲瀑，易土成阜，灌竹爲障。

（二）花木的位置

除水泉之外，花木也是山居極爲重要的生活元素，花木的配置，使山居生活鮮亮而有生意。楊循吉在支硎山的園林格局：

> 下退居，中爲碧山堂，左曰演妙，右曰凝寂，皆軒也。其前後並有松竹環遶，又有流泉經於堦下，匯爲小池，種蓮花其中。其左轉對北嶺，新作萬松堂，至是松益多也。……北退居在寺左，啓扉幽僻，有山池清樾，有南軒最美，近望翠巒可居，字之曰望翠，其後亦多美竹。……中山居，山之最勝者也，有高樓臨長松大竹，推窻清鬱，宜暑宜雪，上有小閣尤靜美，題名者多在此。……上山居，地益高，

〔註 115〕明・王穉登，《明月編》（《廣百川學海》，台北：新興書局，1970 年 7 月初版），〈中秋馬汏沙看月記〉，頁 2 上。

〔註 116〕明・吳兗，《山居雜著》（台北：國家圖書館藏明崇禎間刊本），〈茶山草堂記〉，頁 2 上～3 上。

前臨壑無餘地，皆杉檜密葉布其下，作闌爲護始可行，下視心動，信佳處也，有靜篤軒。〔註 117〕

空間格局分爲上、中、下三大部份：上部居高臨下，以「杉檜」爲欄護，有「靜篤軒」；中部景致最勝，以「長松大竹」顯清鬱，有「高樓小閣」；下部建築格局多，有松竹環翠，蓮花在池，建「碧山堂」、「萬松堂」等。

在眾多花木種類中，文人大多鍾愛「歲寒三友」－松竹梅。在「松」方面，祁彪佳乞休致仕，在浙江紹興西北柯山鎮作「寓園」，依寓山而築，園中除山水亭台外，園內花木繁盛，其中尤以松爲突出。〔註 118〕另有「聽松庵」在常州無錫慧山（惠山）桃花隖下，僧人普真「退居，乃於庵左右種松萬株，風聲清遠，故名。」〔註 119〕俞貞木（1331～1401）也提及：「吳洞庭兩山，屹然對峙於太湖三萬六千頃之中，而七十二峰聯青競秀高崖深塢之間，嘉樹奇木貫四時而蒼翠，花卉果實青黃朱紺，雨露所濡如畫，人烟雞犬之集，彷彿所謂桃源云者，宜乎逸人道民多愛而居之焉。居士葉仲林，家東山之金塢，當青螺峰之下，喬松環立，其室廬山水尤深邃而清遠也，嘗自題其燕休之所曰松軒。」〔註 120〕在「竹」方面，據程敏政（1445～1500）《篁墩文集》載：

朱君彥榮所居，休寧城北松蘿門下，折南以西，草徑盤迴，樹林陰翳，而竹尤盛。蓋雖邇闤闠而不聞喧，當蘊隆而不知暑，因題其屋之楣，曰「筠谷幽居」。予時訪君，輒坐語終日，曰此非逸人隱士之所樂以終老者耶！君一日過山中請記，予謝不能不可，曰：「予之先世曰：篁墩子之所常居曰南山竹院，又近得竹林清溪上，善居竹者，宜莫如子矣。」〔註 121〕

文人多好竹，有載：「常之宜興有勝地曰柚山，其東南平皐沃壤，聯絡夷曠而層峰疊嶂，嶄然高出乎雲漢之表。」「而蔣氏所居實在於此，居之四隅則環植以竹，其條暢脩聳，鬱然如翠，葆下垂蒼玉之交映也，其清聲逸響，鏘然如金石遞奏韶鈞之諧如也，其凌傲雪霜，虛心勁節，凜然如莊人正士之不可以屈撓也。」〔註 122〕花木的植栽，象徵居宅主人的情操，凌霜礪雪的松竹，也

〔註 117〕《説郛續》，楊循吉，《居山雜志》，〈山居第四〉，頁 4 上～下。

〔註 118〕劉天華，《畫境文心——中國古典園林之美》，頁 153。

〔註 119〕明・邵寶，《慧山記》，卷 2，〈庵院附〉，頁 7 下。

〔註 120〕《林屋民風》，卷 6，俞貞木〈松軒記〉，頁 18 下～19 上。

〔註 121〕《篁墩文集》，卷 18，〈筠谷幽居記〉，頁 15 上～下。

〔註 122〕《金文靖公集》，卷 8，〈巢筠別業記〉，頁 12 下～13 上。

正代表著凜然骨氣與傲然勁節。在「梅」方面，吳兗《山居雜著》載：

> 草堂之左有水瀠瀠，有石磊磊，因聚梅而居之，不雜它卉。小者又不能待選，大者多帶土椹，于三五里外，數百人舁而致焉。中有最大者，樛枝四垂，蒼蘚鱗砌，以爲諸梅之長。每開時對之，眼耳心舌之垢，一切除去，可稱素友。我思古人亦多友梅者，如功甫及林和靖、范石湖輩，門無雜賓太隘，曾端伯廣而爲十，張景修又廣而爲十二，太濫。余因擇其品格相似，臭味莫逆者，如松如栢如竹，皆爲治別館與梅居相望，而時與之往來，但此暱彼疎，無連牀接席之驩，輒爲悵怏。夫神交千里，尚可同堂，況同居籬落下，乃各專一壑，令人有室遠之憾乎！將挈而同之，此區區只尺，地不堪位置可奈何！昔阮宣仲愛酒又愛竹，截竹爲罌以酌之，曰欲令兩物並行耳。因倣其意，築室于老梅之畔，以竹爲椽，以松爲檻，以栢爲柱爲棟，不粉餙、不斲削，獨存皮節以無失其本來。又引水爲澗，累石爲臺，而置我于其間，徙倚焉、盤桓焉，或襲其芳，或受其蔭，或巡簷而索笑，或揮麈而豎義，或入林而把臂，或臨流而濯足，或證三生之果，或參西來之意。一堂之上，堅者白者，蒼而古者，清恬而介特者，比德度行，迭爲師友，雖魏玄同耐久朋，司馬君實（司馬光）眞率會亦不過此，遂題曰「七者山寮」。〔註 123〕

吳氏喜好梅樹，築室於老梅之畔，以「素友」稱之。屋舍的佈置以與「梅性」相投合的「松」、「竹」、「栢」爲之，以竹爲椽，以松爲檻，以栢爲柱爲棟，而形成梅、松、竹、栢的山寮環境。

山居屋舍的花木配置，有一典範可據：「山曲小房，入園窈窕幽徑；綠玉萬竿，中匯澗水爲曲池。環池竹樹，雲石其後，平岡逶迤，古松鱗鬣，松下皆灌叢雜木，蔦蘿駢織，亭榭翼然，夜半鶴唳清遠。恍如宿花塢間，聞哀猿啼嘯，嘹嚦驚霜，初不辨其爲城市爲山林也。」〔註 124〕花木配置多以松竹梅爲主，所謂：「山居茅屋竹爲門，客來雨雪；籬落梅花藤挂壁，詩妬漁樵。」〔註 125〕「潦倒山翁，少小頑童，天性兒一樣踈慵，偶來塵世，卻想山中有一

〔註 123〕《山居雜著》，〈七者山寮記．附贊〉，頁 1 下～3 上。

〔註 124〕《醉古堂劍掃》，卷 6，〈景〉，頁，頁 110。

〔註 125〕明．張復，《張子遠先生甕下語》（《四庫全書存目叢書》子部九四冊，台南：莊嚴文化事業有限公司，1995 年 9 月初版），卷下，頁 34 上。

枝梅、一竿竹、萬年松。」〔註 126〕松竹梅的象徵意涵，代表著山居主人的心性精神。

三、屋舍的類別

山居生活的屋舍，除茆屋數楹外，較具規模的類別主要有：山樓、書院、寺觀、園林等。

（一）在山樓方面

山中居處，景致優美，適合築台建樓，可遠看平蕪盡處，高望眾山連綿，而盡收眼底的萬千氣象與磅礴情懷，使人的審美視野無盡無涯。〔註 127〕有云：「凡屋於山必重簷峻楹，高跨冥漠，迥凌清虛，庶可以納遐景，招遠風，此勢所宜然，否則卑鄙弗稱。」〔註 128〕有時「居山林者多幽僻之趣，或乏遐曠之覽。」〔註 129〕若建築山樓兼得「幽趣」與「曠覽」，則極佳。陳士鎭游憩藏修的「環翠樓」，有以下的描述：

> 去仙邑東二十里許，有地曰「仙水」。其發脉自九僊，迤邐而來，至是衍爲平陸，有隆一山，嵬然突起其中，邑志擬其形勢，謂如神龜出洛，蓋爲邑境內之勝處也。邑之彥曰陳君士鎭者世居之，其正寢之東南有隙地焉，背陰面陽，高下得所出於天成，君因樓於其上，以爲藏修游息之所。樓之形勢，北枕何嶺，南揖崑崙，東西翼以古重、大飛諸山，四望平田，環繞如壁。方伯周翠渠先生，爲大書「環翠」二字扁之，蓋玆樓又爲陳氏所居之勝處也。〔註 130〕

「環翠樓」東西南北各有諸山，四望又有翠田環繞，築樓遠眺，是爲隱避修息的好山佳水。胡廣所記的桂溪（今湖南安化）「讀書樓」，在群山之中，樓據溪山之勝，「至於烟雲風月，呈露於几席之上者，旦暮不窮，皆足以怡悅心情。」〔註 131〕王在晉〈天目山房記〉中載：「有山房新搆，高架空虛方圓，卜

〔註 126〕明・鄧球，《閒適劇談》（《四庫全書存目叢書》子部八四冊，台南：莊嚴文化事業有限公司，1995 年 9 月初版），卷 2，頁 75 下～76 上。

〔註 127〕何平立，《崇山理念與中國文化》，頁 88。

〔註 128〕明・談修，《惠山古今考》（《四庫全書存目叢書》史部二三三冊，台南：莊嚴文化事業有限公司，1996 年 8 月初版），卷 3，秦夔〈松風閣記〉，頁 10 下。

〔註 129〕《胡文穆公文集》，卷 10，〈明秀樓記〉，頁 59 上。

〔註 130〕明・黃潛，《未軒公文集》（台北：漢學研究中心景照明嘉靖三四年跋刊本），卷 7，〈環翠樓記〉，頁 32 上～下。

〔註 131〕《胡文穆公文集》，卷 10，〈讀書樓記〉，頁 17 下。

築木石初搆，斵標枝以爲梁，鑿雲根以潛室，憑陵四顧，峰如雪委，嶺若蓮生，寥廓乎其爲極觀也。」〔註132〕費元祿亦云：

負屋之陰，松林萬樹，有樓翊其南。天宇澄霽，微風乍拂，翏翏刁刁，眾竅皆鳴。登覽極目，見網集澄潭，帆隨返照，昏旦變候，靈山七十二峯，淒清奇拔，插天如洗，盡成劍戟之文。倦而思息，展卧湘榻，聽濤聲四起，故不啻廣陵入夢也。時雜山鳥鳴蟬，野意悠然，如吾伊韻語。嘗聞古山居者，至梯松縋雲，然不若樓居便矣，安得謂仙者不好之耶！〔註133〕

築高樓於山中，極目遠眺，有登山嶺而小天下之勢，蒼莽空間中，盡得大觀。程敏政《篁墩文集》載：

余往歲過古林（今屬鄞州）黃氏，見其秀山相環，碧溪縈帶，竹樹茂密，屋宇鱗次，意非有樓閣起莽蒼空翠間，不足以領其勝而盡大觀。……作樓八楹於所居之西，不百武負陰面陽，靡雕以飾，鑿池於庭，而置琴書於上。列委積於兩廡，開家塾於前楹，憑闌四顧，則神山之峯，揖其前者，如墮几上。清漪之水繞其後者，如出履下，朝暉夕陰，變態萬狀，有使人應接不暇者。蓋樓成而境益闢、視益曠，客爲顏之曰「明遠」。〔註134〕

許孚遠提及：「今春結茅山間，與二三子自相朝夕，山有小樓，環樓皆山也。四顧蒼然，蓊鬱可愛，禽鳥之音，時雜吾耳。又有二鶴，忽然長鳴，響振林木，皆足以相娛。薰風時至，明月滿樓，景意清佳，亦多啓助，山人消受如斯而已。」〔註135〕譚元春也說：「(孟) 誕先有一樓，環樓皆山也，山內皆湖也。山之煙下而止於樓，湖之煙浮而交於樓，竟晨達夕。」〔註136〕「環樓皆山」，薰風雲煙交至，景致宜人。金幼孜〈環山樓記〉：

號其居曰「環兩山間」，蓋取李愿居盤谷之意。今伯機之嗣子容復，作樓若干楹，以爲宴適游觀之所，遂更名曰「環山」。介友人羅君貞吉，來徵文爲記。於乎！天下山水奇勝之區，所以供娛樂，極耳目之

〔註132〕《天目山志》，卷4，王在晉〈天目山房記〉，頁50下。
〔註133〕《鼂采館清課》，卷下，頁7上。
〔註134〕《篁墩文集》，卷20，〈明遠樓記〉，頁23下～24上。
〔註135〕《敬和堂集》，卷不明，〈簡顧桂巖丈〉，頁55下。
〔註136〕明・譚元春，《譚元春集》（上海：上海古籍出版社，1998年12月第1版），卷31，〈積煙樓近稿序〉，頁832。

欲者何限，然往往未及轉瞬，鞠爲草莽，無復遺響者有之。李氏之居谷坪，蓄德流慶，蕃衍𢀖茂，所以享其山水之樂者，蓋數百年于此矣！況以其代有隱德，若奇相伯機之世濟其美，及今子容之篤厚謙謹，仰承先德之懿，祗服禮義之訓。佳時暇日，與故人賓客盤桓於斯樓之間，或雅歌投壺，或彈棋酌酒，攬雲霞於掌握，撫蒼翠於目前，沐清風而挹爽籟，送夕陽而迎素月，休休乎！適適乎！宜何如其樂也。〔註 137〕

登樓攬翠，沐風迎月，有閒逸之樂，文人多好樓居，如劉麟（1474～1561），「晚歲寓長興萬山中，好樓居，貧不能建，衡山爲繪《層樓圖》，置公像于其上，名曰神樓，公欣然拜而納之，自題神樓詩。」〔註 138〕因貧困而不能治樓自適，只能以圖繪寄情。山中築樓的目的，多爲總覽美景，寄情暢志，但有時也在於實用性。如「歙據萬山之顚，多舊家，人務本而俗禮讓。顧田狹而齒繁也，力畊或不足，族聚而重遷也，密屋而難容，故其地多樓居。」〔註 139〕

（二）在書院方面

書院是讀書論理、研討學問的場所，爲避免喧鬧，常選擇安靜清幽之處，不僅適宜靜心讀書，更有利陶冶性情。書院建築的自然環境，要求「近山林」、「擇勝地」，設於文物薈萃之區。一般選址多在名山大川，或遠離城市的偏遠地區，其中著名的嶽麓書院，就建築在長沙的嶽麓山下。〔註 140〕書院自然環境的選擇，也與宅第的風水觀念相同，多在山水之間，或依山傍水，或山環水繞，即所謂「負陰抱陽」、「金帶環抱」，爲「藏風聚氣」之最佳地形。若是東有河流（青龍）、西有馳道（白虎）、背有丘山（玄武）、南有水池（朱雀），選擇其中則是五行五方之說，是「四靈護佑」的最佳吉形。若是依山傍水，背靠一大山（稱爲「主山」），而與之相對的又有一小山（稱爲「案山」），人得之能爲俊傑。〔註 141〕所以中國歷代書院的環境與建構的格局，大致與一般官民居宅相同。

〔註 137〕《金文靖公集》，卷 8，〈環山樓記〉，頁 20 下～21 上。

〔註 138〕明・陳宏緒，《寒夜錄》（《筆記小說大觀》六編七冊，台北：新興書局，1983 年 1 月版），卷上，頁 10 下。

〔註 139〕明・陸深，《儼山集》（《景印文淵閣四庫全書》集部一二六八冊，台北：臺灣商務印書館，1986 年 3 月初版），卷 56，〈願豐樓記〉，頁 8 上～下。

〔註 140〕楊布生、彭定國，《中國書院文化》（台北：雲龍出版社，1997 年 12 月初版），頁 266。

〔註 141〕前引書，頁 267～268。

明代中晚時期的書院林立，最著名的是江蘇無錫東林書院，還有湖南益陽松風書院、金陵新泉書院、安徽九華山甘泉書院、徽州斗山精舍、天泉書院、福建龍潯山龍潯書院、鰲峰書院、廣東羅浮山靜觀書院等。〔註 142〕很多書院皆位處山區，寧靜僻遠，適宜讀書修道。書院原非本文重點，明代中晚期講學風尚盛行，書院則常設於山間，講會生活有時也包涵在山居生活中，所以在環境格局上稍作說明。

（三）在寺觀方面

佛道兩教興起以後，大多數的寺院、道觀都棲止在洞天福地，名山勝水間。天下名山寺觀多，「山之勝莫大於寺，寺當山勝處，規模實與之稱。」〔註 143〕名山勝地被認爲是仙佛居處，是成仙成佛的佳境，景觀優美、清幽寂靜的山林，有利遠辟囂塵，修眞養性。五嶽以及名山，如龍虎山、青城山、峨嵋山、茅山、廬山、羅浮山、太和山、嶗山、普陀山、九華山等，皆成爲僧道聚居的地方。〔註 144〕寺觀常建於名山的原因，一是出於宗教教義的需要，〔註 145〕山成爲佛道的通天之路，〔註 146〕以求道成仙；二是處於清幽寂靜的山林中，有利於僧道超脫凡塵、潛心修持。〔註 147〕而且佛寺道觀也提供很多世俗的功能：一、讀書：文人尤其是應試的書生，常藉寺觀的幽靜讀書備試；二、旅居：寺觀多建在風景秀麗、僻遠清靜的地方，遊客往往到寺觀打尖住宿；三、舉行宴飲、結社、聚會等活動的公共場所。〔註 148〕古代中國文人常在寺觀暫居、遊居或久居，在論述山居生活時，須稍加說明。在寺觀的空間格局上，王宇（1417～1463）〈游南庵記〉載：

> 余養疴長干，蓋數游天界。云天界山形如鳳，而三十六庵碁置其中，如半峰之巉巖，竹居之幽靜，功德之清敞，月山之軒豁，萬松之雄麗，叢桂之深邃，古拙之樸雅，西庵之逶迤。其松篁花石，屋宇徑路，位置皆可人，余每嘯咏其間，輒竟日忘返，而最後乃得。南庵

〔註 142〕前引書，頁 22。

〔註 143〕《慧山記》，卷 2，〈寺第六〉，頁 1 上。

〔註 144〕楊布生、彭定國，《中國書院文化》，頁 171。

〔註 145〕任仲倫，《遊山玩水——中國山水審美文化》，頁 179。

〔註 146〕徐華龍、王有鈞，《山與山神》，頁 6。

〔註 147〕任仲倫，《遊山玩水——中國山水審美文化》，頁 180。

〔註 148〕王克嬰，〈明代宗教對民間世俗生活影響之探析〉，《歷史教學》（高校版），2007 年 6 期，頁 34。

> 在三十六庵之最深處，茅屋三間，竹逕陰森，數里幽勝，乃甲於諸庵，而清泉一道，飛注幽壑，小橋跨澗，雨後潺潺有聲，倚杖聽之，足當鼓吹，凡天界諸勝，無不可觀，所恨乏水耳，而南庵有之，游天界者未必知也。以其僻遠自藏，不挂人目，不邀人步，非探幽選勝，幾失之矣。而張彥先讀書其中，余向慕之，不得見焉，乃今而識彥先也。彥先文詞爾雅，名久在世間，自南庵閉户，枯髯嘔心，入之愈沈，出之愈超，與余坐談，終日神情澹遠，所得山水之助。〔註 149〕

南庵有茅屋三間，景致幽勝，張彥先讀書修身其中。張維樞也提及：

> 指山間數楹，是符道人玄棲山房也，問道人爲誰？即太復先生也。……入門數幹扶踈，隨風動籟，簌簌然也。陟木橋十許步，見湖水内注，數十頭蓮荷，離披水上也。從橋横進十許步，茅屋三間，虛室生、白友生所從參玄問奇也。再進十許步，列東西二樓，其一祀猶龍老子，其一則先生修教吸靈處也。旁或搆小亭，或翼數椽，幽然野意，眞可與風行而與水浮也。余時徙倚數刻，已有仰白雲、汰塵土之想。〔註 150〕

太復先生的「玄棲山房」，有茅屋三間，前有湖池，後列二樓，爲修道祭祀的地方，營造出脱塵出世之境。

（四）在園林方面

文人喜愛山水，好置園林，使居宅中可享有山林水泉之樂。甚至認爲古人讀書，有數年不窺園者，爲不仁不智之舉，〔註 151〕可見對園林的重視。文人建置園林，重視山水景致，城市山林的構建，則往往須要雄厚的財力作後盾，有謂：「諸稱名山者，得水則雄；諸稱名園墅者，得山水則亦雄；而園墅之雄，尤不可兼得。都會之地，王侯貴人足以號集財力，而若於山水之不能兼。山而顛，水而涯，肥遯幽貞之士樂棲焉，而苦於財力之不易兼，以是有

〔註 149〕明・王宇，《烏衣集》（台北：漢學研究中心景照明天啓四年刊本），卷 1，〈游南庵記〉，頁 52 上～下。

〔註 150〕《澹然齋小草》，卷 4，〈訪玄棲山房記〉，頁 3 下～4 上。

〔註 151〕明・沈長卿，《沈氏日旦》（《四庫禁燬書叢刊》子部一二冊，北京：北京出版社，2000 年 1 月 1 版），卷 2，頁 13 上：「古人讀書不窺園者，桓榮十五年，何休十七年，董仲舒但三年已耳，此皆腐儒學究但專記誦絕少心靈者也，園尚不窺豈樂山水，若以尼父語按之，即謂不仁不智亦可。」

兩相羨而已。」〔註 152〕山居隱逸者，羨慕城居富室園林建築的富麗堂皇；城居富室則傾羨山居山水景致的唾手易得。城市園林講究疊石鑿池，以人工仿造自然山水，求逼眞，重因借，而依山傍水構築的山莊別墅能與自然山水融爲一體，以野逸自然取勝。〔註 153〕所以山居生活中，園林的設置，不須過多人工斧鑿，「園基不拘方向，地勢自有高低，涉門成趣，得景隨形，或傍山林，欲通河沼。」〔註 154〕外部環境已兼具山光水色，只需取藉外景，因勢置地，園林景觀便可渾然而天成。據《園冶》載：

> 園地惟山林最勝，有高有凹、有曲有深，有峻而懸、有平而坦，自成天然之趣，不煩人事之工。入奥疏源、就低鑿水，搜土開其穴麓、培山接以房廊。雜樹參天，樓閣礙雲霞而出沒；繁花覆地，亭臺突池沼而參差。絕澗安其梁，飛巖假其棧；閒閒即景，寂寂探春。好鳥要朋，群麋偕侶，檻逗幾番花借，門灣一帶溪流；竹里通幽，松寮隱僻，送濤聲而鬱鬱，起鶴舞而翩翩。階前自掃雲，嶺上誰鋤月。千巒環翠，萬壑流青。欲藉陶輿，何緣謝屐。〔註 155〕

挹雲霞則置閣樓，有池沼則鋪亭臺，有絕澗則設飛橋，有山巖則置棧道，山中自然景致，無須作太多人工的改變，千巒萬壑便是最佳的園林風光。陳繼儒認爲：

> 蓋園有三難：曰難成，曰難修，曰難守。復有四易：曰易費，曰易俗，曰易荒，曰易奪。以此三難，召此四易，總不如就山開山爲佳，若因澤瀦泉，因巖架屋，因勢剪剔，因境品題，山骨不斵，山木不刊，山花不貧，山居不麗，山獸不爭，山賊不貪，如是可以止矣！〔註 156〕

而李漁晚年遷居杭州時，所經營的「層園」，在西湖之畔的雲居山，便是借景西湖山水，善於因地制宜，適其自然，依山勢高低而設計營造，錯落有致，參差變幻，層層入勝。〔註 157〕李漁另在婺州蘭溪伊山之麓，有「伊園」，則作

〔註 152〕《弇州山人續稿》，卷 61，〈睗湖別墅後記〉，頁 2 下。

〔註 153〕夏咸淳，《明代山水審美》（北京：人民出版社，2009 年 5 月第 1 版），頁 192。

〔註 154〕明．計成，《園冶》（台北：金楓出版有限公司，1987 年 5 月初版），〈相地〉，頁 38。

〔註 155〕前引書，〈相地．一山林地〉，頁 41。

〔註 156〕《白石樵眞稿》，卷 2，〈與張肅之司馬〉，頁 1 下～2 上。

〔註 157〕杜書瀛，《李漁美學思想研究》（北京：中國社會科學出版社，1998 年 3 月第 1 版），頁 169。

爲伊山別業。〔註 158〕

明代山區園林林立，如王鏊（1450～1524）致仕後歸隱吳中家鄉，在太湖洞庭東山建造「招隱園」，又購他園名「且適園」。〔註 159〕錫山有著名的「寄暢園」，是江南名園之一，是兵部尚書秦金（1467～1544）罷官後回鄉所築，〔註 160〕原作爲別墅，故建築所佔比重較少，而以山水爲主。〔註 161〕據《錫山景物略》載：

> 王穉登記略：寄暢園，秦中丞舜峰公別墅也。環惠山而園，皆以泉勝，得泉之多少，與取泉之工拙，園由此甲乙。公園得泉多，而取泉又工，故其勝遂出諸園上。公既罷楚開府歸，日夕徜徉于此，經營位置凡幾易，伏臘而後成，署曰「寄暢」。〔註 162〕
>
> 屠隆記略：梁溪秦舜峰中丞，解楚鎮歸，治園惠山之麓，名曰「寄暢」，古木輪囷離奇，計數百十章，長松偃蓋，作虬龍攫舞埶。〔註 163〕

祁彪佳引疾南歸，於近家寓山開園，其格局爲：「園盡有山之三面，其下平田十餘畝，水石半之，室廬與花木半之。爲堂者二，爲亭者三，爲廊者四，爲臺與閣者二，爲堤者三，其他軒與齋類，而幽敞各極其致，居與菴類，而紆廣不一其形，室與山房類，而高下分標其勝。與夫爲橋爲榭爲徑爲峰，參差點輟，委折波瀾，大抵虛者實之，實者虛之，聚者散之，散者聚之，險者夷之，夷者險之，如良醫之治病，攻補互投。」〔註 164〕寓園以水石爲主而佈置園林，其原則是虛實、聚散、險夷之間互補其不足。在園圃方面：「以五之三種桑，其二種梨、橘、桃、李、杏、栗之屬。莊奴頗率職，溉壅三之，芟雉五之。於樹下栽紫茄、白豆、甘瓜、櫻粟，又從海外得紅薯異種。每一本可植二三畝，每畝可收得薯一二車，足果百人腹。」〔註 165〕則具有經濟實用的價值。

葛維善在定山的園亭，有三十一景：「曰玉泉山房，曰虎跑泉，曰白雲隖，曰三峰堂，曰小桃源，曰紫霄峯，曰鳴玉亭，曰清風逕，曰蘋香沼，曰翠雲

〔註 158〕前引書，頁 168。

〔註 159〕邵曼珣，〈明代中期蘇州園林空間的書寫——文人生命情境的投射〉，頁 270。

〔註 160〕文偶初主編，《中國名山事典》，頁 368。

〔註 161〕黃長美，《中國庭園與文人思想》，頁 170。

〔註 162〕明・王永積，《錫山景物略》（《四庫全書存目叢書》史部二三四冊，台南：莊嚴文化事業有限公司，1996 年 8 月初版），卷 4，〈寄暢園〉，頁 7 下。

〔註 163〕同上註，頁 9 上。

〔註 164〕周作人原編，《明人小品集》，祁彪佳，〈寓山注〉，頁 88。

〔註 165〕前引書，祁彪佳，〈寓山注・豳圃〉，頁 106。

屏，曰仙人洞，曰歸菴，曰旌節橋，曰石舡，曰望江臺，曰濯纓澗，曰雲香坡，曰舜田，曰起廉亭，曰修禊亭，曰熙春臺，曰綠漪精舍，曰醫俗亭，曰曲曲池，曰璚鳴，曰平艇，曰棲鳳所，曰凝翠屏，曰夾花溪，曰菜畦，曰椶竹。」〔註 166〕其格局有「山房」、「精舍」、「堂」、「亭」、「菴」、「池」、「橋」、「臺」與「圃」等。

置園山中，景致幽奇，然缺點是路途太遠，若置園城中則遊人太雜，能選擇近城的山中則較佳。如陸君策的「畸墅」：

> 園居當山中，巉厓複洞，于地較奇，然篝燈捫索，與猿鳥爭道，而進則太疲。返而就市城，輂石疏池，于游人較便，然市儈田髽皆得狎而跡之則太溷。吾其季孟之間，是在九峰左右乎。去郡北二十五里爲盧山，與鍾賈山並峙，長川貫之，石梁跗山趾據其上。遵石梁而東溪澗，磬折與村塢田塍回互榆柳中，渡橋叩扉，曰：「畸墅」，則吾友陸君策所卜築也。君策初考室曰：「鐵樹山房」，梅花梧竹，具體而微，其左藩以薔薇，繞以曲池，其右爲盧山草堂，小廊西折。曲室髹几，僂入雪洞，偉木數章，交蔭洞口。巨石當門，不見行路，脫石得坡，則青桂繽紛，正負盧山草堂之後，一亭實之，藤架桃溪，荷香柳浪，錯繡于巢青閣前矣。余嘗與君策登巢青，轉竹樓，比時花氣鬱蒸，玉蘭亭亭，如素霓罷曲。〔註 167〕

南直隸松江府的九峰三泖之地，在位置上是不錯的選擇。「畸墅」在空間的佈置上，以花木爲主，用「梅花」、「薔薇」、「青桂」、「荷花」、「玉蘭」等點綴屋舍。方以常在吳興（浙江湖州）的「方氏園」，則以園圃治生爲主，「其上木千章、竹千竿，歲收棗栗十碩，橘柚柿若他果物，芻薪百車，牧羊彘百。足園之大不過十畝，二畝廬舍，陂池三畝，桑麻餘五畝，畝四十畦薑韭，百畦他菜。」〔註 168〕張岱的「快園」亦是，「園在龍山後麓，山既尾掉，是背弗癡，水復腸迴，是腹勿闕，屋宇平捲，段段選勝，開門見山，開牖見水，前有園，地皆沃壤，高畦多枝果木，公旦在日，筍橘梅杏，梨楂菘蓏，閉門成市，池廣十畝，豢魚魚肥，有桑百株，桃李數十樹。」〔註 169〕園林的性質，

〔註 166〕明・李詡，《戒庵老人漫筆》（《元明史料筆記叢刊》，北京：中華書局，1982 年 2 月第 1 版），卷 4，〈定山雜詠卷〉，頁 148～149。

〔註 167〕《白石樵眞稿》，卷 3，〈陸君策畸墅記〉，頁 18 上～下。

〔註 168〕《張來儀先生文集》，〈方氏園記〉，頁 43 上。

〔註 169〕明・張岱，《瑯嬛文集》（台北：淡江書局，1956 年 5 月初版），卷 2，〈快園

不論是怡老、娛適、治生，其實園林的構築，並不容易，地點的選擇、屋舍的興建、空間的佈局、財力的支援等，都必須詳加考量。

第三節　屋舍內部的佈置

明代屋舍內部的佈置，以素雅簡潔、古樸大方爲尚。在陳設上，廳堂的桌案配以成組的几、椅；並以書屏、隔扇爲屏障，靈活劃分室內空間。櫥、櫃、書架亦多對稱擺放，輔以書畫懸軸，掛屏、文玩、盆景等小擺設，達到一種典雅的裝飾效果。〔註 170〕而山居生活的佈置，更需著重清新雅致的意境，體現出文人雅士的生活態度。

一、榻席的佈置

山居生活崇尚清雅淡泊，富麗豪奢的家具並不適宜，明人認爲：「石虎御坐，几悉漆雕，畫以五色，山齋無有也！引藤爲架，剪杉爲几，枝葉且不必芟，吲文采乎！」〔註 171〕以藤架、杉几等簡單風格爲主。在家具中，山居生活特重榻席，以其可以坐臥清賞，也可待客清談。山間「草堂之中，蓬窗之下，必置一榻，扣窻而安，或時身體困倦，偃仰自如，日間欲睡，只於窻下，睡一兩覺，甚是清爽，便做箇夢，時有多少清處。」〔註 172〕樂純提及：「余性不喜見俗人，惟置禪榻二，一自適，一適知朋，朋若未至則懸之。」〔註 173〕何良俊在與友人書函中也認爲：「近山居小有結構，特懸一榻以待先生，倘得賜清燕，肯一過臨，披對旬日，實爲至幸。」〔註 174〕榻席是山中屋舍必要的陳設。

在「竹榻」方面，顧元慶（1487～1565）認爲：「右湘竹榻，高一尺二寸，長七尺，有奇橫如長之半周，設木格，中實湘竹。余嘗偃臥其上，寤寐中如在瀟湘洞庭之野，山房呼爲夢友。」〔註 175〕除用湘竹作榻外，桃笙竹「產四

記〉，頁 60。

〔註 170〕莊華峰，《中國社會生活史》，頁 107。

〔註 171〕《小窗自紀》，卷 2，〈山齋供具〉，頁 91 上。

〔註 172〕《神隱》，卷上，〈雲窻鶴夢〉，頁 7 下。

〔註 173〕《雪菴清史》，卷 2，〈清供・禪榻〉，頁 48 下。

〔註 174〕明・何良俊，《何翰林集》（《明代藝術家集彙刊續集》，台北：國立中央圖書館，1971 年 6 月初版），卷 18，〈與方子贍書〉，頁 8 下。

〔註 175〕明・茅一相編，《欣賞續編十種》（《北京圖書館古籍珍本叢刊》78，子部・叢書類，北京：書目文獻出版社，1988 年 2 月），己集，顧元慶，《大石山房十友譜》，〈夢友〉，頁 6 下。

川保寧邵萬山中，節高而皮軟，殺其青可作簟，暑月寢之，無汗，故人呼簟爲桃笙，以竹名也。」〔註 176〕

在「牀榻」方面，「牀有石牀、繩牀、藤牀數種。石取其清，繩取其軟，藤取其涼。復有匡牀，匡者安也。榻以木爲之，狹而卑，蓋櫈之屬。山齋晝永，偃仰北窻，二物固不可缺。」〔註 177〕榻席的樣式很多，在「坐團」方面，「蒲團大徑三尺者，席地快甚，棕團亦佳，山中欲遠溼辟蟲，以雄黃熬蠟作蠟布團，亦雅。」〔註 178〕可用蒲草或棕木作團，而雄黃製的坐團更適宜山中生活。另外，「近有用蘆花爲裀，冬月溫軟，坐臥皆宜，席有葦、蒲二種。葦宜夏，蒲宜冬，皆山齋不可少者。」〔註 179〕山居生活的清幽閒雅，適合坐臥在榻席上，靜觀窗外的山川勝景，或者冥想於天地宇宙間，有時更彰顯出一種等待友朋的情深意切。「榻席」所象徵的斜欹靜卧、慵懶無事的生活態度，正是山居生活樣式的代表。鄭懷魁山中坐臥的生活實錄：

> 簿牒既簡，諍訶亦稀，閒庭晝掩，惟見翠柏交陰，青山入望而已。衢嫈鷄犬相聞，何翅仙凡隔乎。……仰高亭頗軒敞，移一几一榻，坐臥其間，安石榴花正爛熳，夜來白鳥不飛，丹鳥不滅，明鏡流空，清颸襲袂，思得一二語酬之，未有佳者，便踞胡床長嘯，覺俗懷之爲遠。……臥具不用桃笙、象簟，隨意北窻一枕，或神遊而御八極，或羽化而揖群眞，翩翩然適也。更不夢鳴騶導從，裹章服謁拜上官，乃知晝之俛仰，志固不存耳。〔註 180〕

鄭氏並非隱居，而是官署位於山城中，公事簡易、民情純樸，生活中涵泳著一種官場中少有的閒適與自在。

二、室內的擺設

古人室內擺設的物品繁多，大致不外盆景瓶花、琴棋書畫、酒器茶具、文房四寶、古董器玩等，是美化環境、點綴情趣必不可少的成份。〔註 181〕山

〔註 176〕清・陳鼎，《竹譜》（《四庫全書存目叢書》子部八一冊，台南：莊嚴文化事業有限公司，1995 年 9 月初版），〈桃笙竹〉，頁 5 上。

〔註 177〕《枕中秘》，《清供》，〈牀榻〉，頁 1 上～下。

〔註 178〕《長物志》，卷 7，〈器具・坐團〉，頁 56。

〔註 179〕明・衛泳輯，《枕中秘》（《四庫全書存目叢書》子部一五二冊，台南：莊嚴文化事業有限公司，1995 年 9 月初版），《清供》，〈裀席〉，頁 2 上。

〔註 180〕《葵圃存集》，卷 26，〈嚴陵閒況〉，頁 8 上～下。

〔註 181〕曹明綱，《人境壺天——中國園林文化》，頁 205。

居生活的屋舍亦是，擺設的物品則更具清雅，以符合山居的氛圍。

在「盆景」方面，屋舍中常擺置盆景，以妝點盎然綠意，有觀賞、屏障、風水等多重的用途。在「瓶花」方面，一般廳堂「供須高瓶大枝，方快人意。若山齋充玩，瓶宜短小，花宜瘦巧，最忌繁雜如縛，又忌花瘦于瓶，須各具意態，得畫家寫生折枝之妙，方有天趣。」〔註 182〕在「書畫」方面，山居的一扇窗，往往就是一幅深具雅意的書畫作品，所謂「開窗莫妙于借景」，如李漁的「浮白軒中，後有小山一座，高不踰丈，寬止及尋，而其中則有丹崖碧水，茂林修竹，鳴禽響瀑，茅屋板橋，凡山居所有之物，無一不備。」〔註 183〕藉由窗櫺，山中屋舍外的山崖絕壁，瀑布水泉，皆成爲屋內絕佳的裝飾。在「懸磬」方面，「右玉磬股三寸，長尺餘，古之編磬也，懸之齋中，客有談及人間事，擊之以代清耳。山房呼爲清友。」〔註 184〕山齋中常懸磬於屋內，以尙清雅。在「置爐」方面，「茶竈，古用銅鑄如鼎爐狀，上用提攀，攀上兩邊，皆有釣搭以挂，吹筒竹筅之屬，山中只宜瓦爐可。」〔註 185〕莫雲卿則「極喜張希周所製氐盧，其樸雅可用，嘗爲作銘，頗盡其作意之精，但此物在深山茅茨之下，便是一種奇玩，若攜至富貴之門，不免驅擲耳。」〔註 186〕至於香爐「古銅雖佳，山中難得，但一瓦爐，其清足矣！」〔註 187〕山中屋舍內部的擺設，宜精巧忌繁雜，宜清雅忌華麗。有時盛物的盤子也很講究：

> 香橼出時，山齋最要一事。得官、哥二窰大盤，或青東磁龍泉盤，古銅青綠舊盤，宣德暗花白盤，蘇麻尼青盤，朱砂紅盤，青花盤，白盤，數種以大爲妙。每盆置橼廿四頭，或十二三者，方足香味，滿室清芬。其佛前小几上，置香橼一頭之槖，舊有青東磁架，龍泉磁架最多，以之架玩，可堪清供。否則以舊人珠雕茶槖亦可，惟小樣者爲佳。〔註 188〕

「香橼」的果實爲長圓形，可供觀賞、食用及入藥，因其具香氣，故稱之。

〔註 182〕《考槃餘事》，卷 3，〈盆玩箋・瓶花〉，頁 66。
〔註 183〕《閒情偶寄》，卷 8，〈居室部・牕欄第二・取景在借〉，頁 180～181。
〔註 184〕《欣賞續編十種》，己集，顧元慶，《大石山房十友譜》，〈清友〉，頁 11 下。
〔註 185〕《神隱》，卷上，〈草堂雜用〉，頁 28 下。
〔註 186〕《莫廷韓遺稿》，卷 15，〈雜言〉，頁 28 下。
〔註 187〕《神隱》，卷上，〈草堂清興〉，頁 21 上。
〔註 188〕《雅尚齋遵生八牋》，卷 8，〈起居安樂牋下卷・怡養動用事具・香橼盤槖〉，頁 24 下～25 上。

俗稱的「佛手柑」就是其中一種，將其置於屋舍，可以增加滿室的氤氳香氣。其盛放的大盤，若能出自名品，則可表現居者的高尚品味。在佛前亦可置之，但以小者爲佳。

「茶」氣的清雅閒曠，與山居淡然隱逸的風格頗爲相合，文人常「搆一斗室，相傍山齋，內設茶具，教一童專主茶役，以供長日清談，寒宵兀坐，幽人首務，不可少廢者。」〔註189〕茶具是山居擺置的重要物件。

文人讀書環境的首選，常是山林之地，所以山中的居所，有時蕭然無物，唯有四壁書卷、文房用品，成爲屋舍的裝飾。如鄭雙溪，「力辭而歸，杜門謝客，垂二十年，一室蕭然，圖書數卷，時人莫得窺其際。」〔註190〕劉翼南未顯時，築「雲深書屋」於蒿岫山下，位於會稽東二十里許，於屋中左圖右史、讀書尚友，出戶則賞白雲渺渺，以適閒情。據〈雲深書屋記〉載：

> 一屋之間，左圖右史，子居其中，頌詩讀書，論世尚友，俯閱仰思，以息以遊。或舍几而作，出户而休，下上四顧，蕭無奇好，維白雲凝眸，英英隱隱，漫漫浩浩，渺而失其宮霍也，遂以名之。〔註191〕

有謂：「小隱者爲屋數楹，屋前後植竹千挺，中藏書數千卷，凡爲文事之具者皆備，外有田數十畝，挹湖水灌之，足以供客。」〔註192〕文人山居滿室的收藏，除自然景觀外，最多的便是書畫奇文：「滄海日，赤城霞；蛾眉雪，巫峽雲；洞庭月，瀟湘雨；彭蠡烟，廣陵濤；廬山瀑布，合宇宙奇觀，繪吾齋壁。少陵詩，摩詰畫；左傳文，馬遷史；薛濤箋，右軍帖；南華經，相如賦；屈子離騷，收古今絕藝，置我山窗。」〔註193〕收置天地奇景，網羅古今詩文書畫，山居無事，才能細細品味。李日華（1565～1635）主張：

> 書屋擇溪山紆曲處，結搆止於三間，上加層樓，以觀雲物。四旁修竹百個，以招清風，南面長松一株，掛我明月。老梅寒蹇，低枝入窻，芳草縟苔，周於砌下。東屋置道釋二家書，西置儒籍，中橫几榻之外，雜置法書名繪。朝夕白飯、魚羹、名酒、精茗，一健丁守

〔註189〕《長物志》，卷1，〈室廬・茶寮〉，頁4。

〔註190〕《二谷山人集》，《鴈蕩集》，〈傳誌・司教雙溪鄭公墓誌銘〉，頁6下～7上。

〔註191〕《王養靜全集》，卷1，〈雲深書屋記〉，頁66下。

〔註192〕明・邵寶，《容春堂集》（後集）（《景印文淵閣四庫全書》集部一二五八冊，台北：臺灣商務印書館，1986年3月初版），卷2，〈西青小隱記〉，頁8下～9上。

〔註193〕《醉古堂劍掃》，卷4，〈靈〉，頁，頁78。

> 關，拒絕俗間往來。如此十年，鍾、王、顧、陸則不可知，斷不在虞、褚、摩詰、營丘、華原下矣。〔註 194〕

清風雲物，長松修竹，老梅芳草，掩映書屋，屋內羅置儒、釋、道各家典籍，並置法書名繪，這便是文人山居生活的空間陳設與室內擺置。

山中多奇石，山居的擺設不乏嶙峋怪石，石品爲庭中磊落奇觀。「有亭亭者，有纍纍者，有稜稜者，有噩噩者，有平平者，有突突者。鶻搏虎踞，獅眠虯攫，羅刹胡僧之屬，厥狀非一，山房得之，殊增嵯峨。」〔註 195〕文人好搜羅怪石，祁彪佳「至寓山，纍築花石，午後予獨詣彼，壘石幾告竣，且搜剔山中，有古石奇峭者，不覺撫掌稱快。」〔註 196〕安世鳳也好置石於庭院，或養石於盆盎，以供清賞：

> 自少至老，行山谿間，惟石之求。見一稍奇者，手拾之，囊重不可舉，則買畜載之。故山人每游歸，石輒充庭，乃擇其佳者，疊之盆盎間，浸以佳水，咫尺間具千峰萬岫，曉日蒸之則流雲滃涥，淒風拂之則涼思蕭條。〔註 197〕

山石有似絕巖峭壁，有似千峰萬岫，沈浸其中，神遊其間，展現臥遊之趣。「幽齋磊石，原非得已，不能致身巖下，與木石居，故以一卷代山，一勺代水，所謂無聊之極思也。然能變城市爲山林，招飛來峰使居平地，自是神仙妙術。」〔註 198〕文人好壘石爲巖、疊石爲峰，若居於山中，庭中屋舍的怪石與外部山川的景致交相輝映，更有全然置身自然山景的適意。所以「山齋清供，倍增幽人雅致，堦前片片紅飛，窓外嚶嚶鳥語，須得奇玩怪石，點綴其間，靜養道心。至如紺線鼎彝，輝煌金璧，自是玉堂貴物，豈堪幽居賞識。」〔註 199〕

三、山居的屋舍

山居生活的屋舍內部空間，只需簡單清爽，皆不失其雅致，如祁彪佳的「寓山草堂」，「堂方廣僅二十尺，望之不當一小亭，而入戶豁然，翼若垂雲

〔註 194〕明・李日華，《紫桃軒雜綴》（《四庫全書存目叢書》子部一〇八冊，台南：莊嚴文化事業有限公司，1995 年 9 月初版），卷 1，頁 22 下～23 上。

〔註 195〕《枕中秘》，《清供》，〈石品〉，頁 3 下。

〔註 196〕明・祁彪佳，《祁忠敏公日記》（《北京圖書館古籍珍本叢刊》20，史部・傳記類，北京：書目文獻出版社，1988 年 2 月），〈林居適筆〉，總頁 680。

〔註 197〕《燕居功課》，卷 21，〈閒適・供玩〉，頁 5 下。

〔註 198〕《閒情偶寄》，卷 9，〈居室部・山石第五〉，頁 209。

〔註 199〕《枕中秘》，《清供》，頁 4 下。

之宇。與客踞胡牀，學清言，送難意，欣欣適也。吾堂所少者絲竹鼎彝之類，至於髹几竹榻，茶竈酒槍，殆亦不乏。若夫晨光夕曦，雲峰霞嶺，以此娛客，似謂過之。」〔註 200〕胡應麟的「二酉山房」，「所貯亦獨書，書之外，一榻、一几、一博山、一蒲團、一筆、一研、一丹鉛之缶而已。性既畏客，客亦見畏，門屏之間，剝啄都盡。亭午深夜，坐榻隱几，焚香展卷，就筆於研，取丹鉛而讐之，倦則鼓琴以抒其思，如是而已。」〔註 201〕王畿（1498～1583）言：「予嘗登君之堂，木榻竹几，圖書數秩，出山殽野蔌，宴坐終日，衣冠楚楚，靡陋靡華，拂麈玄談，抵夜分無倦色。」〔註 202〕李日華云：「潔一室，橫榻陳几其中，爐香茗甌蕭然，不雜他物，但獨坐凝想，自然有清靈之氣，來集我身，清靈之氣集，則世界惡濁之氣，亦從此中漸漸消去。」〔註 203〕山居的屋舍無須佔地廣闊，或者富麗堂皇的裝璜，屋內的陳設也無須鼎彝名器的置放，一几一榻簡單的風格，隨意散置的文物雅器，空間中偶爾瀰漫爐香茗酒的清氣，便能營構一方悠然雅致的山居空間。

其實「數椽殘屋可以居，幾莖新菜可以茹，一牀風雨可以眠，虛生浪死之徒，謂是不可以安，而誰與堪？」〔註 204〕「或水竹幽居，或小山深谷，或蘆徑蓆門，或蓬蒿繩甕，隨其所值，無所不可。」〔註 205〕隨遇而安，即隨處可居。明人的山居環境與格局，對於外部環境與內部佈置而言，較爲重視前者的要求。莫雲卿認爲：

> 山非高峻不佳，不遠城市不佳，不近林水不佳，無流泉不佳，無寺觀不佳，無雲霧不佳，無樵牧不佳。古之眞隱曠士有道術者，多托跡乎名岳焉。要之山無隱士則林虛，故世有巢居子，山林道尊矣！〔註 206〕

莫氏佳山條件說，即：山高峻、遠城市、近林水、有流泉、有寺觀、有雲霧、

〔註 200〕《明人小品集》，祁彪佳，〈寓山注．寓山草堂〉，頁 103。

〔註 201〕《弇州山人續稿》，卷 63，〈二酉山房記〉，頁 23 下～24 上。

〔註 202〕王畿，〈三事溯眞序〉（《三事溯眞》，明．李豫亨，《四庫全書存目叢書》子部八五冊，台南：莊嚴文化事業有限公司，1995 年 9 月初版），頁 4 上。

〔註 203〕明．李日華，《六研齋三筆》（《景印文淵閣四庫全書》子部八六七冊，台北：臺灣商務印書館，1986 年 3 月初版），卷 4，頁 6 上。

〔註 204〕明．岳元聲，《潛初子文集》（台北：漢學研究中心景照明刊本），卷 7，〈語錄〉，頁 5 上。

〔註 205〕《枕中秘》，王路，《國士譜》，〈三棲止〉，頁 2 上。

〔註 206〕《莫廷韓遺稿》，卷 15，〈筆麈〉，頁 34 下。

有隱士，符合傳統文人對天下佳山水的認定。〔註 207〕

對於屋舍的格局與佈置，陳繼儒提及幽居山林之中，有四項法則：「樹無行次，石無位置，屋無宏肆，心無機事。」〔註 208〕山水林木，不需排次，匠意太濃則失野趣；石頭排比粗拙即可，僵化位置恐失之俗套；屋舍格局無須宏偉壯麗，才能適悠情寄；若心在山中亦能相忘江湖機事，不枉樸拙野趣之生命意涵。〔註 209〕屋舍的佈置，適心而置，隨意而陳，表達山居者的心閒意趣即可。

明人屋舍居宅的外部環境，講求山明水秀，以淨化身心性靈。過於華麗雕斲的屋舍結構，反而禁錮身心的自由，或勞碌於豪奢的競逐。所以「縉紳繕治第宅，不宜過於精巧，精巧愈甚，則失勢之日，人之瞰之也愈急，是速其敗也。價値愈高，則貧乏之日，人之市之也愈難，是益其累也。況致富之家多不以道，子孫速敗自是常理，冷眼旁觀，可爲嘆息。」〔註 210〕在明代文人的審美觀念中，無論是屋舍的陳設還是內外的裝璜，都務求蕭疎雅潔。有謂：「山居不須華，山居不須大。所須在適意，隨地得其概。高卑審燥濕，涼燠視向背。樓閣貴軒翥，房廊宜映帶。或與風月通，或與水木會。卧令心神安，坐令耳目快。」〔註 211〕匠心獨運的外部環境設計，與清韻盎然的室內裝飾陳設，使文人居所恬靜、淡雅，雖小而意足。〔註 212〕

〔註 207〕吳智和，《明人休閒生活文化》，頁 142。

〔註 208〕《醉古堂劍掃》，卷 6，〈景〉，頁，頁 112。

〔註 209〕林嘉琦，《晚明文人之觀物理念及其實踐——以陳繼儒《寶顏堂祕笈》爲主要觀察範疇》，頁 95。

〔註 210〕明・趙民獻輯，《萃古名言》（《四庫全書存目叢書》子部一四九冊，台南：莊嚴文化事業有限公司，1995 年 9 月初版），卷 4，〈治第〉，頁 11 上。

〔註 211〕《檀園集》，卷 1，〈戲示山中僧侶〉，頁 20 上～下。

〔註 212〕周積明，〈中國文人居舍的美學追求〉，頁 64。

第五章　山居生活的形態

山居人士的生活形態，約可分爲三類：其一是棄絕塵俗，隱姓埋名，絕然孤立；〔註1〕其二是愛好山水，棲居林泉，結友清談；〔註2〕其三是悠遊世間，崇尚風雅，寄名隱者。〔註3〕明代文人嚮往山林野趣的生活況味，渴盼與友朋相偕遊樂於名山勝景，幽居埋首於花草樹木的欣賞與種植，寄情於生活起居器物的製作與品賞，凡此種種皆是明代文人所展現的生活形態。〔註4〕宋代羅大經《鶴林玉露》所載，便是山居生活形態的典型：

> 唐子西詩云：「山靜似太古，日長如小年。」余家深山之中，每春夏之交，蒼蘚盈堦，落花滿徑，門無剝啄，松影參差，禽聲上下。午睡初足，旋汲山泉，拾松枝，煮苦茗啜之。隨意讀《周易》、《國風》、《左氏傳》、《離騷》、《太史公書》，及陶、杜詩、韓、蘇文數篇。從容步山徑，撫松竹，與麛犢共偃息於長林豐草間。坐弄流泉，漱齒濯足。既歸竹窗下，則山妻稚子，作筍蕨，供麥飯，欣然一飽。弄筆窗間，隨大小作數十字，展所藏法帖、墨蹟、畫卷縱觀之。興到則吟小詩，或草《玉露》一兩段。再烹苦茗一杯，出步溪邊，邂逅園翁溪友，問桑麻，說秔稻，量晴校雨，探節數時，相與劇談一餉。歸而倚杖柴門之下，則夕陽在山，紫綠萬狀，變幻頃刻，恍可人目。牛背笛聲，兩

〔註1〕韓兆琦，《中國古代隱士》，頁91。

〔註2〕前引書，頁94。

〔註3〕前引書，頁95。

〔註4〕林嘉琦，《晚明文人之觀物理念及其實踐——以陳繼儒《寶顏堂祕笈》爲主要觀察範疇》，頁203。

雨來歸，而月印前溪矣。味子西此句，可謂妙絕。〔註5〕

居於深山，苔蘚侵階，門簾不捲，終日無人，在日長如年、山靜似古的時空氛圍中，讀書戲墨、賞玩書畫、品茗吟咏、優遊山水、閒賞美景、粗食淡飯、聆禽聽笛、話問桑麻，〔註6〕這就是文人閒賞幽靜的山居生活。（參見圖5）晚明書畫家董其昌對於此亦深有同感：「余自出春明來十餘年，日涉此境，深解其趣，故時書之不敢以貽貴人，惟一丘一壑與吾同好者，方爲拈出，所謂一日清福，上帝所靳，吾輩不可不知足爲達者笑也。」〔註7〕周履靖〈山居十二絕〉，更是山居生活閒情雅趣的展現，其中八絕描述如下：

性懶情踈忘檢束，潛蹤丘壑伴烟霞；
每同猿鶴閒清晝，時看飛泉逐落花。
或扶藤杖或浮舟，適意溪邊釣碧流；
脩竹蕭蕭茅舍靜，幽栖隱几傲公侯。
獨愛長松蔭谷前，生平惟欠買山錢；
何時結屋依巖壑，荷笠扶鋤種菜田。
一壺濁酒一張琴，幾樹梅花間竹林；
興至偶臨數行帖，半窓殘日弄花陰。
靜掩柴關覺晝長，閒翻道德爇爐香；
坐來時聽禽聲巧，煮茗分泉只自嘗。
五十年來學餌苓，攤書獨愛道家經；
溪邊偶晤出中叟，相共談玄憩草亭。
松茅覆屋枕滄浪，藤杖瓢瓢伴石牀；
一片青山圖畫裏，萬竿脩竹似瀟湘。
靜覽殘編卧草廬，閒來樂志混樵漁；
誰能擊壤歌清世，半畝香秔半畝蔬。〔註8〕

山居人士大多懶散踈情，嚮往自在，徜徉適意，喜好山水。日常生活則數間

〔註5〕宋・羅大經，《鶴林玉露》（《唐宋史料筆記叢刊》，北京：中華書局，1983年8月第1版），卷4，〈山靜日長〉，頁304。

〔註6〕羅中峰，《中國傳統文人審美生活方式之研究》，頁93。

〔註7〕明・董其昌，《容臺集》（別集）（《四庫禁燬書叢刊》集部三二冊，北京：北京出版社，2000年1月第1版），卷2，〈題跋〉，頁12上。

〔註8〕明・周履靖，《山家語》（《叢書集成新編》七一冊，台北：新文豐出版股份有限公司，1985年1月初版），〈山居十二絕〉，頁514。

茅屋、自給自足，過著閒適雅致的生活。周氏又有〈送友人歸隱武林西山二十一韻．其九〉：「孤琴雙蠟屐，携鶴共幽栖；種朮鋤西圃，持竿釣北溪。醉吟塵世逈，狂嘯野雲低；不盡烟霞思，還堪送爾題。」〔註9〕這些都是山居生活的寫照。張大復（1554？～1630）自述其生活狀態：

淨煮雨水，潑虎丘、天池之佳者，連啜數甌。坐重樓上，望西山爽氣，窻外玉蘭樹初舒嫩綠，照日通明，時浮黃暈。燒筍午食，抛卷暫臥，便與王摩詰、蘇子瞻對面縱談。或被流鶯驚破，野香時度，鼻孔間有無不定，杖策散步，清月印水，隴麥龖浪。亟取敝裘，著羅衫外，敬問天公，肯與方便否？〔註10〕

這是張氏的飲茶、飲食、讀書、山行等生活方式。陳繼儒自稱：「箕踞于班竹林中，徙倚于青石几上，所有道笈梵書，或校讐四五字，或參諷一兩章。茶不甚精，壺亦不燥，香不甚良，灰亦不死，短琴無曲，而有弦，長謳無腔，而有音，激氣發于林樾，好風送之水涯，若非羲皇以上，定亦嵇阮兄弟之間。」〔註11〕這是參禪問道、焚香彈琴的山居生活。徐世溥有〈山居賦〉：

户不盈五，室不連三，素布裹首，居者不冠，散處谿谷，佃于壁間，旬日浹辰，無人往還，有客至止，駭而出觀，當慈母之操箠稚子，則走乎。山巔遠村，舉火而烟，纓阜雞栖于塒，而牛歸阡，獸不網罟，鳥無驚喧，維斯人之易與，將逍遙兮永年。〔註12〕

這是簡樸避世，與自然萬物和諧共處的山居生活。樂純自號天湖子，世居天湖山下、楊花溪中，山在福建建甌縣西北七十里，山有三十六景。〔註13〕據載：

天湖子居山中，日所有事則焚香煮茗，習靜尋眞，讀書著書，論文作詩。或臨帖作畫，或賞鑒摹古，或奉佛則尋僧參禪說法，或作佛事則翻經懺悔，放生戒殺。或覓友則鐫篆寄聲，鼓琴圍棋，習射投壺，清談清歌。或採藥煉丹，或釣弋調鶴，或携妓，或修禊乞巧登高。或栽花修竹，或聽泉拂石，或護蘭尋梅，或愛蓮賞菊，或漱流

〔註9〕前引書，〈送友人歸隱武林西山二十一韻．其九〉，頁513。

〔註10〕明．張大復，《聞雁齋筆談》（《四庫全書存目叢書》子部一〇四冊，台南：莊嚴文化事業有限公司，1995年9月初版），卷1，〈清和月言志〉，頁6上～下。

〔註11〕《巖棲幽事》，《廣百川學海》，頁10下～11上。

〔註12〕《媚幽閣文娛初集》，徐世溥〈山居賦〉，頁12上～下。

〔註13〕吳智和，〈明人習靜休閒生活〉，頁182。

掃花，或酌月觀雲，皆其所有事也。〔註14〕

樂純的山居生活多采多姿，以山水爲伴更顯風雅。洪山嚴敏祥也是一例：

嚴氏世居仙溪之錦洋，蔚爲望族，其族之彥曰敏祥君，復愛洪山之勝，因徙居焉。山之上，危石峭聳，茂林蓊鬱，又有清溪沃壤，映帶左右。君於其間結廬數楹，有蔬可茹，有葉可蠶，有牲魚酒醴可供祭祀。賓客白日悠永，沙禽林鳥之泳翔，樵歌牧笛之響應，烟簑雨笠之往來，舉不出顧眄之外，古所稱逸人幽士之居，如王維輞川，李愿盤谷殆不是過也。君居其中，日課僮僕耕稼，暇則施施而行，漫漫而遊，逍遙徜徉，惟意所適。或勸之仕，輒曰：「吾不能隨俗俯仰，仕非吾志也。」〔註15〕

植蔬以食，養蠶製衣，蓄禽供祀，這是山居的衣食生活；清幽中，與客清談，樵歌偶嘯，牧笛輕悠，這是山居的閒適生活。藏書家毛晉（1599～1659）列出「山居小玩」十種：「蝶几譜」、「瓶史」、「弈律」、「王氏蘭譜」、「茗芨」、「石譜」、「刀劍錄」、「鼎錄」、「研史」、「香國」，〔註16〕這些小玩是山居時，用以消日之用，可作爲山居生活狀貌的參考。綜觀明人山居生活的各種形態，約可歸結爲：日常生活、園藝生活、學藝生活，以及閒適生活等，各節分別論述如次。

第一節　日常的生活

日常生活，包括食、衣、住、行等方面，而「飲食、衣服、居室，人生所資以養，雖爲情欲之感，亦性之生理，不可一日無也。」〔註17〕山居的日常生活則取之自然，用之自然，也享之自然，有謂：「卜居塵外室，山水日盤桓；薜荔裁春服，篔簹製野冠。樵松炊早膳，煮石餉宵飧；雲出峰前岫，徘徊倚杖看。」〔註18〕日常食衣住行中，大多具有自然的風味與質樸的風格。

一、食物方面

民以食爲天，幽居於山，自是盡地利之便－「靠山吃山」。山家清居食蔬

〔註14〕《雪菴清史》，洪謨〈清史自序〉，頁9下～10下。

〔註15〕《未軒公文集》，卷6，〈洪山嚴氏清隱圖序〉，頁8下～9上。

〔註16〕明‧毛晉編，《山居小玩十種》（《北京圖書館古籍珍本叢刊》子部叢書類，北京：書目文獻出版社，1988年2月）。

〔註17〕《三事溯眞》，王畿，〈三事溯眞序〉，頁1上。

〔註18〕《山家語》，〈送友人歸隱武林西山二十一韻‧其七〉，頁513。

飲淡，然菜根亦香，淡亦有味。〔註19〕有謂：「山棲寡侶，對名花好鳥，不啻勝友良朋；饔餐乏資，烹筍蕨、作芋羹，何論八珍五鼎。」〔註20〕山居爲幽靜之所，山中食物以清簡爲尚，尤以山蔬野菜爲主。

在竹筍方面：自古山居隱者大都喜好竹子，也衷情竹筍的「清味」。先秦段干木，請客供厨惟瀹筍，曰：「家貧山居，惟筍一味。」〔註21〕竹筍的鮮甜滋味，符合山居閒雅之趣。甚至有謂：「他種蔬食，不論城市山林，凡宅旁有圃者，旋摘旋烹，亦能時有其樂，至于筍之一物，則斷斷宜在山林，城市所產者，任爾芳鮮，終是筍之剩義。」〔註22〕不是山林所產，似乎就缺少一種清雅之意。費元祿認爲：

> 山中竹笋，清遠韻勝，寔蔬食奇品，澄羹作脯，皆失眞性，惟煨剝最良。余中酒飽食，煩悶燥渴，命小婦煨熟啖之，甘美不可言，烹以松蘿、武夷沃之，宿苦頓解。〔註23〕

費氏還指導竹筍的作法，以「煨剝」最佳，可保留原本「清遠的韻味」。歸莊（1613～1673）在一次遊山尋梅中，也嚐到山中春筍的鮮味：

> 中途雨作，無聲云：「此間有吳居士家可避雨。」因從之，入吳山村。塾師爲沽酒，酒味薄，僅飲數杯。口占一絕：「尋梅策杖茶山去，細雨霑衣屐暫駐；便將村酒二三杯，爲賞山花千萬樹。」留贈之而出，天已向晚，雨不止，遂冒雨歸石樓。其地多竹，時春笋未迸，無聲爲掘土出之，作羹甚鮮。湢室頗潔，命童子汲泉水煖之，浴而就寢。枕上口占一絕：「頭陀去僧亦無幾，足倦登臨便留此；早嘗春笋浴清泉，佛燈對照心如水。」因不飲酒，寐不能熟，十八日五更即起，趺坐佛燈之下，盡長香一枝。〔註24〕

歸莊爲歸有光的曾孫，明朝滅亡後，晚年回崑山隱居，賣書畫爲生不仕清。

〔註19〕林嘉琦，《晚明文人之觀物理念及其實踐——以陳繼儒《寶顏堂祕笈》爲主要觀察範疇》，頁97。

〔註20〕明·趙世顯，《趙氏連城》（《四庫全書存目叢書》子部一〇七冊，台南：莊嚴文化事業有限公司，1995年9月初版），《客窗隨筆》，卷2，總頁100。

〔註21〕明·陳詩教，《花裏活》（《筆記小說大觀》六編五冊，台北：新興書局，1983年1月初版），卷上，〈三代〉，頁1下。

〔註22〕《閒情偶寄》，卷12，〈飲饌部·蔬食第一·筍〉，頁255。

〔註23〕《鼂采館清課》，卷上，頁6下。

〔註24〕清·歸莊，《尋花日記》（《叢書集成續編》（文學類），第二一八冊，台北：新文豐出版股份有限公司，1989年7月台1版），卷上，〈觀梅日記〉，頁6下。

佯狂憤世，遊名山大川，憑弔今古。在遊賞途中，三杯村酒，一碗筍羹，一缸暖泉，一盞佛燈，是一趟清雅脫俗的旅程。

在山藷方面：「山藷形味俱類薯蕷，薯蕷根細如指，藷極大者相去倍蓰，鄭越謂之藷，秦楚謂之玉。延圃漑者，但可充饌，山中經千祀者，赤皮多鬚，重數十觔，采服輕身不饑，山民不業耕者，取以充糗，多獲壽考。按《杜蘭香傳》食山藷，可避霧露，尤山居者所宜。」〔註 25〕山藷易種、營養，有飽足感，又可以延年益壽，甚至可防露溼霧重之氣，對於山居者好處很多。

在薑鹽方面：「山居嵐重，生薑豈容不種，每旦帶皮薑細嚼，熟酒下之，薑湯亦可矣。」〔註 26〕可治風濕與防寒氣。鹽則是食物提味最重要的幫手，不可或缺，有載：

余記十年前，在武林山中，寓旬月。時積雪甚盛，與數衲子地爐團坐，老僧雲山就圃拔菜十餘本，選根肥甲茂者，乾手淨之不入水，又手斷之不齒刀。勑童行潔釜注水燀薪沸之，躬自投菜，略入鹽醯，作羹進客，美不可言。〔註 27〕

菜蔬的烹煮，靠著簡單的鹽醯調味，便可釋出食物本身甘甜鮮美的滋味。但也有人認為薑與鹽「皆水厄也。若山居飲水，少下二物，以減嵐氣或可耳。而有茶則此固無須也。」〔註 28〕

在蕈菇方面：「山中雨後多生菌，其一名曰蕈，凡有數種，惟春末最多。八月雖有而不時，其小者可食，山人饜之，而城居不多得也。樵童得者，負以筠籠，多售於楓橋市，郭人爭買之，與珍異等，以其非植而有故也。」〔註 29〕「山雅多靈芝，時產地上多碧色，山人每採得之，弗貴也，亦有蕨有苓。」〔註 30〕這些皆山中所產，居住山中可隨時採摘服用，還可販賣賺取經濟上的利益。蕈可做菜，鮮嫩可口，靈芝可入藥養身壯體。另外，蕨葉清香可口，素有「山珍之王」的美稱，苓則可作為藥材使用。蕈菇的食用比其他山蔬來說，需格外謹慎，因為有些是有毒性：

四明溫台間，山谷多生菌，然種類不一，食之，間有中毒，往往至

〔註 25〕《黃山志定本》，卷 2，〈山產・石〉，頁 33 上～下。
〔註 26〕《古今圖書集成》，第 130 卷，〈山居部・雜錄〉，頁 1207。
〔註 27〕《六研齋三筆》，卷 2，頁 25 上～下。
〔註 28〕《煮泉小品》，〈宜茶〉，頁 11 下。
〔註 29〕《說郛續》，楊循吉，《居山雜志》，〈飲食第七〉，頁 8 下～9 上。
〔註 30〕前引書，〈草木第六〉，頁 7 下。

殺人者，蓋蛇毒氣所熏蒸也。有僧教掘地，以冷水攪之令濁，少頃取飲，皆得全活，此方見「本草陶隱居注」，謂之地漿，亦治楓樹菌，食之笑不止，俗言食笑菌者，居山間不可不知此。〔註 31〕

居山者，對於山蔬野味的特性應多加認識，何者可供食材，何者是藥材，何者有毒不可食用，皆需充份了解。

在果實方面：關於「楊梅」，「山有楊梅二樹，結實雖小，而味帶酸甘，自爲佳品，歲收曝之，爲茗供助。」〔註 32〕關於「橘橙」，「山中人更以落地未成實者，製爲橘藥，醎者較勝。黃橙堪調膾，古人所謂金虀，若法製丁片，皆稱俗味。」〔註 33〕關於「栗」，「杜甫寓蜀，採栗自給，山家禦窮，莫此爲愈。出吳中諸山者絕小，風乾，味更美。出吳興者，從溪水中出，易壞，煨熟乃佳。以橄欖同食，名爲梅花脯，謂其口作梅花香，然實不盡然也。」〔註 34〕山中果樹數量多，可自己種植，亦有野生樹種，可供採擷。有些可作茗飲的乾果或零嘴，有些可製藥調膾，有些可充饑食用，用途至多。

在花卉方面：雖然有些明人認爲吃花、煎花是粗鄙的行徑，〔註 35〕甚至把花比作美人，可觀而不可褻之。〔註 36〕但花除在感觀上的美感外，亦具實用性，在食材中加入花的元素，可留滿口的香氛，亦有山居閒拙的雅趣。如松花可作餅，或和蜜食之，有云：「山中松有二種，結子者謂之赤松，其不結子者即謂之山松。當三月間，其花將放，比丘採之，取其花粉作餅，服之輕身延年。赤松花味甜美，其山松之花味稍苦，宜和蜜食之。」〔註 37〕「春盡採松花，和白糖或蜜作餅，不惟香味清甘，自有所益于人。」〔註 38〕陳繼儒

〔註 31〕清・朱佐，《類編朱氏集驗醫方》（《叢書集成三編》三○冊，台北：新文豐出版股份有限公司，1997 年 3 月台 1 版），卷 14，〈中毒・地漿治菌毒方〉，頁 5 下。

〔註 32〕《説郛續》，楊循吉，《居山雜志》，〈草木第六〉，頁 7 下～8 上。

〔註 33〕《長物志》，卷 11，〈蔬果・橘橙〉，頁 76。

〔註 34〕前引書，卷 11，〈蔬果・栗〉，頁 77。

〔註 35〕林嘉琦，《晚明文人之觀物理念及其實踐——以陳繼儒《寶顏堂祕笈》爲主要觀察範疇》，頁 97。

〔註 36〕參考：明・王路，《花史左編》（《四庫全書存目叢書》子部八二冊，台南：莊嚴文化事業有限公司，1995 年 9 月初版），卷 8，〈花之宜・花牌〉，頁 2 上～下：「嘗於花開日，大書粉牌，懸花間，曰「名花」，猶美人也。可翫而不可褻，可愛而不可折。擷葉一瓣者，是裂美人之裳也；掐花一痕者，是撓美人之膚也；拗花一枝者，是折美人之體也；以酒噴花者，是唾美人之面也；以香觸花，是熏美人之目也；解衣對花，狼藉可厭者，是與美人裸相逐也。」

〔註 37〕《鷄足山志》，卷 7，〈物產・食品・松花〉，頁 14 上～下。

〔註 38〕明・瞿佑，《四時宜忌》（《四庫全書存目叢書》史部一六四冊，台南：莊嚴文

更將山中之花，充份利用在食材上：

> 吾山無薇蕨，然梅花可以點湯，薝蔔、玉蘭可以蘸麵，牡丹可以煎酥，玫瑰、薔薇、茱萸可以釀醬，枸杞、蘆葱、紫荊藤花可以佐饌。其餘豆莢、瓜葅、菜苗、松粉，又可以補筍脯之闕，此山癯食譜也。〔註 39〕

可以點湯、蘸麵、煎酥、釀醬，以及佐饌，不同花種有各種不同的食用方式。其中山家尤其重視醬料的釀製，以增添山中野饌的風味：

> 山家野饌，全資醬力，聖人不得其醬不食，古人愼食于此可想。江南醬多用豆，微甘而散，不如純麥之醇也。大抵欲細、欲乾、欲嫩，雖初成未見佳而愈久彌良，此自中土所擅，而不得其劑，亦不可食，暇中每自視之。此外則榆醬梅杏桃柰，皆可作，玫瑰更佳，榆于老人爲宜，玫瑰取其香色，諸果者兼取酢味，夏中用下，淡煮魚肉亦雅，生涼生津可稱雋爽。諸醬自供饌外，每秋氣初肅，更可釀肉魚蟹蝦之類，味更奇絕。〔註 40〕

其中推崇玫瑰醬，淡雅清爽，香色兼具，有時還把它視爲高級的食材。認爲：「富家有枸杞醬、玫瑰醬，鄉間小民家，豆醬亦不多得食。至于深山窮谷中，則終身不沾脣者，有之。」〔註 41〕

其他野蔬方面：如「春初雨過，嫩本新抽，噉之神爽，晚菘早韭，並稱山中佳味，信乎不虛。」〔註 42〕春初早「韭」，秋末晚「菘」，爲山林勝品。其中的「菘」也就是指「白菜」。山中岑寂，有客來訪時，「以茱萸飯以脫粟坐談」，〔註 43〕不失主客淡雅的情誼。「薺」雖野蔬，也有佳味：

> 採取宜在寒食前，東坡與徐十三書云:「今日食薺甚美，不甘於五味，而有味外之味。其法取薺一二升，淨擇入淘米三合，冷水三升，生薑不去皮，搥兩指大，同入釜中，澆生油一蜆殼於羹面，不得入鹽醋。天生此物，以爲山居之祿，輙以奉傳，不可忽也。」食薺之妙，

化事業有限公司，1996 年 8 月初版)，〈三月事宜〉，頁 13 下。

〔註 39〕《巖棲幽事》，頁 19 下。

〔註 40〕《燕居功課》，卷 18，〈草茹・造醬〉，頁 3 下～4 上。

〔註 41〕《留青日札》，卷 26，〈七件事〉，頁 4 下～5 上。

〔註 42〕清・高士奇，《北墅抱瓮錄》(《四庫全書存目叢書》子部八二冊，台南：莊嚴文化事業有限公司，1995 年 9 月初版)，〈韭〉，頁 49 上。

〔註 43〕《山居稿》，卷 7，〈簡楊沖所年丈〉，頁 70 上。

盡此數語矣。〔註 44〕

野蔬價廉，配合時序採收與烹飪有法，皆具山居生活的野趣。有云：「論蔬食之美者，曰清、曰潔、曰芳馥、曰鬆脆而已矣。不知其至美所在，能居肉食之上者，忝在一字之『鮮』。記曰：甘受和，白受采，鮮即甘之所從出也。此種供奉，惟山僧野老，躬治園圃者，得以有之。城市之人，向賣菜傭求活者，不得與焉。」〔註 45〕山蔬的「清」、「潔」、「芳馥」等特色，沒有濃厚的口味，只有微微地香甜鮮味從齒縫間浸潤，這就是山居平淡生活中的風雅逸趣。

山居「食」的生活，因地利之便，頗爲豐饒。據費元祿《鼂采館清課》載：

> 山居雖遠兼味，而頗饒清給。吾於蓮屬取其房之實、藕之甘，菱屬取其芡之溫、藻之秀，木屬取其笋之韻、菰之妍，菜屬取其蓴之香、葵之恬、芋之滑。又桂可膏，菊可苗，梅可醬，佐以鱠鯉烹脯，談農圃而話琴書，偃蹇日夕以樂盛世，即大官之奉何以踰此。〔註 46〕

蓮、菱、笋、菰、蓴、葵、芋、桂、菊、梅等皆可入菜食用。趙汝邁「靈洞山房」：

> 自吾有天池以煮茗，泉清而茗香；以釀酒，泉甘而酒釃。其流以溉田、滌松竹、灌百卉，流長而土加沃，蔬筍可以茹，芋栗可以飽，此吾居山之饒也。日掃一室，淨几明窗，焚香燕坐，或誦古書，或咏古詩，或臨古帖。興到則消搖泉石間，鶴舞鶯歌，不減孔稚圭、戴仲若家樂。倦掃一榻，展簟而臥；山光滿几，雲容拂裾；夜分篝燈，寂然萬緣都息；唯聞泉聲，泠泠度耳，此吾居山之所獨饗者也。故人過從，不冠而幘，酒茗資之泉，蔬筍芋栗資之圃，留則棲於閣，去則送於亭，此吾居山之與客共者也。〔註 47〕

「蔬筍芋栗」之圃以資山中生活所需，山居生活中，山蔬野果取得容易，而魚肉方面亦是，可以在山溪水泉中捕獲，亦可在居宅旁養殖。尤其有客來時，更可用以招待：

> 岣嶁山房，逼山、逼溪、逼弢光路，故無徑不梁，無屋不閣。門外蒼松傲睨，蓊以雜木，冷綠萬頃，人面俱失。石橋底磴，可坐十人。

〔註 44〕《北墅抱瓮錄》，〈薺菜〉，頁 46 上～下。

〔註 45〕《閒情偶寄》，卷 12，〈飲饌部・蔬食第一・筍〉，頁 254～255。

〔註 46〕《鼂采館清課》，卷下，頁 6 下～7 上。

〔註 47〕《弇州山人續稿》，卷 63，〈靈洞山房記〉，頁 19 下。

寺僧刳竹引泉，橋下交交牙牙，皆爲竹節。天啓甲子（四年，1624），余鍵户其中者七閱月，耳飽溪聲，目飽清樾。山上下多西栗、邊筍，甘芳無比。鄰人以山房爲市，蓏果、羽族日致之，而獨無魚。乃瀦溪爲壑，繫巨魚數十頭，有客至，輒取魚給鮮。日晡，必步冷泉亭、包園、飛來峰。〔註48〕

張岱的「岣嶁山房」，山中蓊木掩翠，栗筍甘芳；溪水潺流，游魚給鮮，食材的供給無虞。避世山居，有時生活的便利性不足，但在食物的供應上，應無匱乏。吳㒟〈食約〉載：

余以病廢山居久，謝尊酒之招，從此亦不敢致客。偶有客自城中至，寧復果然擬作倉卒主人，而窮鄉遠市且無兼味，況羅列乎？嘗見先輩有以一味爲四簋留客者，可泫也！余自奉一肉一腐，家所常有，而雞棲于塒，魚畜之池，便可三四味，倍出之，可供八人，且可分兩席，客少則遞減。間有圃蔬園筍亦以入供，少見藿食本色，不失古人草蔬同飯之意。其過午至者，或餖飣一盒不設肴，或果點數盤不設酒，若有預期、有便具者勿論。坡公書云：「自今以往，早晚飲食不過一爵一肉，有尊客則三之，余味固不多，數又不少，豈所謂巧于處貧者耶！」〔註49〕

山中有雞有魚，有荀有蔬，或一些乾果甜點，山居待客如此，足稱豐盛。雖「山城少供具，亦不欲以口腹累人。」〔註50〕但客至時，「蘋蘩可薦，蔬筍可羞，顧山肴野簌，須多預蓄，以供長日清談，閒宵小飲。」〔註51〕在遺世隱逸的山居飲食待客裡，清冷中加添友誼的溫度。

二、飲水方面

山居環境中多山泉，在飲用水方面並不感缺乏。所謂：「山也而多泉，不甚虞旱。」〔註52〕縱使「山居無泉，鑿井得水者亦可食。」〔註53〕若泉水稍遠者，

〔註48〕明・張岱，《陶庵夢憶》（《筆記小說大觀》六編六冊，台北：新興書局，1983年1月出版），卷2，〈岣嶁山房〉，頁10下～11上。

〔註49〕《山居雜著》，〈食約〉，頁1上～下。

〔註50〕《葵圃存集》，卷26，〈嚴陵閒況〉，頁7下。

〔註51〕《長物志》，卷11，〈蔬果〉，頁75。

〔註52〕明・王世懋，《閩部疏》（《廣百川學海》，台北：新興書局，1970年7月初版），頁17下。

〔註53〕《煮泉小品》，〈井水〉，頁17上。

「而欲其自入于山廚，可接竹引之，承之以奇石，貯之以琤缸，其聲尤琤淙可愛。」〔註 54〕兼具實用與美感。山泉在所有水質的品評中，往往排序第一：

> 山中泉最甘美，掬之嗽亦芳潔有味，味與常水不同。又煮以茗荈，投以果筍益佳，雖屢啜靡厭。一泉在山壁上落下，有小石池承之，冬夏不竭，名曰珍珠泉，謂其滴之碎也，釋之棲最高者，汲以飲供可數人。〔註 55〕

> 山頂泉清而輕，山下泉清而重，石中泉清而甘，砂中泉清而冽，土中泉淡而白，江水次之，井水最下矣。梅雨味亦甘和，雪水雖清，然性陰寒，脾胃不宜多沁。〔註 56〕

山泉第一，江水其次，井水最末。在山泉方面，也有優劣之別：

> 乳泉漫流如惠山泉為最勝，次取清寒者，泉不難於清，而難於寒。土多沙膩泥凝者，必不清寒，又有香而甘者，然甘易而香難，未有香而不甘者也。瀑湧湍急者勿食，食久令人有頭疾，如廬山水簾、天台瀑布，以供耳目則可，入水品則不宜。〔註 57〕

泉水以漫流者、清寒者、甘香者最佳。「流動者良于安靜，負陰者勝于向陽。山峭者泉寡，山秀者有神。」〔註 58〕以流動者、負陰者、山秀者為尚。關於流動方面，「泉不流者，食之有害。《博物志》:『山居之民多癭腫，疾由于飲泉之不流者。』」〔註 59〕而瀑湧湍急者也不適宜，在飲泉上應格外注意。而山形山貌對山泉亦有影響，「山厚者泉厚，山奇者泉奇，山清者泉清，山幽者泉幽。」〔註 60〕「山深厚者，若大者氣盛，麗者必出佳泉水，山雖雄大而氣不清越，山觀不秀，雖有流泉不佳也。」〔註 61〕「泉可食者，不但山觀清華，而草木亦秀美，僊靈之都薄也。」〔註 62〕另外，「山氣幽寂，不近人村落，泉

〔註 54〕前引書，〈緒談〉，頁 18 上。

〔註 55〕《說郛續》，楊循吉，《居山雜志》，〈品泉第三〉，頁 3 上～下。

〔註 56〕《沈氏日旦》，卷 8，〈品泉〉，頁 38 下。

〔註 57〕《長物志》，卷 3，〈水石・地泉〉，頁 20～21。

〔註 58〕明・陳繼儒，《茶話》(《中國茶書全集》，東京：汲古書院，1988 年 12 月)，頁 3 下。

〔註 59〕《煮泉小品》，〈石流〉，頁 5 下～6 上。

〔註 60〕前引書，〈源泉〉，頁 4 下～5 上。

〔註 61〕明・徐獻忠，《水品》(《四庫全書存目叢書》子部七九冊，台南：莊嚴文化事業有限公司，1995 年 9 月初版)，卷上，〈一源〉，頁 1 上。

〔註 62〕前引書，卷上，〈一源〉，頁 1 下。

源必清潤可食。」〔註 63〕人多之處，山泉必受污染，離塵遠囂的幽僻山區，才有較佳的水泉。

山中的佳泉名水很多，徐獻忠（1483～1559）《水品》羅列：「泰山諸泉、華山涼水泉、終南山澂源池、京師西山玉泉、林慮山水簾、蘇門山百泉、廬山康王谷水、無錫惠山泉、鴈蕩龍鼻泉、天目山潭水、顧渚金沙泉、四明雪竇上岩水、天台桐栢宮水、金山寒穴泉」等，〔註 64〕印證佳山有佳泉，名山有名泉之說。其中以無錫惠山泉最著，茶聖陸羽「品爲天下第二，故名第二泉，又名陸子泉。」〔註 65〕（參見圖 6）在吳地有極佳政績的王叔杲（1517～1600），有深入的介紹：

> 惠山泉始發于唐時無錫令敬澄，同時則有竟陵陸羽次第水品，以廬山康王谷水第一，惠山泉水第二，虎丘泉水第五，揚子江南零水第七。張又新又引劉伯芻論水之宜茶者，則以南陵第一，惠山第二，虎丘第三。虎丘當闤闠孔道，游客坌集，閼滓腥穢，已非本味。南陵久失處所，康王之水遠不可得而辨，今以金山井水謂之中泠泉，居惠山之上。或曰中泠故在江流中，涌出不便取汲，有異僧禱於海神，爲鑿井代之，亦謂之中泠，豈中泠即南零之訛，然莫知所繇始。余數飲水，惠山甘洌而美，嘗携至金山，已數取所謂中泠者較之，味甚劣而反居惠山之上，此殆不知水者。仍又新之言也，且羽又謂山水上，江次之，井爲下，歐陽永叔極稱羽斯言爲知水。〔註 66〕

唐代張又新《煎茶水記》援引品泉家劉伯芻對水的品鑒，以及陸羽《茶經》，皆稱惠山泉爲天下第二，但居首的揚子江南零水後爲江水所沒，廬山康王谷水，路途遙遠不易得之；又有謂金山中泠泉居惠山泉之上，「《水經》品爲第一，舊當波險中，汲者患之，僧于山西北下，穴一井以汲，游客又不徹堂下，一井與今中泠相去數十步，而水味迥劣。」〔註 67〕惠山泉名雖第二，不啻爲第一。「惠山之水，味淡而清，允爲上品。」〔註 68〕惠山泉名聞遐邇，且交通

〔註 63〕前引書，卷上，〈二清〉，頁 4 上。
〔註 64〕前引書，〈水品目錄〉，頁 1～3。
〔註 65〕《慧山記》，卷 1，〈泉第二〉，頁 5 上。
〔註 66〕《惠山古今考》，卷 4，王叔杲〈偹泉亭記〉，頁 15 上～下。
〔註 67〕清・劉源長撰、余懷補，《茶史》（《四庫全書存目叢書》子部七九冊，台南：莊嚴文化事業有限公司，1995 年 9 月初版），卷 2，〈名泉〉，頁 5 下。
〔註 68〕前引書卷，頁 5 上。

便利，各方茶人茶侶皆不辭辛勞，登山取水，甚至互相饋贈：

> 大江之東，多名山，而惠山之名爲特著。蓋其山當川途之會，凡舟行往來者多登焉，而其原泉又爲天下水味之殊品，好事者多取之以爲飲，至以相饋遺。妙奇方物，今昔槩然，此其名所以著也。」〔註69〕

若能擇居於佳泉之山，便可免於舟車勞頓，汲水之苦。有些佳山名泉，甚至因眾人紛至，山僧爲免俗擾，而封泉絕遊。都穆（1459～1525）提及南岳衡山：「寺近頗廢，法堂後舊有天然井，泉甚甘潔，已塞於僧，予爲之惋惜。大抵僧庸必敗毀山水景物以絕遊者，此其恒態，不特一井然也。」〔註 70〕關於這點，值得令人深思。

除無錫惠山泉外，北京西山玉泉，位在「西山大功德寺西數百步。山之北麓，鑿石爲螭頭，泉自口出瀦而爲池，瑩徹照映，其水甘潔，上品也。東流入大內注都城，出大通河，爲京師八景之一。京師所艱得惟佳泉，且北地暑毒，得少憩泉上，便可忘世味爾。」「又西香山寺有甘露泉，更佳。道險遠，人鮮至，非內人建功德院，幾不聞人間矣。」〔註71〕河南輝縣蘇門山百泉，「其地山岡勝麗，林樾幽好，自古幽寂之士，卜築嘯咏，可以洗心漱齒。」〔註72〕名山有佳泉，山居者置身在其中，品泉啜茗，清心怡情，亦足以養生延年。

名泉甘甜，適合飲用、煮茗，但有些山泉則須注意，「山巖泉水味甘性寒，凡有黑土、毒石、惡草在上者，勿用。瀑涌激湍之水，飲令人頸疾。昔潯陽忽一日，城中馬死數百，詢之，因雨瀉出山谷蛇蟲毒水，馬飲之而死。乳穴水味甘性溫，秤之重于他水，煎之似鹽花起，此眞乳穴液也，取飲與鍾乳石同功。山有玉而草木潤，近山人多壽，皆玉石津液之功所致。」〔註73〕還有一些溫泉，「味辛性熱不可飲，下有硫黃作氣，浴之襲人肌膚，水熱者可燖豬羊毛，能熟蛋。廬山有溫泉池，飽食方浴，虛人忌之。新安黃山朱砂泉，春時水即微紅色，可煮茗，長安驪山礜石泉不甚作氣，朱砂泉雖微紅似雄黃而不熱，有砒石處湯泉浴之有毒，愼之！」〔註74〕對於含有毒性的泉水，山居者應避去，更應熟知

〔註69〕《惠山古今考》，卷3，徐有貞〈惠山寺興脩記〉，頁2下～3上。
〔註70〕明・都穆，《遊名山記》(《筆記小說大觀》一三編五冊，台北：新興書局，1983年10月版)，卷3，〈南岳銅棺二山〉，頁6上。
〔註71〕《水品》，卷下，〈京師西山玉泉〉，頁16上～下。
〔註72〕前引書卷，〈蘇門山百泉〉，頁17上。
〔註73〕元・賈銘，《飲食須知》(《四庫全書存目叢書》子部八〇冊，台南：莊嚴文化事業有限公司，1995年9月初版)，卷1，〈水火〉，頁4上～下。
〔註74〕前引書卷，〈水火〉，頁4下。

泉水特性而善用之。面對佳泉則應珍惜，「凡臨佳泉，不可輕易漱濯，犯者爲山林所憎。」〔註75〕「山居之人，固當惜水，況佳泉更不易得，尤當惜之，亦作福事也。」〔註76〕使後人能有湧流不止的清澈泉水可用。

三、衣行方面

山居者以樸質爲尚，自給自足，「織縑織素自煖一身，抑何足多焉。」〔註77〕《長物志》載：「衣冠製度，必與時宜。吾儕既不能披鶉帶索，又不當綴玉垂珠，要須夏葛冬裘，被服嫺雅，居城市有儒者之風，入山林有隱逸之象，若徒染五采，飾文繢，與銅山金穴之子，侈靡鬥麗，亦豈詩人粲粲衣服之旨乎！」〔註78〕在服飾方面：主張山林隱逸之士，服飾不應過於奢華，這種世間俗豔之氣，也不適合於山林淡雅之風。

山居者常就地取材，多用山中產物，以薜蘿製衣，以藤葉作笠，有謂：「山居隱逸，繡裳不換薜蘿香。」〔註79〕「菊花開野趣，霜落偏妍；蘿薜製山衣，雲鋪更暖。」〔註80〕「薜蘿」是一種蔓生植物，隨處可採。「笠」則以「細藤者佳，方廣二尺四寸，以皀絹綴簷，山行以遮風日。又有葉笠羽笠，此皆方物，非可常用。」〔註81〕居山者常受風吹日曬，藤笠以黑絹繫邊，可遮陽擋風，非常實用。山居生活的服飾以實用爲主，不求侈麗贅飾，如王恭，「少游江海間。中年葛衣草履，歸隱於七巖之山（今福建長樂縣西南），凡二十年，自稱曰：皆山樵者。」〔註82〕王氏曾參與修撰《永樂大典》，修畢後不久便還鄉歸隱，「葛衣草履」就是他山居簡樸的穿著。

在行的方面：山中路途顛簸，最佳的行路工具應是雙足，閒走山明水秀間，深具雅趣，然有時路程遙遙，便需一些車馬輿轎代步。一般交通工具大致有輿、轎、畜、舟等。關於「輿」，「山行無濟勝之具，則籃轝似不可少。武林所製，有坐身踏足處俱以繩絡者，上下峻坂皆平，最爲適意，惟不能避風雨。有上置一架，可張小幔者，亦不雅觀。」〔註83〕「籃轝」是一種竹轎，

〔註75〕《茶史》，卷2，〈貯水〉，頁16下。
〔註76〕《煮泉小品》，〈緒談〉，頁19上。
〔註77〕《燕居功課》，卷17，〈謀生・蠶桑〉，頁5上。
〔註78〕《長物志》，卷8，〈衣飾〉，頁65。
〔註79〕《張子遠先生爨下語》，卷上，頁40上。
〔註80〕前引書，卷下，頁12上。
〔註81〕《長物志》，卷8，〈衣飾・笠〉，頁67。
〔註82〕《列朝詩集小傳》，〈乙集・王典籍恭〉，頁219～220。
〔註83〕《長物志》，卷9，〈舟車・籃轝〉，頁69。

又稱爲「肩輿」、「竹輿」，或「山輿」，由人力扛負，方便山行。〔註 84〕（參見圖 7）關於「轎」，「肩輿」，或「腰輿」、「版輿」、「兜子」，即轎也。〔註 85〕入山所用，是明代市中常用的「兜轎式」：

> 但坐身涼箪兩旁，用銅或鐵打成橋梁，雙鉤下攀涼箪兩頭，鉤上作眼待箭；杠上用銅製二攀下垂，作竅以受銅鉤，對眼用箭釘住，如懸掛然。人坐其上，背靠杠上圈圍，不惟安適，且上山下山，如覆平地，以其機關常平故耳。何有前扑後仰之患？扛子得有閩產紫荊木爲之，輕細而堅，愈重愈力，他木俱不勝也。〔註 86〕

中間是坐椅，前後由人力抬升，行走山間，極爲方便。關於「畜」，則認爲騎驢最佳：

> 既居山間，切忌不可騎馬，騎馬太村，騎騾雖清，類乎富家，莫若騎驢更清。須喂飼一兩頭好躧驢，便是山中人物。若往來鄉村，戴一箇雲笠，騎一枚瘦蹇，令一枚童子持杖，抱琴而隨，儼然便是山水間一段人物。教人指點，道好箇王維水墨圖，端的堪畫。若山水間不得這們一箇人物，便是天地間無清氣了，須要人會粧點。故曰：「是非不到驢鞍上，有甚閑愁得上心。」〔註 87〕

馬壯碩迅速，適於平地奔馳，不適山間崎路，慢驢則較宜。騎著蹇驢，漫步山間，悠然逍遙。「牛車」則以負重馱物爲主，「凡山居之家，必置牛車數輛，以載米穀、柴草之類，不可缺。」〔註 88〕而山行則應避免蟲蛇，有辟蛇法：「凡行山路，帶雄黃在身，或研水塗脚心，或腿綳上帶之，蛇自不敢近。」〔註 89〕這是山居生活中須隨時留意之處。

〔註 84〕張嘉昕，《明人的旅遊生活》，頁 109。

〔註 85〕清・陳元龍，《格致鏡原》（《景印文淵閣四庫全書》子部一〇三一冊，台北：臺灣商務印書館，1986 年 3 月初版），卷 29，〈輿附轎〉，頁 47 上～下：「洪武永樂間，大臣無乘轎者，觀兩京諸司儀門外，各有上馬臺，可知矣。或云乘轎始於宣德成化間，始有禁例：文職三品以上得乘，四品以下乘馬。宋儒謂乘轎以人代畜，於理不宜，固是正論。然南中亦有無驢馬顧騎處縱有之，山領陡峻局促處，非馬驢所能行，兩人肩一轎，便捷之甚此又當從民便不可執一論也。」

〔註 86〕《雅尚齋遵生八牋》，卷 8，〈起居安樂牋下・溪山逸游條・游具・便轎〉，頁 37 上～下。

〔註 87〕《神隱》，卷上，〈要知驢背安〉，頁 12 下～13 上。

〔註 88〕前引書卷，〈山家農具〉，頁 32 下。

〔註 89〕前引書卷，〈禁辟虫物〉，頁 58 上。

在「舟」方面：山居原本就是僻地而居，有時可藉舟船逍遙航遊各地水澤，且山中有溪有湖，舟船成爲山居生活中重要的交通工具。陳繼儒《巖棲幽事》載：

> 住山須一小舟，朱欄碧幄，明櫺短帆，舟中雜置圖史鼎彝，酒漿荈脯。近則峰泖而止，遠則北至京口，南至錢塘而止。風利道便，移訪故人，有見留者，不妨一夜話、十日飲。遇佳山水處，或高僧野人之廬，竹樹蒙茸，草花映帶，幅巾杖履，相對夷然。至於風光淡爽，水月空清，鐵笛一聲，素鷗欲舞，斯也避喧謝客之一策也。〔註 90〕

由山居生活的「定靜」，轉爲舟遊生活的「躍動」，生活型態的轉變，爲山居生活注入另一種活力。安希范（1564～1621）「削籍歸，時顧端文方糾同志論學東林，冠裳輻湊，擬於鵝湖講席，公猶夷其中，廓如也。所居膠山麓，喬木數百章，碧流千頃，杜門不出。出則乘一畫舫，列綺窓十二圖，陶元亮、張季鷹、蘇端明、米南宮，諸名賢以爲五湖烟水伴，恣其所之，樂而忘返。」〔註 91〕安希范自罷官以後，一面與顧憲成（1550～1612）等山居講學，一面出乘畫舫，優遊歲月，遊覽名勝。山居生活，可以「山房掩卷，呼蒼頭，携蒲團，踏野外，溪濱湖畔，芳草可以託足吾休焉。興至買小漁艇，燒折脚鐺，放中流，清風可招，明月可待。」〔註 92〕山居生活中，動靜間的轉換，「舟」的功用極大。

四、用品方面

山居生活中，大都採擷自然界的花草樹木，作爲日常用品。在樹木方面：其中以「松」的用途最廣，「以松花爲量，以松實爲香，以松枝爲麈尾，以松陰爲步障，以松濤爲鼓吹，山居得喬松百餘章，眞乃受用不盡。」〔註 93〕又謂：「松花可服，松節可釀，松脂可爇，松子可餐，松濤可聽，松陰可坐，霜榦煙姿，亭亭千尺，眞山居勝友也。」〔註 94〕其中松花可點湯服用，松枝可作幽人筆，〔註 95〕又可作麈尾。「貧士不能置諸品，則以竹爲爐，以松枝作麈，

〔註 90〕《巖棲幽事》，頁 14 下～15 上。

〔註 91〕《啓禎野乘》，卷 3，〈安光祿傳〉，頁 17 上。

〔註 92〕《潛初子文集》，卷 7，〈語錄〉，頁 61 上。

〔註 93〕《幽夢影》，頁 81。

〔註 94〕清・高士奇，《北墅抱甕錄》（《四庫全書存目叢書》子部八二冊，台南：莊嚴文化事業有限公司，1995 年 9 月初版），〈松〉，頁 34 下～35 上。

〔註 95〕《醉古堂劍掃》，卷 3，〈峭〉，頁 65：「松枝自是幽人筆，竹葉常浮野客杯。」明・周應治輯，《霞外麈談》（《四庫全書存目叢書》子部一三一冊，台南：莊嚴文化事業有限公司，1995 年 9 月初版），卷 9，〈寄因〉，頁 3 上：「司空圖

不失爲雅致。」〔註 96〕還可作炭煮茗，「山中不常得炭，且死火耳，不若枯松枝爲妙。若寒月，多拾松實，畜爲煮茶之具，更雅。」〔註 97〕松枝可代炭火，松實也可烹茶助香。松脂可用以照明：「(宋朝) 戴石屏詩：『麥麮朝充食，松明夜當燈。』此是山西本色語。深山老松，心有油者如蠟，山西人多以代燭，謂之松明，頗不畏風。」〔註 98〕松濤則是山林自然的樂音，松蔭更可靜坐乘涼，可謂山居生活中重要的良伴。

在香品方面：「深山高居，爐香不可缺。」〔註 99〕僧舍中「有暖香，盛冬爇之，滿室如春。」〔註 100〕山中居所，焚香一炷，漫散香氣，則可助清。香的作用很多：

> 香之爲用，其利最溥。物外高隱，坐語道德，焚之可以清心悅神；四更殘月，興味蕭騷，焚之可以暢懷舒嘯；晴窗搨帖，揮麈閒吟，篝燈夜讀，焚以遠辟睡魔，謂古伴月可也；紅袖在側，密語談私，執手擁爐，焚以薰心熱意，謂古助情可也。坐雨閉窗，午睡初足，就案學書，啜茗味淡，一爐初熱，香靄馥馥撩人，更宜醉筵醒客；皓月清宵，冰絃戛指，長嘯空樓，蒼山極目，未殘爐爇，香霧隱隱遶簾，又可祛邪辟穢。隨其所適，無施不可。品其最優者，伽南止矣，第購之甚艱，非山家所能卒辦。〔註 101〕

無論是靜坐清談，晚境蕭疏，臨帖夜讀，紅顏廝磨，午雨啜茗，皆可清心、暢懷、助情、醒神、祛穢。所以「香品」是山居生活不可或缺之物。

香品種類繁多，品級各異，山居清簡，無須用到上品，貧士則可用稱爲「山林窮四和」的香品，「以荔枝殼、甘蔗滓、乾柏葉、黃連和焚，又或加松毬、棗核、梨核，皆妙。」〔註 102〕「取老松柏之根枝葉實，共擣治之，斫風昉麝和之，每焚一丸，足助清苦。」〔註 103〕山中香品取材方便，可助雅淡氛

在中條山，芟松枝爲筆管，人問之曰：幽人筆當如是。」

〔註 96〕《莫廷韓遺稿》，卷 15，〈雜言〉，頁 28 上。

〔註 97〕《煮泉小品》，〈宜茶〉，頁 12

〔註 98〕明．陸深，《燕閒錄》(《筆記小說大觀》一三編五冊，台北：新興書局，1983 年 10 月版)，頁 1 下。

〔註 99〕《醉古堂劍掃》，卷 7，〈韻〉，頁，頁 124。

〔註 100〕明．毛晉輯，《香國》(《四庫全書存目叢書》子部七九冊，台南：莊嚴文化事業有限公司，1995 年 9 月初版)，卷上，〈暖香〉，頁 13 上。

〔註 101〕《考槃餘事》，卷 2，〈香箋．論香〉，頁 51。

〔註 102〕《戒庵老人漫筆》，卷 4，〈山林窮四和〉，頁 166。

〔註 103〕《雪菴清史》，卷 2，〈清供．香品〉，頁 19 上。

圍之效。若要用到上品香，則「栢之上品有二，曰千頭，曰纓絡。盤旋曲折，氤氳襲人，山居採松花作飯，拾栢子合百和香，燒之，迥非人境。」〔註 104〕或者「虛堂清夜，宴坐焚之，降眞一斤，沈香四兩，龍腦一分，蜜和焚之，自然有一種清氣。」〔註 105〕另外還可用「生香」：

斗室之中自有生香，之外無一日可不焚香。何謂生香？如梅、蘭、牡丹、芍藥、蓮、茉莉、薝蔔、桂、菊、水仙、瑞香。諸花盛開時，或折枝，或連盆盎，移入室，及香橼、佛手柑、木瓜等成熟時，滿堆古窯盤中，供之座右，則一室生香，夢魂俱化，此時一縷火，香不可復著，此外皆焚香時也。〔註 106〕

「生香」也就是果香或花香，不須焚之，便有清香瀰漫，如香櫞「花香實大，雖酸濺齒，以爲湯則大佳。置實盤中，盈室俱香，實佳品也。」〔註 107〕諸花則可摘折供瓶，或直接移室盆盎，花種不同，香味亦異，可營構不同的山居氣息。

在計時方面：「山中無曆日，寒盡不知年。」在遠離塵囂，避世而居的山中，面對江山千年不變，而人事卻百年滄桑的無奈，計時工具的「壺漏」，「山居不可缺。」〔註 108〕在大自然中，有很多天然的「眞率漏」：

柝鳴永巷，角奏邊徼，擊熱敲寒，總不入高人之夢，惟是一頃白雲，橫當衾枕，數聲天籟，代我麗譙云耳。蛙鼓、子規啼、竹笑、鐵馬驟簷、砧杵擣衣、蛩啾唧、鶴警露、松濤、雞唱、石溜、雁過、犬聲如豹、烏鵲驚枝、莎雞振羽、鐘遠度、魚躍浪、蚓笛。〔註 109〕

各種自然的天籟：青蛙鳴鼓、杜鵑泣啼、修竹盈盈、簷鈴和鳴、擣衣聲起、蟋蟀唧唧、松浪濤濤，還有雞犬相聞、鶴雁鳴啼、鐘聲遠度、烏鵲驚枝、蟬聲催夏，和魚躍蚓笛等，代表時光悠悠，季節遞變，皆可作爲「山漏鳴」。而山間的鳥唱，季節的花開花落亦是，《巖棲幽事》載：

山鳥每至五更，喧起五次，謂之報更，蓋山中眞率漏聲也。余憶曩居

〔註 104〕明・不著撰者，《名花譜》（《四庫全書存目叢書》子部八二冊，台南：莊嚴文化事業有限公司，1995 年 9 月初版），〈栢〉，頁 54 上。

〔註 105〕《神隱》，卷上，〈草堂清興〉，頁 21 下。

〔註 106〕《燕居功課》，卷 21，〈閒適・焚香〉，頁 1 上～下。

〔註 107〕明・王世懋，《學圃雜疏》（《廣百川學海》，台北：新興書局，1970 年 7 月初版），《果疏》，頁 3 下。

〔註 108〕《神隱》，卷上，〈草堂清興〉，頁 19 上。

〔註 109〕明・程羽文，《清閒供》（《筆記小說大觀》五編五冊，台北：新興書局，1980 年 1 月初版），〈眞率漏〉，頁 2785。

> 小崑山下時，梅雨初霽，座客飛觴，適聞庭蛙，請以節飲。因題聯云：「花枝送客蛙催鼓，竹籟喧林鳥報更。」可謂山史實錄。〔註110〕

山鳥每日的鳴唱，可知一天的日出日落。程羽文認爲：「花有開落，涼燠不可無曆，祕集月令，頗與時舛，予更輯之，以代挈壺之位，數白記紅，誰謂山中無曆日也。」〔註111〕「座上有琴尊，燕來燕去皆朋友，山中無曆日，花開花落也春秋。」〔註112〕花也可以爲曆，則知一年的季節更遞。

在其他用品方面：明人有謂「山房十友」：端友－石屏、陶友－古陶器、談友－玉麈、夢友－湘竹榻、狎友－鷺瓢、直友－鐵如意、節友－紫簫、老友－方竹杖、清友－玉磬、默友－銀潢硯。〔註113〕這些皆是山居生活中的雅器。其中「玉麈」：「柄長尺許，上結鬃尾，暑中與客對談持之，蚊蚋不敢近，山房呼爲談友。」〔註114〕與客清談時，拂麈揮俗時可用。「方竹杖」：「體小而方可作杖用，山中人每取其枯瘦有稜節者，刻其根爲人物形，充土宜以贈人。」〔註115〕顧元慶云：「方竹杖上有九節，其崇不滿七尺，余暮年好遊，探奇歷恠，多有相長之益。山房呼爲老友。」〔註116〕山行漫遊時可用。至於山家常用的天然用具，有如下諸品：

> 砍栢成門，牽蘿就幕，山家眞率，多自有天種天然具也。榆莢錢、柳線、芰荷衣、秧針、竹粉、蓮房、桐葉箋、蕉扇、松拂、荷珠、苔茵、蘿薜帶、蘭佩、碧筒、蒲劍、柏子香、癭瓢。〔註117〕

程羽文將山居生活，融成人文與自然的雙重美感，將山中的天然物，就其物性，製成各種用物。如：松、竹、柳、秧、芰荷、榆莢、薜蘿等，均爲山林間的自然植物，將這些植物製成錢、線、衣、針、劍、拂、瓢等人爲的用物，使得山居生活，具有豐富的人文美感。〔註118〕《巖棲幽事》載：

〔註110〕《巖棲幽事》，頁3下。

〔註111〕《清閒供》，〈花曆〉，頁2795。

〔註112〕《媚幽閣文娛初集》，〈駢語〉，頁70下。

〔註113〕明・茅一相編，《欣賞續編十種》，己集，顧元慶，《大石山房十友譜》，〈十友目錄〉，頁2。

〔註114〕前引書，〈談友〉，頁5下。

〔註115〕明・朱諫撰、胡汝寧重輯，《鴈山志》（《四庫全書存目叢書》史部二二九冊，台南：莊嚴文化事業有限公司，1996年8月初版），卷3，〈土產・方竹〉，頁1下。

〔註116〕《欣賞續編十種》，己集，顧元慶，《大石山房十友譜》，〈老友〉，頁10下。

〔註117〕《清閒供》，〈天然具〉，頁2784。

〔註118〕毛文芳，《晚明閒賞美學》，頁347～348。

> 凡山具，設經籍機杼，以善族訓家；備藥餌方書，以辟邪衛疾；儲佳筆名繭，以點繪賦詩；留清醪雜蔬，以供賓獨酌；補破衲舊笠，以犯雪當風；畜綺石奇墨、古玉異書，以排閒永日；製柳絮枕、蘆花被，以連床夜話；狎黃面老僧，白頭漁父，以遣老忘機。〔註 119〕

山中必備的「山具」，有：經籍筆墨、藥用方書、破衲舊笠、玉石古玩，以及織布機、柳絮枕、蘆花被等。

山居生活中，時常策杖漫遊，可儲備「交牀」，「即古胡牀之式，兩都有嵌銀，銀鉸釘圓木者，攜以山遊，或舟中用之，最便。金漆摺疊者，俗不堪用。」〔註 120〕「山游者必帶帳房，實三面而虛其前，制同湯網，其中多設爐炭，既可致溫，復備煖酒之用。」〔註 121〕可用於冬季賞梅之時。山居生活用品的使用與陳設，不重彰顯奢華，強調清雅簡樸。「蔽風，無七寶琉璃屛，則藉山爲障，如羊元偃卧看山，曰：『翠屛宜晚對。』高臥，無大秦國五色枕，則枕石代肱，所謂太室石枕也。樽俎，無水晶盤白玉卮，則以蕉葉充樽，荷葉爲盤。鼎無龍文、香無沈水，取山花清馥，以當辟邪。」〔註 122〕可以看出山居者的閒情雅趣。

五、治家課子

山居日常生活中，家庭成員也很重要，治家首重於擇妻，「凡居林泉之下，山野之間，必先要治其家道，家道齊而農事具。所事必謀諸婦，婦賢則家道可成，故擇妻切莫取城市之家，及鄉村大戶者，惟貧難之家者最佳，何也？能辛苦一也，不嫌貧二也，善織紡三也，會養牲四也，脚大可爲活五也。又不可取有顏色俊美者，愈醜陋者愈無患，大概則要粗壯，可以爲活。又恐醜婦多妬，家中不置小妾，則無妬矣。」〔註 123〕山居生活重視農事生產，所以娶妻要取貧、取醜、取善勞作者，且不納妾，以防家中紛爭。

家庭生活中也重視課子讀書，「山中課子課農甚爲得計，絕無世味想，修眞惜命，固未能悉，古蟬紫陽之指，餐風卧月，頗自謂有樵家漁父風。」〔註

〔註 119〕《巖棲幽事》，頁 2 上。

〔註 120〕《長物志》，卷 6，〈几榻・交牀〉，頁 43。

〔註 121〕《閒情偶寄》，卷 13，〈種植部・木本第一・梅〉，頁 281。

〔註 122〕《小窗自紀》，卷 2，〈山齋供具〉，頁 90 下～91 上。

〔註 123〕《神隱》，卷上，〈山人家事〉，頁 4 上。

〔註 124〕《山居稿》，卷 5，〈簡劉近台安吉守〉，頁 84 上。

124〕「疏求歸田，既歸則日務耕讀，門外事罕與。當虞山之麓，繕治園亭，課子之外，詩酒自適，有歸田山庄，履水東麓諸稿，於兄弟間，友愛尤至。」〔註125〕山中環境適宜課子讀書，除沈浸於山居的閒適自在外，也希望子弟未來能知書達禮或高登科榜。

其實，家庭生活俗事不免，「山堂前草深一丈矣，不如勑斷家事，擇二三童子自隨，其強幹者以備烹爨樹藝，文弱者以備洒掃抄寫。子孫能相體者則送供養，賓朋能相念者則通餽問，舍此以外，靡知其它。」〔註126〕少卻一些家庭生活的牽絆，會有一個較爲自適自娛的山居生活。

六、經濟來源

文人的山居經濟來源，可藉授徒、詩文、繪畫、農耕、樵木、打魚、行醫、賣藥、卜筮等方式維持生計，〔註127〕其中又常以教學爲主，〔註128〕或以書畫謀得潤筆。不在朝作官，文人所能選擇的最適合的治生之路，就是「代箋簡之役」和「爲童蒙之師」，〔註129〕依靠知識的一技之長，過著自我放任的閑暇生活。〔註130〕當然，有時也可得到來自官場，或商場方面的經濟奧援。

郭完，「元末隱於壺山，以教授生徒爲業，與方時舉用晦等十二人結社。」〔註131〕陶振，「改安化教諭，歸隱九峰間，授徒自給，一夕死於虎。」〔註132〕皆以教授生徒爲業。而陳繼儒一生受徐階（1503～1583）、陸樹聲、王世貞、董其昌等士大夫的幫助，甚至捐貲贈地，使他能安於山居的生活。〔註133〕雖然陳氏三十歲即買乞花場於小崑山，但是其間有一段歲月，不得不奔走四方，設館授徒以求糊口。後來得到友人捐貲在小崑山構築婉孌草堂，才得遂山居隱逸之志。爾後，陸續買地增建，植樹種花，漸具園林之勝，泉石煙霞，悠

〔註125〕《琴溪陳先生集》，卷1，〈壽撫郡守東麓陳公七十序〉，頁44上。

〔註126〕《巖棲幽事》，頁24上。

〔註127〕汪栢年，《元明之際江南的隱逸士人》，頁133。

〔註128〕前引書，頁120。

〔註129〕雷慶銳，《晚明文人思想探析：《型世言》評點與陸雲龍思想研究》（北京：中國社會科學出版社，2006年12月第1版），頁202。

〔註130〕邱曉平、胡璟，〈明中葉吳中文人的才士風度形成探析〉，《北京科技大學學報》（社會科學版），23卷2期，2007年6月，頁100。

〔註131〕《列朝詩集小傳》，〈甲前集・郭處士完〉，頁108。

〔註132〕前引書，〈甲集・陶教諭振〉，頁176。

〔註133〕陳萬益，《晚明小品與明季文人生活》，頁108～109。

遊其中，〔註 134〕因其筋骨素來薄弱，無法從事漁釣、農耕的工作，大多以詩文書畫，或著述出版來換取筆潤爲生。〔註 135〕山人孫一元，也是得助於許相卿的捐田以治生：

> 關中孫太白山人，與許九杞善。寓南屏時，一鶴自隨，九杞爲買鶴田，歲輸糧千萬峰深處，而納券曰：「太白山人鶴田」。在九杞山書院之陽，倚山面湖，左林右涂，廣從百步，計歲入粟三石有奇。以其奇爲道里費，而歸其成數於杭之西湖南屏山，歉歲則沃其半，以九杞潤筆金取盈焉。佃之者主人之鄰李仁，輸之者主人之僕婦義，董之者主人之弟墻卿舟仲，主人謂誰，山人之友杞泉子許台仲甫也，名鶴田券。〔註 136〕

許相卿，號九杞，在朝爲官，後稱病辭官歸里，徙居浙江海鹽茶磨山，謝客隱居三十餘年，與太白山人孫一元交善，而資助其生活。

在農耕方面，文人山居常過著且耕且讀的生活，半爲生活所需，半爲閒適自娛。黃宗羲〈山居雜詠〉:「數間茅屋盡從容，一半書齋一半農；左手犁鋤三四件，右方翰墨百千通。牛宮豕圈親僮僕，藥灶茶鐺坐老翁；十口蕭然皆自得，年來經濟不無功。」〔註 137〕這就是文人山居生活中，以農耕作爲經濟生活來源的寫照。黃寅卿曾言：「羅浮之陰，有先人之廬，可以棲止；薄田躬耕，足以給食；子孫讀書，樂將卒歲，我何求哉！」〔註 138〕則靠著耕種來供給日用生計。黃宗武構草堂于屋宅東偏，字曰「山中草堂」。據載：

> 山中景蒙，朝而日出天開，群山如畫，屏如錦障，漁艇商帆往來出沒，田疇夷曠，鷗翔鷺迴。夕而月升東嶺，西村先輝，機杼夜作，燈火掩映，而僧舍鍾聲，斷續林谷間。或東郊雨過，耒耜並起，草木敷榮，鳩鳴燕乳，始知其春也。荔林荷池，華實芬芳，薰風時來，早禾生香，又知其夏也。秋而園棗可剝，籬菊可采，西鄰釀熟，相携一醉。冬而場圃事畢，倉箱有年，租稅既供，雞犬無擾，而長老幼穉，經史琴弈娛樂，暇豫熙熙皡皡，眷我草堂，誠天地間一樂土

〔註 134〕前引書，頁 106。

〔註 135〕林宜蓉，〈晚明文藝社會「山人崇拜」之研究〉，頁 695。

〔註 136〕明・陳繼儒，《筆記》（《筆記小說大觀》一四編四冊，台北：新興書局，1976 年 8 月版），卷 2，頁 6 上。

〔註 137〕曹明綱，《人境壺天——中國園林文化》，頁 89。

〔註 138〕《久菴先生文集》，卷 6，〈送黃寅卿歸羅浮序〉，頁 18 下。

也。〔註 139〕

一年四季忙於農事，春天忙於播稻種麥，夏天則早禾漸熟，秋天可準備收成，冬天農事才畢。文人對於農事常注入閒賞趣味，不似農家承受生活經濟的沉重負擔，終生勞碌不堪。

一般山中的寺觀、書院等的經濟來源，大多也來自作物的收成和土地的租賃。〔註 140〕其中因茶適宜種於山地丘陵，又明代茶課輕、利潤高，山家多藉茶為生計。〔註 141〕文人好茶事者也常在山中植茶，開茶社，或親自焙製。〔註 142〕山中林木繁多，居者常以樵木為業，如「洞庭周圍，不及百里，田地僅什之一二，而山居八九，草木繁殖，旦旦而伐，薪芻之需賴焉。所以居民，不論貧富，少壯皆事採。深秋之候，負擔相望，蓋土瘠地狹，出息無幾，而能溫飽是賴，類皆勤勞之力也。」〔註 143〕文人也常自稱「山樵」、「山農」，以表達山居隱逸的生活形態。

關於山居的經濟生活，自古文人皆標榜貧窮困蹇卻自適自在的生活態度，如南宋琴家毛敏仲所作「山居吟」:「見其與世兩忘，不牽塵網，乃以太山為屏，清流為帶，天地為廬，草木為衣，枕流漱石，徜徉其間，眞乃謂樂天知命者矣。」〔註 144〕明代文人也如此，謝祐，南海人，陳獻章的弟子，「築室葵山（今廣東潮州）之下，并日而食，襪不掩脛，名利之事，纖毫不能入也。」〔註 145〕唐宜之，「韶雅隱秀，飄飄乎玄風禪月，齋中岕茗一瓶，文字幾帙，服貧茹淡，於世味恬如也。」〔註 146〕貧士經濟困乏的山居生活，反而是一種高尚品德的彰顯，至明代中後期，山人群體的出現，為時代帶入不同的經濟觀念，陳繼儒、孫一元等人「寄食」治生的生活型態風行一時，於是自適自在的山居生活以「由內而外」，轉而「由外而內」，也就是強調由外境的舒適去影響內心的愉悅，不是以內心的淡然而無視外境的窮困，經濟利益的

〔註 139〕《王養靜全集》，卷 1，〈山中草堂記〉，頁 51 上～下。

〔註 140〕廖肇亨，《明末清初遺民逃禪之風研究》，頁 89。

〔註 141〕吳智和，〈明代僧家、文人對茶推廣之貢獻〉（收入吳智和，《明清時代飲茶生活》，台北：博遠出版有限公司，1990 年 10 月初版），頁 46。

〔註 142〕吳智和，〈明代僧家、文人對茶推廣之貢獻〉，頁 37。

〔註 143〕《林屋民風》，卷 7，〈民風・樵採〉，頁 6 上。

〔註 144〕明・楊表正，《重修正文對音捷要眞傳琴譜大全》（《四庫全書存目叢書》子部七三冊，台南：莊嚴文化事業有限公司，1995 年 9 月初版），卷 8，〈山居吟〉，頁 26 下～27 上。

〔註 145〕《明儒學案》，卷 6，〈白沙學案下・謝天錫先生祐〉，頁 106。

〔註 146〕《烏衣集》，卷 2，〈唐宜之制義序〉，頁 41。

魅力更大，形成兩類不同的經濟生活的態度：一是安貧樂道的苦吟生涯或甘於寂寞的幽棲況味，一是尙華崇奢和縱情適性的燕居方式，而後者是明代中後期，在文人中比較流行和嚮往的一種生活方式。〔註 147〕若要維持這種世俗化的山居隱逸方式，經濟的來源除靠一技之長自食其力以外，大都擁有田地園林等產業，作爲退隱的依恃，〔註 148〕或者以「吏隱」、「官隱」的方式，繼續爲官爲吏，來延續經濟上的不虞匱乏。

第二節　園藝的生活

山居的園藝生活，包括植木、蒔花、畜養禽魚與種植蔬果等，以供應山中日常生活所需，有其實用性外，也兼具閒雅趣味。有詩云：「幽廬人境外，頗與俗情疏。斫竹防驚笋，栽蓮怕礙魚。池圓渾似鏡，巷小恰容車。時有鄰翁過，相求種樹書。」〔註 149〕明人的山居生活常以從事園藝爲樂趣，唐寅在蘇州閶門內的桃花塢，修建桃花庵別業，讀書灌園，自得其樂。〔註 150〕處士陳誠，世爲金華人，「隱居夫容山（今浙江金華）下，有園池泉石之勝，喜植花木，閉門讀書，布衣蔬食，澹如也。平心率物於鄉里，無怨惡，與人交久，而情益厚，未嘗有忤。」〔註 151〕陳繼儒在「婉孌草堂」，「惟喜與隣翁院僧談接花藝果，種秫劚苓之法，其餘一味，安穩本色而已。」〔註 152〕他認爲：

> 不能卜居名山，即于崗阜迴複，及林水幽翳處，闢地數畝，築室數楹，插槿作籬，編茆爲亭。以一畝蔭竹樹，一畝栽花果，二畝種瓜菜，四壁清曠，空諸所有。畜山童灌園、薙草，置二三胡床著亭下，挾書研以伴孤寂，攜琴弈以遲良友，凌晨杖策，抵暮言旋，此亦可以娛老矣！〔註 153〕

山中竹木一畝、花果一畝、瓜菜二畝，由山童灌溉除草，這樣閒雅的園藝生活，正是文人在山居生活中所標榜的。朱權《神隱》也載：

〔註 147〕吳調公，〈晚明文人的「自娛」心態與其時代折光〉，頁 255。

〔註 148〕徐波，〈從「仕」與「隱」看歷史上知識分子的價值實現與阻斷〉，《歷史月刊》，99 期，1996 年 4 月，頁 42。

〔註 149〕《江盈科集》，《雪濤閣集》，卷 1，〈山居初夏〉，頁 16。

〔註 150〕郭英德、過常寶，《雅風美俗之明人奇情》，頁 29。

〔註 151〕《金文靖公集》，卷 9，〈處士陳信中墓表〉，頁 76 上～下。

〔註 152〕《巖棲幽事》，頁 1 上。

〔註 153〕前引書，頁 22 下。

草堂只宜幽僻處，必用松竹作逕，縈廻掩映而入可也。……茆亭只宜在蒼松老竹之下。……書窗宜明窗，窗外安平板一片，可置芸草一盆，以助清興。……中門外鑿一池，可半畝餘，深三尺，水常令滿，養魚於中。種芰荷、菱芡遶池岸，種甘菊、芙蓉、紅蓼、水柳，取其根以護崩塌之意。又可採食，又可觀賞，又便於鵝鴨育養，引雛於中也。〔註 154〕

以松竹掩徑蔭亭，以芸草添綠明窗，而屋外水池，用以育養鵝鴨與魚，以及種植各類植物，構築出園藝生活的空間。

一、植木生活

山居環境林木叢生，如茵綠色漫野，山居者茹草植木，除經濟作物與日常所需外，有的是爲居宅空間環境的造景，有的則是個人特別的喜好。

文人好竹，居宅旁也好植竹，用修竹象徵居者的風骨節操，而且「住宅四畔，竹木青翠進財。」〔註 155〕更認爲：「竹脩則日出有清陰，風來有清音，翩翩然映影于几席間，山房何可一日無此君！」〔註 156〕甚至被稱爲植物的「仙品」：

竹於草木之外，別爲一類，植物之仙品。方塘曲徑，到處植之，宜月、宜風、宜晴日、宜晚雨、宜殘雪。至於伏暑方炎，石牀蒲几，坐臥密林中，冷翠襲衣，爽籟盈耳，正未知羲皇上人，視此若何？〔註 157〕

坐臥竹林，涼意襲衣，清音盈耳，頗爲愜意。《弇州山人續稿》載：

令斥傍舍之隙，悉移竹而加培溉焉。既成，臨風而聽之，琮琮琤琤，與天合籟，悠然若韶濩之停耳。過雨而撫之，青蔥峭蒨，與天並色，渥渥若璆琳之寓目。暑而就之，驕陽翔舞，而不敢下；枕流而翫之，蔚藍之光，下上相接，吾安知夫竹乎？玉乎？〔註 158〕

風來而成琮琤天籟，雨過而成青蔥翠色，營造山居生活的美感。竹林除坐臥中有雅意外，還有很多實用性，非常適合物資較爲缺乏的山居生活：

即歲歲有壅培、澆灌、爬疏之勤，亦政可借以消日長夏。夕陽小閣，

〔註 154〕《神隱》，卷上，〈卜築之計〉，頁 15 上。

〔註 155〕《居家必用事類全集》，〈丁集・宅舍〉，頁 3 下～4 上。

〔註 156〕《雪菴清史》，卷 3，〈清課・脩竹〉，頁 81 上。

〔註 157〕《北墅抱甕錄》，〈竹〉，頁 41 上～下。

〔註 158〕《弇州山人續稿》，卷 65，〈萬玉山房記〉，頁 11 上。

憑檻平而揖之，清飔涼露，先後俱集，破月半吐，長影凌亂，此巢居之第一樂事也。洗其陳根，又足備釣竿、籬落、帚拂之用。若夫幽禽交交，長育其中，清曉午夜，時一喧聒，又似人世之外耳。〔註 159〕

可以作釣竿、圍籬、帚拂工具等，用途很多。袁中道亦言：

竹爲清士所愛，然未有植之幾數萬箇，如予竹之多者。予耳常聆其聲，目常攬其色，鼻常嗅其香，口常食其筍，身常親其冷翠，意常領其瀟遠，則天下之受享此竹，亦未有如予若。飲食方服，纖毫不相離者。〔註 160〕

竹對於袁氏在「耳之聲」、「目之色」、「聞之香」、「食之味」、「身之感」、「心之覺」等，皆有很美妙的生活體驗，所以文人山宅多種之。樂純山房的四週，「植竹四十種，蔭座祛煩，自幸得朋之慶。」〔註 161〕田藝衡言：「余性最愛竹，故小山別墅，率多種竹。易適園修廣二十畝半，爲君子之居。」〔註 162〕陳鼎《大竹文集》載：

登州之海有山曰「大竹」，因產名也。海之氣擁於山，故山之氣鍾而爲竹，百丈曰「篾」，千丈曰「尋」，其有挺然若攢峰且望岱而並峙者，葉如垂天之雲，又拔乎其萃者也。陳子登之，好竹士也，始而種竹於兩軒之間，其趣也幽然，寂而雅；闢而爲畝，其趣也灑然，藹而豐；肆而爲頃，其趣也雍然，泰而舒。〔註 163〕

居宅旁多種竹，充滿幽然、灑然、雍然之趣。熊明遇，爲官時常疏陳時弊，坐東林事被貶謫，平居「無他嗜，惟嗜竹、嗜書。自晝溪歸，卜居徐樨之里，面東山蒔竹，曲折成徑，已作園，園亦種竹作堂，庋書其中，昕夕讀之，暇則隨意弄柔翰爲詩文。晚居京山（今屬湖北），而書堂之旁亦蒔竹，蓋歷數十年而所嗜弗遷也。」〔註 164〕好竹蒔竹，可見一斑。

「竹」的栽種不難，「種竹無時，雨過便移，多留宿土，記取南枝，山中

〔註 159〕《燕居功課》，卷 20，〈巢居・種竹〉，頁 1 下～2 上。

〔註 160〕《珂雪齋集》，卷 12，〈篔簹谷記〉，頁 546。

〔註 161〕《雪菴清史》，卷 3，〈清課・脩竹〉，頁 80 下。

〔註 162〕《香宇續集》，卷 31，〈萬竹孤吟序〉，頁 1 上。

〔註 163〕明・陳鼎，《大竹文集》（台北：漢學研究中心景照明嘉靖刊本），《遺考》，〈大竹山人說〉，頁 19 下。

〔註 164〕明・熊人霖，《熊山文選》（台北：漢學研究中心景照明刊本），卷 5，〈竹書述〉，頁碼不詳。

無曆，莫此爲便。」〔註165〕爲園種竹，也不須特別規劃，全地遍値竹木，青葉沙磨，竿節浪盪，便深具清意。有載：

> 林下風味，大端在木，爲園之法，以此爲難——欲茂、欲繁、欲掩映。不茂則情思不眷遂，不繁則氣象不圓滿，不掩映則脈絡不委宛，精神不韞藉。此中全係位置，非如竹可以頃畝種之，任其自作趣也。
>
> 〔註166〕

「種竹宜築土爲壠，環水爲谿，小橋斜渡，陟級而登，上留平臺，以供坐臥，科頭散髮，儼如萬竹林中人也。否則闢地數畝，盡去雜樹，四週石壘令稍高，以石柱朱欄圍之，竹下不留纖塵片葉，可席地而坐，或留石臺石櫈之屬，竹取長枝巨幹，以毛竹爲第一，然宜山不宜城，城中則護基笋最佳。」〔註167〕竹木尤其適合山區種植，如「毛竹」，高者至數丈，「三伏蔭其下無暑氣，然獨宜山岡，則生移之平陸則弗活，其餘竹類甚多，無踰此品，游人多愛刻名其上，題蹟可經數年不壞，久之益若蟲書古篆可觀。」〔註168〕

「松」長青不凋，屹立山巖，迎風招展，刻劃出歲月風霜精雕的姿態，象徵高士隱逸之風。文人常植松於山宅前，彰顯居者昂揚堅立的性格。「齋前須得怪松老樹，槎枒突兀，與山石瑰奇者，離立相參，有蒼鬱森踈之氣，佳花美草作兒女態，雖復妍麗不堪位置也。」〔註169〕宋濂也說：「予家浦陽大山中，青松羅植舍之北南。明月之夜，白露初零，默然出坐，庭際松聲到耳，戶大戶小，或亟或徐，中心頗樂之，方知隱居酷愛之者，良有以也。」〔註170〕深夜靜坐，松濤盈耳，可感受到山居幽然之境。

對於「椶櫚」（棕櫚），文人於「瀛山蘭渚之地，皆疊亂石爲短垣，不加粉堊，於牆角植椶櫚三四本，高可齊檐，微風乍拂，輕涼自生，極瀟洒之趣。皮有絲縷，錯綜如織，取爲冠屐簞拂等物，大稱山居。」〔註171〕葉大可乘涼，樹幹所包附的棕衣可製繩索、毛刷、床墊、蓑笠等。也可在建築上使用，如山齋旁作茆亭，「以白茆覆之，四搆爲亭，或以棕片覆者更久。其下四柱，得

〔註165〕《枕中秘》，《園史》，〈竹〉，頁22下。
〔註166〕《燕居功課》，卷20，〈巢居・植木〉，頁2下。
〔註167〕《長物志》，卷2，〈花木・竹〉，頁14～15。
〔註168〕《說郛續》，楊循吉，《居山雜志》，〈草木第六〉，頁7下。
〔註169〕《陳元凱集》，卷3，〈澹言〉，頁101上～下。
〔註170〕明・宋濂，《文憲集》（《四庫全書薈要》，長春：吉林人民出版社，1997年初版），卷2，〈松風閣記〉，頁29上。
〔註171〕《北墅抱瓮錄》，〈椶櫚〉，頁39上～下。

山中帶皮老棕本四條爲之，不惟淳樸雅觀且耐久。外護闌竹一二條，結於蒼松翠蓋之下，修竹茂林之中，雅稱清賞。」〔註172〕

「茶」屬於經濟作物，利潤較高，所以「山中人以茶代畊，獨耦烟霞，柴門半開，遠聞樵唱，泠然可念也。」〔註173〕名山多產名茶，如武夷山，「山皆純石，不宜禾黍，遇有寸膚，則種茶荈，村落上下，隱見無間，從高望之，如點綠苔，冷風所至，嫩香撲鼻不獨足供飲啜，爲山靈一種清供也。」〔註174〕茶的種植，在視覺、嗅覺、味覺上都具雅興。

「桑麻」種植可供衣飾，種「桑」「五年後，每樹賃得一兩絲，十畝地計絲百兩，山中衣服即徧足矣。」〔註175〕在「麻」方面，安世鳳《燕居功課》載：

> 山家又多種五色蜀葵，葵之麻更精，可爲線裝書冊。余既以千畝之一爲圃，以圃十之一灌蔬，所餘九十畝以五畝秇諸麻，林立如長人俯而欲語，綠衣飄飄，儘可相對永日。蜀葵種類更夥，每五月花少時，匡坐其中，鋪錦堆繡，不羨貴品矣。大麻可供藥，𥻆子亦可取油，幹可爲曲簿，小者可炙燈。葵之葉嫩可茹，可製箋及香煤用，不只一麻也。〔註176〕

安氏在山中的園圃，以五畝種諸麻，如苧麻、亞麻等可製成夏布，其他因有長而強韌的纖維可製麻繩、麻袋等，也可供作麻藥、用油、或編製成養蠶用的曲簿等。蜀葵花色豔麗，可供賞析，且用它的葉片研汁，用布平抹在竹紙上，等乾後用石壓平，就成爲葵箋，此紙色綠而光滑，極佳。

山中常設置池塘，除提供日常用水外，池中或池旁沼澤處也可種植水生喜溼的植物，以供日用。據載：

> 既以千畝之十一爲園，園中自竹樹草花外，其取土以爲小臺阜坡，陀者必匯而爲沼，沼中自雜植蓮芡菱荇外，其傍岸淺淖處，皆以種蒲菅茭白之屬。茭可以薦酒，可以作米；菅可以爲索繫茅屋，可以

〔註172〕明・高濂，《山齋志》（《廣百川學海》，馮可賓輯，台北：新興書局，1970年7月初版），〈茆亭〉，頁4下。

〔註173〕明・衷仲孺，《武夷山志》（《四庫全書存目叢書》史部二二八冊，台南：莊嚴文化事業有限公司，1996年8月初版），卷17，張于壘〈武夷游記〉，頁30下。

〔註174〕《武夷山志》，卷18，張于壘〈武夷雜記〉，頁6上～下。

〔註175〕《居家必用事類全集》，〈戊集・竹木類・種桑〉，頁53上。

〔註176〕《燕居功課》，卷17，〈謀生・麻枲〉，頁5下～6上。

> 爲蓑；蒲可爲茹，根爲脯，秋黃可餌，花可爲坐具，枯而刈之可爲席，爲隱囊，可緝爲牛衣。其猥确處，亂插荻葦使之成林，材既可資，花復可雜蒲柳，花絮被褥，深秋露月，擁之坐青苔黃葉中，如浸入冰壺。〔註177〕

池沼中種植「蓮芡菱荇」，其池岸、沼澤則可種「蒲菅茭白」等植物。其中「蒲」草的根莖可食，葉長而尖，可編席、製扇、製鞋等；「茭」的穗種可作爲米糧，莖部因未結穗而形成的茭白，則可入菜；「荻」可作荻管、被褥等。

「薜荔」是攀緣植物，「蘭渚前，繚垣周遭，短僅逾肩，薜荔緣壁上生，縱橫縈結，望之碧葉蒼然，山雨欲來，幽響槭槭。」〔註178〕在山宅外屋壁上滿佈薜荔，有種歷經歲月，荒涼中帶有生意的古樸之感。另外，山宅中也常用盆栽妝點，「盆景爲庭中清棻妙品」，「山房得之殊增豔采，宜晴日、宜和風、宜湘簾、宜雕檻、宜層層冰石、宜曲曲亭臺。」〔註179〕

二、蒔花生活

山花爛漫，依時序綻放，遊山賞花者不少，歸莊有《尋花日記》，非常喜歡觀賞各類花種，「春則玄墓之梅、虎邱之玉蘭，夏則崑山、太倉、嘉定之牡丹，而虞美人、罌粟、薔薇、芍藥，又皆及其繁盛之時，到處追逐。」〔註180〕若居宅旁眾花圍繞，便不須外出「尋花問柳」，而山居宅旁多有青蔥盎然的綠意，然若要四時多變的色彩，則須蒔花來點綴。所以「山人家得地不廣，開徑怡閑，則四時花品不可不培植也。」〔註181〕四時的花品，入春有梅花、山茶、水仙，探春、仲春有桃、李、海棠、丁香，暮春有牡丹、芍藥、攣枝，入夏有石榴、蜀葵、罌粟、鳳仙、鷄冠、玉簪、十姊妹、烏斯菊與望江南，入秋後則有紅白蓼、木槿、金錢、秋海棠、菊和木樨等。〔註182〕有些花品適合山間環境的種植，有些花品也可提供山中生活的日常所需。如菊花，秋開香遠，貯枕可以明目；幽蘭常叢生於巖谷山崖；水仙，葉叢如蒲，一莖一花，春冬開於幽澗中；萱花，

〔註177〕前引書卷，〈謀生・蒲荻〉，頁7上～下。

〔註178〕《北墅抱瓮錄》，〈薜荔〉，頁18上。

〔註179〕明・徐渭輯，《刻徐文長先生秘集》（《四庫全書存目叢書》子部一二九冊，台南：莊嚴文化事業有限公司，1995年9月初版），卷11，〈致品・樂事〉，頁29。

〔註180〕《尋花日記》，卷下，〈尋菊記〉，頁12。

〔註181〕《山齋志》，〈花榭〉，頁5上。

〔註182〕王小舒，《中國審美文化史・元明清卷》，頁145。

遍生石崖間，山中摘烹供客，又名黃花菜；山杜鵑，春暖時開滿遍山遍野，〔註183〕色彩繽紛；梅花，歷霜雪而越開花的特性，適合在山中涼寒氣候生長。其中「四君子」中的「梅蘭菊」，大都爲文人雅士喜好。

「梅」疎瘦有韻，山家多種之，且花時香雪三十里，爲物外奇賞。〔註184〕梅性耐風寒，象徵凌風霜而不屈的個性，文人雅士多好之。（參見圖 8）如錢塘高士沈太洽，字愚公，晚而逃名，自號梅癡。據載：

> 户外屨滿，脂車而迎者無虛日。然愚公意不屑也，跳而之山水間，以詩歌琴酒自娱。其別業之在湖曲者曰「蔬齋」，在灋華山中者曰「萬竹廬」，在清平之麓者曰「梅花屋」。灋華山梅花環二十里，愚公居恒愛之，置壙梅花泉畔，期與花同死生，因自號「梅癡」。又置讀書舫於西湖，清夜盪槳湖中，焚香誦經；或花時月夕，攜樽嘯咏，達曙不倦。所跨蹇曰蒼雪，山童曰秋清，攜笻自隨，烏巾鹿裘，望之若神仙，如是往來相羊於兩堤、南北山之間者三十年。〔註185〕

因灋華山多梅花，沈氏「生所」、「死居」都選擇此地，不枉「梅癡」之號。李流芳「買山西蹟下，環山三十里皆梅花，花時千邨萬落，漫山照野。」〔註186〕王冕則在屋旁植梅，「隱九里山，樹梅花千株，桃柳居其半，結茅廬三間。」〔註187〕屋宅也自題爲「梅花屋」。皋亭山旁有隱士王昶，所居處也皆種滿梅花。〔註188〕

「蘭」香最幽，迥出群卉之上，號稱「香祖」，古人雅愛之。〔註189〕且姿態閒雅，更爲山居者所好，「此俱山齋所不可少，然每處僅可置一盆，多則類虎邱花市。」〔註190〕「蘭蕙，莖葉柔細，生幽谷竹林中，惟春時取置盆盎間，供一時清玩。」〔註191〕祁彪佳的山居生活，則是「令童子植蘭于盆盎，

〔註183〕明・魯點，《齊雲山志》（《四庫全書存目叢書》史部二三一冊，台南：莊嚴文化事業有限公司，1996 年 8 月初版），卷 1，〈物產〉，頁 12 下～13 上。

〔註184〕明・周文華，《汝南圃史》（《四庫全書存目叢書》子部八一冊，台南：莊嚴文化事業有限公司，1995 年 9 月初版），卷 3，〈梅〉，頁 4 上。

〔註185〕《檀園集》，卷 9，〈明高士沈愚公墓誌銘〉，頁 7 上～下。

〔註186〕《牧齋初學集》，卷 60，〈鄒孟陽墓誌銘〉，頁 1450～1451。

〔註187〕《花史左編》，卷 2，〈花之寄・梅花屋〉，頁 2 下。

〔註188〕呂允在，《明人的讀書生活——知識階層生涯規劃的一個歷史側面》（台北：私立中國文化大學史學研究所博士論文，2008 年 6 月），頁 209。

〔註189〕《北墅抱甕錄》，〈蘭〉，頁 18 下。

〔註190〕《長物志》，卷 2，〈花木・蘭〉，頁 16。

〔註191〕《西湖遊覽志餘》，卷 21，〈委巷叢談〉，頁 435。

午後風日和美，手親操小艇至山廻旋聽止橋下，欣欣得山水間趣。」〔註 192〕蘭多生於深山幽谷，若在居宅栽種，則多置盆盎，移至室內，可充齋堂幽香。

「菊」爲花之隱者，陶淵明「採菊東籬下，悠然見南山」，「菊」已成爲隱逸的代表，山居生活不能缺此君。有載：

> 昔濂溪周夫子，品藻群花，以菊爲花之隱逸者。嘗考其理，凡草木之花，率多爭妍競吐於春夏長育之時，而菊獨介烈高潔，不與他卉同。其盛衰必待霜降，草木黃落之後，乃燁然秀發，傲睨風露。且其色鮮妍而不妖，其氣芬馥而不媚，有幽人逸士之風焉。是以古之篤行堅操者，無不愛之，蓋亦以其臭味之同也。〔註 193〕

菊花介烈高潔，傲睨風露，鮮妍不妖，芬馥不媚，代表幽人逸士的風範，也是山居者表彰氣節的花種。且其用途也多，「菊草屬也，以黃爲正，是以槩稱黃花。所宜貴者，苗可以菜，花可以藥，囊可以枕，釀可以飲，所以高人隱士，籬落畦圃之間，不可無此花也。」〔註 194〕又有謂：「惟野菊最佳，有子可種，又可爲藥，清頭明目，又可釀酒。待山間菊花開將過時，取花揉碎於周圍籬下，來春則生，至秋乃花，又助籬落多少佳趣！淵明所愛者此也。其家菊有奢侈氣不可栽，更且紅色者，最惱人不清。」〔註 195〕菊花種植的方式如下：

> 堂前穿大池，種荷芰菱芡，遶池種甘菊，取紫莖黃花引蔓者是眞，餘者皆蒿耳。蒿苦而菊甘，但能移根甕甕稀栽，一二年間不覺自合，便成菊潭，如無根取子種亦可。但四月以前，乘雨折插之，自然滋生子。〔註 196〕

堂前置大池，池中植水生植物，池旁則種甘菊，種植甘菊的方式也要正確，才能滋生繁茂。

藝菊生活頗具幽趣，「菊爲花之隱者，惟隱居子、山人家能藝之，故不多見，見亦難於豐美。秋來扶杖，遍訪城市園林，山村籬落，更挈茗奴從事。投謁花主，相與對花談勝，或評花品，或較栽培，或賦詩相酬，介酒相勸，擎杯坐月，燒燈醉花，賓主稱歡不厭頻過。時乎東籬之下，千古南山悠然見

〔註 192〕《祁忠敏公日記》，〈山居拙錄〉，總頁 712。
〔註 193〕《未軒公文集》，卷 6，〈芝田菊隱序〉，頁 36 下。
〔註 194〕《花史左編》，卷 4，〈花之辨・吳中品類〉，頁 48 下。
〔註 195〕《神隱》，卷上，〈草堂清興〉，頁 23 下。
〔註 196〕《居家必用事類全集》，〈戊集・種藝類・山居總論〉，頁 15。

之。」〔註197〕有好事君子，築「菊趣軒」，體會當年陶淵明藝菊賞菊的隱逸生活。據《藝菊志》載：

> 張公思齊，氣清而志美，好學有長才，少喜淵明之爲人，營別業于玉芝山中，種菊釀秫，名其居爲「菊趣軒」。及遇聖天子，擢爲陝西布政司左參政，去林壑而處公署之崇嚴，覩園林之靚麗，無復隱居之適矣，猶揭菊趣之名不變。或者疑之，予以爲琴而無絃，猶不害淵明琴中之趣，公苟得菊之趣，豈問身之隱顯與菊之有無哉！〔註198〕

會稽張思齊少時居山中，種菊釀秫，後入仕爲官，無復再有隱居的悠適，只能藉由心靈遙想，去神遊當年的藝菊生活。

其他方面，可依其時序藝花賞花，冬末春初開花者，如茶花：「人論茶葉之香，未知茶花之香。往歲過友大雷山中，正值花開，童子摘以爲供，幽香清越，絕自可人，惜非甌中物耳。」〔註199〕水仙：「葉叢生如帶，白花黃心，直莖簇蕊，開雪中香清而微，多生幽磵濱。」〔註200〕二三月間開花者，如桃花：「山自產茶外，惟多桃花，當春二三月，紅酣燦人，衣山被谷，峰影皆醉。」〔註201〕瑞香：「生江南諸山，廬山者最勝，有數種，唯紫花，葉青色，而厚似橘葉者最香。人家種者，須就廊廡下，階基上，去屋簷滴水二尺餘，不可露根，露根則不榮，亦不可在屋下太深處。」〔註202〕瑞香具濃香，有「奪花香」、「花賊」之稱。玉蘭花：「欲靜只一小軒，前一玉蘭，樹蔭滿庭，蓋休息之房也，家大夫聯云：『乏力購花貪種草，無心避世喜居山。』」〔註203〕梨花：「黃玄龍家黃蘿山麓，有梨數千枝，每花開時，日槃礴其間，至落盡猶數往觀之，人問其故，答曰：白地生綠苔，可愛也。」〔註204〕四月開者，如薇花：「此花

〔註197〕清・陸廷燦，《藝菊志》（《四庫全書存目叢書》子部八一冊，台南：莊嚴文化事業有限公司，1995年9月初版），卷1，〈集〉，頁3下～4上。

〔註198〕前引書，卷2，方孝孺，〈菊趣軒記〉，頁24下。

〔註199〕《山居小玩十種》，《茗笈》，總頁492。

〔註200〕明・桑喬撰、清・范礽補訂，《廬山紀事》（《四庫全書存目叢書》史部二二九冊，台南：莊嚴文化事業有限公司，1996年8月初版），卷1，〈花之品〉，頁20下。

〔註201〕《武夷山志》，卷18，張于壘〈武夷雜記〉，頁6下。

〔註202〕《汝南圃史》，卷6，〈瑞香〉，頁4上。

〔註203〕明・翁吉火鼎撰，田居中編，《榷倀小品》（台北：漢學研究中心景照明崇禎六年刊本），卷9，〈欲靜居〉，頁6下。

〔註204〕明・曹蓋之，《舌華錄》（《筆記小說大觀》二二編五冊，台北：新興書局，1978年9月版），卷5，〈清語第九〉，頁3上。

易植，勿事功力，四月開，九月歇，俗謂之半年紅，山園植之，亦可作耐久朋矣。」〔註205〕五六月開者，如薔薇：「有淺紅、深紅、大紅之異，結花成屏，雅宜山墅，連春接夏，蒨艷可人，落紅成堆，每不忍埽。」〔註206〕夏天開者，如蓮花：「古名芙蕖，凡花有色者多無香，此獨色香並絕。出於泥而不染，濯清漣而不妖，花中之禪品也。曾端伯以爲靜友，張景修以爲禪客，周濂溪以爲君子，眞夏秋間第一品。」〔註207〕罌粟：「山亭水岸，俱種罌粟，有大紅、淺紅、深紫、淡紫、藕合、蜜合、純白、淡綠諸色，一房千萼，簇若剪綃，相傳中秋夜，令女子艷服播種，則來歲發花，繁艷絕世。」〔註208〕秋天開者，如木樨花（桂花）：「叢生岩嶺間，因名岩桂。」〔註209〕王穉登提及毗陵山中：「家家有叢桂，花開月中，香滿山殿，佛衣皆清芬。」〔註210〕陸深（1477～1544）亦言：「正當木犀盛開山中，老樹有兩人合抱，繁陰蔽天，清香數十里，愧無少酒，量酬之。」〔註211〕張大復則認爲：「山中桂發，始知秋老。」「吾窓前一片月，俱在屋外，庭中亦有木樨二株，幹不暇枝葉，如卷耳，向人愁縮，了無吐粟意。年來貧病相習，未嘗作厭離之想，入秋已還，伸腳偃臥，輒思異境，得之欣然，鄰雞破夢，悒悒不樂。」〔註212〕春花起生意，秋花則常興愁緒，秋涼風起，見木樨蒼黃零落，對於壯年失明，晚年貧病的張氏來說，別有一番滋味在心頭。

茶花清香，可供於室；水仙清幽，多生幽澗；桃花爛漫，衣被山谷；瑞香濃郁，宜於獨植；梨花如雪，適於群種；薔薇蒨豔，可結成屏；蓮花幽絕，色香獨俱；而罌粟則適於山亭水岸，木樨則易惹秋緒愁意。明代文人喜好蒔花賞花，也強調愛花惜花，甚至有「護花鳥」的傳說：「池州九華山，江南勝地。山中有奇花歲發，則有護花鳥鳴焉，遊人欲折者，鳥則盤旋其上，鳴聲云：『莫損花，莫損花』。」〔註213〕明代遊山賞花風氣極盛，常見遊人，亂折

〔註205〕《枕中秘》，《園史》，〈薇花〉，頁16下。
〔註206〕《北墅抱瓮錄》，〈薔薇〉，頁15下。
〔註207〕《名花譜》，〈蓮花〉，頁6上～下。
〔註208〕《北墅抱瓮錄》，〈罌粟〉，頁25上。
〔註209〕《名花譜》，〈桂花〉，頁7下。
〔註210〕《明月編》，〈閏中秋毗陵看月記〉，頁16上。
〔註211〕《儼山集》，卷94，〈與楊東濱十五首〉，頁1下。
〔註212〕明．張大復，《梅花草堂集筆談》(《四庫全書存目叢書》子部一○四冊，台南：莊嚴文化事業有限公司，1995年9月初版)，卷9，〈秋老〉，頁9。
〔註213〕《戒庵老人漫筆》，卷3，〈護花鳥〉，頁99。

花枝，如「平湖上有龍湫，山花爛熳，不可枚舉。邇來馮墓植紫荊數本，妖艷特異，近寺茅簷草舍，皆繞植桃柳，春遊士女輻輳，杯盤狼籍，無不手撚花枝，醉呼潦倒者。」〔註214〕而有「護花論調」，據載：

> 然古之文人亦有極殺風景事，蓋折花極俗人惡事也，而蘇子瞻、歐陽永叔，亦嘗犯之。子瞻在東武南禪資福寺，大會賓客，翦芍藥七千餘朵，置瓶盎中供佛賞翫。永叔在楊州會客，取荷花千朵，插畫盆中，圍繞坐席，命客傳花，人摘一葉，盡處飲酒。此皆忍心人也，惜花之情安在？余嘗于花開日，大書粉牌懸諸花間，曰：「名花猶美人也，可翫而不可褻，可愛而不可折。」〔註215〕

把花當作美人，疼惜有加。另外，蒔花之餘，「山家多養蜂採蜜，謂之曰杜蜜，以和藥作湯並佳。」〔註216〕這是花除觀賞外，也有實用的價值。

三、禽魚生活

山居生活與「自然萬物」的關係，更密切於對「人」的關係。除花木的植栽外，還有禽魚的飼養，兼具賞玩與經濟的效益。山靜日長的山居生活，飼養禽魚為生活增添活潑的氣息。《長物志》有載：

> 語鳥拂閣以低飛，游魚排荇而徑度，幽人會心，輒令竟日忘倦。顧聲音顏色，飲啄態度，遠而巢居穴處，眠沙泳浦，戲廣浮深；近而穿屋賀廈，知歲司晨，啼春噪晚者，品類不可勝紀。丹林綠水，豈令凡俗之品，闌入其中。故必疏其雅潔可供清玩者數種，令童子愛養餌飼，得其性情，庶幾馴鳥雀、狎鳧魚，亦山林之經濟也。〔註217〕

山中養殖的禽魚品類，強調清雅高潔，以符合山居的閒雅風尚。

飼魚方面，馮汝弼（1499～1577）的東園有小山，「環山為池，畜魚苗二千。」〔註218〕水池是山居生活所不可缺者，池中飼魚，可作觀賞，亦可食用。山居飼魚的方式：

〔註214〕《花史左編》，卷2，〈花之寄・陳山〉，頁23上。

〔註215〕明・慎懋官輯，《華夷花木鳥獸珍玩考》（《四庫全書存目叢書》子部一一八冊，台南：莊嚴文化事業有限公司，1995年9月初版），卷12，〈別花人〉，頁6下。

〔註216〕《說郛續》，楊循吉，《居山雜志》，〈飲食第七〉，頁9上。

〔註217〕《長物志》，卷4，〈禽魚〉，頁25。

〔註218〕明・馮汝弼，《祐山雜記》（《筆記小說大觀》五編四冊，台北：新興書局，1980年1月初版），〈養魚〉，頁9上。

> 即金玳瑁、白黑鯽，又自有三尾、六尾、九尾之異，瑰奇的皪，眞可玩弄，又不長大，且不多食，不死似有道者，更不宜濁水，居盆盎中不爲悶，允宜山人之伴。然太炫燿，少沈潛之美，又性濡緩文弱，未能盡魚之致。除陂塘池沼外，簷廡間亦宜養野魚數頭，方稱山居。〔註 219〕

飼魚可分爲觀賞魚與食用魚，觀賞魚以顏色多彩爲主，若要養於室內，則以體小食少爲尚。食用魚則可隨意養於河塘池沼中，可供垂釣捕撈，頗有山居野趣。

養鳥方面，山居生活中，山林野鳥很多，樹林中可見其躍動靈巧的身影，與婉轉悅耳的鳴聲，若要養殖，則以身紋雅潔，聲鳴清越爲重。而鸚鵡「閨閣中玩也，其爲物以慧勝，而其色纖媚不清。舌雖巧，其如籠中何？畫樓之前，或有取焉，山齋不宜也。」〔註 220〕因其色彩過於鮮麗，不合山中質樸淡雅的氣息。且山居強調自在無羈的生活，安世鳳認爲：「珍禽尤不宜置樊籠中，田舍既寂，鮮木又茂，各罔天機，尚虞聒耳，何必囚之簷際，乃爲我有。至于鸚鵡，音似同類，而錮之韁鎖，爲婢孺頤指，更堪痛心。」〔註 221〕除賞玩的鳥類外，「雞」則具鳴晨報曉的功用，「山間不聞鍾鼓，不知昏曉天陰，不知早晚，可養能啼之雞，不可一處飼養，於房東西、山頭，及屋前後各養數隻，以報晨昏可也。」〔註 222〕「山窗惟養二雞公破曉，二犬當門，待其老死，則埋之。夏月雞多令在籠中，恐傷蟲豸。」〔註 223〕養雞「宜籬落、宜巷陌、宜山窗、宜僊家、宜山叟，至樹巔夜宿、茅舍晨鳴，尤助幽人韻致。」〔註 224〕雞有司晨、食用的功用，亦可助山居生活的韻味。

在鳥禽之中，「鶴」有仙風道骨之姿，尤其爲山居者所好。（參見圖 9）鶴「時從賓客僚吏，遊憩其間。彈琴賦詩，鶴能如裴庭之善舞；雅歌投壺，鶴能如耶溪之取箭。」〔註 225〕能帶來山居樂趣。吳兗「山居離索，獨與鳥獸爲徒，所畜鶴幾二十年。丙寅午日爲犬所斃，亦同群中一異變也，悼之不已，

〔註 219〕《燕居功課》，卷 22，〈對物．魚鳥〉，頁 6 上。
〔註 220〕《刻徐文長先生秘集》，卷 11，〈致品．賞心〉，頁 21。
〔註 221〕《燕居功課》，卷 17，〈謀生．牧畜〉，頁 3 上～下。
〔註 222〕《神隱》，卷上，〈草堂清興〉，頁 25 下。
〔註 223〕《燕居功課》，卷 17，〈謀生．牧畜〉，頁 2 下。
〔註 224〕《刻徐文長先生秘集》，卷 11，〈致品．賞心〉，頁 21。
〔註 225〕明．錢琦，《東畬先生家藏集》（台北：漢學研究中心景照明隆慶二年序刊本），卷 11，〈來鶴軒說〉，頁 3 下。

客有投詩相弔者。」〔註 226〕與鶴也有深厚的情誼。而費元祿「館中蓄二鶴，燈時輒宿窗下，謂之侍讀；竹間山鳥，每更盡輒喧起，謂之司漏；楓間靈鵲，每昧爽輒噪繞，謂之司晨。湖山幽寂，故自有勝場。」〔註 227〕禽鳥可爲「侍讀」、「司漏」、「司晨」，對於山居生活而言，用處頗多。

畜牧方面，包括「牛」、「羊」、「馬」、「驢」、「鹿」、「犬」、「貓」等，大部份皆有經濟利益，可供山居生活使用。在「牛」、「羊」、「馬」、「驢」等方面，安世鳳《燕居功課》載：

> 有田千畝，合養牛三十頭。羊雖不屠，乃翦毳之，須可看十許頭，要得山者跳擲有野致。其大者與土石無異，不必養也，合四十許頭，則羔犢可常得。二十許枚馬，羸驢間養十許頭，每木落草枯，愛日布野，預干諸牛之中，選其博碩良緩者，爲造長厚牛衣一具，令其脊平項中施枕格，可仰眠或箕踞而坐。手一編，腰一蓑，掛一壺，或春深秋暮，烟霏雨濛，則蓑笠驕跨而出，與牧豎兒上下阪田，俯仰雲物，夕陽西沈，帶鴉而返，則月影可拾，柴門且掩矣，不啻驅小隊，作清夜游曲也。〔註 228〕

安世鳳在山中有遼闊的土地，飼養牛羊馬驢等，此非一般山居者可爲之。從中可知「馬」、「驢」爲騎乘之用，「牛」可騎乘亦可食用，「羊」則提供羊毛供衣被之用。在其他方面，《神隱》也有載：

> 麋鹿：庭前若養鶴，必用鹿以爲友，此氣類相合也，又助多少道氣。
>
> 辟鼠猫：人家屋室之內，不免有鼠，以害食物，須用畜猫，以辟之，如山家有一猫，或坐於窓牖之間，自有一般和氣可愛。
>
> 看庄狗：人家須防盜賊，況山居者乎，但置犬數枚，於籬院柴扉之間，柳陰杏花之下，鳴吠數聲，多少好意思。若日間客至，犬先爲報矣，夜間有暴客，犬必齊喊，主人則警，可避其害也。若獨行各村往來，但一犬隨之，便如有一人同行，在曠野中，則心不懼，又可作伴。〔註 229〕

「鹿」可助修道，「貓」可抓害鼠，「犬」可看家作伴，山居中尤其需要。甚

〔註 226〕《山居雜著》，〈詩〉，頁 17 下。

〔註 227〕《鼂采館清課》，卷上，頁 8 上。

〔註 228〕《燕居功課》，卷 17，〈謀生・牧畜〉，頁 2 下～3 上。

〔註 229〕《神隱》，卷上，〈草堂清興〉，頁 25 下～26 上。

至有謂:「學道士居山,宜養白犬、白鷄,可以辟邪。」〔註 230〕而「雞豕之畜,比戶皆同,藉爲肉食之便,又可爲糞溉之資也。」〔註 231〕所以畜牧也有助於植木蒔花。另外,在牧養的環境中,文人也賦予很多幽趣:

> 鹿——豐艸長林之間,雲臥溪飲,壽數百歲者,莫如鹿。古來幽人隱士,多與同遊。
>
> 牛——宜隴畝、宜池塘、宜柳陰、宜郊外、宜苔逕、宜柴扉、宜逶迤遠坡、宜咀嚼豐草、宜臥月、宜耕雲、宜農簑、宜牧笛、宜掛書漫讀、宜叩角長歌。
>
> 馬——宜芳艸、宜畫橋、宜青郊、宜紫陌、宜俠少、宜佳人、宜玉勒聯翩、宜金羈蹀躞,至如流水孤村,囊琴匣劍,更自蕭然。
>
> 驢——宜山扉、宜溪澗、宜風雪長橋、宜烟霞幽逕、宜田間訪友、宜林外尋僧、宜緩轡敲詩、宜攜瓶沽酒。
>
> 犬——宜紅葉蒼苔、宜白雲綠樹、宜吠柴門、宜眠籬落、宜傴家石磴、宜僧舍巖扉。〔註 232〕

畜牧生活有日常的實用性外,從中也可體會閒適的況味。

四、蔬果生活

蔬果的種植,可供給山居食物的需求,且山家常「不多肉食,時取滋于草木。」〔註 233〕有謂:「種芋種蔬兩般,可備山中飯;澆蘭澆桂一生,常愛雨前茶。」〔註 234〕對於蔬果,「山僧野老,藝且收焉,亦可以備飲食賓客之需。樂乎!此而不願於外自養者,抑未可薄也。」〔註 235〕可以過著自給自足的生活。文人山居的蔬果生活,與農夫的耕居有所不同,〔註 236〕農夫的生活肩負經濟的重擔,文人則有閒適幽情在其中。《晚香堂集》載:

> 有野趣而不知樂者,樵牧是也;有果窳而不及嘗者,菜傭牙販是也;有花木而不能享者,達人貴人是也。古之名賢,獨淵明寄興,往往

〔註 230〕《古今圖書集成》《經濟彙編考工典》,第 130 卷,〈山居部・雜錄〉,頁 1206。
〔註 231〕《林屋民風》,卷 7,〈民風・畜牧〉,頁 6 下。
〔註 232〕《刻徐文長先生秘集》,卷 11,〈致品・賞心〉,頁 21～22。
〔註 233〕《燕居功課》,卷 20,〈巢居・灌蔬〉,頁 8 上。
〔註 234〕《張子遠先生爨下語》,卷下,頁 48。
〔註 235〕《慧山記》,卷 4,〈土產第十三〉,頁 12 上。
〔註 236〕覃瑞南,〈從《長物志》管窺明代文人的居室美學〉,《台南女子技術學院學報》,17 期,1998 年 6 月,頁 291。

在桑麻松菊，田野籬落之間。東坡好種植，能手接花果，此得之性生，不可得而強也，强之雖授以《花史》，將艴然擲而去之。若果性近而復好焉，請相與偃曝林間，諦看花開花落，便與千萬年興亡盛衰之轍何異。〔註237〕

寄興於種蔬植果，笑看花開花落，無論生長或凋零，豐收或歉收，皆淡然處之，甚至不以此爲苦，而以此爲樂。《閒情偶寄》亦載：

築成小圃近方塘，菓易生成菜易長，抱甕太癡機太巧，從中酌取灌園方。此予山居行樂之詩也。能以草木之生死爲生死，始可與言灌園之樂，不則一灌再灌之後，無不畏途視之矣。殊不知草木欣欣向榮，非止耳目堪娛，亦可爲藝草植木之家，助祥光而生瑞氣。不見生財之地，萬物皆榮，退運之家，群生不遂，氣之旺與不旺，皆於動植驗之，若是則汲水澆花，與聽信堪輿，修門改向者無異也。不視爲苦，則樂在其中，督率家人灌溉，而以身任微勤，節其勞逸，亦頤養性情之一助也。〔註238〕

藝圃不苦，是以欣見果蔬之收成；灌園有樂，是以能享花木之逸趣。

元末明初時期，王冕「隱九里山，種荳三畝，粟倍之。樹梅花千，桃杏居其半。芋一區，薤韭各百本。引水爲池，種魚千餘頭。結茅廬三間，自題爲梅花屋。」〔註239〕園圃種有「荳」、「粟」、「梅」、「桃」、「杏」、「芋」、「薤」、「韭」等。宋濂〈抱甕子傳〉云：

予嘗游括之少微山，俯瞰四周，如列屏障。山之趾有隨地形高下爲蔬圃，約二十畮，凡可茹者，咸藝焉。傍列桃杏梨李諸樹，時春氣方殷，蔬苗怒長，滿望皆翡翠色，樹亦作紅白花，繽紛間錯，如張錦繡。段心頗訝之曰：「是必有異。」因曳杖而降，冉冉至其處，氣象幽瓊，絕不聞雞犬聲，遙望草廬一區，隱約出竹陰間，疑中有隱者，亟前候之。良久見一士，戴棕葉冠，身被紫褐裘，抱甕出，汲水灌畦。予進問曰：「夫子何名？」曰：「山澤之民，無所名也。」強之，曰：「人以其抱甕也，遂呼爲抱甕子。」〔註240〕

〔註237〕明・陳繼儒，《晚香堂集》（《四庫禁燬書叢刊》集部六六冊，北京：北京出版社，2000年1月第1版），卷10，〈花史跋〉，頁8上。

〔註238〕《閒情偶寄》，卷15，〈頤養部・行樂第一・澆灌竹木〉，頁345。

〔註239〕《山棲志》，頁9下。

〔註240〕《文憲集》，卷10，〈抱甕子傳〉，頁62上～下。

抱甕子的蔬圃有二十畝，依地形高下爲之，可食者皆種之，種類繁多，旁則種有桃杏梨李等果樹，隱名居山，過著植蔬種果的山居生活。

明人好蒔花，其實蒔花有時也是植果，有些花絢爛，果實也甘甜，如梅、桃、李、橘、杏、松子、梨等，花果之木，不可悉數，「苟宜于土，無不種植。桑麻掩映，桃李成林，盧橘秋登，楊梅夏熟，園收銀杏，家有黃柑，梨樹成雲，梅花似雪，凡所栽培，不可殫記。」〔註241〕山中只要土壤、氣候合宜，皆可種植，不但有花可賞，亦有果實可食。

蔬圃果園外，文人居山還常置藥圃，「凡山中有所產之藥，便於用者，有花葉時，可認記下，至秋冬移栽於圃內，各以木牌寫名記之，各分畦隴不可相雜，以備一時之用。」〔註242〕可作山中的治病醫藥與養生藥材。據載：

> 山人既于腥濃無緣，回向蔬果，又素好修合，與人同之。每于製煉之暇，汰得精者，如朮、如苄、如茯苓，如二冬、枸杞、槐楮實、桑葚之類，各隨其性喜，如法治之，謹而藏焉。一覺藏氣有偏，如多濕則朮，多熱則苄，欲通則茯苓，欲補則二冬，風則槐實，水則楮實，冬則枸杞，夏則桑葚，隨意多寡治之，可以養性，服之可以駐顏，亦山林中所最相宜者。〔註243〕

文人常藉山居以怡養修性、攝生服食，而各類本草藥材則是最佳的養生聖品。

第三節　學藝的生活

所謂「學藝」指的是「學術藝能」、「學術技藝」，或「文學藝術」等，這些皆爲文人一生中所孜孜矻矻，力求精進者。而文人爲求揚名四海，致力於「立德」、「立功」和「立言」：

> 夫士人惟出處兩途，出則犖犖，處則冥冥，求志達道，無二義也。古稱三不朽，曰：太上立德，其次立功，其次立言。豈非出則樹績旂常，處則闡明聖學，而均之一稟於道德耶？士非此三者，無以託於世而列於士君子之林矣。〔註244〕

〔註241〕《林屋民風》，卷7，〈民風・花果〉，頁7上。

〔註242〕《神隱》，卷上，〈卜築之計〉，頁15下～16上。

〔註243〕《燕居功課》，卷16，〈攝事・服餌〉，頁6下。

〔註244〕明・張瀚，《松窗夢語》（《元明史料筆記叢刊》，北京：中華書局，1985年5月第1版），卷4，〈士人紀〉，頁65。

三不朽是山居學藝生活追求的方向與目的，山居讀書爲求科榜以「立功」，山居詩文著述以「立言」，或標榜山居隱志以「立德」，因此山居文人生活多以藝文爲取向，並注入「趣味」的元素。〔註 245〕

一、讀書生活

山居環境幽靜無擾，非常適宜讀書，文人常在山間置一小屋，隱跡山林，靜心讀書。（參見圖 10）「昔君子之爲學，必居乎深山幽遐寥闃之境，紛華盛麗無所接於耳目，故能精神澹而志慮專，而於道爲有得也。」〔註 246〕無論是讀書以求官，或是讀書以歸隱，還是讀書以放情，山居是最佳的選擇。

山居清閒並非無所事事，閒居之時則可讀書，因讀書須閒，閒居亦不可不讀書。蓋讀書作文，本是文人份內事，而清閒之環境、心境，則對其讀寫頗有助益。〔註 247〕于孔兼云：「吾儕雖在山林，不宜空延歲月，義理趣味既深，名利塵心自淡，胸中意見要廣，眼前得失須抛，自古聖賢每舉窮達竝言，蓋達則行道，窮則明道，原不作兩樣看。」〔註 248〕山居讀書，可作爲飛黃騰達前的準備，也可作爲窮途末路後的依歸。有謂：「今之仕宦罷歸者，或陶情于聲伎，或肆意于山水，或學仙譚禪，或求田問舍，總之，爲排遣不平，然不若讀書訓子之爲得也。」〔註 249〕仕宦生涯多爲文人追求的目標，但是宦途未必一帆風順，因此在面對崎嶇的宦途經歷，遂轉而退歸山林，讀書隱居其中，〔註 250〕讀書成爲辭官歸隱後，最佳的消磨與解憂良藥。據《小山類稿》載：

> 夫人情於天下之物，凡有慕焉，皆足以移，其中惟山水之樂，得之，則其趣愈高，其心日益以靜。而讀書於山水之間，其樂又有甚焉者。顧世之讀書者，或未能深悟其樂，而山林靜養之士，亦自謂眞有所得。而無事於書，是二者，余交病之。翁之避寵辱，屏世味，而從事於斯也，精詣冥會，意象俱忘，山光水色，入我襟懷，豈無足樂者乎？謂之書可也，謂之山水亦可也，謂其出二者之外，而自有所

〔註 245〕邵曼珣，〈明代中期蘇州文人尚趣之研究〉，頁 191。

〔註 246〕《王忠文集》，卷 8，〈靈谷書院記〉，頁 29 上。

〔註 247〕黃明理，〈「晚明文人」型態之研究〉，《國立臺灣師範大學國文研究所集刊》，34 號，1990 年 6 月，頁 1031。

〔註 248〕《山居稿》，卷 4，〈寄高鳳翥書〉，頁 51 下。

〔註 249〕《寒夜錄》，卷上，頁 11 上。

〔註 250〕呂允在，《明人的讀書生活——知識階層生涯規劃的一個歷史側面》，頁 22。

樂亦可也，然余未足以知之。〔註 251〕

山居的讀書生活，在書香與山水美景的交融下，既能得山水之樂，亦有讀書之趣，二者兼得，生活樂趣則更倍增。

明人常築室山中，作爲讀書之處所。楊黼，「永樂年間太和人，號存誠，隱居不仕，孝友好施，庭前桂樹，扶疎蟠蹙，巢居其上，因別號桂樓，讀書不輟。」後入雲南鷄足山，栖羅漢壁崖穴中二十餘年。〔註 252〕王叔果（1516～1588），「蚤歲讀書半山（今浙江杭州北），稍闢亭臺，游詠其間，蔬食布衣，終身無媵侍。不習握筭，不問家人生產，而惟嗜書。」〔註 253〕潘緯，「歙縣人，垂髫能詩，家於白岳之下，隱居誦讀，不妄交與。」〔註 254〕李元陽，「大理府太和縣人，嘉靖丙戌（五年，1526）進士，翰林院庶吉士，建賓蒼閣，讀書山中數年。」〔註 255〕華淑（1589～1643），「無錫人，讀書惠山之下，肆力古學，取古人詩，與本朝作者下上揚扢。其詩以清新深婉爲宗，雖問津於時人，而能不墮其鬼趣。」〔註 256〕鍾惺（1574～1624）讀書處，據說在湖北天門五華山伏羲祠下。〔註 257〕黃道周，「家貧，時時挾策遠遊，讀書羅浮山。」〔註 258〕以上諸人皆讀書山中，並且彰顯淡泊無華的讀書態度，茲將明人讀書生活析類如次。

（一）山居取靜的讀書生活

山居的寂靜，適宜澄心慮志，幽然閱攬。何白與友人書函中提及：「山齋燈火，獨坐蕭然，間捉陳編，亦嬾竟讀，入目了了，掩卷紛如。或拈禪門公案一二，語謬爲參證，淡若蜜脾，黑猶漆桶，微有會處，亦覺欣然。」〔註 259〕沈潛體悟出山居讀書的空寂之趣。于孔兼，「山中習靜，杜門研硃，日取架上陳編而句讀之，人間酬應一切廢罷。」〔註 260〕趙汸，「築東山精舍，讀書著述

〔註 251〕《小山類稿》，卷 3，〈集山書屋敘〉，頁 13。

〔註 252〕《鷄足山志》，卷 6，〈人物・仙・楊黼〉，頁 22 上。

〔註 253〕明・王叔果，《半山藏稿》（台北：漢學研究中心景照明萬曆二八年序刊本）（附錄），李維楨〈王憲使傳〉，頁 3 上。

〔註 254〕《列朝詩集小傳》，〈丁集中・潘舍人緯〉，頁 543。

〔註 255〕《鷄足山志》，卷 6，〈人物・名賢・李中谿〉，頁 27 下。

〔註 256〕《列朝詩集小傳》，〈丁集下・華秀才淑〉，頁 702。

〔註 257〕吳調公，〈晚明文人的「自娛」心態與其時代折光〉，頁 255。

〔註 258〕《明儒學案》，卷 56，〈諸儒學案下四・忠烈黃石齋先生道周〉，頁 1332。

〔註 259〕明・何白，《汲古堂集》（《四庫禁燬書叢刊》集部一七七冊，北京：北京出版社，2000 年 1 月第 1 版），卷 27，〈與潘景升〉，頁 7 下～8 上。

〔註 260〕《山居稿》，卷 7，〈簡于鳧先〉，頁 3 上。

其中。雞初鳴輒起，澄心默坐。由是造詣精深，諸經無不通貫，而尤邃於春秋。」〔註261〕王寵則厭煩吵雜的市井環境，而嚮往山林中的幽靜：

> 家本酤徒，生長鄽市，入則楣柱塞目，出則踦足攝履，呼籌握算之聲徹晝夜。每一焦煩，心腸沸熱，以故山水之好倍于儕輩，徜徉湖上，樂而忘返。莊周言逃蓬藋者，聞人足音則跫然喜，僕雖日群鹿豕，壤斷徑絕，愈覺心神俱爽耳。且生平無他好，頗耽文辭，登臨稍倦，則左圖右書，與古人晤語，縱不能盡解片言，會心莞然獨笑。飢而食，飽而嬉，人生適意耳！〔註262〕

避世無擾的生活是王氏所追求，在這山水幽然的環境中讀書，與古人冥心神交，並不孤寂。范允臨記載：

> 予放曠山澤中，既無琴酒之樂，又鮮良朋快士相與晤言詠歌，每當月夕花晨，清宵永晝，無以自娛。漫取古今文字意所嗜者，彙爲一編，憑几讀之，當其快意酣暢，可嘆可啼可喜可愕處，輒拍案推壁，歌呼震鄰，而不自知也。（宋朝）尤袤有言：「饑讀之以當肉，寒讀之以當裘，孤寂讀之以當友朋，幽憂讀之以當金石琴瑟。」快哉！畢人生天壤之樂，無以易此矣。〔註263〕

在山澤，若無琴酒良朋，則讀書仍可自娛暢意。據《雪菴清史》載：

> 倪文節公云：「松聲、澗聲、山禽聲、夜蟲聲、鶴聲、琴聲、棋子落聲、雨滴階聲、雪灑窓聲、煎茶聲，皆聲之至清者也，而讀書聲爲最。」雖然世寧無勤子聲者，雖讀猶弗讀也，又寧無寂子聲者，雖弗讀猶讀也。不佞性既畏人，人亦見畏，山房之間，杜門却掃，人事都盡，良宵燕坐，篝燈煮茗，陳編展誦，聲出金石，既而宿鳥歸巢，疎鐘遠度，簾際香銷，松梢月上，竹風一陣，飄來茶竈清煙，鳥語數聲，和此書窓朗誦，直令心骨俱冷，體氣欲僊。〔註264〕

讀書聲爲世間至清之音，在幽靜的山房，一盞孤燈，一壺清茶，輕吟書卷，在茶香鳥語縈迴下，可深擁一夜山居的幽況。

〔註261〕《明史》，卷282，〈儒林一〉，頁7226。

〔註262〕明・王寵，《雅宜山人集》（《四庫全書存目叢書》集部七九冊，台南：莊嚴文化事業有限公司，1997年6月初版），卷10，〈山中答湯子重書〉，頁19下～20上。

〔註263〕《輸寥館集》，卷3，〈文適序〉，頁4上。

〔註264〕《雪菴清史》，卷1，〈清景・讀書聲〉，頁55上～下。

（二）消閒療病的讀書生活

高士隱居，大都適情適性，「爲求穴處巖居，枕石漱流，樵山釣水，以遨以遊。維莊及老誦讀無休，點易松窗，詠詩山頭。」〔註 265〕閱覽「老莊詩易」來度過巖穴居處的漫漫長日，有謂：「日坐樓中，對佳山展卷，此自世間第一種清福。」〔註 266〕錢士鰲則以讀書來療病：

> 蓋余性善病，病善慵也。讀書家居十一，山居十九，時且几上十一，枕上十九。每每手一編，高臥北窓下，伸足長吟，會意處輒起步空庭，呼童佐茗，有凌虛御風之想，日者簿書爲政，非其性也，然亦足供余病焉。〔註 267〕

手攬一編，臥讀北窻，意有所會，則步踱空庭。病中消閒，讀書是最佳助益者。楊循吉也善病：

> 成化甲辰（二十年，1484）進士，除禮部主事。善病，好讀書，每得意，則手足踔掉，不能禁，人呼爲顚主事。在郎署，每稱病不出。浹歲中促數移病，長官厭而訶之，即疏請致仕。年纔三十有一。居家好畜書，聞某所有異本，必購求繕寫。結廬支硎山下，課讀經史，以松枝爲籌，不精熟不止，多至千卷。作文淫思竟日，不肯苟。性狷狹，好持人短長，又好以學問窮人，至頳赤不顧。〔註 268〕

楊氏因善病而疏請致仕，歸隱生活也以讀書爲尚。《烏衣集》載：

> 比余歸來，因貧得閒，顧爲病魔所忌，醫者戒謝賓客，謝書籍，謝筆研，謝客研，然而枯坐牀席間，反覺閒心茫然無託。偶檢友生問業，燦然盈几，因強起批閱，去取任意，非能與世趣合也，山靜日長亦借之自度而已。〔註 269〕

王宇因病必須靜養，卻覺長日無所託，仍以閱覽來消閒養生。

（三）不倦不輟的讀書生活

黃綰，「以祖廕入官，授後軍都事，告病歸，家居十年。」以後「閒住，

〔註 265〕明・夏基，《隱居放言》（台北：漢學研究中心景照清康熙卅二年刊本），〈客窗閒話・問名士高士〉，頁 7 上。

〔註 266〕《黃玄龍先生小品》，〈尺牘上〉，頁 46 下。

〔註 267〕明・錢士鰲，《錢麓屏先生遺集》（台北：漢學研究中心景照明萬曆年刊本），卷 3，〈烹茶問業序〉，頁 19 上。

〔註 268〕《列朝詩集小傳》，〈丙集・楊儀部循吉〉，頁 320～321。

〔註 269〕《烏衣集》，卷 2，〈亦園問業序〉，頁 34。

遷家翠屏山（今浙江台州）中。寒暑未嘗釋卷，享年七十有五。」〔註270〕沈玄序，「自少而老，手執一編，咿唔不輟。」「輒語輒書無有惰容，蔬虀飲食相嗜若飴。」〔註271〕于愼行（1545～1607），「歸臥穀城山（今山東）中者，十有七年，地當孔道，冠蓋行李往來者，無不謁公，而公嘗稱病謝客，門羅不設，蒿逕稀除，蕭然一室，左右圖書，吾伊之聲，嘗丙夜不絕。」〔註272〕皆爲勤勞不倦的典範。張琯在金門山萬竹中讀書時：

> 負雪懷風，就花待月，聲徹昏曉不休，興到則呼酒澆之，一斗亦醉，有時閉關下捷，每旬月不飲一葉。取所藏書，縱觀之，見所新較善本，急取而相訂。猶記二十年間，得吳興《楚辭》一種，乃爲陸仲昭、周孟侯評註，擊節歎賞，此時有此下酒物，眞一斗不足多也。〔註273〕

晝夜不休地讀書，且佐之以酒，猶有興味。韓寅仲隱居羅浮山下，躬耕之餘，也閉戶讀書。據載：

> 既詠蓼莪而薦白華，優游羅浮之下，則得園一畝，有水、有石、有竹、有樹，名爲桃源而居之。閉户讀書，竭力躬耕。……其所讀書，自聖賢之至精，及佛道之至秘，遠而逮於古初之記，近而發爲會心之作，無不貫洽穿通，蹁躚紆餘，蓋牆几筆札，杯觴賦詠，無虛日月。讀其文而見其淹以通，讀其詩而見韻之長、語之奇，而思之幽也。〔註274〕

韓氏對於聖賢佛道之書，探其至精至微；從古至今典籍，總攬融合貫通。

（四）山居讀書的空間

幽靜的山水通常是讀書地方的首選。費宷（1483～1548），字子和，號鍾石，鉛山人，築居「鍾石山房」，位於南直隸常州府橫林大溪之上。據載：

> 有石突起若鍾，費子結屋石巔，大溪曲屈，三面抱石而流，又外環靈山、鵝湖、芙蓉，五峰之奇。費子讀書其間，於是鏗鍧之音，日

〔註270〕《明儒學案》，卷13，〈浙中王門學案三・尚書黃久菴先生綰〉，頁280。

〔註271〕《潛初子文集》，卷9，〈祭沈玄序文〉，頁64下～65上。

〔註272〕明・葉向高，《蒼霞草全集》（揚州：江蘇廣陵古籍刻印社，1994年12月第1版），卷8，〈穀城山館全集序〉，頁38上。

〔註273〕明・周拱辰，《聖雨齋集》（台北：漢學研究中心景照清初刊本），〈聖雨齋文集序〉，頁1上。

〔註274〕《鏡山全集》，卷38，〈園居錄序〉，頁24上。

> 謦于耳；崒屼之容，日壯于目；泓澄之色，日滌于心。費子乃起聖智與遊，於是精會神融，千古莫逌，費子遂悠然而得。〔註 275〕

費氏讀書於山水美景間，神遊於千古聖賢中。莫雲卿《莫廷韓遺稿》載：

> 劉生讀書於橫雲、赤壁之間，有志問學，余將有燕山之行，釣艇一再訪其處。見其窗几明淨，谿山映發，小堂曲砌，花竹媚然，香爐茗盌，殊得幽居物外之趣。牀頭陳圖史甚富，二子旦莫憩息諷詠其中，即南郭之習隱，山陽之樂志，向長禽慶之相攜，蒙莊惠施之相知，殆無以過。余嘉其志久矣，而輒又時時從余，問所爲進修之旨，余雖素不學，其敢隱諸。〔註 276〕

劉氏山居讀書處，山川映發，窗几明淨，爐椀圖史，幽然陳列。《牧齋初學集》也載：

> 河南陸群圭氏，家於虞山之下，傍山臨池爲堂，以讀書其中，名之曰「頤志」。取其家士衡之賦，所謂：「佇中區以玄覽，頤情志於典墳」也。堂既成，而橫經籍書，俯仰誦讀者，蓋有年矣。〔註 277〕

陸氏「頤志堂」位於虞山之下，傍山臨池，滿室經籍，爲專供讀書之地。山寺常建於幽美的山水之地，歷來文人多喜借寓僧房讀書爲文，〔註 278〕讀書聲伴隨著誦經聲，有種悠遠曠達的意境。〔註 279〕李流芳也曾與好友讀書山寺，寒夜擁鑪，相對高詠。〔註 280〕

（五）山居讀書的方式

山居讀書須甘心澹泊，因爲「旨趣正與讀書理趣相合。若錦衣玉食，珠履翠環，雕牆華屋，羅綺錯陳，豈讀書時，耳目受用，古人嗜學，頓失饑寒，王章牛衣、淵明并日是吾師也。」〔註 281〕在澹泊無欲中，才能體會書中聖賢所傳達的眞正道理。讀書亦有合宜的時節：「在夜」、「在雨」、「在冬」。據載：

> 良宵燕坐，篝燈煮茗，萬籟俱寂，疏鐘時聞，當此情景，對簡編而忘

〔註 275〕《久庵先生文集》，卷 5，〈鍾石山房詩引〉，頁 11 下～12 上。

〔註 276〕《莫廷韓遺稿》，卷 15，〈論讀書法〉，頁 9 上～下。

〔註 277〕《牧齋初學集》，卷 43，〈頤志堂記〉，頁 1115。

〔註 278〕詹怡娜，《明代的旅館事業》（宜蘭：明史研究小組，2004 年 8 月初版），頁 168。

〔註 279〕呂允在，《明人的讀書生活——知識階層生涯規劃的一個歷史側面》，頁 195。

〔註 280〕《檀園集》，卷 10，〈祭張素君文〉，頁 3 下：「猶憶與素君讀書山寺，寒夜擁鑪，相對高詠。」

〔註 281〕《莫廷韓遺稿》，卷 15，〈論讀書法〉，頁 12 上～下。

疲，徹衾枕而不御，一樂也。至如風雨，蔽途掩關，卻掃絕人，往還圖史，滿前隨興抽撿，潺湲在耳，簷花拂研，如此幽寂，想倥愡馬頭塵紛紜駒隙影者，何啻霄壤徑庭之不相入哉，二樂也。又若空林歲燕，微霰密雪，枯條振風，寒禽號野，一室擁爐茗香酒熟，陳編諷誦，宛對良友，顧此景象，較披貂裘、啖羊羔，作屠沽兒醉飽狀者，烏可同日語耶，三樂也。吾嘗得此意味，故衍其說，與諸子共之。〔註282〕

夜間靜寂，囂塵無擾，合宜讀書；風雨淅瀝，幽然引思，合宜讀書；冬季蕭瑟，漫享一室溫存，合宜讀書。此「三宜」若在山間，則更適宜。祁彪佳便喜歡在微雨竟日時，在山園中讀書終日。〔註 283〕在山間讀書也有適合的書類：

讀騷宜空山，悲號可以驚壑；讀賦宜縱水，狂呼可以旋風；讀詩詞，宜歌童按拍；讀神鬼襍錄，宜燒燭破幽。他則遇境既殊，標韻不一。〔註 284〕

其中「讀騷宜空山」，《離騷》中有對家國興亡的感慨，對自身無法力挽狂瀾的無奈，只能對空山中舒發無限的愁悵。隱居山中的明遺民，在面對亡國的亂世，應有更爲深刻的體認。在山居生活中，天遠地闊，山幽徑深，更可以自我放縱。王宇云：「山僧進語余，竹木深處，有少年居此方之內，亦方之外，乍披髮而嘯，乍跣足而行，乍踞怪石，臥古樹，作伊吾聲，莫識其何許人，予扣扉問之，知爲唐宜之讀書處也。」〔註 285〕唐宜之披髮跣足，踞怪石、臥古樹的讀書方式，突顯山居放浪自適的生活姿態。

二、藏書生活

文人喜歡讀書，有藏書才方便閱覽。賀燦然云：「幸有藏書足讀，世情冷煖，直作青白眼視之，襟懷反覺暢然。」〔註 286〕山居人士常設山房樓閣藏書，劉孝力居室在桂溪，建樓於所居之傍，據溪山之勝，「積書其上，自六經、群史、諸子、百氏之言，下至稗官小說，靡不畢具，與其弟孝彰日講誦於其間，名之曰

〔註 282〕同上註，頁 11 上～下。

〔註 283〕《祁忠敏公日記》，〈山居拙錄〉，總頁 713：「微雨竟日，在山讀易，居水明廊告成，閱楞嚴盡第三卷。」

〔註 284〕《小窗自紀》，卷 2，〈書憲・二之宜〉，頁 3。

〔註 285〕《烏衣集》，卷 2，〈唐宜之制義序〉，頁 41 上。

〔註 286〕明・賀燦然，《六欲軒初稿》（台北：漢學研究中心景照明刊本），卷 14，〈與杏里楊翁〉，頁 6 下。

讀書樓。」〔註287〕徐賁，以吳興「蜀山書舍」，作爲肄學之所，自言：「吾山在城東若干里，吾居在山若干楹，吾書在屋若干卷。山雖小而甚美，屋雖朴而麄完，書雖不多而足以備閱。」〔註288〕安國（1481～1534），「富於貲，居膠山（今江蘇無錫），因山治圃，植叢桂於後崗，自號桂坡。好古書畫彝鼎，購藏異書數千卷。」〔註289〕胡應麟，「少從其父宦燕中，從諸名士稱詩，歸而領鄉薦，數上公車不第。築室山中，購書四萬餘卷」，〔註290〕名曰「二酉山房」，「分別部類，彷彿劉氏七略，而加詳密。」「旦夕坐臥其間，意脩如也，居恒笑蠹魚去人意不遠。」〔註291〕顧元慶，「結廬陽山大石下，學者稱爲大石先生。名其堂曰『夷白』，藏書萬卷，每擇其善本雕刻之，有《夷白堂書目》。」〔註292〕明人擅於藏書，少則數千卷，多則數萬卷，有的經史子集、稗官野史，無不具備，有的稍作收藏，足以備閱即可。胡應麟的藏書，甚至還予以分門別類，頗具規模。

對於各類書籍，皆可收藏，但若居山修道，朱權認爲：「既居山林，歷代史書，或興亡成敗之事，閉眼絕不可觀，以污其目。但床頭堆數部丹書，治農之策，几上堆數部黃庭、道德、陰符、周易之書，陰陽、天文、藥方之冊，墻上帖一板曆日，便是林泉之下生意也。」〔註293〕史書中多爲爭名奪利、殺伐傷生之事，有礙林下修道，故不可觀。

書籍之外，另有石刻、書畫、用品等文玩的收藏。如陳繼儒的山居宅院中，所藏碑石、法帖、古畫、硯石、印章甚豐。碑刻：有蘇東坡「風雨竹碑」、米芾「甘露一品石碑」、黃山谷「此君軒碑」、朱熹「耕雲釣月碑」。墨跡：有顏眞卿「巨川誥」、倪雲林「鴻雁泊舟圖」、王蒙「阜齋圖」、錢舜舉「茄藥圖」、梁風子「陳希九圖」、梅道人「竹篠圖」、趙孟頫「高逸圖」，以及文徵明、沈周、董其昌等人的字畫。〔註294〕馮夢禎，築室孤山之麓，也因家藏王羲之《快雪時晴帖》，而名其堂曰：「快雪」。〔註295〕

〔註287〕《胡文穆公文集》，卷10，〈讀書樓記〉，頁16下。

〔註288〕《明文海》，卷327，高啓，〈蜀山書舍記〉，頁15下。

〔註289〕陳香，〈藏書家列傳（三）——彙介歷來的藏書家及私人書目〉，《書評書目》，30期，1975年10月，頁117。

〔註290〕《列朝詩集小傳》，〈丁集上・胡舉人應麟〉，頁486。

〔註291〕《弇州山人續稿》，卷68，〈胡元瑞傳〉，頁18上。

〔註292〕陳香，〈藏書家列傳（三）——彙介歷來的藏書家及私人書目〉，頁117。

〔註293〕《神隱》，卷上，〈草堂清興〉，頁20上。

〔註294〕《白石樵眞稿》，卷21，〈書山居〉，頁32。

〔註295〕《列朝詩集小傳》，〈丁集下・馮祭酒夢禎〉，頁660。

明人藏書、惜書，也護書。陳繼儒云：「余每欲藏萬卷書，襲以異錦，薰以異香，茅屋蘆簾，紙窗土壁，而終身布衣嘯咏其中。」〔註296〕可見他對待藏書的用心。「護書」有宜稱十二事：〔註297〕

淨几名香展對、韻士宴會賞鑒、名飲揭置座右、野老聽雨較量、同心登眺提携、空谷時當足音、良辰美景稱說、可兒錦囊懷袖、佳人知趣把玩、馴僕拂晒收藏，奇石彝鼎相傍、趣人珍護送還。〔註298〕

其中的「同心登眺提携」、「空谷時當足音」、「良辰美景稱說」，則符合山居環境的狀態，長目遠眺、空山幽谷、良辰美景，伴著珍書貴簡，足稱人生一大美事。

山居收藏書籍、古物、奇玩，最需要重視的便是防潮與防蠹，否則山中的溼氣、蟲虺將毀損珍貴的收藏。在收藏書籍方面：

收藏書籍之法，當於未梅雨前，曬取極燥，頓櫥櫃中，厚以紙糊外門及周隅小縫，令不通風，即不蒸。古人藏書多用芸香辟蠹，即今之七里香是也。麝香收書櫥中，亦可辟蠹。一法用樟腦，亦佳。〔註299〕

在春梅雨間，氣候乾燥，陽光充足時節，便須曝曬待燥，並收藏於密封的櫥櫃中，這是防潮的方式。防蠹則多用濃郁的七里香、麝香、樟腦等。在收藏書畫方面：

亦當於未梅雨之前，曬晾令燥，緊捲入匣，厚以紙糊匣縫，取令周密，過梅月方開，則不蒸醭。蓋蒸氣自外而入，故也。匣須用楸木、梓木，或杉桬之類爲之，外漆以黑光，裏不用漆也。〔註300〕

與藏書相類，收藏所用的匣盒，則須用較好的木類，內層不用漆，主要在於避免沾污珍藏。

三、詩文書畫生活

文人擅長詩文書畫，常藉由山水得到靈感，在山明水秀的山居生活中，

〔註296〕《舌華錄》，卷5，〈清語第九〉，頁3上。

〔註297〕另有〈屈辱十八事〉，參考《枕中秘》，《護書》，〈屈辱十八事〉，頁2上：「俗子妄肆雌黃、達者一覽便擲、儉夫攘爲己有、拘儒塗抹更改，遊閒手卷作笥、學究破句點讀，林沙強溷敷陳、惡客豪吻嗤誚、憨人狼籍作踐、市井聚談擾溷、仕途包封書怕、巷内路傍粘帖、窗下障風代枕、酒肆茶坊膾炙、措大褦襶裹書、内人挾冊裁剪、酒肆書頭上帳、傭書胡寫亂抄。」

〔註298〕前引書，〈宜稱十二事〉，頁1下。

〔註299〕《居家必用事類全集》，〈戊集・文房適用・收書〉，頁66上。

〔註300〕前引書，〈戊集・文房適用・收畫〉，頁66上～下。

不但心靈得到淨化和解脫，詩文書畫也得以達到昇華的境界。「山水」與「詩文」、「書畫」交相應合，遂創生出豐富多彩的詩文書畫生活。

（一）賦詩生活

山間自然萬物，都是文人吟詠賦詩的題材。吳寬（1435～1504）提及：「方石先生讀書緦山之下，凡一水石、一蟲鳥，以至器物人事之類，皆設爲題。」〔註301〕文人交遊，常以詩互贈，如蕭集虛，「元末爲琪林觀道士，自號止庵道人，後居羅浮修煉，頗能詩文，與五先生友善，共贈以詩。」〔註302〕吳門陶君，「耽圖畫吟哦，遊京國歸，卜居武林西山，爲成二十一韻，更以五言律二十四首貽之。」〔註303〕

有時也賦詩以自娛，如李南所，「隱居陽山，以詩酒自娛，性狷介，不妄交游，日惟獨憑一几，焚香玩易而已。所居之室，扁曰『學易處』。」〔註304〕李鼎，「掩關山中，闃然無偶，既戒綺語，絕筆長篇，興到輒成小詩，附以偶然之語。」〔註305〕楊君謙，「天質穎異，文章爲當今大家之冠，名著天下。」「告歸，往來金山中，著《中吳往哲記書》，修《金史》。性素喜佛典，洞澈三昧，有所觸必發於詩，率口隨意，咸得新趣。日以此爲樂，若將終身焉。」〔註306〕楊恒，「性醇篤，與人語，如出肺肝，恥爲覆藏。元末，州郡辟，不就。婺越間請爲州閭師，亦不赴。浦陽鄭義門延致之，皤然行，坐臯比，以講道爲己任。已退，居白鹿山（今浙江），躬耕，暇則吟誦，人莫能測也。」〔註307〕文人也常寫詩於「葉牋」以自娛，「此亦山人寄興岑寂所爲，若山遊偶得絕句，書葉投空，隨風飛颺；泛舟付之中流，逐水浮沉，自有許多幽趣。」〔註308〕

明代印刷出版事業發達，山居生活中的詩作，往往集結成冊。沈菊莊，「築居瓶山，蒔以花藥，養晦其間，及遊湖海山澤，覽勝掇奇，輒哦寫成帙。」〔註

〔註301〕明・吳寬，《家藏集》（《景印文淵閣四庫全書》集部一二五五冊，台北：臺灣商務印書館，1986年3月初版），卷52，〈題緦山雜詠後〉，頁6下。

〔註302〕《羅浮山志會編》，卷5，〈人物志二・仙二〉，頁14下。

〔註303〕《山家語》，〈送友人歸隱武林西山二十一韻〉，頁512。

〔註304〕《西園聞見錄》，卷22，〈高尚〉，頁13。

〔註305〕明・李鼎，《偶譚》（《叢書集成新編》九〇冊，台北：新文豐出版股份有限公司，1985年1月初版），頁23。

〔註306〕《寓圃雜記》，卷6，〈君謙出處〉，頁49～50。

〔註307〕《續高士傳》，卷4，〈楊恒〉，頁8下～9上。

〔註308〕《雅尚齋遵生八牋》，卷8，〈起居安樂牋－下卷・葉牋〉，頁36。

〔註309〕明・錢琦，《錢臨江集》（台北：漢學研究中心景照明萬曆三二年刊本），卷12，

309〕丁遜學，「居吳山之麓，隱居不仕，與吳文泰（1340～1413）以詩知名，嘗賦杖簫詩甚奇，有集一卷。」〔註310〕又《林屋民風》載：

> 蔡昇，字景東，號西巖，博涉書史，尤工詩賦。爲人規言矩行，以名教自任，累與鄉飲。建婚喪亭，四方賢人慕其碩德，咸造門求見，具區百詠，流傳于世，所著有《太湖志》、《西巖集》。成化中，以子蒙貴封中憲大夫，幼子洋集《太湖續編》，能繼父風。〔註311〕

蔡氏世居太湖西的林屋山，有很多詩作皆關於太湖山水景致的描寫。

（二）著述生活

山居無事，文人常「以文載道」或「以文自娛」。明初大儒宋濂、劉基隱居山中，著書立說，〔註312〕宋濂「性踈曠，每携友生徜徉梅花間，轟笑竟日。或獨臥長林下，看晴雪墮松頂，雲出沒巖扉間，悠然以自適。嘗與弟子入龍門山，著書二十四篇，曰《龍門凝道記》。」〔註313〕劉基《郁離子》，元末棄官隱居青田山所作。〔註314〕胡瀚，「歸家三十年，築室今山，著有《今山集》一百卷。」〔註315〕袁袠（1502～1547），「七歲即能爲歌詩，讀書中祕，博習國朝典故。歸田後，讀書橫山別業，著《皇明獻實》、《吳中人物志》，甫脫藁而卒。」〔註316〕王叔果，「嘗讀書半山，迨歸老，日從燕憩，蓋聚精游神于茲山也。集成將歸之山中藏室，因題曰《半山藏稿》。」〔註317〕皆以著述消磨山居長日。屠隆《白榆集》載：

> 不佞弟自去秋，將母南還，杜門滅跡，青苔黃葉滿貧家，屨綦寂然，盡日枯坐，可謂世外閒人矣。無事出門，海內交遊，竺牘并廢，追憶湖上畫船，茗椀棊枰，蓮房芡實，徘徊六橋三竺間，恍然隔世事。兀坐齋頭，時時結想故人，抵掌千秋，清言娓娓，屬按部行役，歲無寧居，野人久不敢以寒暄常語，仰溷清嚴，仁兄當能寬我形骸之

〈菊莊詩引〉，頁11上。

〔註310〕明・張昶，《吳中人物志》（《四庫全書存目叢書》史部九七冊，台南：莊嚴文化事業有限公司，1997年10月台1版），卷9，〈人物志〉，頁22下。

〔註311〕《林屋民風》，卷8，〈人物・文學〉，頁21上。

〔註312〕夏咸淳，《情與理的碰撞：明代士林心史》，頁7。

〔註313〕《山棲志》，頁2315。

〔註314〕陳書良，《中國小品文史》，頁187。

〔註315〕《明儒學案》，卷15，〈浙中王門學案五・教諭胡今山先生瀚〉，頁330～331。

〔註316〕《列朝詩集小傳》，〈丁集上・袁僉事袠〉，頁437。

〔註317〕《半山藏稿》，王光蘊〈錄半山藏稿紀語〉，頁1下。

外。友人沔陽陳玉叔書來，力勸弟修名山之業，著經世出世一書，以成西蜀趙文肅公（趙貞吉）未就餘志，夏日山居無事，業成此書。〔註318〕

山居杜門，清閒無事，偶憶往昔，思緒文情湧來，更易成就藏諸名山的經世大業。而董其昌友人何士抑，「阡其先公於鳳凰山之原，即依山築室，絕跡城市，著書其中，曰《鳳凰山房稿》。」〔註319〕袁中道「未仕前，大半居山，所作多偶爾寄興，模寫山容水態之語，而高文大冊，寂然無有。」〔註320〕

山居著作的內容方面，有些是山中記事，如吳信（1405～1467），字思復，「世居東山之武峯，爲人踐履篤實，以明經潔行著聞，廓然獨居，不至城市，人皆聞而慕之，晚年離世絕俗，爲學益力，有《仙莊稿》、《山居雜詠》。」〔註321〕李日滌有《山居十六觀》，嘗言：「陳眉公嘗作《讀書十六觀》流布坊間，膾炙人口，余以深山暇日作，豈敢效顰，聊以借題攄臆，至於胸次，亂煩筆墨，卑鄙小巫之見，早知索然。」〔註322〕韓晃，萬曆年間舉人，在羅浮山結友憨山禪師（1546～1623）。據載：

授浙江青田知縣，政尚寬仁，清操如水，任滿歸休，杜門著述，修《羅浮野乘》一冊。憨山至羅浮，深相契合，頌古答偈，有《夢遊唱和集》一卷。晚年治圃構亭，扁曰：「閒笑」。題一聯云：「世事無憑過眼總石火電光，堪笑他黃粱未醒；區緣有盡會心惟花香鳥韻，儘教我白晝常閒。」甲申聞國恤，遂絕粒不食，惟日啗蓮子數合，尅期沐浴而逝，壽七十七。〔註323〕

韓氏致仕歸隱，杜門著述，修撰《羅浮野乘》，只因明亡的故國之思，絕粒不食，結束一生，也終結山居「閒笑」的生活。

有些著作是山居讀書隨筆，如王弘撰，「屛居山茨，讀書之暇，偶有所觸，隨筆記之。雅俗竝收，洪纖無問，久而成帙，題曰：《山志》。」〔註324〕陳勳（1560～1617）《陳元凱集》載：

有小齋傍烏石之麓，入夏以來，未嘗不在其間，桐陰竹簟，手「卧

〔註318〕《白榆集》，卷14，〈與蘇君禹〉，頁19。

〔註319〕《容臺集》（文集），卷2，〈鳳凰山房稿序〉，頁4下～5上。

〔註320〕《珂雪齋集》，卷1，〈長孺齋中有述〉，頁19。

〔註321〕《林屋民風》，卷9，〈人物・隱逸〉，頁6上～下。

〔註322〕《竹裕園筆語集》，卷2，〈山居十六觀〉，頁1上。

〔註323〕《羅浮山志會編》，卷6，〈人物志三・名賢〉，頁28上～下。

〔註324〕《山志》，初集卷1，頁1。

游錄」、「玉壺冰」諸編，頓能愈疾，間出已意，拈數十百語，寫枯寂之思，亦偶道其中之所欲言者。冬日無聊，使兒曹錄一過，客來夜坐，擁爐啜茗，聊出觀之，亦足爲撫掌之資，甲寅長至日。〔註 325〕

讀書之餘，偶有所獲，隨筆摘記；或有所感，發抒意緒，皆可消除山居生活的閒時長日。山居多暇，更可廣覽書卷，選編彙整。朱諫（1462～1541），「自吉郡歸老山中，搜落選幽，凡得殘碑缺簡，賢儒父老之所傳述，合如千簡，勒成四卷，號《鴈山志》。」〔註 326〕皇甫汸，「山居數載，杜門寡營，專事述作。」〔註 327〕「頗耽群藝，遂選其近古者，彙分之，都爲一集，以竢好事者梓而傳焉。」〔註 328〕田藝蘅舉業不順，放浪形骸，行徑奇僻，日逐聲樂，「山居多暇，遍閱唐編選之律埸，緝爲一集，皆可以播之絃歌者也。」〔註 329〕

有些是專注於書卷的校正與考訂，如張岱的曾祖父張元忭（1538～1588），養痾山中，讀書之餘，校讎改訂《雲門集》舊存殘本，並增補相關傳記文獻達五卷之多，改稱《雲門志略》。〔註 330〕據《燕居功課》載：

山人既以誦讀爲業，凡書亡不積，不可買者，必抄得之。每春秋二時，及暑月早涼，寒冬燈底，筆硯在前，丹鉛不去，手遇訛字，必考其本旨、察其文氣，及以其他日之説，或酌以時勢之宜，十可得其七八。若無可參悟，及一時未了者，亦必明註其訛，以須異日方其展轉思索。眞聖人所云：忘食比其得之而樂可知也！書閣無事，大半以此往來，胸中自笑此一蠹魚之有靈性者耳，乃舍此，又無它務，柰何！〔註 331〕

枯乏的考據工作，在「魯魚亥豕」中搜索訂正，頗爲耗時費力，山居生活中的寂寥無事，非常適宜此事。

（三）書畫生活

明代文人在山居生活中，或寄憤抒懷、或高蹈言志、或標舉隱逸、或寄

〔註 325〕《陳元凱集》，卷 3，〈澹言〉，頁 101 上。

〔註 326〕《鴈山志》，潘潢，〈鴈山志序〉，頁 1 上。

〔註 327〕明・皇甫汸，《皇甫司勳集》（《景印文淵閣四庫全書》集部一二七五冊，台北：臺灣商務印書館，1986 年 3 月初版），卷 48，〈與董侍郎份書〉，頁 8 上。

〔註 328〕前引書，卷 36，〈殷給事集選序〉，頁 3 下。

〔註 329〕《香宇初集》，卷 2，〈唐詩五言律選敍〉，頁 17 上。

〔註 330〕呂允在，《明人的讀書生活——知識階層生涯規劃的一個歷史側面》，頁 193。

〔註 331〕《燕居功課》，卷 15，〈冗事・校書〉，頁 2。

意自然，常藉由書畫來傳達內心的思維。〔註 332〕而山居生活中的山水景致，也啓發文人書畫創作的靈感。〔註 333〕如王問，「官至僉憲即致仕，歸隱湖中之寶蓋山，三十年不出，亦善書精于繪事。」〔註 334〕王紱博學，工歌詩能書，寫山木竹石，妙絕一時。〔註 335〕據載：

> 隱居九龍山，遂自號九龍山人。於書法，動以古人自期。畫不苟作，游覽之頃，酒酣握筆，長廊素壁，淋漓霑灑。有投金幣購片楮者，輒拂袖起，或閉門不納，雖豪貴人勿顧也。〔註 336〕

王氏書畫以自娛爲主，不以經濟利益作考量。盛時泰，字仲交，應天人。才氣縱橫，善於書畫：

> 以諸生久次，貢于廷，卒業成均，年五十而卒。仲交才氣橫溢，每有撰述，舐筆伸紙，滾滾不休，紙盡則已。善畫水墨竹石，居近西冶城，家有小軒，文徵仲題曰：「蒼潤」。以仲交畫法倪迂，沈啓南有「筆蹤要是存蒼潤，畫法還應入有無」之句也。骯髒歷落，不問家人生產，卜築於大城山中，又愛方山祈澤之勝，咸有結搆，杖策跨驢，欣然獨往，家人莫能跡也。〔註 337〕

卜築山中，獨來獨往，善畫水墨竹石。而董其昌則自述其畫畫生活：

> 余在山中先後六年，雖自閒遠，每苦筆墨徵索者無寧日，不能作鐵門限之也。鄂渚官署，雖依鳳山之麓，北望翠屏在眼，松聲鳥語，居然林樾，又解過客，終日掩關，得從夙好。今年避暑無事，遂作數圖，此幅則以許中舍携趙伯驌（南宋畫家）「萬松金闕卷」見示，故倣之耳。〔註 338〕

因名氣太盛，苦於索討者眾多，只好終日掩關，才能靜心作畫。晚明時期的龔賢，在經濟方面，則與董氏差距甚遠，明末戰亂，漂泊流離，入清後隱居

〔註 332〕王永波、崔子慶，〈明初文人畫風意韻——初探王紱的藝術價值及意義〉，《內蒙古民族大學學報》，13 卷 3 期，2007 年 5 月，頁 131。

〔註 333〕覃瑞南，〈從《長物志》管窺明代文人的居室美學〉，頁 290。

〔註 334〕明．李介，《天香閣隨筆》（《筆記小說大觀》二二編八冊，台北：新興書局，1978 年 9 月版），卷 2，頁 16 上。

〔註 335〕《明史》，卷 286，〈文苑二〉，頁 7337。

〔註 336〕同上註，頁 7338。

〔註 337〕《列朝詩集小傳》，〈丁集上．盛貢士時泰〉，頁 498～499。

〔註 338〕《容臺集》（別集），卷 4，〈題跋〉，頁 15 下～16 上。

於南京清涼山，賣畫課徒，生活清苦，顏所居之地為「半畝園」。〔註339〕

明人對於畫作的評論，「以山水為上，人物少者次之，花鳥竹石又次之，走獸蟲魚又其下也。更須絹素、紙地完整不破，色雖古而清潔，精神如新，照無貼襯，嗅之異香可掬，此其最上品也。」〔註340〕山居親近自然山水，是書畫生活最佳的居住環境，而且「書繪可以無作，時為人役，徒自苦耳！若屏絕世緣，山中獨處，不見俗子面目，偶神閒意舒，輒一伸紙弄墨，至咄咄逼古人處，亦是千秋快事耳。」〔註341〕

四、講學問業生活

明代文人歸居深山，常以講學為生業，在書院或山寺中教授生徒。一生致力於讀書問業，則多為登科立官，或著書立說，或求道立身等。

（一）講學生活

梁寅，「結廬石門山，四方士多從學，稱為梁五經，又稱石門先生。」〔註342〕胡居仁（1434～1484），字叔心，饒州餘干人，學者稱為敬齋先生。據載：

> 弱冠時，奮志聖賢之學，往遊康齋吳先生之門，遂絕意科舉，築室於梅溪山（今浙江寧波）中，事親講學之外，不干人事。久之，欲廣聞見，適閩，歷浙，入金陵，從彭蠡而返。所至訪求問學之士，歸而與鄉人婁一齋，羅一峰、張東白為會於弋陽之龜峯，餘干之應天寺。提學李齡、鍾城相繼請主白鹿書院，諸生又請講學貴溪桐源書院。〔註343〕

胡氏絕意科舉，遊學各地，增廣見聞，訪求問學，一生以講學為志業。

劉觀，正統四年（1439）進士，「方年少，忽引疾告歸。尋丁內艱，服除，終不出。杜門讀書，求聖賢之學。四方來問道者，坐席嘗不給。縣令劉成為築書院於虎丘山，名曰『養中』。平居，飯脫粟，服澣衣，翛然自得。每日端坐一室，無懈容。或勸之仕，不應。」〔註344〕羅倫（1431～1478），「以疾辭歸，開門教授，以註經為業垂十年，卒於退居之金牛山（今湖南常德）。公嗜學好古，

〔註339〕楊麗麗，〈龔賢《山水冊》〉，《文物》，1997年4期，頁62。

〔註340〕《考槃餘事》，卷2，〈畫箋・品第畫〉，頁33。

〔註341〕《莫廷韓遺稿》，卷15，〈雜言〉，頁30下。

〔註342〕《明史》，卷282，〈儒林一〉，頁7226。

〔註343〕《明儒學案》，卷2，〈崇仁學案二・文敬胡敬齋先生居仁〉，頁29。

〔註344〕《明史》，卷282，〈儒林一〉，頁7248。

篤志力行，結茅棲息，取給隴畝。」〔註345〕湛若水（1466～1560），「以老乞致政，慕羅浮之勝，構精舍於朱明洞，建書院於青霞谷，自撰《羅浮志》一卷。」〔註346〕馬理（1474～1555），致仕隱於商山書院。〔註347〕鄒守益（1491～1562），「嘉靖末，南游武夷，發明良知之學，聚生徒于武夷山中。」〔註348〕鄒氏因直言敢諫得罪嘉靖帝，其中包括「大禮議」之事，落職後則從事書院講學，四方從遊者眾，並延請王艮等以講學興禮，講學活動除在武夷山，也遍及江南。陳九川（1494～1562），「致仕，周流講學名山，如台宕、羅浮、九華、匡廬，無不至也。晚而失聽，書札論學不休，一時講學諸公，謂明水辯駁甚嚴，令人無躲避處。」〔註349〕龐嵩，「嘉靖十三年（1534年）舉於鄉，講業羅浮山，從遊者雲集。」〔註350〕以上諸人大都辭官致仕，或絕意科舉，在山林從事講學授徒的工作，有些被延聘爲師，有些則自辦興學。

楊繼盛（1516～1555），在辦學講學方面也頗爲突出，因言事謫任甘肅狄道典史後，稍有閑暇就在府縣學講說文義，並買下東山超然台，設立書院，聘請教讀二人。〔註351〕楊東明（1548～1624）熱愛教育，積極興學，因彈劾之事被貶，回鄉創辦學館，重修縣學堂，並建「首善書院」，延聘名師，且親自講學。自云：「負罪以來，山居寡陋，雖則講學會友，未敢忘所有事，然管窺蠡測，安所發明，誠恐誤己誤人，獲罪益大，承賜近刻，足爲進修指南，山中獲此即不殊。」〔註352〕馮從吾（1556～1627）、顧炎武等不少學者，也在山中興辦書院，開館授徒。〔註353〕

文人常講學於書院，明代晚期，書院更成爲品評人物、朝政的大本營。朝政腐朽，黨爭激烈，宦官專權，政治極爲黑暗。在這樣的情況下，一些抱道忤時的文人，退居林下，以講學和議論時政爲志向，因而書院與政治的關係更爲密切，不只是於幽靜偏遠的山中講論學問，而是關心眾事。〔註354〕其

〔註345〕《列朝詩集小傳》，〈丙集・羅修撰倫〉，頁307。
〔註346〕《羅浮山志會編》，卷6，〈人物志三・名賢〉，頁18下。
〔註347〕《明儒學案》，卷9，〈三原學案・光祿馬谿田先生理〉，頁164～165。
〔註348〕《武夷山志》，卷7，〈賢寓〉，頁15上。
〔註349〕《明儒學案》，卷19，〈江右王門學案四・郎中陳明水先生九川〉，頁457。
〔註350〕《明史》，卷281，〈循吏〉，頁7215。
〔註351〕陶建平，〈明代謫宦的典型心態與作爲述論〉，頁69。
〔註352〕明・楊東明，《山居功課》（台北：漢學研究中心景照明萬曆四○年刊本），卷7，〈柬徐公祖匡嶽〉，頁55上。
〔註353〕陳炳盛執行主編，《中國山川地圖》，頁16。
〔註354〕王凱旋、李洪權，《明清生活掠影》，頁41。

中最著名的書院則是無錫龜山東林書院，其求實致用的新學風，赫然獨樹一幟，風靡宇內。〔註 355〕

除書院講學外，文人也講學於山寺，明代寺院成爲一些文人講論佛學、闡明儒家經典旨意的處所。〔註 356〕如呂柟（1479～1542），字仲木，號涇野，陝西高陵人。據載：

> 正德戊辰（三年，1508）舉進士第一，授翰林修撰。逆瑾以鄉人致賀，却之，瑾不悅。已請上還宮中，御經筵，親政事，益不爲瑾所容，遂引去。瑾敗，起原官。上疏勸學，危言以動之。……先生師事薛思菴，所至講學。未第時，即與崔仲鳧講於寶邛寺。正德末，家居築東郭別墅，以會四方學者。別墅不能容，又築東林書屋。〔註 357〕

在未任官時，即在寺院講學。薛侃（1486～1545），「歸田，從游者百餘人。十五年，遠遊江、浙，會念菴（羅洪先）於青原書院。已入羅浮，講學於永福寺，二十四年始還家。」〔註 358〕徐用檢（1528～1611），「萬曆丙申（二十四年，1596）冬遊雲巖，諸生從遊，講學於椆梅菴及古城書院，點舊從門墻，又躬逢其盛矣。」〔註 359〕可知文人也常講學於寺院道觀。

（二）問業生活

文人爲精進學問，常讀書問業於山中碩儒。如藍仁，有載：「元末，杜清碧隱居武夷，崇尚古學，仁與其弟智，俱往師焉。」〔註 360〕王彝，字常宗，「洪武七年（1374），坐太守魏觀事，與高啓俱伏法。常宗少孤貧，讀書天台山中，師事王眞文。」〔註 361〕胡居仁，聞吳與弼（1391～1469）講學崇仁，往從之游，絕意仕進。」「手置一冊，詳書得失，用自程考。鶉衣簞食，晏如也。築室山中，四方來學者甚眾。」〔註 362〕林光（1439～1519），「成化乙酉（元年，1465）舉人，己丑（五年，1469）會試入京，見白沙於神樂觀，語大契，從

〔註 355〕何平立，《崇山理念與中國文化》，頁 116。

〔註 356〕王紅蕾，〈從憨山德清的交往看晚明叢林與士林的思想互動〉，《南開學報》（哲學社會科學版），2007 年 3 期，頁 101。

〔註 357〕《明儒學案》，卷 8，〈河東學案下・文簡呂涇野先生柟〉，頁 137～138。

〔註 358〕前引書，卷 30，〈粵閩王門學案・行人薛中離先生侃〉，頁 656～657。

〔註 359〕《齊雲山志》，卷 1，〈名賢・明〉，頁 18 上。

〔註 360〕《列朝詩集小傳》，〈甲集・藍布衣仁〉，頁 147。

〔註 361〕前引書，〈甲集・王徵士彝〉，頁 135。

〔註 362〕《明史》，卷 282，〈儒林一〉，頁 7232。

歸江門，築室深山，往來問學者二十年。」〔註 363〕林光與湛若水爲陳獻章門下最爲著名者。李承箕亦拜師陳氏，「成化二十二年（1486）舉鄉試。往師獻章，獻章日與登涉山水，投壺賦詩，縱論古今事，獨無一語及道。久之，承箕有所悟，辭歸，隱居黃公山，不復仕。」〔註 364〕朱浚明師從王寵，自云：「余師雅宜先生講業楞伽山中，浚明從遊甚久，師志好山水，故游樂多在石湖。」〔註 365〕萬廷言問業於羅洪先，云：「予往從念菴羅先生遊，竊聞其說，退而習于羅原山中。」〔註 366〕明代文風極盛，從讀書藏書、詩文書畫，到講學問業，可窺知一二，而山居環境也孕育出明代文人的文采風華。

第四節　閒適的生活

明人的山居生活崇尚寧靜、閒適、逍遙、淡泊之情。〔註 367〕生活取向包含：靜、閒、趣、宜，四種內涵，〔註 368〕由此建構出明人的山居閒適生活。「閒適」可分爲「心閒」與「身閒」兩個層次。辭軒冕之榮，據林泉之安，此「身閒」也；脫略勢利，超然物表，此「心閒」也。〔註 369〕山居生活的「隱逸」，就是所謂的「身隱」與「心逸」，〔註 370〕若能達到「心閒」、「心逸」的層次，「身閒」、「身隱」才有意義。每個人對閒適的生活都有本然的嚮往，但在山林間的樵夫、牧者，受困於現實生活，有野趣而無法愜意地享受自然的閒逸，〔註 371〕未達到「心閒」、「心逸」的境界。文人則多標榜閑情逸趣，爲遠避俗世與塵囂，他們往往結廬山林之內，〔註 372〕強調身心俱閒的生活。但往往「身」可控，「心」卻難制，這是文人學習的課題，而山中清幽的環境爲這課題注入一股助力。

〔註 363〕《明儒學案》，卷 6，〈白沙學案下・長史林緝熙先生光〉，頁 104。

〔註 364〕《明史》，卷 283，〈儒林二〉，頁 7262。

〔註 365〕《雅宜山人集》，朱浚明，〈雅宜山人集序〉，頁 1 上。

〔註 366〕明・萬廷言，《學易齋集》（台北：漢學研究中心景照明萬曆年刊本），卷 4，〈贈陳司訓序〉，頁 5 上。

〔註 367〕吳調公，〈晚明文人的「自娛」心態與其時代折光〉，頁 250。

〔註 368〕吳智和，〈明人山水休閒生活〉，頁 108。

〔註 369〕陳寶良，〈晚明社會生活的新動向〉，《福建論壇》（人文社會科學版），2004 年 9 期，頁 44。

〔註 370〕陳萬益，《晚明小品與明季文人生活》，頁 107。

〔註 371〕范宜如、朱書萱，《風雅淵源——文人生活的美學》，頁 15。

〔註 372〕張忠良，〈晚明小品文作家的思想及其生活〉，《台南家專學報》，14 期，1995 年 6 月，頁 21。

宋代呂文靖題「鏡湖天花寺」一絕云：「賀家湖上天花寺，一一軒窗向水開，不用閉門防俗客，愛閒能有幾人來。」陸深取「愛閒」二字，署山居一軒，〔註 373〕希望用「心」去作「閒人」，去做「閒事」。關於「閒人」，有謂：「掃地焚香，愧作佛前之弟子；草衣木食，永爲世外之閒人。」〔註 374〕「溪山無事，客與客分閒；魚鳥不爭，鄰此鄰堪卜。」〔註 375〕是一種「世外的閒人」，或是「無事的閒人」，甚至是「無所事事的懶人」。有詩云：「山翁睡多懶梳沐，黃鳥忽來低動竹，偶然弄筆無所書，半硯冷雲山影綠。」〔註 376〕皆可謂爲「閒人」。湯傳楹《閒餘筆話》載：

> 予閒人也，性好靜，閉門兀坐，杳若深山，悠如永年，類禪家之寂，已而世事及我，一切遣往不問，我不累物，物亦忘我，遂流而爲懶，既乃頹澹幽默，心忽倦去，投足一榻，作土木形骸，竟日不聞履聲，且積而成病，寂也、懶也、病也，皆閒境也。而又佐以聽雨之朝，看雲之晝，臨風之晚，待月之宵，澆書攤飯之餘，篝火篆烟之暇，皆閒境也。造物者秘爲清福，而人不能享，以本無閒情，故予獨以閒情領受之，則天清地曠，浩乎茫茫，皆閒也，皆是助我閒話也。〔註 377〕

「閒人」佐以朝雲晝雨、宵月晚風的「閒境」，心中深具「閒情」，自然擁有「閒適的生活」。有謂：

> 不是閒人閒不得，閒人不是等閒人，豈其然哉！山叟厭如年之日，閨婦愁如年之夜，此寂寞而非閒也。神仙奉天尊，迎送差遣，愈不得閒，塵世有不隨境轉之人，窮達皆閒，天壤間不多得也。〔註 378〕

所以「閒人」並非人人皆可當，「心境的閒適」則最難爲。或謂貧者比富者更容易當之，因爲「貧賤人所以贏富貴人一籌者，止爲落得一味清閒耳。若又馳逐貴勢之門，乞哀權要之路，日夜奔忙，無有止息，則連此段清閒，亦輸

〔註 373〕明・陸深，《春風堂隨筆》（《筆記小說大觀》一三編五冊，台北：新興書局，1983 年 10 月版），頁 2 下。

〔註 374〕《偶譚》，頁 23。

〔註 375〕《張子遠先生甕下語》，卷下，頁 11 上。

〔註 376〕明・李日華，《恬致堂集》（台北：國立中央圖書館，1971 年 10 月初版），卷 8，〈山居四時絕句四十四首・其二〉，頁 29 下。

〔註 377〕清・湯傳楹，《閒餘筆話》（《叢書集成續編》文學類二一五冊，台北：新文豐出版股份有限公司，1989 年 7 月台 1 版），總頁 517。

〔註 378〕《沈氏日旦》，卷 1，頁 41 下～42 上。

卻耳。」〔註 379〕閒人並不是無事可做，而是有很多「閒事」要忙。「閒事」不同於追逐塵俗的「名利之事」。關於「閒事」，有載：

懶不可習，閒不可慣，僻居日久，高齋晝長，隱几瞑坐，或散髮靸履，起步樹間，汲澗煮茗，吟古人詩，欣然獨嘆，因思赤日紅塵之場，磬折馳走擁徒，御披案牘，汗出如漿，不得休息。彼亦何人踈懶既慣，妄謂我逸！〔註 380〕

「默坐」、「漫走」、「煮茗」、「吟詩」等，皆可視爲「閒事」。《烏衣集》載：

凡人身雖閒，心不能無寄。桑者閒矣，十畝其寄心也；碧山閒矣，桃花流水其寄心也。吾儕謝事閒居，心既耻爲不善矣，而或寄之詞賦，寄之山水，寄之棊酒，寄之花木禽魚，要于自娛必欲耽空習懶，滅其心於不用，將昏昏沈沈，飽食終日已乎！是尼父所難也。〔註 381〕

身雖謝事閒居，心則要有所寄託，可寄於「詞賦」、「山水」、「棊酒」、「花木禽魚」等，否則飽食終日，無所用心，則將空度山居歲月。華淑〈題閒情小品序〉：

余今年栖友人山居，泉茗爲朋，景況不惡。晨起推窗：紅雨亂飛，閒花笑也；綠樹有聲，閒鳥啼也；煙嵐滅沒，閒雲度也；藻荇可數，閒池靜也；風細簾清，林月空印，閒庭悄也。以至山扉晝扃，而剝啄每多閒侶；帖括困人，而几案每多閒編；繡佛長齋，禪心釋諦，而念多閒想，語多閒辭。閒中自計，嘗欲掙閒地數武，構閒屋一椽，顏曰「十閒堂」。度此閒身，而卒以病廢，亦以好閒不能攻也。〔註 382〕

山居歲月中，若有「閒花」、「閒鳥」、「閒雲」、「閒池」、「閒庭」、「閒侶」、「閒編」、「閒想」、「閒辭」、「閒地」等「十閒」，度此「閒身」，人生可謂足已！

一、品茗生活

由於茶能醒腦、益智、清神，又是契合自然山水之妙物，山居者多愛此物，文人用以激發文思，道家用以修神養性，佛家用以解睡助禪。〔註 383〕（參

〔註 379〕明・王道焜輯，《拈屏語》（《北京圖書館古籍珍本叢刊》子部叢書類，北京：書目文獻出版社，1988 年 2 月），頁 12 上。

〔註 380〕《陳元凱集》，卷 3，〈澹言〉，頁 101 下。

〔註 381〕《烏衣集》，卷 2，〈亦園問業序〉，頁 33 下～34 上。

〔註 382〕朱劍心選注，《晚明小品選注》（台北：臺灣商務印書館，1964 年 12 月臺 1 版），卷 2，華淑〈題閒情小品序〉，頁 71。

〔註 383〕何平立，《崇山理念與中國文化》，頁 107。

見圖 11）《尋樂編》有載：「清明佳節，新茗萌芽，採而烹之，色香味俱清絕可人，連飲數甌，覺心神澄徹，向來多少宿垢，頃刻頓消，山居之妙，此其一耳。」〔註 384〕

茗茶的清新淡雅，適合山居生活的氛圍，在山房雅境中，文人禪衲，對坐品茗，壺中幾縷清香，氤氳出當年幾段風雲。〔註 385〕在山居生活中，「幽竹山窓，鳥啼花落，獨坐展書，新茶初熟，鼻觀生香，睡魔頓卻，此樂正索解人不得也。」〔註 386〕或是「趺坐小樓，讀南華經罷，對黃羅山，啜松蘿茗，松杉翠色爭來，流入茗椀中。」〔註 387〕茶的清香，具有提神醒腦的功效，適合山居的寫意生活。而且，「山堂夜坐，手烹香茗，至水火相戰，儼聽松濤傾瀉入甌，雲光縹渺，一段幽趣，故難與俗人言。」〔註 388〕夜晚的寂靜與茶湯滾沸的濤鳴交融，當中幽然的況味，唯山居者能深悟。茶味的清新，又是一絕，王思任言：「喚取活火，煮本山茗，眼見萬里天上水，須臾到口，冰壺洗魄，人在雪宮，不禁此清絕也。」〔註 389〕《燕居功課．試茶》載：

> 山家之宜，尚當先香而後味，尊淡而賤濃，方爲本色。若鮮餘酒後，任取深嚴耳。余非惡味，誠無所用之也。每晚春初夏，早萌北來，以新雨烹松蘿，以臘雪盪劍池，而浙東西、武夷、陽羨諸品，時相左右，則爭強角勝。在性情夢想中，不假鼻頭舌端也，如溪梅五色，共作江春，又如藏龍鬪霧，摠成一光明世界。山人最樂事，無過于此。〔註 390〕

山家飲茶，以清香淡味爲尚，以新雨、臘雪烹茶，頗具幽趣。倪瓚在惠山中，用核桃松子肉和粉，與糖霜共成小塊如石子，置茶中，出以啖客，名曰清泉白石，〔註 391〕也頗具雅致。

明代文人愛茶者多，陳繼儒終身嗜茶成癖，隱居山林，築茶室於幽靜清

〔註 384〕《尋樂編》，頁 26 下～27 上。

〔註 385〕吳智和，〈晚明茶人集團的飲茶性靈生活〉，頁 264。

〔註 386〕明．徐火勃，《茗譚》（《中國茶書全集》，東京：汲古書院，1988 年 12 月），頁 1 下。

〔註 387〕《黃玄龍先生小品》，〈尺牘上〉，頁 3 下。

〔註 388〕明．羅廩，《茶解》（《中國茶書全集》，東京：汲古書院，1988 年 12 月），〈品〉，頁 4 上。

〔註 389〕《游喚》，〈天台〉，總頁 487。

〔註 390〕《燕居功課》，卷 19，〈瓢飲．試茶〉，頁 3 下～4 上。

〔註 391〕《茶史》，卷 2，〈茶之高致〉，頁 33 下。

寂的東佘山下，杜門著述，與茶結下不解之緣。〔註 392〕吳兗的山居草堂，更以「茶山」稱之：

> 或謂余曰：「古人有山水癖，有茶癖，子欲兼而有之乎？但此地，無一拳之石，無一旗一槍之蘖，即茶山亦浪得名耳。子何所取而復以名子之堂？」雖然名亦可取也，太白云：「地不愛酒，應無酒泉。」余亦云：「地不愛茶，應無茶山。」〔註 393〕

地因愛茶，所以有「茶山」之名；人因愛茶，所以才有「茶山草堂」之稱。海山張源「志甘恬澹，性合幽棲，號稱隱君子。其隱于山谷間，無所事事，日習誦諸子百家言，每博覽之暇，汲泉煮茗，以自愉快。無間寒暑，歷三十年，疲精殫思，不究茶之旨歸不已。」〔註 394〕因而有《茶錄》著作的問世，文人的「山水癖」與「茶癖」，在山居的飲茶生活中，發揮得淋漓盡致。

（一）茗之名品

「有名山則有佳茶。」〔註 395〕凡名茶必產於雲霧繚繞的山岳中，山區多雲霧，溫度適中，最適宜茶樹的生長。〔註 396〕明代山區名茶的產地很多，〔註 397〕如虎邱山（蘇州府長洲縣）有虎邱茶，〔註 398〕「最號精絕，爲天下冠。惜不多產，皆爲豪右所據，寂莫山家，無繇獲購矣。」〔註 399〕陽羨茶，「俗名羅岕，浙之長興者佳，荊溪稍下。細者其價兩倍天池，惜乎難得，須親自採收方妙。」〔註 400〕「羅岕者，介于山中，謂之岕，羅氏隱焉，故名羅。然岕有數處，惟洞山最佳，韻致清遠，足稱仙品。」〔註 401〕松蘿茶，產地在南直隸徽州府休寧縣北十三里之松蘿山，〔註 402〕「十數畝外，皆非眞松蘿茶，山

〔註 392〕吳家闊，〈飲茶與隱士〉，《農業考古・中國茶文化專號》，1997 年 4 期，頁 13。
〔註 393〕《山居雜著》，〈茶山草堂記〉，頁 3 上。
〔註 394〕《張伯淵茶錄》，顧大典，〈茶錄引〉，頁 1 上。
〔註 395〕明・許次紓，《茶疏》（《中國茶書全集》，東京：汲古書院，1988 年 12 月），〈擇水〉，頁 8 下。
〔註 396〕吳智和，《茶藝掌故》，頁 160。
〔註 397〕可參考吳智和，〈明代僧家、文人對茶推廣之貢獻〉（收入吳智和，《明清時代飲茶生活》，台北：博遠出版有限公司，1990 年 10 月初版），頁 29～34。
〔註 398〕吳智和，《茶藝掌故》，頁 1。
〔註 399〕明・屠隆《茶説》（《中國茶書全集》，東京：汲古書院，1988 年 12 月），〈虎丘〉，頁 1 下。
〔註 400〕前引書，〈陽羨〉，頁 1 下。
〔註 401〕《茶史》，卷 1，〈茶之近品〉，頁 26。
〔註 402〕吳智和，《茶藝掌故》，頁 24。

中亦僅有一二家炒法甚精，近有山僧手焙者，更妙。眞者在洞山之下，天池之上，新安人最重之，兩都曲中亦尚此，以易於烹煮，且香烈故耳。」〔註 403〕安徽六安茶，「實產霍山縣，縣西南有山，曰六安山，高聳雲霽，下延袤數十里，皆產茶，處因稱爲六安茶，蓋以山得名，非以州也。」〔註 404〕羅浮茶，「石洞諸庵多有之，以春分前一日採，別具一種清香，沁人肺腑。」〔註 405〕明代名茶大致羅列以上數種。〔註 406〕

（二）品茗之宜

在「水品」方面，有佳水才能烹出好茶，「茶爲水骨，水爲茶神，大率茶酒二事全得力于水也。」〔註 407〕「凡水泉不甘，能損茶味之嚴，故古人擇水最爲切要。山水上，江水次，井水下。山水乳泉漫流者爲上，瀑湧湍激勿食，食久令人有頸疾。」〔註 408〕水品以山泉最適合，「山泉獨能發諸茗顏色滋味。」〔註 409〕所以「瀹茗必用山泉，次梅水。梅雨如膏，萬物賴以滋長，其味獨甘。」〔註 410〕也可用山中「雪水」：

> 雪水烹茶，味極清冽，不受塵垢，所謂當天半落銀河水也。偶憶入白水山房，得見世外佳景，是時春雪稍霽，庭敞積素，行眠低地，山白排雲，水壓平橋，水流半咽，萬樹梅飛，幽香自媚，方啜茗破寒，消搖閣道，即未能幽冷攝心，頗覺清涼入脾，足洗胸中柴棘。〔註 411〕

雪水烹茶，極具清新幽韻。在滿山梅瓣紛飛，冷香暗度，春寒料峭中，啜飲清茶冽水，可洗卻心中鬱壘。

產名茶之山，有時也伴有好泉，成爲得天獨厚的品茗佳地。江南地區產茶，以蘇州一府爲冠冕，鄰境的常州無錫惠山、境內長洲虎丘山等區也是產

〔註 403〕《長物志》，卷 12，〈香茗・松蘿〉，頁 84。
〔註 404〕《茶史》，卷 1，〈茶之近品〉，頁 27 上。
〔註 405〕明・韓晃，《羅浮野乘》（《四庫全書存目叢書》史部二三二冊，台南：莊嚴文化事業有限公司，1996 年 8 月初版），卷 5，〈品物〉，頁 13 上。
〔註 406〕可參考吳智和，《茶藝掌故》，宜蘭：著者出版，1985 年 5 月初版。內容非常詳盡。
〔註 407〕《沈氏日旦》，卷 8，〈品泉〉，頁 38 下。
〔註 408〕明・顧元慶，《茶譜》（《中國茶書全集》，東京：汲古書院，1988 年 12 月），〈煎茶四要・一擇水〉，頁 3 下。
〔註 409〕《茶史》，卷 2，〈品水〉，頁 2 上。
〔註 410〕《茶解》，〈水〉，頁 9 上。
〔註 411〕《蠹采館清課》，卷上，頁 9 下。

名泉之地。〔註 412〕其中惠山泉，「源出石穴，陸羽品爲第二泉，又名陸子泉。惠山又有別石泉，在惠山松竹之下，甘爽乃人間靈液，清澄鑒肌骨，含漱開神慮，茶得此水，皆盡芳味。」〔註 413〕惠山就成爲高人逸士登臨試泉，或攬勝卜居的名勝；惠山寺也以多高僧著名，文人隱士每與寺僧在寺中汲泉烹茶，吟詠品茗，而形成惠山寺的文會傳統。〔註 414〕惠山泉之名氣極盛，很多人不惜上山汲泉，並且成爲友朋間彼此饋贈的水品雅物。俞弁的朋友，「張原學以惠山泉一罎，及茶爐一事見贈。」〔註 415〕王穉登〈蔣汝爲寄慧山泉〉載：「夜半扣山戶，靈泉滿玉罌，憐余長病渴，羨爾最多情。堂上雲霞氣，壚頭風雨聲，囊中有奇茗，待爾竹間意。」〔註 416〕用名泉烹茶，在清香盈繞裡，滿涵朋友的情誼。李日華則是派人至惠山載泉，正好可試淪老僧所寄新茶，其云：「惠山載水人回，得新泉二十餘甕，前五日，昭慶雲山老僧，寄余火前新芽一瓶，至是開試，色香味俱絕。」〔註 417〕另外，「西湖之泉，以虎跑爲最；兩山之茶，以龍井爲佳。穀雨前，採茶旋焙，時激虎跑泉烹享，香清味冽，涼沁詩脾。每春當高卧山中，沉酣新茗一月。」〔註 418〕以虎跑泉烹淪龍井佳茶，山中雅卧啜茗，頗有一番高致。

在「茶具」方面，山齋供具，以素雅爲尚，「茶具無冰壺玉椀，清潤可漱。隨時山果可摘，以消詩渴。竹爐燒落葉，猶餘事也。」〔註 419〕《張伯淵茶錄》載：

> 桑苧翁（陸羽）煮茶用銀瓢，謂過於奢侈，後用磁器，又不能持久，卒歸于銀。愚意銀者，宜貯朱樓華屋，若山齋茆舍，惟用錫瓢，亦無損于香色味也，但銅鐵忌之。〔註 420〕

〔註 412〕邵曼珣，〈明代中期蘇州文人尚趣之研究〉，頁 193。

〔註 413〕《茶史》，卷 2，〈名泉〉，頁 5 上。

〔註 414〕宋后楣，〈明初畫家王紱的隱居與竹茶爐創製年代〉，頁 18。

〔註 415〕明・俞弁，《山樵暇語》（《四庫全書存目叢書》子部一五二冊，台南：莊嚴文化事業有限公司，1995 年 9 月初版），卷 6，頁 8 上。

〔註 416〕明・王穉登，《王百穀集十九種》（《四庫禁燬書叢刊》集部一七五冊，北京：北京出版社，2000 年 1 月第 1 版），《金昌集》，卷 2，〈五言古詩・蔣汝爲寄慧山泉〉，頁 1。

〔註 417〕明・李日華，《味水軒日記》（《續修四庫全書》史部傳記類五五八冊，上海：上海古籍出版社，2002 年 3 月第 1 版），卷 1，頁 9 下。

〔註 418〕《雅尚齋遵生八牋》，卷 3，〈四時調攝牋－春卷・虎跑泉試新茶〉，頁 53 上。

〔註 419〕《小窗自紀》，卷 2，〈山齋供具〉，頁 91 下。

〔註 420〕《張伯淵茶錄》，〈茶具〉，頁 7 下。

茶具忌用金銀，過於豪奢，銅鐵也不宜，主張用錫瓢，無損茶之色香味。田藝蘅謂：「今人薦茶類下茶果，此尤近俗，縱是佳者，能損眞味，亦宜去之。且下果則必用匙，若金銀大非山居之器，而銅又生腥，皆不可也。」〔註 421〕同樣也主張金銀銅，皆不宜作爲山居之器。

在「茶人」方面，具備茶人形象的內涵，應有以下的基本條件：酷嗜茗飲、恬退達趣、希企隱逸。〔註 422〕有謂：「煎茶非漫浪，要須其人與茶品相得。故其法每傳於高流隱逸，有雲霞石泉，磊塊胸次間者。」〔註 423〕山居者往往具備有這樣的人格特質。而在選擇茶侶上，多爲「翰卿墨客、緇流羽士、逸老散人，或軒冕之徒，超軼世味者。」〔註 424〕大多是清雅閒逸之士，其中僧寮、道院常座落於深山幽境，僧道更成爲山居者品茗飲茶的佳伴。山中沈寂野曠，僧道不與外事，心濳意靜，晏坐行吟間涵育出對生活的雅趣，其中對茶也有精到的體認，〔註 425〕有時還有社集茶會，選擇幽山佳水，以詩文結社集會爲主題，組織定期或不定期的飲茶聚會，〔註 426〕參與者也多爲文人墨客，僧家道人，共譜一段茶趣佳話。

二、飲酒生活

山居閒適，飲酒醉日正足以消磨歲月，有言：「醉山宜幽，陶其趣也。」〔註 427〕在幽靜的山中酣醉，沉溺於壺中境界裡，可藉以消愁亦可陶冶趣味。如袁敬所，「永樂初，流寓常山之松嶺。爲人易直善飲，飲酣輒書淵明五柳圖詩，書罷擲筆，悲吟繼以濺淚。」〔註 428〕王世貞，「避暑山居，趺宕圖吏，翰墨中時以酒茗佐其適，不知一壺之外天地也。」〔註 429〕在「悲」、「喜」、「憂」、

〔註 421〕《煮泉小品》，〈宜茶〉，頁 11 下～12 上。

〔註 422〕吳智和，〈文人茶的璀璨———茶寮・茶會・茶人三位一體〉，《臺北縣立文化中心季刊》，42 期，1994 年 9 月，頁 27。

〔註 423〕明・陸樹聲，《茶寮記》(《中國茶書全集》，東京：汲古書院，1988 年 12 月)，〈煎茶七類・一人品〉，頁 1 下～2 上。

〔註 424〕前引書，〈煎茶七類・六茶侶〉，頁 2 下～3 上。

〔註 425〕吳智和，《茶藝掌故》，頁 113。

〔註 426〕吳智和，〈文人茶的璀璨———茶寮・茶會・茶人三位一體〉，頁 25。

〔註 427〕明・沈沈，《酒概》(《四庫全書存目叢書》子部八〇冊，台南：莊嚴文化事業有限公司，1995 年 9 月初版)，卷 2，〈飲有醉之宜六〉，頁 40 下：「醉花宜晝，襲其光也；醉雪宜夜，助其潔也；醉月宜樓，資其清也；醉暑宜舟，領其曠也；醉山宜幽，陶其趣也；醉水宜秋，泛其爽也。」

〔註 428〕《列朝詩集小傳》，〈甲集・袁敬所〉，頁 195。

〔註 429〕《弇州山人續稿》，卷 202，〈答愼侍御〉，頁 10 下～11 上。

「趣」中，飲酒以快其心意。

文人有時酣暢醉飲，放縱心緒，悠然於山水之間。方孝孺（1357～1402），「之從學于太史宋景濂也，相得甚歡。嘗從景濂宿南屏山，晨起對雪，浩飲高歌，意氣慷慨。」〔註 430〕張維樞，「潔樽置觶，同箕踞石亭上，觥籌交錯，歌呼拍浮，有風從東嶺嶽山中吹到，暑氣漸豁，因相與縱步，放眼觀山勢之奔踴，雲峰之卷舒，水波之漣漪，鳥獸禽魚之下上遊戲，又不覺悠然而心會，灑灑然煩囂之脫體也。」〔註 431〕費元祿，「嘗憶與孟堅登葛仙山時，未至三十里，細雨微滑，宿一山庄，庄前山色翠黛相屬，秋色蕭散，岩岫若沐，潭水清虛，是夜把酒相勞，刻燭成詩，田家雞黍之韻，頗具眞率。」〔註 432〕或飲酒高歌，意氣風發；或觥籌交錯，灑然塵囂；或把酒言談，才氣縱橫。

山中飲食清淡，飲酒可增添滋味，王叔果云：「山人薄滋味而微輔以酒，故飲。雖嗇於量，日未嘗廢酒。往讀書山中，每燕憩則挾諸同志，旋憩林壑，集小酌，或流觴澗中，微醺爲節。比入仕，行役退公之暇，率與寮友杯酌取歡。歸而林栖家居，山游常具壺榼爲觴咏。由艾至耆，飲之節如少壯也，迨稀齡，適患脾恙，每飲數行，輟廢食。」〔註 433〕山居、讀書、社集、告歸、山遊等皆可以飲酒自適。

秋冬也是飲酒的時節，山中冷冽，飲酒可溫潤身心，顧君「謝去交游歸，即其故山棲焉，洞庭兩山人家多種橘，每秋霜滿林則青黃雜揉，粲然如錯。君命僮僕攜壺榼，凡意之所適，飲三四杯竟去，或月夜則泛小艇沿洄中流，見流光蕩漾，欣然若有會心者。」〔註 434〕在山中賞秋橘，飲酒泛舟，意趣盎然。而明人也愛飲酒賞花：

> 其秋也，清明在天，萬里如洗，冰輪皎潔，萬籟寂寥。當斯時也，桂花弄秋，香氣襲人，乃令童子掃花陰之下，枕琴而卧，抱瓢而飲。或橫琴或弄笛，誦一篇黃庭，説一兩句，不喫烟火食話，便是道人風味。及其醉也，倒戴接籬，起舞花下，踏碎滿天明月，至於踉蹌倒卧，乃枕一部書，只睡到明，此又是先生酒醒時也。〔註 435〕

〔註 430〕《西湖遊覽志餘》，卷 7，〈賢達高風〉，頁 129。
〔註 431〕《澹然齋小草》，卷 4，〈北山復圃記〉，頁 16 上～下。
〔註 432〕《鼂采館清課》，卷上，頁 6 上。
〔註 433〕《半山藏稿》，卷 12，〈家誡論・四〉，頁 8 下～9 上。
〔註 434〕《何翰林集》，卷 23，〈明松坡顧君配葉孺人合葬墓誌銘〉，頁 15 下。
〔註 435〕《神隱》，卷上，〈掃花弄月〉，頁 9。

秋夜桂花飄香，在花樹下幽香間，抱酒而飲，或弄樂，或吟誦，或起舞，酕醄酣臥，醉醒至天明。樂純也喜飲酒賞花，但覺爛醉便呈醜態：

> 花看半開，酒飲微醉，此中大有佳趣。若至爛熳酕醄，便成惡境。山中無事，每于黃雞正肥，白酒初熟時，便呼朋儕，清談小飲。酒意半酣，詩興丕淺，山童報花開，遂與羯鼓催之。〔註 436〕

半酣醉意，則詩興正濃，吟詩賞花，雅意頗具。更有酬「石」相飲，與「花」共酒之雅事：

> 梅豐太宰楊公巍……好奇多雅致，平生宦遊所歷名山，皆取其一卷石以歸，久之積石成小山，閑時舉酒酬石，每石一種，與酒一杯，亦自飲也。予慕其事而無石可澆，山園種菊二十餘本，菊花盛開，無可共飲，獨造花下，每花一種，與酒一盃，自飲一盃，凡酬二十許者，徑醉矣。〔註 437〕

楊氏好石，與石相飲；于慎行好菊，與花共酒，石與菊也可作爲酒友酒伴。也有以戲魚來助酒興：

> 彭知州簪，自稱石屋山人，邑學、士大夫、郡縣長、吏部、使者，莫不願結一日之歡。……羅太史念菴（羅洪先），數乘筍輿，訪山中。簪第以田家茅粥糲飯爲供具，僮僕或私語謂貴客不宜爾，公笑曰：貴客乃以求鮮腆來耶？築玩易草堂，及臥雲亭于石屋之上，東廓鄒先生特築行窩，睚就草堂，時時引石屋中，劇談移日。崖壁處處置盃，興到取酒就酌，爲大小罌樽，令客自占量，因以授之樽罄則止。草堂傍鑿小沼，深淺各半，魚輕重繫小牌識之，客驅魚淺水，視浮牌惟意所欲取，賓客至者，莫不盡其悃款。〔註 438〕

彭簪居山中，與友飲酒共歡，常在石屋壁間隨處置酒，興到則飲，且戲魚以暢酣，山居生活中有酒助興，則少些靜默，增添歡愉。

三、樂音生活

山居生活，充滿樂音，除自然天籟外，文人也喜好弄樂賞曲。鄒迪光，萬曆十七年（1589），解職歸里，年僅四十歲，歸里後，經營自己的園林愚山

〔註 436〕《雪菴清史》，卷 5，〈清福・報花開〉，頁 44 下。

〔註 437〕明・于慎行，《穀山筆麈》（《元明史料筆記叢刊》，北京：中華書局，1984 年 6 月第 1 版），卷五，〈臣品〉，頁 56。

〔註 438〕《西園聞見錄》，卷 22，〈高尚〉，頁 13 上～下。

谷，徵歌度曲，享山林之樂三十餘年。〔註 439〕顧仁效則結廬陽山（今江蘇蘇州）：

> 陽山在吳城之乾位，蓋眾山所從始。顧君仁效結廬其下，仁效年少耳，則棄去舉子業，獨好吟咏，性偏解音律，兼工繪事。每風晨月夕，閉閣垂簾，賓客不到，坐對陽山，拄頰搜句日不厭，或起作山水人物，或鼓琴一二行，或橫笛三五弄，悠然自得，人無知者，知之者其陽山乎！因扁其居曰：「陽山草堂」。〔註 440〕

山居歲月，賓客罕至，顧氏性解音律，在書畫之餘，鼓琴弄笛，悠然自得。

（一）鐘磬笛簫之聲

鐘磬之聲，能滌塵囂、揚清韻，山房蓄一「鐘」，「每撞于清晨良宵之下，令聞者，知身世無幾，悟勞擾非是。或時用以節歌，又令人朝夕薰心，動念和平。」〔註 441〕「有雜想，一擊遂忘；有愁思，一撞遂掃。」〔註 442〕山房置「磬」，「雖非綠玉，沈明輕清之韻，儘可節清歌洗俗耳。」〔註 443〕有謂：「萬壑疎風清兩耳，聞世語，急須敲玉磬三聲；九天涼月淨初心，頌眞經，勝似撞金鐘百下。」〔註 444〕在清談中，「客有談及猥俗者，急起擊磬曰：聊代清耳。」〔註 445〕在「笛」方面，山中每花時，「紅錦紛披澗谷，茶歌樵唱，與牧笛相為倚和。」〔註 446〕在「簫」方面，「若秋夜月明，或於桂花之下，或於茆亭之中，仰卧片石，吹一兩曲，秋風古調，以動天籟，冷沁一身毛骨。」〔註 447〕牧笛與茶歌樵唱倚和，簫聲與自然天籟合奏，譜出山間悠揚的樂音。（參見圖 12）

（二）琴音生活

山居可以彈琴以適意，調劑悠長歲月，「凡彈琴以寓意調性，適一時之意，以閑暇靜簡為本。」〔註 448〕而且「琴者禁也，禁止於邪，以正人心也。」〔註

〔註 439〕尹恭弘，《小品高潮與晚明文化：晚明小品七十三家評述》，頁 117。
〔註 440〕《震澤集》，卷 17，〈陽山草堂記〉，頁 9 下～10 上。
〔註 441〕《雪菴清史》，卷 2，〈清供・疎鐘〉，頁 14 下。
〔註 442〕《醉古堂劍掃》，卷 5，〈素〉，頁 95。
〔註 443〕同上註，頁 96。
〔註 444〕《偶譚》，頁 23。
〔註 445〕《雪菴清史》，卷 2，〈清供・清磬〉，頁 15 上。
〔註 446〕《武夷山志》，卷 6，〈物產〉，頁 5 上。
〔註 447〕《神隱》，卷上，〈草堂清興〉，頁 19 下。
〔註 448〕明・胡文煥，《新刻文會堂琴譜》（《四庫全書存目叢書》子部七四冊，台南：莊嚴文化事業有限公司，1995 年 9 月初版），卷 2，〈蘇翰林易簡論十二病總

449〕「琴」可以導邪歸正，可脫俗入聖，所以「學琴者，欲得風韻瀟洒，無塵俗氣，而與聖人雅樂相稱者佳。」〔註 450〕而彈琴時，要「五能」:「坐欲安，視欲專，意欲閑，神欲鮮，指欲堅。」〔註 451〕則適合山居幽靜、閒適、不擾的環境。山中的琴音生活，可以在「山房置古琴一枚，質雖非紫瓊綠綺，響不亞焦尾號鍾，置之石床，快作數美，深山無人，水流花開，清絕！冷絕！」〔註 452〕不求琴材的豪奢貴重，奏上數曲，可增添山居的清幽意境。（參見圖 13）

琴音生活中，對於人、事、時、地、物，有「宜彈」與「不宜彈」的情況。據載：

> 十四宜彈：遇知音、逢可人、對道士、處高堂、升樓閣、在宮觀、坐石上、登山埠、憩空谷、遊水湄、居舟中、息林下、值二氣清朗、當清風明月。〔註 453〕
>
> 十四不宜彈：風雷陰雨、日月交蝕、在法司中、在市廛中、對夷狄人、對村俗子、對商賈客、對娼妓女、飲酒醉後、夜事淫後、毀形異服、腋臟燥嗅、鼓動喧嚷、不盥手漱口。〔註 454〕

在宜彈方面，也就是「凡鼓琴，必擇淨室高堂，或升層樓之上，或於林石之間，或登山巔，或遊水湄，值二氣高明之時，清風明月之夜，焚香靜坐，心不外馳。氣血和平，方可與神合靈、與道合妙。不遇知音則不彈也，如無知音，寧對清風明月、蒼松怪石、顚猿老鶴而鼓耳，是爲自得其樂也。」〔註 455〕以上大部份皆符合山居環境的特點。在空間格局方面，以高堂、樓閣、宮觀爲宜，其中又以「重樓」最佳：

> 蓋彈琴之室，宜實不宜虛，最宜重樓之下。蓋上有樓板，則聲不散，其下空曠清幽，則聲透徹。若高堂大廈，則聲散。小閣密室，則聲不達。園囿亭榭，尤非所宜。〔註 456〕

強調在重樓下，「聲達而不散」，非常適宜鼓琴，若過於寬敞，或過於狹小的

括策〉，頁 38 下。

〔註 449〕前引書，卷 1，〈制度總規第一・群書琴論〉，頁 1 上。

〔註 450〕《重修正文對音捷要眞傳琴譜大全》，卷 2，〈琴有七要論〉，頁 12 上。

〔註 451〕《新刻文會堂琴譜》，卷 2，〈五能〉，頁 35 下。

〔註 452〕《雪菴清史》，卷 2，〈清供・古琴〉，頁 2 上。

〔註 453〕《新刻文會堂琴譜》，卷 2，〈十四宜彈〉，頁 39 下。

〔註 454〕前引書卷，〈十四不宜彈〉，頁 39 下～40 上。

〔註 455〕前引書卷，〈鼓琴大概〉，頁 16 下。

〔註 456〕《枕中秘》，《琴旨》，〈琴室〉，頁 8 上。

地方皆不宜。在自然景觀方面，則宜於山皐空谷、水湄林下，但在「湍流瀑布，凡水之有聲，皆不宜彈琴。惟澄淨池沼，近在軒窓，或在竹邊林下，雅宜對之，微風洒然，游魚出聽，其樂無涯。」〔註 457〕湍流瀑布，或風雷陰雨，聲音噪急，不宜對琴。但若是和諧的自然樂音則可，「鼓琴偏宜於松風澗響之間，三者皆自然之聲，正合類聚。」〔註 458〕彈琴的環境應避免吵雜髒污，須選擇清幽明淨之地。「若幽人逸士，於喬松修竹，或岩洞石室，清曠之處，地清境寂，更有泉石之勝，則琴聲愈清，與廣寒月殿何異哉！」〔註 459〕清音幽境間相得益彰，在幽然的山水間所形成的琴材，也是良琴佳樂的來源：

> 吳越錢忠懿王能琴，遣使以廉訪爲名，而實物色良琴。使至天台，宿山寺，夜聞瀑布聲，正在簷外，晨起視之，瀑下淙石處，正對一屋柱，而且向日，私念曰:「柱若桐木，則良琴在是矣。」以刀削之，果桐也，即賂寺僧易之，取陽面二琴材，馳驛以聞。伺年許，斵成，獻忠懿，一曰「洗凡」，二曰「清絕」，遂以爲曠代之寶。後錢氏納士，二琴歸御府。大抵桐材既堅，而又歷千餘年，木液已盡，復多得風日吹曝之，金石水聲感人之，所處在空曠幽清蕭散之地，而不聞喧雜之聲，取以制琴，烏得不與造化同妙哉！〔註 460〕

木類在經風霜雨雪的淬鍊，幽清山水的涵養，成爲製琴的良材，可見天地造化之功。

在琴與「人」方面，上文有提及須「遇知音」、「逢可人」、「對道士」可彈，不宜彈者，是「對村俗子」、「對商賈客」、「對娼妓女」等。「道人彈琴，琴不清亦清，俗人彈琴，琴不濁亦濁，而況婦人女子倡優下賤乎！」〔註 461〕也就是「雅俗」的分別。據載：

> 黃門士、隱士、儒士、羽士、德士，此五者雅稱聖人之樂，故宜於琴。黃門士鼓大雅聖德之頌，隱士操流水高山之調，儒士撫清和治世之音，羽士操御風飛仙之曲，德士彈恬淡清虛之吟。騷人逐客、遊子怨女，皆寄情於琴，以伸快其意。古人尚之，凡學琴，必要有

〔註 457〕《新刻文會堂琴譜》，卷 2，〈臨水彈琴〉，頁 43 下。

〔註 458〕《考槃餘事》，卷 2，〈琴箋・臨水〉，頁 49。

〔註 459〕《新刻文會堂琴譜》，卷 2，〈鼓琴樂事第十・琴室〉，頁 40 上～下。

〔註 460〕明・余永麟，《北窗瑣語》(《歷代筆記小說集成・明代筆記小說》二冊，石家莊：河北教育出版社，1995 年 11 月第 1 版)，總頁 47～48。

〔註 461〕《枕中秘》，《琴旨》，〈道人彈琴〉，頁 10 下。

文章能吟詩作者皆可也；貌必要清奇古怪，不麄俗之人也；心必要有仁慈德義，能甘貧守志者；言必要有誠信，無浮華薄飾者可也。〔註 462〕

隱士、儒士、道士、釋家等皆宜於琴，如無知音，「寧對清風、皓月、蒼松、老石，而鼓可也。」〔註 463〕所以「鼓琴對物，惟喬木、怪石、江梅、崖桂、松風、竹雪、槐陰、蘿月之下，猿鶴麋鹿之前可也。其他妖艷之花，凡類之物，切宜忌之。」〔註 464〕「曲調雅正合眞情於恬淡之中，豈求美於俗耳而已。凡爲俗奏者，以其不合古人之意，豈能凝神靜慮，傾耳以分恬淡之味哉。」〔註 465〕琴音的雅正之樂，不合於凡俗的華靡之風，所以無論是奏樂者或傾聽者，皆以「雅人」或「雅物」爲尚。山居生活的恬雅蕭疏，與自然山水的幽遠清曠，正適於此。

（三）嘯歌生活

山居生活中，面對山水的壯闊浩瀚，長嘯一聲，在悠長清越的聲音中，以抒懷壯志，或放浪胸臆壘塊。所以「山川與人相爲重者也。士登高望遠，心怡神曠，有不得則慷慨悲嘯，托以自鳴。」〔註 466〕在悲嘯之餘，醉吟之頃，「宜啓匣，取干將叩之，覺雙龍飛動，紫氣干霄，壯氣勃勃，置之膝上，斗文隱起，芙蓉錯落，山魈水魅，縮首屏跡，亦山齋之雄也。」〔註 467〕在淡泊蕭散的山居生活，嘯聲激昂出英偉壯氣，是一種退隱後的淡然，也是一種待時而出前的昂然。

明人好嘯歌以自適，如楊恒，嘯歌自樂，終生不仕，有載：「外族方氏建義塾，館四方遊學士，恒幼往受諸經，輒領其旨要。文峻潔，有聲郡邑間。浦江鄭氏延爲師，閱十年退居白鹿山，戴棕冠，披羊裘，帶經耕烟雨間，嘯歌自樂，因自號白鹿生。」〔註 468〕屠隆亦是，《白榆集》載：

嘗妄意仕路險艱，世味淺薄，誠得退遯荒野，栖于幽絕。雲房山館前有茂樹，後有長流，上鳴黃鸝，下泳素鯉，佳晨載臨，淑氣始暢。

〔註 462〕《新刻文會堂琴譜》，卷 2，〈宜忌雜數第九．琴有所宜〉，頁 32 上。
〔註 463〕前引書卷，〈五士操圖〉，頁 41 下。
〔註 464〕前引書卷，〈對物鼓琴〉，頁 42 下～43 上。
〔註 465〕《重修正文對音捷要眞傳琴譜大全》，卷 2，〈琴有七要論〉，頁 11 下。
〔註 466〕《遖訓》，卷 17，〈任達〉，頁 11 上。
〔註 467〕《枕中秘》，《清供》，〈寶劒〉，頁 3 下。
〔註 468〕《明史》，卷 298，〈隱逸〉，頁 7626。

> 良朋聚首，時而隱囊紗帽，時而竹杖皮冠，心絕濁世之塵，口吐幽人之語，浦咏則泠風其度，巖嘯則空谷響答，以此卒歲，復何羡人間之浮榮哉！〔註469〕

仕路臨深履薄，人情冷暖自知，不如悠遊於良辰勝景，吟嘯於山巖空谷。面對山谷的回鳴，似乎嘯歌中傾訴的情緒，只有自然山水、天地萬物能明瞭。據載：

> 古者有樵隱之說，隱於一岩一壑之間，與大斧爲友。每入山取柴，必至山崗高阜去處，觀白雲之出沒，朝昏之吐吞，千變萬態之狀，有感於心者，若歷代之變遷，惻然有傷也。於是放歌長嘯，聲振林麓，獨猿鶴之所知，白雲之識我，青山爲之點頭，江流爲之長嘯，又可慨也。乃痛飲而歸，醉舞下山，是樂一世之狂也，豈眞事於柴乎！〔註470〕

「樵隱」不爲樵而爲隱，爲的是「隱」中的閒適之樂。章溢則以樵歌和唱，尋求自娛自樂的山居生活：

> 山去人稍遠，惟先生樂遊而從者多艱，其昏晨之往來，故遂擇其窊而室焉，攜童兒數人，啓隕籜以藝粟菽，茹啖其草木之萸實。閒則躡屐登崖，倚修木而嘯，或降而臨清泠，樵歌出林則拊石而和之，人莫知其樂也。〔註471〕

在簡樸蕭颯的山居環境中，仍有生活的樂趣。樂純《雪菴清史》亦載：

> 劍潭之南，巖曰「天花」，密竹軼雲，長林蔽日，淺翠嬌青，籠烟惹濕。上人潔泉，搆數椽其間，以竹樹爲籬，不復葺垣。中有一泓流水，其清可漱齒，曲可以咏觴，而浮翠可以玩目，余偕黃鶴阜、王梅泉訪之。潔泉曰：「吾日三竿而起，令頭陀焚香放鶴，拂筆床，吹茶竈，烹茗一啜。散步林中，坐石長嘯，泉聲瀝瀝相答。或山窓下，吾開卷而驕陽穿篠，則篔簹之影，若人而青蔥者；可彈琴而薰風微來，則松雪之韻，若鼓而琮琤者；吾放歌而聲瀉于脩篁鳳尾之間，使之嘹嚦物外，爽人精魂。」〔註472〕

〔註469〕《白榆集》，卷6，〈與周元孚〉，頁4上。

〔註470〕《神隱》，卷上，〈遁世無悶〉，頁8下。

〔註471〕《明文海》，卷327，劉基〈苦齋記〉，頁11下。

〔註472〕《雪菴清史》，卷1，〈清景・脩竹茂林〉，頁29下～30上。

上人潔泉坐石長嘯，與泉聲相答；或彈琴於竹林，放歌於松濤雪韻中，享物外之趣，這便是山居生活中悠揚自在的樂音生活。（參見圖 14）

四、弈棋生活

弈棋是文人雅致的生活方式，「棋能避世，睡能忘世。」〔註 473〕避世山中，冗日頗多，籌謀馳騁於棋局中，可供消磨。何喬遠（1558～1631），好弈棋，有載：

> 山中與林如源對局輸一子，飲一盃，以果核爲籌。是日，公先後下百餘籌，半酣，瞪目相視，曰：「爾看我酒籌，爾喫一日不盡。」〔註 474〕

此是山中弈棋的一樁美談。觀棋則有另種感受，有謂：「高樓殘雪照棋枰，坐覺窓間黑白明，袖手自甘終日飽，苦心誰惜兩雄爭。豪鷹欲擊形還匿，怒蟻初交陣已成，卻笑面前歧路滿，蘇張何事學縱橫。」〔註 475〕看見眼前龍爭虎鬥的局勢，反觀內心，則有無關勝敗的閒逸。山遊時，也可帶上棋具，以盡遊興。「棋籃」：「制巧用堅，雖墮地觸石，曾無損裂。外以藤編爲籃，攜此一罐，其輕便可愛，誠遊具中一妙品也。」〔註 476〕

弈棋「宜僊家、宜處士、宜古洞、宜華堂、宜樵者坐觀、宜青童侍立、宜茂槐修竹、宜磐石高松、宜澗水潺潺、宜茶烟縷縷、宜避世高人消磨歲月、宜忘懷隱逸，滌盪閒愁。」〔註 477〕幽然閑靜之地，皆適合弈棋，而山中的景物人事，皆能符合弈棋之「宜」。尤宜在山中靜寂的僧庵道觀，寂寂古剎，人跡罕至，落花鋪地，幡影幢幢，僧房中茶爐煙起，只餘落子聲輕敲，就是一幅寧靜悠閒的弈棋景象。〔註 478〕

五、結友生活

在隱居山野、逍遙林泉的山居生活中，表現兩種不同的生活形式：一種是巖居穴處，與世隔絕，不與聞塵世之事；一種是結交同道，吟風弄月，詩

〔註 473〕《白石樵眞稿》，卷 21，〈書參睡〉，頁 26 上。

〔註 474〕《鏡山全集》，林如源〈附錄・何司徒佳話〉，頁 5 下～6 上。

〔註 475〕《家藏集》，卷 9，〈觀弈〉，頁 16 下。

〔註 476〕《雅尚齋遵生八牋》，卷 8，〈起居安樂牋下・溪山逸游條・游具・棋籃〉，頁 35 上～下。

〔註 477〕《刻徐文長先生秘集》，卷 11，〈致品・樂事・碁〉，頁 24。

〔註 478〕龔斌，《中國人的休閒》（台北：漢欣文化事業有限公司，1999 年 10 月初版），頁 173。

酒盟會以消閑。〔註479〕前者展現靜默養生的自娛生活，後者則爲交遊結社的共娛生活。所以山居生活並非孤離索寞，息交絕遊，〔註480〕隱居山林不等於不與人相交，很多山居者善交友、重共遊，這在明代尤其突顯。〔註481〕

明人重視結友，在社交活動中，普遍出現渴望結交同志、知己的心態，或與同志、知己水乳交融、相濡以沫的深刻情誼。〔註482〕交友對象則不在多而在精，所謂「用人宜多，擇友宜少」，〔註483〕強調不濫交，重知交。岳元聲（1557～1628）安居著重的便是「知交良朋」，自言：「我不能離友朋而索居也，我不能混友朋而群居也，我將共良朋以安居也，知我者謂我心憂，不知我者謂我何求！」〔註484〕山居的交友狀況尤是，安世鳳山居生活中，「心交無幾。」〔註485〕賀燦然則「山中寡交遊。」〔註486〕袁宏道也曾言：「山林奇逸之士，族迷于鹿豕，身蔽于豐草，吾雖欲友之而不可得。」〔註487〕所以山居生活重結友，更愼交遊，尤喜結交山林奇逸之士。陳繼儒《白石樵眞稿》載：

> 余草堂多在九峰間，鹿車魚刀，獨往獨來，閒挈一二逋客自隨，往往以事逸去。客笑曰：「安得武陵源朱陳村，雞犬花木，耕釣婚嫁，老死不山鄉耶？」余曰：「寧望是！是山數里內，倘有高流韻人，剪茆椒、築巖户，絃誦咏歌，而余得負琴腰笛而從之，不勝許由東家隣乎！」〔註488〕

取友不重「量」而重「質」，山居若能結交「高流韻人」，更可增添閒逸雅趣。

（一）結友的類型

文人山居社交範圍不廣，因受山居地域的侷限，在交友上除文人、故友

〔註479〕陳寶良，《中國的社與會》（杭州：浙江人民出版社，1996年3月第1版），頁323。

〔註480〕黃桂蘭，〈晚明文士風尚〉，頁151。

〔註481〕徐林，〈明代中後期隱士與山人之文化透析〉，頁137。

〔註482〕張璉，〈偕我同志——論晚明知識分子自覺意識中的群己觀〉，《中國文化》，2002年19、20期，頁255。

〔註483〕明・陳繼儒，《長者言》（《廣百川學海》，台北：新興書局，1970年7月初版），總頁1779。

〔註484〕《潛初子文集》，卷7，〈語錄〉，頁55上。

〔註485〕《燕居功課》，卷27，〈戒下・不交無良之友〉，頁3下。

〔註486〕《六欲軒初稿》，卷12，〈與陳孟常〉，頁16下。

〔註487〕明・袁宏道，《瓶史》（《廣百川學海》，台北：新興書局，1970年7月初版），〈一花目〉，頁1上。

〔註488〕《白石樵眞稿》，卷1，〈屯雲居寤言序〉，頁40上。

偶過相訪外，大致往來交遊者多爲野老、山僧和道友等。前者雖乏文化教養卻質樸渾厚，後者則身在方外，絕塵而離俗。〔註 489〕陳繼儒的山居結友類型，多爲：「山友有田父、漢丈人、且且先生、阿誰公；方外有達老漢、雲栖老人、秋潭和尙、麻衣僧、蓮儒慧解嚴道人，時來作伴。荒山向無兔，今有兔矣；向無畫眉，今有畫眉矣；向無客，今有客矣。」〔註 490〕山居地處偏遠，在交遊上較易受限。

在山鄰野老方面：熊人霖（1586？～1650？）因侍奉雙親而僑居熊山，結交對象多爲山中漁樵耆老。《熊山文選》載：

> 山僻深，去城邑絕遠，巖壑峻迥，非華輅莫能入其境，故四方之客罕至者。南榮子又重于步行，則扶笻不可以入城邑，故生平交游曠然少晤，音問亦阻隔。其過從往復者，里閈耆年，農圃之師，漁樵之友，旁近子弟執經來學者，講究大義。既退則脩其業于所居之塾，以此山堂多暇，暇則不可以自佚也，正襟肅容，彈琴而咏。〔註 491〕

過往交遊者爲「里閈耆年」、「農圃之師」、「漁樵之友」、「究義子弟」等。戴天錫日常往來者，也以「澤叟山翁」爲主，據載：戴氏「志行狷介，致致歸。四十餘年，不營田舍，澤叟山翁日與往來，岸幘對語，懽然蔬酌，若不知曾冠進賢者，鄉評高之。」〔註 492〕高濂則云：「老人畏寒，不涉世故，時向山居，曝背茅簷，看梅初放。隣友善談，炙糍共食，令說宋江最妙回數，歡然撫掌，不覺日暮。」〔註 493〕談到山居時與鄰友相處共歡的情形。

在僧家道人方面：明代中期以後，由於儒、佛、道三教合流漸成氣候，〔註 494〕諸多晚明文人多師事沙門，江南爲甚，〔註 495〕山居文人崇道、奉佛現象更爲普遍，〔註 496〕文人與釋、道彼此相交爲雅。而且佛道修行常在深山叢林，寺院宮觀多建於烟霞林泉之畔，與山居文人有地緣關係，〔註 497〕文人遨遊山水之

〔註 489〕周積明，〈中國文人居舍的美學追求〉，頁 59。
〔註 490〕《白石樵眞稿》，卷 21，〈書山居〉，頁 32 下。
〔註 491〕《熊山文選》，卷 5，〈熊山詩選自敍〉，頁碼不詳。
〔註 492〕《邇訓》，卷 12，〈清修〉，頁 5 下。
〔註 493〕《雅尚齋遵生八牋》，卷 6，〈四時調攝牋－冬卷・山居聽人說書〉，頁 36 下。
〔註 494〕陳寶良，〈明代的宗教旅遊〉，《中州學刊》，2006 年 5 期，頁 200。
〔註 495〕王紅蕾，〈從憨山德清的交往看晚明叢林與士林的思想互動〉，頁 101。
〔註 496〕孫適民、陳代湘，《中國隱逸文化》，頁 182。
〔註 497〕黃桂蘭，〈晚明文士風尚〉，頁 154。

際，往往訪道求仙、謁僧參禪，〔註 498〕常與僧道結方外之遊。這些僧道之士，不乏學識豐厚，文采橫溢者，與之交遊，風雅至極。所以寺院道觀原係幽靜、雅適的佳域，而僧道又多能識詩達趣，故文人與之擇交，是「雅」與「趣」昇華的最佳組合。〔註 499〕在閒散的山居歲月，可與之靜坐清談、吟詩誦經、酌酒啜茗、調琴弈棋、煉丹採藥、遊覽品評等，〔註 500〕展現山居生活的種種樣貌。

歸莊走訪名山，「自虎邱、鄧尉、玄墓，以及天平、華山，其餘小山，不可勝記。所主同遊，往往皆騷客、酒人、道流、名僧，無一俗士，亦窮愁中一快事也。」〔註 501〕交遊對象則以「僧道」等雅客爲主。張憲，「負才不羈，薄游四方，誓不娶，不歸鄉里。嘗走京師，創言天下事，眾駭其狂。還入富春山中，混緇黃以自放。」〔註 502〕山居生活以結交方外之士爲樂，而廖孔說，也常遨遊山間，與僧道交流：

> 從父官陪京，遂爲應天諸生，博學強記，爲詩不經意，輕儁自喜，漉囊策蹇，日游谿山間。山僧道流，無不相識，問以京雒貴人，都不記也。每入城，過酒人及好事家，酣飲賦詩，不數日輒厭去。居山中，不數日又復來，以此爲常。海昌許同生棄官隱華陽，招孔說偕隱，常往依焉。受祈澤龍泉之勝，卒死其間。〔註 503〕

南湘金隱君，閒居稠山時的客友，也以雅客、文人、僧門等爲主。有載：「稠山者，故傳唐駱丞讀書處也，隱君慨然有景行昔賢之志，因除地結茅，種竹千餘竿，花木數十株，暇邀酒徒、琴侶、騷客、空門、置觶齋頭，參玉版風韻。」〔註 504〕另外，傅汝舟，「負雋才，善草書，尤工於詩，好談金丹內養之術，嘗寓止止庵，與山人江一源結爲方外之友。」〔註 505〕陳繼儒，「居白石山，雪夜與衲子一二輩，吹榾柮火，擁曲綠床，煨芋斫朮，逌然人表。」〔註 506〕陳沂（1469～1538），「不得已遠囂就寂，投諸林壑，其居者氈弁塌耳，短裳露脛，舉腕爲禮，殊亦非伍，乃求淄流，瀹茗煮蔬、焚香掃室，差覺爽脾快

〔註 498〕董天策，《仁智的樂趣——山水泉石》，頁 3。

〔註 499〕吳智和，〈明代僧家、文人對茶推廣之貢獻〉，頁 15。

〔註 500〕蔣星煜，《中國隱士與中國文化》，頁 40。

〔註 501〕《尋花日記》，卷上，〈觀梅日記〉，頁 14 下。

〔註 502〕《列朝詩集小傳》，〈甲前集・玉笥生張憲〉，頁 80。

〔註 503〕前引書，〈丁集下・廖秀才孔說〉，頁 703。

〔註 504〕《澹然齋小草》，卷 12，〈南湘金隱君傳〉，頁 53 下。

〔註 505〕《武夷山志》，卷 7，〈賢寓〉，頁 16 上。

〔註 506〕《白石樵眞稿》，卷 1，〈甌餘漫錄序〉，頁 31 上。

神其間。」〔註 507〕皆爲與方外之士交遊的景況。有謂:「山嶺綿亙,臥牛眠象,樵歌牧笛,頗足幽棲,尋訪山僧,此爲幽境。」〔註 508〕「壯而成名,即博人間不易得之名;老而居山,復結出世大聰慧之侶。」〔註 509〕在文人山居生活中,出世的僧家道士已成爲重要的結友對象。

在「人友」交友方面:自古以來,文人閑居野處,不耐寂寞時,與志同道合、文采沛然之士相與往還,借此自樂。〔註 510〕如楊基居句曲山中,「與高啓、張羽、徐賁爲詩友,人稱國初吳中四傑。」〔註 511〕楊維楨「在九峰三泖間,有李五峰、張句曲、周易癡、錢曲江,爲唱和友。」〔註 512〕王懋明,字僅初,長洲人。「蚤歲英爽,讀書經目輒誦,裒撮舊聞,多所撰述,人稱爲經笥。爲華學士子潛所知,僑居錫山(今江蘇無錫)。」「同時有姚咨者,字舜咨,隱居錫山,教授鄉里,與僅初俱客於學士,日相倡和。時以子潛、僅初、舜咨及施子羽,爲錫山四友。」〔註 513〕無論是「吳中四傑」或是「錫山四友」,互爲詩友,彼此倡和。張之象卜築秀林山,文友頗多,據范濂《雲間據目抄》載:

> 其他先輩,若金陵顧華玉璘、許仲貽穀、吳門蔡九逵羽、文徵仲徵明、王履吉寵、彭孔嘉年、吾鄉徐伯臣獻忠、何元朗良俊,董子元宜陽,皆與公爲莫逆交,塤篪一時,此可知公臭味矣。公常稍從祿仕,爲浙藩幕,既謝去,卜築秀林山麓。其地多怪石清泉,烟扉月榭,叢竹茂林,及諸仙釋名蹟,苔射蘚沒,舊無物色者,公一一題咏,山靈遂爲生氣。所著書,及纂輯先代書,不下千卷,藏於家。〔註 514〕

文人必有所聚,窮則聚於學,達則聚於朝,及其退也又聚於社,以託其幽閒之跡而忘乎闃寂之懷。〔註 515〕明人以文會友,結社風氣甚盛,結集志趣相投

〔註 507〕明・陳沂,《石亭文集》(台北:漢學研究中心景照明嘉靖年刊本),卷 7,〈答劉南坦書〉,頁 15 上。

〔註 508〕周作人原編,《明人小品集》,〈勝境・嶺〉,頁 47。

〔註 509〕明・袁宏道,《袁中郎全集》(台北:文星書店,1965 年 1 月初版),《袁中郎尺牘》,〈焦弱侯座主〉,頁 47。

〔註 510〕陳寶良,《中國的社與會》,頁 301。

〔註 511〕《列朝詩集小傳》,〈甲集・楊按察基〉,頁 116。

〔註 512〕前引書,〈甲前集・周處士之翰〉,頁 92。

〔註 513〕前引書,〈丁集上・王山人懋明〉,頁 439～440。

〔註 514〕明・范濂,《雲間據目抄》(《筆記小說大觀》二二編五冊,台北:新興書局,1978 年 9 月初版),卷 1,〈張之象〉,頁 4 上。

〔註 515〕吳智和,《茶藝掌故》,頁 15。

之人，或十日一會，或月一尋盟，每假湖山勝地，作詩酒唱酬，既有朋友相契的喜悅，又有砥礪詩文的效用。〔註 516〕明代的讀書士子，常畏獨學無友，衷於求學問友，〔註 517〕時有文社、詩社、吟社、雅集等各類社集。

明人常選擇於山中結社交遊，山崖水澗之中，可以盪滌俗情，蟬脫塵俗之累，是與友朋相契相交的最佳地點。〔註 518〕如黎民表，「乞致仕疏，三上得允。民表賦性坦率，無城府，雅好讀古書，過目成誦，上自墳典，下迄百家、稗史，罔不涉獵，以故爲文，自成一家。方弱冠，才名籍甚，嘗師香山黃佐，佐雅重之，居清泉，山中開社，日與弟民衷、民懷，友人吳旦、梁有譽、歐大任唱和其間。」〔註 519〕閻爾梅（1603～1679）抗清不成後，擇居微山（今山東），與弟閻調卿、友人蔣克昌、陳百史立社會文。〔註 520〕若山中爲茶泉產區，如蘇州境內之無錫惠山、長洲虎丘山等地，也往往是文人開湯社、茶社、讀書社等社集中心。〔註 521〕交遊結社不但可以排解寂寥，豐富生活，彼此之間聲氣相屬，揣摩時文風尚，更可促進文學發展和學術繁榮。〔註 522〕

在「物友」交友方面：明人「戀物」，除上述「人友」外，另有「物友」。因現實的失意，導致對人群的疏離，進而轉向對自然萬物的觀照，從「物」中去追求會心的知己。〔註 523〕明人有很多「物友」，其中包括「花友」、「木友」，有謂「山寺十友」：「蒼髯翁松、抱節君竹、冰雪主人梅、晚香居士菊、懷素子水仙、碧菜道人菖蒲、秋江逸客木芙蓉、月露主人梧桐、幽芳處士蘭、雲華仙蓮。」另有：「茶醒友、鷗閑友、雪潔友、菊貞友、石介友、松高友、蘭芳友、香清友、竹篆友。」「蓮花淨友、蒲團禪友、麈尾談友、杖杖老友、青氈舊友、紙帳夢友、孤鴻遠友、落日西友，寒蛩吟友、楓葉紅友。」〔註 524〕自然萬物皆可爲友。王紱則有「雲友」，自云：「我昔九龍山下住，結廬正在雲深處，日日看山還看雲，常教剪却當簷樹。無端一別猿鶴群，馬蹄南北徒

〔註 516〕曹淑娟，《晚明性靈小品研究》，頁 110。

〔註 517〕陳寶良，《中國的社與會》，頁 279～280。

〔註 518〕林利隆，《明人的舟遊生活——南方文人水上生活文化的開展》，頁 38。

〔註 519〕《羅浮山志會編》，卷 6，〈人物志三・名賢〉，頁 21 上～下。

〔註 520〕陳寶良，《中國的社與會》，頁 290。

〔註 521〕吳智和，〈明代僧家、文人對茶推廣之貢獻〉，頁 14。

〔註 522〕蕭慧媛，《明代官員的乞休致仕——官場困局下求退告歸的時代現象》（台北：私立中國文化大學史學研究所博士論文，2004 年 12 月），頁 262～263。

〔註 523〕盧玟楣，《晚明文人自覺意識及其實踐之研究》，頁 23。

〔註 524〕《棗林雜俎》，和集，〈十友〉，頁 34 上～下。

紛紜，塵途底事拂衣晚，回首負卻山中雲。」〔註 525〕因塵世的俗擾，甚至深感有負「雲友」。明人喜居山，常以「山」爲友，有謂「世外交情，惟山而已。須有大觀眼、濟勝具、久住緣，方許與之爲莫逆。」〔註 526〕要與山爲莫逆知己，「久住山中」爲最佳的方式。何良俊則有「鳥友」，《何翰林集》載：

> 良俊志意不立，混跡樵採，爲州閭所詆毀，爲親黨所擯棄，是以杜門掃軌，絕不欲與世人爲侶，惟思得古豪宕奇逸之士，相與上下於數千載之間。況家富竹樹，扶疎繞屋，幽禽棲托，不減數千，每春日暄和，嚶鳴相逐。又良俊林澤之性，聞世人語，都不甚解，一聞鳥語，便悠然會心，故自分此生，永與世絕，但優游任適，以畢餘年耳。〔註 527〕

人言擾攘，不如鳥語悅耳，避世山居，足可斷絕世俗雜音，沉浸於山籟清音之中，與「鳥」爲友，應勝過與「人」爲友。

（二）結友的狀態

結友生活可以治鬱療寂，在避地遠處的山居生活，若有會心雅致之友過訪交遊，生活的狀態將可增添幾許歡愉氛圍，所以有云：「山林之樂，全在友朋！素心之士，杖藜過從，或明窗蒽蒨，或雨簷幽寂，脈脈相對，摩挲古書帖，商確古詩句。暑午寒晡，脫粟之飯，菜甲之羹，濁酒半瓢，慁然自適，或仰明月，或圍地爐，話言既殘，步送溪口，亦生人之至樂也。」〔註 528〕在悠然山林，與友臨帖摹詩，粗茶淡飯，雅趣頗具。山居交遊以「素心友」、「會心友」爲主，破看世俗名利的爭競，懷擁世外情誼的眞摯。據《燕居功課》載：

> 宦遊無論雪宵炎午，途轍所經，尚可連牀對酌，相訂相劘，一夕千秋也。然意多取下，言多避就，終不如山林之交，無拘無忌耳。至若一茗一爐，促膝並案，理圖書經史之業，暇則瞑目相向，不交一語，而神情脈脈往來，當大疑大義，一言一行爲萬葉瞻仰。如此素心之友，即天末地涯重繭就之所不敢辭焉。〔註 529〕

明人好友，喜與友過從互訪，尤其是「山林之交」、「素心之友」，彼此往來交

〔註 525〕《錫山景物略》，卷 1，〈惠山〉，頁 22 下。
〔註 526〕《醉古堂劍掃》，卷 4，〈靈〉，頁，頁 70。
〔註 527〕《何翰林集》，卷 18，〈與方子瞻書〉，頁 7 下～8 上。
〔註 528〕《燕居功課》，卷 27，〈戒下・不開趑趄之筵〉，頁 2 上。
〔註 529〕前引書，卷 24，〈出往・訪友〉，頁 6 上～下。

遊，心意互通。訪友途中，眼觀山景，耳聽清音，也是山居生活的一大勝事。費元祿至距鼂采館八十里外的葛仙山訪友，據載：「遠抵峰頂，道便行訪故人，或竹樹蒙密，山花笑映，澗瀑松聲，引下席地憩陰而坐。斜陽歸興，黃犢樵歌，帖背隨聽，斯亦濟勝之一具耳。」〔註530〕明人好客，尤其是趣味相投者，《神隱》明載山居的待客之道：

> 凡客至，家長者出迎，待居中堂，作揖拜見訖，尊客於左，主人居右，家中子姪畢至，長揖而退。令數童子拱立於側，先命取茶，其廚下置辦酒食，晌飯以待之，不可使之空歸。茶後欵話之餘，或蜜水藥湯，留連而食，以待酒饌。或弈棋、或鼓琴、或論詩、或投壺，如此久之，如酒食未備，欲留連其客，乃取茶磨臼碾擂鉢之類，列於客前。令童子旋擂碾，一童子汲水取火造茶，茶成令數童子捧盞，撇令一人分主賓，以捧獻之，則曰：「爲君以瀉清。」臆非此不足以破孤悶，此延客欵話之理也。若夜間燈窓之下，連床而坐，則又不是這般製度，於別室製造，以瓦罐置於茶爐，挈至床前，令一童子守之，旋要旋入盞，獻之可也。如酒食備，令童子捧獻而至，必令飯飽酒醉方可。如其告歸，主人送出門外，約一二百步，令童子扶送而去，此衜是一團和氣。〔註531〕

這是「以客爲尊」的待客之道，尤重酒食茶點的完備。因山居孤寂，有客來訪，倍受重視，甚至以家藏古書舊帖，或山中奇景以留客。據載：

> 羅遠遊家呈坎（今徽州）山中，多古書舊帖，曹臣常過之，數日不歸。一日臣欲急歸，羅留之不允，時天欲雨，隣山初合，松竹之顚，半露雲表，指謂臣曰：「汝縱不戀故人，忍捨此米家筆耶？」復留累日。〔註532〕

山居結友生活除飲酒投壺、焚香品茗、弈棋鼓琴、臨帖觀書等，尤重吟咏唱和。如東郊，累疏乞休，以御史致仕。「卜築少華山麓，竹樹蓊鬱，池亭虛豁，暇日與客逍遙吟咏其間。」〔註533〕魏裳〈白雲樓詩序〉載：「歸自關中，結樓鮑山，鮑山故管鮑論交地。于鱗（李攀龍 1514～1570）樓居，俯海岱之勝，

〔註530〕《鼂采館清課》，卷上，頁 3 下～4 上。

〔註531〕《神隱》，卷上，〈留連山客〉，頁 10 下～11 上。

〔註532〕《舌華錄》，卷 5，〈清語第九〉，頁 1 下。

〔註533〕明・王用賓，《三渠先生集》（台北：漢學研究中心景照明天啓二年序刊本），卷 12，〈監察御史華巖東公配孺人張氏墓志銘〉，頁 6 上。

美人四方，側身遙望，爲白雪之歌，念二三兄弟，何嘗一日置哉！余以尊酒過從，和歌樓上，相得驩甚亡厭，乃名樓白雪。」〔註 534〕胡應麟，字元瑞，自號少室山人。〔註 535〕有載：「高卧山中，不復就公車。而蘭溪令喻邦相豪於詩，與元瑞意合忘形，爾汝嘗與偕過趙學士靈洞山房，倡和連日夕。元瑞之卧山中，凡六載而始就公車。」〔註 536〕文人結友以風雅爲尚，詩歌唱和有雅韻，更可破除山中寂靜。（參見圖 15）

夜晚與寒冬襯顯山中的寂寥與靜默，此時尤其需要友朋的陪伴與慰藉。樂純與友人蔡龍皋讀書性天峰頂時，有載：「抱影寒窗，霜夜不寐，徘徊松竹下。四山月白，露墮冰柯，相與咏李白靜夜思，便覺冷然。頃之，寒風稍冽，予欲就寢，而龍皋復強予坐蒲團。從松端看月，因呼廖繩卿、吳仲度偕坐移時，繩卿不耐深語遂臥，余三人徙倚庭中，漫數樂志。」〔註 537〕岳元聲「雪後臥起山城，與沈子玄敘煨神火種道味酣，數米折薪之樂，省鳴珂佩玉之憂，可知烟蘿榻下，果勝楓宸侍從。」〔註 538〕面對夜晚與寒冬的幽寂，過往的憂思，惟藉友誼的溫度，才可化開冷然的心緒。

山居生活閒散無事，明人渴望友朋的來訪。宋彥云：「山房夜坐，遣人携瓶，汲寶藏泉歸，瀹松蘿茗。雪濤初瀉，碧綃破剪，滿室作九碗香氣，恨無人共賞。適小童在都城來，携仲含柬至，中云二十二三當訪余山中，覽之喜甚，廻環復閱，噉至七碗乃罷。」〔註 539〕得知朋友將來訪，欣喜之情，溢於言表。若是山中訪友不遇，則惆悵之情，不言可喻。李介（1445～1498）《天香閣隨筆》載：

> 黃子明訪予綺山精舍，留詩僧壁，予歸過訪亦不遇，復緘詩寄予。前詩云：「閒步山前意悄然，野花如綺似當年，千層石黛奇堪繪，百尺松鱗勢欲騫。樵笠遮頭銜細雨，佛燈分火試新泉，我來君往空惆悵，夜話何時一榻連。」後詩云：「蘭若幽閒到處家，相思遙望綺山霞，題名但見菖蒲葉，會面眞同優鉢花。知有新詩供獨賞，不將奇

〔註 534〕明・魏裳，《雲山堂集》（台北：漢學研究中心景照明萬曆七年序刊本），卷 4，〈白雪樓詩序〉，頁 4 下。

〔註 535〕《弇州山人續稿》，卷 68，〈胡元瑞傳〉，頁 14 下。

〔註 536〕同上註，頁 16 下。

〔註 537〕《雪菴清史》，卷 1，〈清景・霜月〉，頁 46。

〔註 538〕《潛初子文集》，卷 7，〈語錄〉，頁 78 下。

〔註 539〕明・宋彥，《山行雜記》（《筆記小說大觀》一三編五冊，台北：新興書局，1983 年 10 月初版），頁 5 下。

策向人誇，何當就爾談終夕，細指山陬與水涯。」〔註 540〕

山居避地遠處，加上交通不便，朋友過訪會面不易，甚至感慨如見「優鉢花」，可遇不可求。黃奐也有感於此：「風磴秋涼，松聲夜吼，白露滿袖，黃花可餐。清商遏雲，玉蕭颯起，秉燭繼月，飛觥達曙。主人之風流，所以娛客至矣！爾後卧疴山樓，韻友過從，清宵揮麈，非無一二快心事，然欲續此樂，了難再得，乃益知勝集之不可常也。」〔註 541〕在文人尺牘的內容，更可見此：「卧痾閉戶，謝絕一切，得考叔牋，霍然投幾千里，故人不忘須臾，非我考叔，誰能若是？于凡佳士，爲考叔友也者，則不佞友也。秋炎漸退，那得不一入黃羅山中，足下清齋，嶺上白雲，可餐耳。」〔註 542〕朋友之情，彌足珍貴。

山丘的阻隔，加上生命的無常，朋友間的交遊，難免多些無奈。宋濂自言：「濂方閉戶著書，跬步弗妄出，不及如季高言。濂所居實浦汭青蘿山，山中林樾蒼潤，孤猿野鶴見人了無驚猜意，而梅花泉又極可飲，濂自念雖不能爲季高往，季高清俊士折簡招之，或可一來當共飲水哦詩，或投壺白雲間亦一樂也，豈知季高遽棄濂而長逝乎！」〔註 543〕顧清（1460～1528）與曹時中（1432～1521）也如此：「顧東江與曹定庵最相善。定庵卒，東江以詩哭之云：『公昔還山，我出山；我歸，公已厭人間！』」〔註 544〕

山居生活中，朋友交遊有其難處，有謂：「居山易，山友難。」吳兗自言：「余草堂在茶山中，厭俗客，又畏生客，客亦不至。一二比舍，無足與談者，不得已訂交于花竹水石之間，題其居曰『七者山寮』。」〔註 545〕山居「人友」難交，只能轉而結交「物友」，自我慰藉。

六、養生生活

文人重視「養生」，岳元聲有〈養生說〉：「又曰少私寡欲，少私寡欲者可以養心；又曰絕念忘機，絕念忘機者可以養神；又曰飲食有節，飲食有節者可以養形；又曰務逸有度，務逸有度者可以養亂；又曰入清出濁，入清出濁

〔註 540〕《天香閣隨筆》，卷 2，頁 5 下～6 上。

〔註 541〕《黃玄龍先生小品》，〈尺牘上〉，頁 27 上。

〔註 542〕同上註，頁 26 上。

〔註 543〕《文憲集》，卷 29，〈蔣季高哀辭・有序〉，頁 46 上。

〔註 544〕明・張所望，《閱耕餘錄》（《四庫全書存目叢書》子部一一〇冊，台南：莊嚴文化事業有限公司，1995 年 9 月初版），卷 6，〈文僖私憾〉，頁 15 上。

〔註 545〕《山居雜著》，〈披裘公祠記・附贊〉，頁 1 上。

者可以養炁；又曰絕淫戒色，絕淫戒色者可以養精。」〔註 546〕日常生活中重視六養：「養心」、「養神」、「養形」、「養亂」、「養氣」、「養精」。又有謂：「養志者忘形，養形者忘利，致道者忘心，太上之旨也。其次塞兌，其次杜門，太上不及法，最下無法。丈夫世緣未斷，即不能棲隱巖穴，追園綺之蹤，慕老氏曲全，抑亦可以爲次耳。」〔註 547〕也強調「養志」、「養形」，如何成就「養生之道」，主要皆在節制慾望。而遊棲於山水之間，可以節制慾望，使耳目、心志、氣神等，俱得所養，無論「內性」、「外形」，山水之於養生，功益甚大。〔註 548〕所以居於山水之中，不但可以養身亦可養心，有助於身體的強健，更可陶冶精神心性，使心境清曠、寧靜、淡泊、超脫，對待榮辱得失、富貴貧賤，皆能淡然處之。〔註 549〕山居生活的整體，可以說是養生生活的體現，山居者多壽，靈秀的山水境地常有長壽之人。李曰滌〈山民壽說〉載：

> 余入宜山戴溪，而見其族老恒多壽，蒼顏鶴髮，若耆若耋，若耄者累累而是。竊嘗思之，天下之物，凡堅固脆薄之質，皆因乎地之所產。平原之區，江漢之地，民得水分多而土分寡，其所稟者，皆輕清湛明之氣，寬綽佻達之姿，故其民雖智而多殀。生於山者純厚，而能固靜一而不耗，此即天地之所謂壽源也。〔註 550〕

人的長壽與否，與居住環境大有關係，居山者純厚固靜，保氣神、不虛耗，是長壽的原因。胡廣也說：「予聞深山大谷多壽人，而子仍所居，依雞山之陽，坡陀蜿蜒，草木叢茂，平疇衍沃，足稻粱筍蕨之味，而無意外塵襍之撓。則夫壽考康寧者，天必又以錫子仍也，更後數十百年有相繼而歌宴雅者，必源源而不絕也。」〔註 551〕山居的環境無塵俗之擾，是福壽康寧的來源。

明人從對身心的重視，進而展現對生命的關懷，強調尊生、貴生、樂生、遵生、養生、衛生、攝生、愛身、保身等，表明個體意識、生命意識的覺醒。〔註 552〕至明代中後期，更認知到天地之性以「人」爲貴，道理禁錮人的性靈，從中破繭，營造生活無限的豐富性。〔註 553〕養生之道不再只是單純的節制慾

〔註 546〕《潛初子文集》，卷 10，〈養生說〉，頁 3 上。
〔註 547〕《鼂采館清課》，卷上，頁 4 上。
〔註 548〕夏咸淳，《明代山水審美》，頁 27。
〔註 549〕前引書，頁 30。
〔註 550〕《竹裕園筆語集》，卷 2，〈山民壽說〉，頁 12 上。
〔註 551〕《胡文穆公文集》，卷 10，〈劉氏重修宴雅堂記〉，頁 2 下。
〔註 552〕夏咸淳，《情與理的碰撞：明代士林心史》，頁 163。
〔註 553〕陳建華，〈論晚明思潮——一個反儒文化斷層〉，頁 80。

望、苦修形性，王叔果《半山藏稿》載：

> 壽及耄者，大都節飲嗇食，深居簡接，頤神繕性，瞿瞿于于以引長年齡，人遂以爲罕覯，若北川翁則異是焉。翁爲予比隣所居，有華山墨池之勝，予仲氏暘德，甫治家園于華麓，翁旦夕過從，游憩徙倚忘倦。蒼頭常拾杖以隨翁，則矯步而前矣，家園畜歌僮數輩，演雜劇，翁數過視，賞工摘奇，喜洋洋也。華山勝甲九斗，仲氏依寺構樓宇，踞峰爲大觀亭，長逕峻嶺，翁日躡輕屨登眺，無事扶掖，望之如仙。〔註 554〕

陳翁高壽九十，養壽祕訣不是節飲嗇食、深居簡出，而是遊憩賞玩、與友過從，在山清水秀的生活中，不但得到身心的養護，更使生活豐富多采。茲將山居的養生生活分述如下。

（一）山行的生活

山中景致幽靜，隨季節轉換、日升日落，有不同的變化，文人喜愛在幽絕的山中漫步。〔註 555〕（參見圖 16）晉人郄詵認爲：「山行洗盡五年塵土腸胃。」〔註 556〕滿身塵俗味，便靠此洗清，這是清雅閒逸、入清出濁的養生方式。安世鳳的山居日常生活中非常重視散步，「每天和日暖則花徑柳塘漫游信步，或志日在天，或夜月未上，食足茶餘，則就廊底，或簷際，或几案間屈曲處，無不可行。」〔註 557〕鐵腳道人，「愛赤腳走雪中，興發則朗誦《南華·秋水篇》，嚼梅花滿口，和雪嚥之，曰：吾欲寒香，沁入肺腑。」〔註 558〕袁中道則常於午後閒走，以健神強身，在寫給其弟的書信中云：

> 山中已有一亭，次第作屋，晨起閱藏經數卷，倦即坐亭上，看西山一帶，堆藍設色，天然一幅米家墨氣。午後閒走乳窟聽泉，精神日以爽健，百病不生。吾弟若有來遊意，極好。三月初間，花鳥更新奇，來住數日，煙雲供養，受用不盡也。〔註 559〕

信函中表達出希望與其弟同遊共賞山中煙雲的意願。

〔註 554〕《半山藏稿》，卷 10，〈壽陳翁九十序〉，頁 8 下～9 上。
〔註 555〕常立，《看山》（濟南：山東畫報出版社，2004 年 1 月第 1 版），頁 103。
〔註 556〕《武夷山志》，卷 16，江瓘〈武夷游記〉，頁 54 下。
〔註 557〕《燕居功課》，卷 23，〈虛淨·經行〉，頁 5 上～下。
〔註 558〕《花裏活》，卷下，〈明〉，頁 18 下。
〔註 559〕《珂雪齋集》，卷 24，〈寄四五弟〉，頁 1014。

（二）山遊的生活

明代中期以後，山中遊寓之風相當興盛，因爲山川秀靈，可以觸目寄懷；知己朋友，可以契己相遊；寄興幽貞，可以絕塵遠俗。〔註 560〕塵世生活的囂喧煩憂，文人學士的高趣雅致，都會在山遊中排遣宣洩，在精神上的得到慰藉與安寧。〔註 561〕明人好山遊，如劉睿，「治經術，攻古詩文，居青田山中二十年；出游吳、楚、齊、晉又二十年，歸隱于好溪。」〔註 562〕郭第，「隱于焦山，有向平五岳之願，自號五游。」〔註 563〕孫一元，「嘗棲太白（今陝西寶鷄）之巓，故號太白山人。或曰安化王宗人，王坐不軌誅，故變姓名避難也。一元姿性絕人，善爲詩，風儀秀朗，蹤跡奇譎，烏巾白帢，攜鐵笛鶴瓢，遍遊中原，東踰齊、魯，南涉江、淮，歷荊抵吳越，所至賦詩，談神仙，論當世事，往往傾其座人。」〔註 564〕岳岱，字東伯，也好山遊。據載：

> 先世以軍功隸蘇州衛，至其父始好讀書，闢草堂于陽山，去滸市可數里，花木翳然，修竹萬挺。東伯結隱其中，山房依白龍塢，自稱秦餘山人，又以系出相臺，號漳餘子。中年出游恆、岱諸嶽，泛大江，覽留都名勝，渡濤江，訪豐南禺于四明，歷覽天姥、天台、雁宕、武夷、匡廬而返，遂不復出。性狷介，不妄與人交。〔註 565〕

趁中年體力尚可，悠遊各大名山，至晚年才深隱不出。明人山遊多賞景交遊，以娛目娛情。陸深，「夜歸宿山中，晨起觀初日，散影遙田，滿地皆白雲，以軟輿經過，瀰漫靃霏，俯見城郭，此身眞在天上，須臾扁舟亂流，還坐南榮映目，從兒子寫漢書一兩段，方啜新稻飯一盂。」〔註 566〕宋彥亦載：

> 入山，乘款段徐行，道經嘉興觀下庄橋萬壽寺，道上杏花夾繁李，山桃盛開。遙見香山碧雲諸峯，半山如積雪，白雲樸面，香氣襲骨。前視家口，輿馬絡繹，回顧小車載瓶粟，轆轆輕陰嫩綠中，便是「葛翁移居圖」，惜余不久又將出山耳。……抵青龍橋東張氏房寓，下馬

〔註 560〕陳寶良，《明代社會生活史》，頁 7。

〔註 561〕滕新才，〈明朝中後期旅遊熱初探〉，《北方論叢》，1997 年 3 期（總 143 期），頁 19。

〔註 562〕《列朝詩集小傳》，〈甲前集・劉睿〉，頁 95。

〔註 563〕前引書，〈丁集上・郭山人第〉，頁 498。

〔註 564〕《明史》，卷 298，〈隱逸〉，頁 7629。

〔註 565〕《列朝詩集小傳》，〈丁集中・岳山人岱〉，頁 516。

〔註 566〕明・徐渭輯，《古今振雅雲箋》（《四庫禁燬書叢刊》集部一八冊，北京：北京出版社，2000 年 1 月 1 版），卷 6，陸深〈山中・與楊東濱〉，頁 36 上。

> 倦甚，小憩至日下。春，策蹇至玉泉山，訪千賢僧，歸已暮矣，酌村醪三四杯，步橋上，淡雲微月，烟樹朦朧，四山夾水，兩水夾橋，橋下流水，雪雪有聲，徙倚久之。四顧村中燈火，光滅盡乃歸，歸坐窗下聽雨，更餘乃寢。……曉起，雨初霽，開南窗，見甕山磊磊，諸石如洗出紺玉。啓北扉望金山，松柏菁蔥，掩映臺殿，翠色欲滴。忽白烟一縷，如線亘天，漸遠漸分，如蓋如席，白雲四出，晴色朗然矣，急握筆記之，乃櫛沐。甕山前仁慈菴，荒敗有古意，入門三百武，兩傍椿樹夾之，登石磴二十級，有堂三楹，兩廡翼之，西廡前爲樓。看山下水田，綠映北壁，數塍外即西湖，恨樓卑不能多得水，使十里澄光若縞帶耳。〔註 567〕

詳細描寫山遊的經過，有山花的香氣襲骨，山溪的雪聲充耳，山樹的翠色映目，山遊間美感充斥，可以「養身」、「養耳」、「養目」。歸莊山遊的目的則是「賞花」，尤好梅花：

> 吳中梅花，玄墓、光福二山爲最勝。入春則游人雜沓，輿馬相望。洞庭梅花不減二山，而僻遠在太湖之中，游屐罕至，故余年來多捨玄墓、光福而至洞庭。〔註 568〕

> 鄧尉山梅花，吳中之盛觀也。崇禎間，嘗來游，亂後二十年中凡三至。〔註 569〕

> 登馬駕山，山有平石，踞坐眺矚，梅花萬樹，環繞山麓，左望下崦，波濤浩渺，虎山橋橫，亘浦口光福塔，遠矗雲際，青芝、鄧尉、銅井諸山，環列如障，其東南最高峰則玄墓也。〔註 570〕

遊賞吳中各山的梅花，以觀繁花滿山的盛景。

明人好遊，以養耳目之觀，有謂「一卷書、一塵尾、一壺茶、一盆果、一重裘、一單綺、一奚奴、一駿馬、一谿雲、一潭水、一庭花、一林雪、一曲房、一竹榻、一枕夢、一愛妾、一片石、一輪月，逍遙三十年，然後一芒鞋、一斗笠、一竹杖、一破衲，到處名山隨緣福地也，不枉了眼耳鼻舌身意，隨我一場也。」〔註 571〕山遊可以強身健體、舒暢身心，有時也有風險，陳繼儒言：

〔註 567〕《山行雜記》，頁 1 上。
〔註 568〕《尋花日記》，卷上，〈洞庭山看梅花記〉，頁 1 上。
〔註 569〕前引書，卷上，〈觀梅日記〉，頁 3 上。
〔註 570〕同上註，頁 5 下。
〔註 571〕《聞雁齋筆談》，卷 5，〈泗上戲書〉，頁 2 下～3 上。

吾隱市，人跡之市；隱山，人跡之山。乃轉爲四方名岳之游，如獐獨跳，不顧後群；如獅獨行，不求伴侶。然丹危翠險，梯腐藤焦，每欲飛渡而空躡之，計莫若退隱田園。〔註 572〕

山行、山遊，是以「外動」來養生，除此之外，還要以「內靜」來修身，在動靜間互相調和，求得平衡。

（三）習靜的生活

養生之道有謂：「獨臥是守眞，愼靜最爲貴，錢財生有分，知足將爲利。強知是六患，少慾終無累，神靜自常安，修道宜終始。」〔註 573〕明人的養生觀念，是「心欲靜、形欲勞」，〔註 574〕以「愼靜」爲重，以「神靜」爲安。擇居山中，是求心靜的一種生活態度，明人謝絕人群、只取知交的生活意向，向山水更幽更僻處結廬，成爲必然的選擇。〔註 575〕在論山水審美的心境方面，更主張：靜觀、靜看、靜對。心境恬靜、寧靜、深靜，乃能沉潛於山水，領略其風情，賞識其妙趣。〔註 576〕在山居生活中，文人「閉門謝客」、「獨處靜坐」，成爲習靜生活的主要狀態。

在「閉門謝客」方面，如韓奕，「隱於醫，洪武初，太守姚善下車，聞奕名，將見之，奕避去山中。善追至而泛舟入太湖，善歎曰：『韓先生所謂名可得而聞，身不可得而見也。』尤工於詩，時稱韓山人。」〔註 577〕鄭一初，弘治十八年（1505）進士，「居紫陌山，閉門習靜。」〔註 578〕范允臨，「跧伏草莽爲深山野人，與鹿麛偃臥豐軟，日飽松聲泉韻，掩耳不聞戶外者，三十餘年矣。」〔註 579〕陳繼儒，「居干將山草堂，土室半爲烟雲所埋，閉門高枕，畏聞人聲，惟刪花洗竹之暇，拾殘蕉敗柿，書古人一二可喜者以度隙影。」〔註 580〕又曾言：「余畏客，舍城而山，客跡之山；舍山而舟，客跡之舟。」〔註 581〕

〔註 572〕《晚香堂集》，卷 2，〈芙蓉庄詩序〉，頁 12 上。

〔註 573〕《類編朱氏集驗醫方》，卷 15，〈養生雜論．眞人養生銘〉，頁 7 下～8 上。

〔註 574〕《燕居功課》，卷 23，〈虛淨．經行〉，頁 5 上。

〔註 575〕曹淑娟，〈晚明文人的休閒理念及其實踐〉，《戶外遊憩研究》，4 卷 3 期，1991 年 9 月，頁 40。

〔註 576〕夏咸淳，《明代山水審美》，頁 45。

〔註 577〕《吳中人物志》，卷 9，〈人物志〉，頁 22 上。

〔註 578〕《明儒學案》，卷 30，〈粵閩王門學案〉，頁 656。

〔註 579〕《輸寥館集》，卷 8，〈與吳興郡公朱心在書〉，頁 9 上。

〔註 580〕《白石樵眞稿》，卷 1，〈棘隱園漫草序〉，頁 28 上。

〔註 581〕前引書，卷 21，〈書避客〉，頁 23 上。

與上述韓奕相同，皆因盛名所累，無法避客而居的感慨。在結友交歡之餘，也常預留閉門習靜的生活空間。譚學份，「性明穎，不茹葷，喜與緇侶遊，築半偈山房於獅子峰下，讀書習靜，人希見其面，所著詩文，幽異簡峭。」〔註582〕伍雲（1425～1471），字光宇，廣州新會人。《續高士傳》有載：

> 性至孝，軒輊自樹立，與陳獻章友，窮年約己，探研理道。隱居南山，南有大江，以意造釣艇，置琴一張，每良夜，放艇獨釣。或設茗，與獻章共泛，扣舷和歌，悠然不知有人間世。又于北巖，創亭盈丈，視之窈如，焚香晏坐，閉門息交，往往終歲。〔註583〕

平時除與陳獻章爲友外，則常閉門息交。桑琳，號鶴溪，有客過從時，以樂音助興，平時則獨身自處：

> 性恬澹，讀書好古，耽吟咏。蚤歲喪偶，不復娶，寒燈冷榻，凝然獨坐，結廬虞山下。山光湖色，日映几席間，視其中，薰爐茶鼎，蒲團麈尾，種種瀟灑，有客過從，則打漁鼓，吹紫竹，笑語相應，出入於青松白石間，大都白玉蟾之流也。〔註584〕

有謂：「柴門不扃，筠簾半捲。梁間紫燕，呢呢喃喃，飛出飛入，山人以嘯咏佐之，皆各適其性。風晨月夕，客去後，蒲團可以雙跏；烟島雲林，興來時，竹杖何妨獨往。」〔註585〕有客共娛，無客自娛的生活狀態，明人在山居生活中自有調適的良方。

另有避戶不出，以絕世事者。如盛修齡，「隱居龍泉山中，葛巾野服，自放於烟霞泉石間，邈焉不與世接，富貴一不累其志，若將終身焉。」〔註586〕魏淵之，「不言世務，足未出山者三十餘年。」〔註587〕處士丘公，「僻陋越在山中，足不喜到城市，頃之有欲以門戶口事屬公者，公即出數十金，自解免，不樂也。」〔註588〕于孔廉，居「山中十二年，不聞戶外事，即家庭事亦不欲聞。」〔註589〕錢塘藏書家虞淳熙，官至吏部稽勳郎中，致仕「歸而偕弟僧孺

〔註582〕《黃山志定本》，卷2，〈人物〉，頁74上。

〔註583〕《續高士傳》，卷4，〈伍雲〉，頁13下～14上。

〔註584〕《花當閣叢談》，卷4，〈桑先生〉，頁11上。

〔註585〕《醉古堂劍掃》，卷6，〈景〉，頁，頁107。

〔註586〕《王忠文集》，卷7，〈盛修齡詩集〉，頁25上。

〔註587〕蔣星煜，《中國隱士與中國文化》，頁59。

〔註588〕明・趙懷玉，《趙旬龍先生文集》（台北：漢學研究中心景照明刊本），卷3，〈處士丘公行狀〉，頁22上。

〔註589〕《山居稿》，卷6，〈簡湯見弦同年〉，頁28上。

（虞淳貞）隱南山回峰下，採蕁行樂，嘯咏惟適，棲寂課玄，六時不輟，足跡不窺官府，雖臺府大吏及四方遊客，欲一識面不可得。」〔註 590〕明遺民中最爲孤絕堅卓者莫過王夫之，僻處湘南山中，不講學授業，更不與世相接。〔註 591〕俗事不擾，才顯幽適，在閉門謝客的習靜生活中，可得「獨樂之樂」：「焚香、試茶、洗硯、鼓琴、校書、候月、聽雨、澆花、高臥、勘方、經行、負暄、釣魚、對畫、漱泉、支杖、禮佛、嘗酒、宴坐、翻經、看山、臨帖、倚竹，右皆一人獨享之樂。」〔註 592〕他們所嚮往追求的生活，應是「山居懶慢，庭院經時不埽，過雨之後，滿砌皆長莓苔，色翠而幽，如紺錢散地，稍喜門無剝啄，不爲屐齒所侵，得以成其清勝。」〔註 593〕人聲鼎沸，足跡交踏的塵世之擾，不適山居清雅之境。

在「獨處靜坐」方面，明人也常以靜坐來養生，張鼐《二六時令》載：「掩關晏坐，非雅客不接，深居以四日爲度，其一日則報謝賓客，大約五日一出門，一月靜坐當有二十四日，亦太古小年也。又常榜于坐曰：『胸中無一事，眼前多好人，隨境隨緣，安閒快活。』此小安樂法也。」〔註 594〕「靜坐」在日常生活中佔有相當大的比重，甚至以靜坐爲首要之務，有謂：「靜坐第一，觀書第二，看山水花木第三，與良朋講論第四，教子弟讀書第五。」〔註 595〕而適宜獨處靜坐之地，只要寧靜、空曠、幽深、優美的所在都合宜，〔註 596〕山中便是一塊佳處。明人認爲：「山居之士，負暄而坐，頓覺化日舒長，爲人生一快耳。」〔註 597〕「熱鬧煩囂總屬惡魔，惟山居獨坐，理會性情，聽鳥吟、觀魚躍，此中意味無窮。」〔註 598〕靜心而坐，才能體悟自然的奧妙，去體會生命的悠揚，得到生活的樂趣。在山中獨坐，「目不視惡色，耳不聽惡聲，以聖賢爲師法，以風月爲友侶，直尋生身性命源頭。」〔註 599〕所以山居養生生

〔註 590〕《啓禎野乘》，卷 3，〈虞稽勳傳〉，頁 11 上。

〔註 591〕李瑄，〈豪傑：明遺民群體的人格理想〉，頁 99。

〔註 592〕明・陳繼儒，《太平清話》（《歷代筆記小說集成・明代筆記小說》二八冊，石家莊：河北教育出版社，1995 年 11 月第 1 版），卷 2，頁 8 下。

〔註 593〕《北墅抱瓮錄》，〈苔〉，頁 33 下～34 上。

〔註 594〕《枕中秘》，張鼐《二六時令》，頁 4 下。

〔註 595〕明・沈仕輯，《林下盟》（《山林經濟籍》，台北：漢學研究中心景照明刊本），〈五事〉，頁 3。

〔註 596〕龔斌，《中國人的休閒》，頁 47。

〔註 597〕朱劍心選注，《晚明小品選注》，卷 1，〈閑賞・元旦〉，頁 21。

〔註 598〕《尋樂編》，頁 11 下。

〔註 599〕前引書，頁 10 上。

活，以獨坐最妙。

山居靜坐可以消弭塵俗的煩擾，澄心志、遠思慮，如馬文「辭祿，結廬明山之下，一室靜坐，翛然有塵外之志。」〔註600〕黃奐，「亦逃山中靜坐，生死之了未了未可知，然塵情已澹。」〔註601〕萬廷言，「日侍老親之暇，頗得無事，秋來結廬深山，期終歲靜坐，澄澈此心。」〔註602〕有時在公事繁忙時，燕坐山中，頗具雅趣，陸深「公廨在山椒，四圍紫翠，在一指顧間，後有小園，有方亭流泉，時時燕坐，耳目清淨，可以忘老於此矣。」〔註603〕佛道方外也常以靜坐修道，如憨山禪師，名德清，字澄印，「居于羅浮之鹿角坑，誅茅為廬三年，東遊吳越，結庵廬山五乳峰下。」〔註604〕面對千峰積雪，萬壑松濤，時時默坐。〔註605〕聞谷禪師廣印，「數年來，晝則聽講，夜則縛禪。參無幻禪師，乃謝去講肄，攝靜於西溪法華山。單丁四年，或數日不食，或一坐連朝。參請漸多，乃曳杖而去。上雙徑，結茅白雲峰下，影不出山者六載。」〔註606〕陳鏗韶，「年二十餘，喪妻，遂散家資，學長生術，獨至鼓山（今福州）絕頂，默坐竟日，久乃能辟穀。」〔註607〕以默坐絕食而達修道之功。張默全，「孑身入山，隱跡僧舍，不攜一童豎，不應一世緣，一室蕭然，閉戶獨坐，令人可望而不可即，此其高風不尤古人所少哉！」〔註608〕

山居靜坐時可以焚香鳴磬以助興，如祁彪佳「靜坐之工，上午香二炷，下午如之，晚一炷，鳴磬為節，時遊人至者，令庄奴閉門，謝却多不得入。」〔註609〕靜坐的時間則以清晨尤佳，《尋樂編》載：「每日早起靜坐，受天地清氣，靈竅自開。若暑天早起，清氣透入肺腑，在山館中，其清更不容言，惟有自得之趣者知之。」〔註610〕山居早晨的清氣，在靜坐吐納間，有助養生。

〔註600〕《小山類稿》，卷36，〈祭馬長史文〉，頁11下。

〔註601〕《黃玄龍先生小品》，〈尺牘上〉，頁21下。

〔註602〕《學易齋集》，卷1，〈答吳望湖先生〉，頁13下。

〔註603〕《儼山集》，卷94，〈與楊東濱十五首〉，頁1下。

〔註604〕《羅浮山志會編》，卷5，〈人物志二・釋〉，頁25上。

〔註605〕龔斌，《中國人的休閒》，頁46。

〔註606〕《牧齋初學集》，卷68，〈聞谷禪師塔銘〉，頁1566。

〔註607〕清・釋元賢，《鼓山志》（《四庫全書存目叢書》史部二三五冊，台南：莊嚴文化事業有限公司，1996年8月初版），卷12，〈叢談志〉，頁10下。

〔註608〕明・徐枋，《居易堂集》（台北：臺灣學生書局，1973年，據中研院史語所藏本景印），卷2，〈與王雙白書〉，頁12上。

〔註609〕《祁忠敏公日記》，〈山居拙錄〉，總頁716。

〔註610〕《尋樂編》，頁10下。

明人山居的目的，主要是求其「靜」，這也是文人摒棄城市，擇居山林的主因，「靜坐」也成爲山居中重要的生活形態。

（四）談禪悟道的生活

禪道與山林生活有密切的關係，明人山居常藉由談禪悟道以養生。佛教流傳初期，即與山林有不解之緣。這一方面與印度地理上多山以及原始自然崇拜密切相聯；另一方面與佛教主張避世苦行，強調清靜思索從而達到禪定的境界有關。〔註 611〕所以佛教初入中土，僧侶就選擇山林環境，尋求幽靜清寂之自我解脫、自我淨化的修煉場所。〔註 612〕道教亦是，往往寄寓山水，煉丹餌藥，祈求長生。〔註 613〕而禪宗的發展是在佛教出家、出世傳統基礎上，結合道教清修、無爲以及反對禮教束縛等思想，進而成爲文人用以逃世脫俗的重要途徑，故有所謂逃禪的說法。〔註 614〕

明代中葉以後，禪風漸盛，至末年，文人結交山僧緇流，紛紛逃禪，〔註 615〕並影響到明人的生活狀態，參禪問道成爲一種清雅，通過參禪問道打開心靈的天窗，以尋求個性解放，追求精神自由。〔註 616〕也使他們致力追求心身俱適：既享受世俗的物質生活，而又不過於執著；既嚮往高遠的精神境界，而又不脫離俗世的享樂。〔註 617〕「禪」已非僅止於信仰，而是爲文人「閒寂」時，提供的山野遊興娛樂。〔註 618〕

山居是一個與山水結合的自然靜謐之所，較不會受到世事的干擾，適於文人滌清苦悶，利與山僧名士論禪清談，以幫助心性的修養。〔註 619〕在清山冷石之間聽泉覽月，洗濯塵纓，心靈也可以得到棲息和淨化。〔註 620〕鄒迪光年四十即罷歸，築園亭於慧山之下，燕樂優遊幾三十年。因有感於人生之無常，擲盡豪華，而專心研習佛理。〔註 621〕屠隆「家在半郵半郭，山倚精廬，

〔註 611〕何平立，《崇山理念與中國文化》，頁 130。
〔註 612〕前引書，頁 593。
〔註 613〕韓兆琦，《中國古代隱士》，頁 83。
〔註 614〕張和平，〈晚明社會的經濟與人文〉，頁 46。
〔註 615〕吳智和，〈明代文人集團的山寺茶會〉，頁 38。
〔註 616〕羅筠筠，〈禪悅士風與晚明小品〉，頁 124。
〔註 617〕吳承學，〈論晚明清言〉，頁 338。
〔註 618〕陳世忠，《王學末流的異端癥候——以李贄爲主的個案研究》（台北：私立淡江大學中國文學研究所碩士論文，1995 年 6 月），頁 43。
〔註 619〕張忠良，〈晚明小品文作家的思想及其生活〉，頁 22。
〔註 620〕周群，《儒釋道與晚明文學思潮》，頁 315。
〔註 621〕羅宗強，《明代後期士人心態研究》，頁 376。

松下時時清梵，人稱非俗非僧。」〔註 622〕屠隆是「非俗非僧」，何靜業則達到「是儒是道」或者「非儒非道」的境界。傅梅《嵩書》載：

何靜業，自號野鶴子，嘗隱嵩山，巖穴處壘石爲居。分守參政李公民質知其人，檄縣代爲結廬於甘露臺之側。廬成，靜業棲旬日，輒空其室以去，徧遊名山，或間一二歲輒復一來，予始至物色之不可得。一日，予齋宿嶽宮，忽投刺來見，自稱散人何靜業，年約六十許。與之談，頗悉玄理，而飾以儒者之緒，論雍容閒雅，亦似有道者，扣其邑里家世俱不對，今亦不知其所之。〔註 623〕

何氏隱居嵩山，遍遊名山，常與人談論玄理，頗有儒道風範。在談禪悟道的山居生活中，明人重視清談，所謂清談之語，「除世務之外，凡風流豪爽，放達高傲之類，皆清也。」〔註 624〕常以禪語及山林會心語爲主。〔註 625〕明人常常「山中居無事，令江湖往來，清談消白日，閑則視天漢，將阿堵世界，赴之一擲。」〔註 626〕湯賓尹（1568～？），萬曆二十三年（1595）榜眼及第。在山居生活中，常以參禪之語清談，在尺牘中曾言：「俠兒意氣，近且被山中數聲木魚，消磨殆盡，胸中烏有矣！」〔註 627〕修禪悟道成爲生活的重心，世事間的意氣風發、壯志胸懷，也已不再。

明人對山居的生活亦時有體悟，袁中道云：「人生在世，須如弈碁，要看最後數著。若貪世樂，而無所歸宿，即非佳結局也。然世上山澤之癯，耳絕美聲，目絕美色，口絕美味，彼皆境緣不合，而不得不舍喧而入寂耳，非眞能忘情者也。」〔註 628〕明人常以山居作爲人生終老之計，但若身於山中，心仍懸念俗事，對於養生皆非益事。錢謙益《列朝詩集小傳》載：

雲鴻，字朗仲，常熟人。起家孤貧，讀書修行，以忠孝名節爲己任。篤於交友，責備行誼，慷慨急難，以古人相期許。中萬曆庚子（二十八年，1600）鄉試，退而卜築虞山之藤溪。嘗謂余曰：「天下多事，

〔註 622〕明・屠隆，《清言》，《山林經濟籍》（台北：漢學研究中心景照明刊本），頁 15 上。

〔註 623〕明・傅梅，《嵩書》（《四庫全書存目叢書》史部二三一冊，台南：莊嚴文化事業有限公司，1996 年 8 月初版），卷 7，〈巖棲篇・何靜業〉，頁 36 下～37 上。

〔註 624〕《舌華錄》，卷 5，〈清語第九〉，頁 1 上。

〔註 625〕張忠良，〈晚明小品文作家的思想及其生活〉，頁 22。

〔註 626〕《潛初子文集》，卷 6，〈與沈何山〉，頁 56 下。

〔註 627〕《古今振雅雲箋》，卷 6，湯賓尹〈山中・柬伯子〉，頁 37 上。

〔註 628〕《珂雪齋集》，卷 9，〈壽南華居士序〉，頁 429。

丈夫當出而死國。及此介居，留連煙雲泉石間，聊借以瑩心神、養氣骨耳。埽除一室，豈吾黨之所有事乎！」丁未鎖院對策，語及於朝政敝窳，天災民隱，淚簌簌下，沾漬畢牘，不能收。下第歸，發病卒。〔註 629〕

顧雲鴻雖退居虞山，澄心養氣，但心念國事，最終病卒。張瀚（1511～1593）《松窗夢語》也載：

華山李道者善養生術，余時以寮友李樓源疾，安車迎之至關。入見長揖，席地而坐，惟飲水食生。黃冠草履，身衣一衲，寒暑不更。視人疾不施藥餌，惟令人調氣守神。時樓源形若槁木，氣若喘急，尚戀一官。道者亦云不治，乃辭歸華山。余顧所坐處，其氣猶蒸蒸然起於地中。非得養，安能若是。〔註 630〕

養生之道重視調氣守神，若尚戀俗事，氣神不定，則易斵身毀骨，不利養生。

明人山居的生活形態，豐富多采，在閒逸的生活中，可以隨心而娛，隨時而適。據《閒餘筆話》載：

一日之間，人各有有，有各有時，時各有宜。養德宜操琴，練智宜彈棋，遣情宜賦詩，輔氣宜酌酒，解事宜讀史，得意宜臨書，靜坐宜焚香，醒睡宜嚼茗，體物宜展畫，適境宜按歌，閱候宜灌花，保形宜課藥，隱心宜調鶴，孤況宜聞蛩，涉趣宜觀魚，忘機宜飼雀，幽尋宜藉草，澹味宜掬泉，獨立宜望山，閒吟宜倚樹，清談宜剪燭，狂笑宜登台，逸興宜投壺，結想宜欹枕，息緣宜閉户，探景宜携囊，爽致宜臨風，愁懷宜佇月，倦游宜聽雨，元悟宜對雪，辟寒宜映日，空累宜看雲，寄歡宜拾釵，揮憤宜擊劍，遭亂宜學道，臥病宜參禪，療俗宜避人，破夢宜說鬼。識此意者，一遊一賞悠然自得，何憂不合時宜耶！若予心慵手懶，身外俱空，無乎宜也。無乎宜，是以無乎不宜也！〔註 631〕

一日中的各時段，皆有合宜可做之事，無論是「閒人有閒時」或是「閒人無忙事」，擁有悠然自得的心境，才是閒適人生須具備的生活態度。

〔註 629〕《列朝詩集小傳》，〈丁集下・顧先輩雲鴻〉，頁 623。
〔註 630〕《松窗夢語》，卷 4，〈方術紀〉，頁 112。
〔註 631〕《閒餘筆話》，總頁 518。

第六章　山居生活的意涵

山居生活的意涵，最主要的是與「自然」的關係，從自然中獲得生活的苦與樂。在山居生活中，人與自然在一感一應中建立密切的關係。觀察明代文人親近自然景物以實踐山居取閒之理念，可從三端言之：一是觀賞山水景物之美感形相；二是體驗心物間的感應；三則珍惜同遊的和諧人情。〔註1〕也就是從感觀、心靈去觀賞、體驗山水景物，再從山水景物的映襯中感受人情的溫度。這種接近自然的遁隱生活方式，不是尋幽發隱、就是縱情山水，因此對大自然環境的體會更加深刻。〔註2〕山中的泉流、松風、鳥囀、蟲鳴、樹影、花香等，自然天成，妙趣橫生，〔註3〕可用視覺、聽覺、嗅覺、觸覺、心覺去意會一種幽趣獨具的況味與意涵。沈懋孝在「山間意」中提及：汲山泉，拾松枝，煮苦茗啜之，起坐團蒲；從容出步山徑，撫孤松與麋犢共息，起臨流泉漱齒、浣足；既歸竹塢虛窗前，山童作筍蕨供，泊然一飽。認為：聲利場中人，不知此妙境也。〔註4〕此即山棲生活的意涵所在。

第一節　山居景觀的意涵

大自然變幻無常，隨著季節的更替和日出日落，山水風光的形態、色彩、

〔註1〕曹淑娟，〈晚明文人的休閒理念及其實踐〉，頁44。

〔註2〕廖玉蕙，〈晚明小品中的遊記、傳記與日記〉，《中正嶺學術研究集刊》4集，1985年6月，頁58。

〔註3〕曹明綱，《人境壺天——中國園林文化》，頁160。

〔註4〕明・沈懋孝，《長水先生文鈔》（《四庫禁燬書叢刊》集部一六〇冊，北京：北京出版社，2000年1月1版，據明萬曆刻本影印），〈水雲諸篇・山間意〉，頁32上～下。

聲響呈現的是一種動態美。山岳間聲、色、形、光的變幻，是自然造化的結果，滙成美妙的和諧與統一。〔註 5〕沈浸在青山綠水之間，彷彿能聽到宇宙的律動、生命的節律，領悟天地自然的偉大與永恆。〔註 6〕

一、山的意象

魏源（1794～1857）〈遊山吟〉提及：遊山淺，見山膚澤；遊山深，見山魂魄。〔註 7〕若深居山林，則對山將有更深的體會。山，多情而又寂寞，多情指的是姿態萬千，寂寞指的是內涵深邃。〔註 8〕這是文人對山的意象，也是文人喜愛山的原因。山雖然本質亙古不變，不似人事、物態、天時的滄桑多變，但山會隨著人事、物態、天時，在表象上變化萬千。有謂：「山，至壽也。於人事，則有館宇之成毀；於物態，則有草樹之榮落；於天時，則有風日之陰霽；而卒無改於山；故山者，閱人事、物態、天時者也；不爲人事、物態、天時閱者也，靜故也。」〔註 9〕看山之不同，如看美人姿態的變化：「顰笑不同情，修約不同體，坐臥徙倚不同境，其狀千變，山色之落眼光亦爾，其至者不容言也。」〔註 10〕另外，山有型態上的「遠近高下」，與內涵上的「靜淡空深」，皆有不同的意象，所謂：「遠山宜秋，近山宜春，高山宜雪，平山宜月。」〔註 11〕以及「山靜晝亦夜，山淡春亦秋，山空暖亦寒，山深晴亦雨。」〔註 12〕展現與「春秋」、「晝夜」、「寒暖」、「晴雨」的關係。又有「近山」、「遠山」、「晴山」、「雨山」之高下比較。據載：

> 山雖有美，身蹠其中美者，不足慕也。蓋人情賤近而貴遠，假使崑崙、泰嶽，適在目前，必不足以生夫企仰。顏閔程朱，生於今日，爲我東家隣，則熟視無覩。故對遠山如對古人，如對畫圖之烟雲，使木石依稀彷彿於明滅斷續之中，正可大發其恭敬愛樂，故曰：「近山不如遠山」。〔註 13〕

〔註 5〕游琪、劉錫誠主編，《山岳與象徵》，頁 542。

〔註 6〕龔斌，《中國人的休閒》，頁 15。

〔註 7〕任仲倫，《遊山玩水——中國山水審美文化》，頁 9。

〔註 8〕展望之，《居室雅趣》，頁 106。

〔註 9〕明・鍾惺，《隱秀軒集》（《中國古典文學叢書》，上海：上海古籍出版社，1992 年 9 月第 1 版），卷 19，〈鄒彥吉先生七十序〉，頁 305。

〔註 10〕朱劍心選注，《晚明小品選注》，卷 3，黃汝亨〈姚元素黃山記引〉，頁 95。

〔註 11〕《鼉采館清課》，卷下，頁 3 下。

〔註 12〕《小窗自紀》，卷 1，〈雜著〉，頁 48 上。

〔註 13〕《竹裕園筆語集》，卷 2，〈一曰近山不如遠山〉，頁 8 下～9 上。

所持的論點是人情往往「賤近而貴遠」，所以「近山不如遠山」，也難怪明人雖已居山，卻又喜遠走各地，遍遊名山。又載：

山質蒙昧，得日光而耀之，是猶昧者而使之旦也。然山氣不幽，則用不藏，而顯薄易盡。雨則山沒頭角于烟霧，濛濛之中，如美人之覆其面，美益！可思神龍之潛其首，神愈變化，是以三傑之功高，不如四晧之名隱，故曰：「晴山不如雨山」。〔註 14〕

雨山的朦朧之美勝於晴山，是以「晴山不如雨山」。

天下名山亦各有意象與特色，山岳姿態萬千，靈趣飛動，分別給人以不同的美感感受，古人對名山形象評價很多：如泰山天下雄、黃山天下奇、華山天下險、峨眉天下秀、青城天下幽等。〔註 15〕可知泰山美在雄壯，黃山美在奇特，華山美在險峻，峨眉美在秀媚，青城則美在幽靜。〔註 16〕《湧幢小品》亦載：

華山如立，嵩山如臥。華山如峨冠道士振衣天末，嵩則眠龍而癱者也。蓋天地磅礴之氣，至中州開舒二室，室者藏也，蜿蜒奇麗，橫亘其中數十里。余老矣，尚須裹糧一盡其勝！〔註 17〕

魏源也謂：「恆山如行，岱山如坐，華山如立，嵩山如臥，惟有南岳（衡山）獨如飛。」這是以各山的形貌，歸結出各異的特色。

二、景觀變化

有謂「楊柳岸，蘆葦汀，池邊須有野鳥，方稱山居。」〔註 18〕山居的意涵便是有自然景物的陪伴，彼此之間有深厚的情誼，《舌華錄》有載：

吾鄉汪曼容，工古篆刻，老而愈精，即文三橋、何雪漁不及也。結室黃蘿山下，曰「一樹菴」，日誦唄其中，偶有事甃至市，裾袖間冉冉有白雲時出，事畢即返。人或問曰：「何返之速也？」答曰：「白雲伴我出市，安可不送白雲入山？」〔註 19〕

表達山居生活中對自然景物之情，與梁代陶弘景之詩：「山中何所有，嶺上多白雲，只可自怡悅，不堪持贈君。」〔註 20〕對山中白雲的依戀，有異曲同工

〔註 14〕前引書，卷 2，〈一曰晴山不如雨山〉，頁 8 下。
〔註 15〕謝凝高編著，《中國的名山》，頁 34。
〔註 16〕游琪、劉錫誠主編，《山岳與象徵》，頁 538。
〔註 17〕《湧幢小品》，卷 26，〈山〉，頁 4871。
〔註 18〕《清言》，《山林經濟籍》，頁 3 下。
〔註 19〕《舌華錄》，卷 5，〈清語第九〉，頁 1 下。
〔註 20〕《霞外麈談》，卷 5，〈幽賞〉，頁 5 下。

之妙。蘇州隱士王賓則是寄情花鳥：「遁跡西山中，姚少師廣孝，以舊好訪之山中，謂曰：『寂寂空山，何堪久住？』答曰：『多情花鳥，不肯放人。』」〔註21〕而山中的自然景物常促使自然景觀的多變，也造就山景的變化。

在早晚景觀的變化上，「山之曉多白雲，滃滃然彌亘巖谷，類飛絮縈繞間露清巒出其上，畫家所作初疑以爲幻設，至是始悟其眞有之也。及雲開霧散，松檜若沐灝氣之來，洽人腑藏，亦奇觀之甚偉者也。」〔註22〕早晨雲霧的幻化，使山間多偉岸奇觀；而夜間「山于月何與，靜觀忽焉通。孤烟出其外，相與成寒空。清輝所積處，餘寒一以窮。萬情盡歸夜，動息此光中。」〔註23〕月的光影，使山間增添幾許幽況，所以夜間，「山最宜月」。據載：

> 晚山多綠烟起于麓，輕籠淡抹，其橫如練，而夕陽掩映，紫翠萬狀，尤宜霞，遙映諸巒，隱若金碧。山最宜月，四山無人，一輪在雲間，下照空谷，樹影參錯，極可游。雪晝遐望，皆銀峰玉嶂，光明照徹，迥有佳致。及飛鳥時歸，林動屑墜，紛紛點石。斯時擁爐煨榾柮，持茗杯，閱高士傳，則山家之極致也。〔註24〕

月光冷照，光影錯動，山中擁爐品茗，則別有一番雅致。又載：

> 山樓一枕，晚涼臥醉初足，倚欄長嘯，爽豁吟眸，時聽南山之陽，殷雷隱隱，樹頭屋角鳩快新晴，喚婦聲呼部部矣，雲含剩雨，猶著數點飄搖西壁，月痕影落，湖波溶漾，四山靜寂，兀坐人閑，忽送晚鐘，一清俗耳。漁燈萬盞，鱗次北來，更換睫間，幽覽使我眼觸成迷，意觸冥契，頓超色境勝地。〔註25〕

晚間臥醉山樓，聽輕雷斷雨，見漁燈萬盞，波光粼粼，頗得山晚勝境。

在季節景觀的變化上，季節是化妝師，變幻出各種不同的色彩，〔註26〕在不同季節中呈現出的不同美感與不同季相，〔註27〕一年四季的交替和陰、晴、雨、晦的天氣現象則構成山間的色彩斑斕，春翡、夏翠、秋金、冬銀，

〔註21〕《舌華錄》，卷5，〈清語第九〉，頁2上。
〔註22〕《說郛續》，楊循吉《居山雜志》，〈事勝第八〉，頁10上。
〔註23〕明・鍾惺，《隱秀軒集》，卷2，〈山月〉，頁16。
〔註24〕《說郛續》，楊循吉《居山雜志》，〈事勝第八〉，頁10。
〔註25〕《雅尚齋遵生八牋》，卷4，〈四時調攝牋－夏卷・山晚聽輕雷斷雨〉，頁62。
〔註26〕曹明綱，《人境壺天——中國園林文化》，頁197。
〔註27〕魏向東，〈時間禁忌與旅遊空間——晚明旅遊時間分析與研究〉，《江蘇社會科學》，2007年3期，頁176。

揮灑出自然景觀的季相變化。〔註28〕有謂:「春見山容,夏見山氣,秋見山情,冬見山骨。」〔註29〕昔人有云:「眞山水之烟嵐,四時不同。春山澹冶而如笑,夏山蒼翠而如滴,秋山明淨而如粧,冬山慘淡而如睡。」〔註30〕山的景致因四時遞變而有不同。《舌華錄》也載:

> 天游子效負圖先生,履跡遍名山。或問曰:「山不同乎?」曰:「然!春山淡冶而如笑,夏山蒼翠而如滴,秋山明淨而如粧,冬山慘淡而如睡。海山微茫而隱見,江山嚴厲而峭卓,溪山窈窕而幽深,塞山童頳而堆阜。桂林之山,玲瓏剔透;巴蜀之山,巉差窳窆;河北之山,棉衍龐博;江南之山,峻峭巧麗,山之形色不同如此。」〔註31〕

山容除因季節的不同外,「水域」或「區域」的不同,也使山容的形色各異。

四季的景致使山容風貌多變,吳拭《武夷雜記》載:「春山霽時,滿鼻皆新綠香景象沖融,神情俱發,訪鼓樓坑十里桃花,杖策獨行,隨流折步,猿鳥不驚,春意尤閒,遇彭東山談避世法。晚歸時花月溶溶,谿山寂寂,目接皆新,賞心復別,亦一勝事。」〔註32〕春季繁花盛開,點綴山色,美不勝收。宋彥《山行雜記》也載:「春雨淙淙二日,霽後登山看花,俱泫泫不禁,李花微作黃色,杏白如粉,海棠酣色退盡。少頃,風掠山巔,松濤頓發,飄瓣滿山,如積雪花,事至此遂盡。」〔註33〕春雨暫歇,輕風微蕩,花瓣飄飛,山景如詩,可見「山容澹冶」。在夏季:

> 山深幽境,眞趣頗多。當殘春初夏之時,步入林巒,松竹交映,遐觀遠眺,曲徑通幽。野花隱隱生香,而嗅味恬淡,非檀麝之香濃;山禽關關弄舌,而清韻閒雅,非笙簧之聲巧。此皆造化機局,娛目悅心,靜賞無厭。時抱焦桐向松陰,石上撫一二雅調,蕭然景會,幻身是即畫中人物。〔註34〕

夏花初開,繁木叢生,可見「山氣蒼翠」。及至秋季,有謂:「山居幽賞入秋

〔註28〕謝凝高編著,《中國的名山》,頁35。

〔註29〕明・吳拭,《武夷雜記》(《廣百川學海》,台北:新興書局,1970年7月初版),頁7上。

〔註30〕《林泉高致集》,〈山水訓〉,頁5上。

〔註31〕《舌華錄》,卷5,〈清語第九〉,頁2下。

〔註32〕《武夷雜記》,頁2下。

〔註33〕《山行雜記》,頁2上。

〔註34〕《雅尚齋遵生八牋》,卷4,〈四時調攝牋－夏卷・步山徑野花幽鳥〉,頁64。

多，處處丹楓映黛螺，欲寫江南好風景，雪川一派出維摩。」〔註 35〕賀燦然〈與孫上池〉書：「山水之勝多在深秋，頃不佞溽暑中，以事走虎林，畏熟伏地不能出門戶，比時丹楓萬樹，山清水澄，竟不能挐舟而來，從足下縱攬六橋之勝，蓋翹首悵然矣。」〔註 36〕此時丹楓萬樹，山水清澄，感慨不能與友縱攬勝景。而「秋冬之際，山居最爲幽絕，菊花三徑，松聲一丘，杖策攜琴，與二三友人濁醪相命盡興而返，不知山陽嵇阮，輞上王裴，誰爲後先也！」〔註 37〕秋間山居，清明幽絕，更適與友酬醪其中，由此可見「山情明靜」。而到歲末，吳拭遊賞武夷山：

> 冬山雪後，遊徑盡閉，百尺樹危枝俱定，三十六青螺了了可數。一片妙明空寂境中，復現出蒼蘿翠竹，碧水丹山。夜霽時，明月又來照積雪上，吾謂以世間百年，易此山中一日，亦不爲過。遂題其室曰「願易」。〔註 38〕

冬季山區積雪，頗有「山骨慘淡」之感，然明月映照，景致絕然，有言：「城市見雪，覺少意味，惟山間得雪，則光景愈清，默坐書齋，自有冷然之趣。」〔註 39〕

在晴雨景觀的變化上，「晴天之山，紫而明；陰天之山，青黑而暗。」〔註 40〕藉由山色可以知其晴雨：「遠山之色，清朗明爽，主晴。嵐氣昏暗，主作雨。起雲主雨，收雲主晴，尋常不曾出雲，小山忽然雲起，主大雨。久雨在半山之上，山水暴發一月則主山崩，卻非尋常之水。」〔註 41〕山色主宰「晴雨」，可知一斑。而在景觀上，前文談及：「晴山不如雨山」，更有謂：「冒雨來看山，雨中山更好。」〔註 42〕雨山景致萬千，有時比晴山更盛：

> 急雨連夜，山漲暴發，遙念豐干，恐遂有去年之厄，眞可謂杞人憂矣！樓中看黃羅、天馬諸峯，雲霧合離，倏忽萬態，靜觀其變，遂

〔註 35〕《容臺集》（詩集），卷 4，〈題紅樹秋色〉，頁 43 下。

〔註 36〕《六欲軒初稿》，卷 15，〈與孫上池〉，頁 5 下。

〔註 37〕《莫廷韓遺稿》，卷 15，〈雜言〉，頁 30 上。

〔註 38〕《武夷雜記》，頁 1 下～2 上。

〔註 39〕《尋樂編》，頁 50 上。

〔註 40〕《戒庵老人漫筆》，卷 5，〈統論山〉，頁 169。

〔註 41〕明．婁元禮輯，《田家五行》（《廣百川學海》，台北：新興書局，1970 年 7 月初版），〈論山〉，總頁 2821。

〔註 42〕明．鄭以偉，《靈山藏》（《四庫禁燬書叢刊》集部一七五冊，北京：北京出版社，2000 年 1 月第 1 版），〈中丞復邀游龍井〉，總頁 477。

至忘世。〔註 43〕

有謂：「居山尤宜觀雨，雨將至則冷風颯然為之驅，倚閣遙望，暝雲四合，暘絲滿空。或斜飛亂舞，谷響林偃，眞有溟濛混沌之態，至靜夜憑枕，竹樹交戛，流泉時下，與簷滴相應和，有琴筑聲。」〔註 44〕田藝蘅《香宇初集》也載：

> 巒靄忽興，暑氣更逼，雨意復作，亟下南嶺，偃息香宇書院。探冷泉巖，因憶往歲，曾與子久辟暑此中。大雨暴集，余露立磐石上，瀑布飛注如玉柱、水簾，頭面淋漓，而子久傴僂對蹲石壁下，懸崖似欲崩墮者，猶抵掌大笑，以為平生奇遊，此為絕狀，相與捧腹，移晷方出。今屈指六送梅矣！勝事不常，良朋罕晤，依依子久，能不牽懷。聊與山僧一茶而去，夢想不置呼語子久者，三村路非遙，新晴未熱，儻能從我，即當拂衣，惟子久清修出塵，泉石同調，諒心會也。〔註 45〕

談到與好友蔣子久在山中觀雨的往日情景，暴雨飛瀑的壯闊奇景，猶歷歷在目。還有一段以山雨欲來留友的典故：

> 羅遠遊家呈坎山中，多古書舊帖，曹臣常過之，數日不歸。一日臣欲急歸，羅留之不允，時天欲雨，鄰山初合，松竹之顚，半露雲表，指謂臣曰：「汝縱不戀故人，忍捨此米家筆耶？」復留累日。〔註 46〕

雨後山景幽然，素為文人所雅好。（參見圖 17）陳繼儒「居山中，有客問山中何景最奇？曰：『雨後露前，花朝雪夜。』」〔註 47〕山中雨景常為文人騷客心目中奇景之一。

第二節　山居感觀的意涵

感觀的生活中有文人的審美意識，明代的審美風尚透過感觀意識，使生活更趨於趣味化與多元化。〔註 48〕山居生活美感的觸發，除心態眞淳之本然外，再加以外在物事的奇趣魅力，其中包括山居環境的佳山與勝水，〔註 49〕

〔註 43〕《黃玄龍先生小品》，〈尺牘上〉，頁 31 上。

〔註 44〕《說郛續》，楊循吉《居山雜志》，〈事勝第八〉，頁 10 上。

〔註 45〕《香宇初集》，卷 2，〈山中與蔣子久書〉，頁 15 下～16 上。

〔註 46〕《刻徐文長先生秘集》，卷 7，〈談芬〉，頁 29。

〔註 47〕《醉古堂劍掃》，卷 5，〈素〉，頁，頁 87。

〔註 48〕羅筠筠，〈明人審美風尚概觀〉，《明史研究》，1993 年 4 期，頁 173。

〔註 49〕林嘉琦，《晚明文人之觀物理念及其實踐——以陳繼儒《寶顏堂祕笈》為主要

無論是視覺上的色彩，〔註50〕或是聽覺上的聲響，皆是審美意識重要的元素。〔註51〕文人藉由山水之美，使俗事雜念頓消，潤養精神，安頓心靈，山水之美成爲心神的滌濾器和激發劑。〔註52〕

一、山居與視聽感觀

山居生活的自然景物，可提供視聽的美感享受。山水自然的美感，包括：形象美、色彩美、動態美、靜態美、視覺美、聽覺美等。形象美可概括山巒深谷的雄、奇、險、秀、幽、奧、曠等形象特徵。〔註53〕自然的色彩則給予視覺上的美感，聽覺上的美則來自動態的自然樂音。在動態與靜態美中，動和靜原本是相對的，卻又相輔相成。山居生活中的「山」、「水」、「人」、「物」，在動靜間互爲轉換，彼此「動中有靜」「靜中有動」，在聲色間激生美感的變化。李日滌《竹裕園筆語集》載：

> 余從入山來，此間聲色供我悦怡者，何限松聲、泉聲、寺鐘聲、牧豎笛聲、林鵲聲、風聲、竹聲，皆聲之極清者也。野花色、蒼崖色、雲色、瀑布色、煙霞色、楓梓碧丹色，皆色之最佳者也。余縱一一私之，取不禁而用不竭，而並無敗德伐性之嫌，較之一切炫人之聲色，孰得孰失？何去何從？山居者宜有是觀。〔註54〕

山居的聲色之娛，不同於俗世者，在於「清聲」、「雅色」，不傷毀身心，卻可娛養耳目。

在視覺感觀上，「觀於物」可以深入自然，與山水、鳥獸、草木、日月、風雨和雷霆交流，參與天地萬物的變化之中。〔註55〕有謂：「觀物者，所以玩心於其物之意也。是故於草木觀生，於魚觀自得，於雲觀閒，於山觀靜，於水觀無息。」〔註56〕不僅觀於表面上的美感，還觀於內涵的深意。（參見圖18）

在聽覺感觀上，論聲之韻者，曰：「溪聲、澗聲、竹聲、松聲、山禽聲、

觀察範疇》，頁37。

〔註50〕吳功正，〈明代遊賞美學研究〉，《湖南師範大學社會科學學報》，35卷5期，2006年9月，頁36。

〔註51〕游琪、劉錫誠主編，《山岳與象徵》，頁541。

〔註52〕謝凝高，《山水審美：人與自然的交響曲》，頁96。

〔註53〕謝凝高編著，《中國的名山》，頁30。

〔註54〕《竹裕園筆語集》，卷2，〈山居十六觀・觀之五〉，頁2下。

〔註55〕張節末，《狂與逸》（北京：東方出版，1995年第1版），頁83。

〔註56〕《草木子》，卷1下，〈觀物篇〉，頁19。

幽壑聲、芭蕉雨聲、落花聲、落葉聲，皆天地之清籟。」〔註 57〕文人總愛傾聽這些自然的清音，遠離市聲鼎沸，在寂靜的山中坐聽松聲風響，看千澗飛落的爽颯，聞林間鳥蟬的低鳴。弓背仰視，向雲深處冥想，臨流箕踞，結友煮茗焚香，俯聽這從天上來的清音，〔註 58〕雅趣橫生，意境尤遠。晉朝左思〈招隱詩〉:「何必絲與竹，山水有清音。」便是山居聽覺感觀上的寫照。據費元祿載：

> 夜來微雲，澹綴河漢，數點潤落花屏，豔吐競奇，諸客流連。春晴驟熱，忽有涼風薦爽，雨雹臨軒，飛泉入座。所謂：豈必絲與竹，山水有清音，景昃鳴禽夕，水木澹清華，清遠之勝，居然兼之。〔註 59〕

「文興詩情，以鼓吹發，絲竹管絃，非幽人所宜，鳥語雜葉聲同響，溪流和松韻齊鳴，天籟之鳴歟！」〔註 60〕人爲的絲竹不及天籟的清音。徐谼《谿山琴況》有載：

> 每山居深靜，林木扶蘇，清風入絃，絕去炎囂，虛徐其韻，所出皆至音，所得皆眞趣，不禁怡然吟賞。喟然云:「吾愛此情，不絿不競；吾愛此味，如雪如冰；吾愛此響，松之風而竹之雨，磵之滴而波之濤也。」〔註 61〕

幽靜的山林，賦予聽覺的美感。瀑落深潭、溪流山澗、雨打芭蕉、風揚松濤、鳥語幽林、蟲鳴寂夜等自然之音，〔註 62〕在山居環境中，盪漾著悠然的情韻。（參見圖 19）

在溪澗聲方面，「靜聽山澗流泉，時作輕聲，時作重聲，蓋自有天然節奏之妙，眞足洗人狂馳心也！」〔註 63〕樂純居於天湖山下，其景致:「嵐深煙靄，藤樹蔥蒨，石橋浮梁如帶，澗石噴沫相戛，作金玉聲。山川之美，使人聽睹不暇。」〔註 64〕山澗流泉的清韻，更能滌清心神。據載：

〔註 57〕《小窗自紀》，卷 1，〈雜著〉，頁 45 下。

〔註 58〕范宜如、朱書萱，《風雅淵源——文人生活的美學》，頁 161。

〔註 59〕《鼃采館清課》，卷上，頁 4 上。

〔註 60〕《小窗自紀》，卷 2，〈山齋供具〉，頁 91 上。

〔註 61〕清・徐谼，《谿山琴況》(《四庫全書存目叢書》子部七四冊，台南：莊嚴文化事業有限公司，1995 年 9 月初版)，〈一曰澹〉，總頁 742。

〔註 62〕謝凝高編著，《中國的名山》，頁 38。

〔註 63〕《尋樂編》，頁 49 下。

〔註 64〕《雪菴清史》，卷 1，〈清景・天湖山〉，頁 9 下。

夜卧天龍洞，鐘磬之音，冷然襲人，已而曙色熹微，禽鳥呼應，秀鬱蒽籠之氣，掩映窗櫺。起乘曙色，忽聞深山滴滴瀝瀝，如鳴佩環，其清冰玉，其調宮商，湛然瑩然，淵淵然、冷冷然，非絲非竹，此何音也！余于此際，恍然會心，頓清數年來筆落胸臆。若令熱中者聽，名心清；奔逐者聽，利心清；忿躁者聽，怒心清；憂愁者聽，苦心清；婪者聽之，貪心清；淫者聽之，慾心清。〔註65〕

使胸臆暢懷磊落，不再受世俗的紛擾，名利的桎梏。而黃綰遊鴈山時，「是日風大作，晚宿能仁公署，夜聞飛灑聲，將曉，呼詢從者，曰：『晚來有雨。』開戶視之，則皎日光霽，乃知泉流澗中，風葉飛鳴，山境寂靜，誤聽爲雨聲也。」〔註66〕宋彥「春暮，坐卧佛後泉水頭，聽泉聲濺亂而下，澗邊繁英飄墮時，縈結如摶旋轉，久之，始得下，駱賓王『聚花如薄雪，沸水若輕雷』，爲此詠也。」〔註67〕另外，山泉瀑布「實山居之珠箔錦幙也，以供耳目。」〔註68〕王思任遊天台山，「至福聖莊，觀瀑布，夏雪春雷，江懸海掛。」〔註69〕溪澗潺潺，聽之如雨如雷，成一曲自然的樂章，節奏明快，韻律激昂。

在松竹聲方面，山居者面對松竹之屏，「時奏清韻，細心靜聽，恍疑是羲皇上人。」〔註70〕山風輕揚，松韻沙沙，雅致幽然，有謂：「娟娟月露，下薝蔔而生香；嫋嫋山風，入松篁而成韻。」〔註71〕或者：「雲晴靉靆，石楚流滋，狂飈忽捲，珠雨淋漓。黃昏孤燈明滅，山房清曠，意自悠然。夜半松濤，驚颶蕉園，嗚琅窾坎之聲，疎密間發。愁樂交集，足寫幽懷。」〔註72〕

在蟬鳥聲方面，「斜陽映翠，近山鳴蟬，靜聽其聲，秩秩然合禮，雍雍然合樂，眞天地間清籟，山林中妙絕一部鼓吹也。」〔註73〕有謂：「茅簷外，忽聞犬吠雞鳴，恍似雲中世界；竹窗下，雅有蟬吟鴉噪，方知靜裏乾坤。」〔註74〕在山居生活中，蟬噪鳥鳴營構出「蟬噪林逾靜，鳥鳴山更幽」的幽靜境地。

〔註65〕前引書，卷3，〈清課．聽泉〉，頁81下～82下。
〔註66〕《鴈山志》，卷4，黃綰〈遊鴈山記〉，頁83。
〔註67〕《山行雜記》，頁5上。
〔註68〕《煮泉小品》，〈石流〉，頁6下。
〔註69〕《游喚》，〈天台〉，總頁494～495。
〔註70〕《尋樂編》，頁11下。
〔註71〕《清言》，頁11下。
〔註72〕《醉古堂劍掃》，卷6，〈景〉，頁111。
〔註73〕《尋樂編》，頁10上。
〔註74〕《偶譚》，頁24。

視聽感觀的生活常常體現在文人的山居生活中，如譚元春「頃在山中，能察山際昏曉之變，能辨煙雨所以起止，能乘月聽水於高低田之間，能上絕頂，望大江落日，能選石斜倚，寂然相對，能穿松徑，愛其不成隊者，趺而坐之。」〔註 75〕許孚遠〈德清山館記〉載：

> 嘗坐小樓之上，萬樹蒼然，照映几席，鳴禽之音，間關在耳，而清風時至，明月滿樓。看飛鳥於雲際，聽流泉之涓涓，所以發吾之性靈，而除其煩穢之思者，蓋觸處而在。其或雲霧之朝，風雨之夕，閉户靜息亦足以收斂其性情。誦於斯，讀於斯，考德而論道恒於斯。暇則與二三子，振衣高岡，徜徉幽谷，詠歌唱和，壺觴自隨，不知足之蹈之，手之舞之者也。夫德清山自開闢而來，不知幾千萬年於此，其遊息於山者，不知幾何人斯，而余也創爲小築，百年之間，聊以居身而適志。〔註 76〕

看飛鳥、聽流泉，可以啓發性靈，除去煩思，這是視聽感觀的功用。所以「聽瀑布可滌蒙氣，聽松風可豁煩襟，聽簷雨可止勞慮，聽鳴禽可息機營，聽琴絃可消躁念，聽晨鐘可醒潰腸，聽書聲可束游想，聽梵音可清塵根。」〔註 77〕面對山水的視聽感受，明人也有其方法：「看水宜近，看山宜遠，聽水宜高。水近則曠，山遠則深，聽水愈高，則聲愈響。」〔註 78〕在眼觀上，山求深遠，水求近曠。在耳聽上，則求水泉之聲響。

另外還有嗅覺的感觀生活，尤其對於花木的芬芳，毛元淳云：「獨往山館，寂無人聲，止有一陣梅花香耳，向此中參會自然，意味深長。」〔註 79〕李鼎也說：「木犀花散作滿院秋香，吾無隱乎爾！」〔註 80〕花氣的香氛，深透成山居生活的一縷悠然。

二、山居與心境體悟

山居者在面對山水時，內心有眾多的體悟，山水是文人內心世界的顯相，

〔註 75〕《譚元春集》，卷 23，〈九峰靜業序〉，頁 640。

〔註 76〕《敬和堂集》，卷不明，〈德清山館記〉，頁 9 上～下。

〔註 77〕明·陳繼儒、程銓，《古今韻史》(《四庫全書存目叢書》子部一四八冊，台南：莊嚴文化事業有限公司，1995 年 9 月初版)，卷 6，〈韻語〉，頁 11 上。

〔註 78〕《山行雜記》，頁 1 下。

〔註 79〕《尋樂編》，頁 51 上。

〔註 80〕《偶譚》，頁 24。

透過自然宇宙展現自我的獨特風格。〔註 81〕由自然的生息動靜之中，體認天道流行的訊息，並由此解悟人事、澄澈心境。〔註 82〕黃潛〈環翠樓記〉載：

> 讀書於此，則有以悟。夫智仁動靜之理，鼓琴於此，則有以得；夫高山流水之趣，覩烟雲之開豁，則吾心之邪穢因之以滌。覩鳶魚之飛躍，則化育之流行，因之以著。至若覩農者水耕火耨之辛勤，樵者烟簑雨笠之陟降，行者擔簦負笈之往來，則又有以悟。夫四民皆有常業，而各俛焉，以盡其當爲之事也。〔註 83〕

山居環境中，可以體悟動靜之理，尋得自然之趣，滌清邪心欲念，深探化育之道，體察生人之業。

寄寓山水不僅可以娛情，更得以從中修養內在的情操。〔註 84〕孔老夫子曰：「智者動，仁者靜；仁者樂山，而智者樂水。」後人喜愛山水，是內心仁智道德觀念的象徵。據載：

> 問者曰：「夫仁者何以樂於山也？」曰：「夫山者，萬民之所瞻仰也，草木生焉，萬物植焉，飛鳥集焉，走獸休焉，四方益取與焉。出雲道風，嵷乎天地之間，天地以成，國家以寧，此仁者所以樂於山也。」詩曰：「泰山巖巖，魯邦所瞻。」樂山之謂也。〔註 85〕

「山」供給草木的生長，鳥獸的繁殖，在陰陽和合，雨露之澤中，使得萬物以成，百姓以饗。〔註 86〕「仁者樂山」，山的莊嚴是仁者的象徵；「智者樂水」，水的靈動是智者的情性。〔註 87〕基於山的特質，山居文人在面對山水時，一則是喜其清幽自然，一則亦可觀照個人的生命內涵，〔註 88〕彰顯仁智的道德價值。

明人面對山水，不僅強調視聽感觀的好尚，更著重內心體悟的探究。在心境上，不被山水所禁錮，而是悠遊於山水之上。所以「善觀山水者，不泥

〔註 81〕范宜如、朱書萱，《風雅淵源——文人生活的美學》，頁 29。

〔註 82〕曹淑娟，〈晚明文人的休閒理念及其實踐〉，頁 42。

〔註 83〕《未軒公文集》，卷 7，〈環翠樓記〉，頁 33。

〔註 84〕黃明莉，《明代江南的遊觀文化與社會心態》（台北：國立台灣師範大學歷史學系碩士論文，2003 年 7 月），頁 32。

〔註 85〕《古今圖書集成》一八三冊，《方輿彙編山川典》，第 4 卷，〈山總部・論仁者樂山〉，頁 40。

〔註 86〕施昌東，〈山水何以美〉（收入伍蠡甫編，《山水與美學》，台北：丹青圖書有限公司，1987 年 1 月台 1 版），頁 50。

〔註 87〕范宜如、朱書萱，《風雅淵源——文人生活的美學》，頁 29。

〔註 88〕前引書，頁 29。

於其形；善爲山水之樂者，不汩於其心。」〔註 89〕知山趣者，不必汲汲營營於尋山問水，「但軒窻中有堆藍抹紫，即堪注目。」〔註 90〕宋彥認爲：

> 蓋人好山水，必其厭苦世網塵纓，而藉山水以發其清恬閑曠之趣，若夫胸中廓然，自能清恬閑曠，將無往不適，又何必適于山水！故凡待山水而適者，必其心先有所不適者也。以不適求適，何異于以八音娛聾，以五色治眚，安能定其致趣，得其情性哉！〔註 91〕

山水不是避世的防護罩，發自內心的清恬閑曠，才能適意於任何境地。所以避居山中，尤重於「心」境。

> 若見山而後樂，見水而後樂，樂不在心而在外，則山與水雖遠于俗，亦溺心之物耳。……然則見山而適，有奪其山者而不適；見水而適，有奪其水者而不適。不寓于山水而壹于山水，則喬林幽谷，猶之城郭市廛也；鳴鳥游魚，猶之優伶歌舞也；茅宇場圃，猶之峻宇雕墻也。〔註 92〕

「山棲是勝事，稍一縈戀，則亦市朝。」〔註 93〕山居者若過於依存於山水之跡，則心將爲其所形錮，山居之境並不重要，「閉門即是深山，讀書隨處淨土。」〔註 94〕重要的是心境的超脫。在山居生活求靜，「所謂靜者，不以跡而以心，則城市窅于山林；不以心而以跡，則終南巧於捷徑。蓋君子之所貴乎靜者，非跡也，心也。」〔註 95〕無論仕於朝，或隱於山，「其跡仕也，其心仕也，安仕者也；其跡隱也，其心隱也，安隱者也。一斯專，專斯樂，樂斯安，安斯久，久斯不變。有人焉居廟堂而有江湖之志，棲山林而有魏闕之思，是其能安乎？能久且不變乎？否也！」〔註 96〕心神與行爲的一致，才能安居。甚至有言：「人居朝市，當有山林意；處山林，不可有朝市心。」〔註 97〕無論處居

〔註 89〕《胡文穆公文集》，卷 10，〈明秀樓記〉，頁 59 下。

〔註 90〕明・李日華，《紫桃軒又綴》(《四庫全書存目叢書》子部一〇八冊，台南：莊嚴文化事業有限公司，1995 年 9 月初版)，卷 3，頁 17 下。

〔註 91〕《山行雜記》，〈山行雜記序〉，頁 1 上。

〔註 92〕清・唐甄，《潛書》(《四庫全書存目叢書》子部九五冊，台南：莊嚴文化事業有限公司，1995 年 9 月初版)，上篇下，〈居山〉，頁 60 上～下。

〔註 93〕《醉古堂劍掃》，卷 1，〈醒〉，頁 32。

〔註 94〕《長者言》，總頁 1781。

〔註 95〕《篁墩文集》，卷 16，〈靜軒記〉，頁 11 下～12 上。

〔註 96〕《震澤集》，卷 15，〈安隱記〉，頁 12 下。

〔註 97〕《趙氏連城》，《客窗隨筆》，卷 2，總頁 100。

何處，心存「山林意」尤不可少，格外強調「隱心」的重要。據載：

> 大隱隱跡，市隱隱心，二者非有異同。客曰：「何謂隱心？」予曰：「人之心不澹則生豔想，人之欲不靜則生競心，二者非隱心也。心喜榮華，即思美其田宅，庇其妻子，盛其服食玩好，澹則無之矣。心喜奔競，即思廣其交遊，炫其學問，逞其博辨雄談，靜則泯之矣。好靜者，心若枯禪，情同止水，燎之無炎，激之不汜，隨緣而已。好澹者，竹几藤床，疎梅澹石，茶灶藥爐，衲衣襆被，安分而已。安分隨緣，悅情適性，是曰『心隱』！若必買山而居，築室而處，志在林泉，心遊魏闕，則終南有捷徑之譏，北山多移文之誚，吾恐慕爲隱者之非隱也。」〔註 98〕

山居生活中追求的「澹」與「靜」，若無安分隨緣、悅情適性的「隱心」，將徒有「終南捷徑之譏」、「北山移文之誚」。唐代永嘉大師曾言：

> 凡山居者先須識道，未識道而先居山，但見其山不見其道。故心境未通，矚物成壅，則鬱鬱長林，峨峨聳峭，鳥獸嗚咽，松竹森梢，水石崢嶸，風枝蕭索，藤蘿縈絆，雲霧氤氳，適足以資其喧耳。〔註 99〕

莫雲卿引申其意：「心徑未通，矚物成滯，不可避喧求靜。況乎鬱鬱長林，峨峨聳岫，鳥獸嗚咽，松竹樹峭，水石崢嶸，風枝縈絆，雲霧氤氳，節物哀榮，晨昏眩晃，此之種類，豈非諠雜。是以先須識道，後乃居山。」〔註 100〕山居者的心境須先求其通達，才能安於山之境地。屠隆《清言》也載：

> 人若知道，則隨境皆安；人不知道，則觸塗成滯。人不知道，則居鬧市生囂雜之心，將蕩無定止，居深山起岑寂之想，或轉憶炎囂；人若知道，則履喧而靈臺寂，若何有遷流境寂而眞性沖融，不生枯槁。〔註 101〕

山居者畏避深山的寂寥，所以淺山的居住是多數的選擇，明代更有人提倡：「大隱隱朝市，小隱隱山林」的論調。莫雲卿曾云：「入山惟恐不深，入林惟恐不密，此謂沈冥者設禁制法耳；大隱隱朝市，小隱隱山林，此謂驚俗者開方便

〔註 98〕《隱居放言》，〈客窗閒話・問隱士〉，頁 11 下～12 上。

〔註 99〕《古今圖書集成》七九○冊，《經濟彙編考工典》，第 130 卷，〈山居部・雜錄〉，頁 1206～1207。

〔註 100〕《莫廷韓遺稿》，卷 15，〈雜言〉，頁 19 上。

〔註 101〕《清言》，《山林經濟籍》，頁 9

門耳。」〔註 102〕顧起元《爛眞草堂集》載：

> 余嘗謂今人之城居者，往往起高樓飛觀，以望遙山之寸碧，且綴拾剩水殘石，以供几席間之游眺。而山居之緇流羽客，乃走城市如鶩，矻矻亡休時，浸假而使若曹終日隱几看山，瞑雲潄石，吾知其必自視以爲岑寂寥戾，褰裳彈冠而思去之矣。爭趣其所不足而薄厭其所有餘，是恒物之大情也。心有天游，則朝市之與山林，惡至而分靜躁哉！〔註 103〕

無論「入山惟深」、「入林惟密」的沈冥者，還是「大隱隱市」、「小隱隱山」的鶩俗者，惟有心境的體悟，才能眞識山水之趣，眞適山居之樂。

三、山居與生命安頓

在山居的自然環境中，文人常以感觀的體悟，去尋得生命的安頓。嘉靖以來，自我意識覺醒，尊人貴生思想流行，文人觀察山水與人生的關係，多著眼於山水對個體生命的意義。〔註 104〕追求超塵離俗的生活環境，寧靜而孤寂，蕭散而閑適，從而在這樣的情境中去感受一種沖淡、悠遠、適意、自然的情趣，去體驗周遭的自然和世界，去思考宇宙和人生。〔註 105〕藉由人與自然的相融，尋覓精神的自由，〔註 106〕使自己的精神和心靈得以合乎天性的舒展，領略到那種神思飛揚、自由無羈的心境與情狀，驅散生命的萎弱之氣和身心的世俗之梏。〔註 107〕藉著山水的逸趣，尋得一己的生命況味，使個體生命產生永恆感，消除吾生須臾的悲哀。所以文人隱居山林，潛心修持，追求天人和諧，取得精神愉悅，他們藉山水環境之幽、風景之美以求解脫、排憂，從而獲得精神心靈上的愉悅和安慰。〔註 108〕山居實具有精神上的治療功效，是治療一切俗念和塵心的場所，〔註 109〕在「陶然自得」、「端然自若」中，得到一種安頓、一種歸宿。〔註 110〕

〔註 102〕《莫廷韓遺稿》，卷 15，〈雜言〉，頁 20。

〔註 103〕《爛眞草堂集》，卷 14，〈寒松館游覽詩序〉，頁 15 下。

〔註 104〕夏咸淳，〈論明代徐霞客現象〉，頁 171。

〔註 105〕吳小龍，《適性任情的審美人生——隱逸文化與休閑》，頁 204。

〔註 106〕布丁，《文人情趣的智慧》，頁 127。

〔註 107〕任仲倫，《遊山玩水——中國山水審美文化》，頁 119。

〔註 108〕謝凝高，《山水審美：人與自然的交響曲》，頁 95。

〔註 109〕林語堂，《生活的藝術》（西安：陝西師範大學出版社，2006 年 2 月第 1 版），〈論宏大〉，頁 285。

〔註 110〕呂興昌，〈人與自然〉（收入蔡英俊主編，《中國文化新論・文學篇一・抒情的

許孚遠「年來疢居山館，收斂濯磨，覺得從前種種情識，俱爲心累。」〔註111〕在山中讀書求道，尋得心靈的疏解、生命的安頓。莫雲卿「嘗獨居山中時，借榻僧舍，每見林巒新霽，鳥聲碎耳，巖扉初曉，雲山盪胸，窗戶一啓山椒紫翠，正落枕上，仙仙乎覺身世之欲浮也。」〔註112〕在感觀自然中，淨化心靈的塵欲。錢士鰲在西湖靈峯中，「坐聽泉，其有洗耳澄心，清淨妙湛之慮乎；倚翠微，則煙雲杳靄，湖波縹渺在天際，令人動謫仙醉殺洞庭秋之想；登孤嘯，則天風海濤，爽睥睨而蕩襟袖，列禦寇所乘虛而御風之境界也。」〔註113〕在巒廻而谷寂的山中，可澄清慮志，達到心靈的昇華。周拱辰「歸來乎山中，林泉之滸，風飄萬點，清露晨流，新相初引，可是蕭然無事。掃落花，足散人懷，一丘一壑，一吟一咏，花陰下自有清風，不覺累心都盡，故自有天際眞人想。」〔註114〕方山人隱居，「過爾栖遲地，野岡紅樹深，移家住寒澗，終日聽鳴琴。月近龍池酒，雲藏竹塢砧，無論多道氣，自可謝塵心。」〔註115〕山居的生活，足以盡俗累、謝塵心。

明人常常因俗事繁多，山居之志未遂，身心無所安居而感慨不已。陶宗儀自云：「余家天台萬山中，茅屋可以蔽風雨，石田可以具饘粥。雖行江海上，而泉石草木之勝，未嘗不在夢寐時見也。偶讀廬陵羅景綸大經所著《鶴林玉露》，余蓋亦知此妙久矣！風塵澒洞，豺虎咬人，幾賦歸與之詩，計無所得，又未知何日可以遂吾志也？掩卷爲之三嘆！」〔註116〕袁宏道「頗有山棲之志，入都聊復了宦蹟耳。而銓曹之命下，恐山居之志未易輒遂也已。」〔註117〕錢謙益在〈耦耕堂記〉中載：

> 萬曆丁巳之夏，予有幽憂之疾，負疴拂水山居。孟陽從嘉定來，流連旬月。山翠濕衣，泉流聒枕，相與顧而樂之，遂有棲隱之約。亡何，孟陽有長治之役，卒卒別去。予遂羈紲世網，跋前疐後，爲山中之逋客者，十有餘年矣。天啓中，予遭鈎黨之禍，除名南還，塗

境界》，台北：聯經出版事業公司，1982年9月初版），頁116。

〔註111〕《敬和堂集》，卷不明，〈簡馮仲好・又〉，頁35上。

〔註112〕《莫廷韓遺稿》，卷15，〈雜言〉，頁27上。

〔註113〕《錢麓屏先生遺集》，卷4，〈修靈峰法堂疏〉，頁18上。

〔註114〕《聖雨齋集》，〈聖雨齋文集序〉，頁86。

〔註115〕《王百穀集十九種》，《金昌集》，卷2，〈五言古詩・方山人隱居〉，頁6。

〔註116〕元・陶宗儀，《南村輟耕錄》（《元明史料筆記叢刊》，北京：中華書局，1959年2月第1版），卷9，〈許文懿先生〉，頁184～185。

〔註117〕《珂雪齋集》，卷12，〈遊荷葉山居記〉，頁549。

> 中爲詩曰：「耦耕舊與高人約，帶月相看並荷鋤。」蓋追思疇昔之約，而悔其踐之不蚤也。世故推移，人事牽輓，匹夫硜硜之節，不能自固。咎譽錯互，構扇旁午，殘生眇然，不絕如縷。然自此得以息機摧撞，長爲山中之人。而孟陽不我遐棄，惠顧宿諾，移家相就。予深幸夫迷塗之未遠，而隱居之不孤也，請於孟陽，以「耦耕」名其堂。孟陽笑而許之。嗟夫！予與孟陽，遭逢聖世，爲太平之幸人，其所爲耦耕者，蓋亦感閒居之多暇，喜一飽之有時，庶幾息勞生而稅塵鞅。〔註 118〕

萬曆四十五年（1617）夏，錢謙益有幽憂之疾，負痾拂水山居，與友人鄒孟陽有棲隱之約，後以羈紲世網，爲山中逋客十有餘年。〔註 119〕之後，遭政治之禍，削籍南歸，則深感未遂隱山之志，有種「與其容容而去，不若默默而處；與其追悔於進退維谷之時，不若且寄傲於逍遙自如之境也。」〔註 120〕胡儼也有塵務擾身，無法居山的惆悵心情。據載：

> 西山在章水西，洪崖又在西山之西，峰巒秀拔，林壑深窅，嵐光染空，高二千丈，屬連三百餘里，西山所以專豫章之勝也。巖岫四出，雲霞卷舒，幽泉怪石，流峙澗谷，丹碧照耀，樹林陰森，奇偉夐絕，洪崖又專西山之勝也。余家寓城中，闤闠浩壤，人事往來，喧囂塵土無虛日。而余幼從事詩書，日與物接，不得專力肆志，以窺聖賢之閫奧。每臨南浦之清波，挹西山之白雲，未嘗不慨想洪崖幽勝，欲結廬其間，以勤所事，然卒牽塵務不遂其志也。〔註 121〕

洪崖之地的勝景，爲寓居城中的胡儼所嚮往，然終未能遂其志趣。李介《天香閣隨筆》也載：

> 歲在戊子，身世之厭，因裹糧入定山紅塔灣，借榻老僧龕下，將欲買田數畝，授山僧爲終焉計，而母老無兄弟代養。明年復館于葛氏，去山五里而近，峰色到門，嶺雲接樹，每舉頭見山，輒生愧赧。常口占句云：「慚愧沈埋鄭子眞，出山一步即風塵，樂天終負廬山約，白石清泉也笑人。」〔註 122〕

〔註 118〕《牧齋初學集》，卷 45，〈耦耕堂記〉，頁 1137。

〔註 119〕吳智和，〈明人居室生活流變〉，頁 244。

〔註 120〕《山居稿》，卷 4，〈簡吳尚卿〉，頁 32 下。

〔註 121〕《明文海》，卷 330，胡儼，〈洪崖山房記〉，頁 2 下～3 上。

〔註 122〕《天香閣隨筆》，卷 2，頁 17 上。

在生命的歷程中，俗事煩心，利名所溺，清曠之心難有，山居之趣難得。有言：

> 人而曰隱，亦以身處江湖，愛其清曠而可樂也。今既專於往來之人，則江湖爲利名之塗，而塵坌交集，又何清曠之有哉？予於是有以知隱者之難得，而人心之易溺也。今以江言之，其濤浪之掀怒，龍魚之出沒，人鮮不懼。逐於利名者，獨易視之，以身試其不測，則江湖之險，雖能溺人之身，而利名之溺人，又有甚於江湖者矣。〔註 123〕

浮世人生的目的，往往在追求利與名，若要求得生命的安頓，居山的沈潛可作爲生命階段性的休憩站，或者生命終老的養護所。

第三節　山居生活的苦處

山居生活看似閒逸，實則有其苦處，眞正能長期在深山老林棲居者，除苦修、隱居人士外，一般文人或因時勢所迫，或只是短期暫居。在享受山水自然之趣時，山居者亦要面對生活上種種的難處。

一、孤寂之苦

王世貞提及：「市居之迹于喧也，山居之迹於寂也。」〔註 124〕山居是寂寞的，有時終日只與浮雲鳥蟲爲伴，甚至靜寂地連鳥聲都無，〔註 125〕昔人謂：「山深無鳥聲，信哉！」〔註 126〕山居的文人總有孤寂的感慨，陳于朝云：「寂寞深山，形影相弔，心如死灰。」〔註 127〕陳鼎感嘆：「月夕空談只箇人」，有詩云：「三里青山遇我頻，浮雲過眼亦沉淪，杏林清曉幾聲鳥，月夕空談只箇人。抱甕也隨春夢去，灌畦時見菜花新，相知屬和詩千首，足了乾坤不繫身。」〔註 128〕戴良則孤獨在山中過年，有感詩云：「去年當歲暮，我方家市邑，時復掃新居，親朋爲之集。天運不可常，周辰久已及，投迹此山中，酒杯與誰執。故歡隨歲去，新愁帶春入，唯獨聞爆聲，依然如舊習。」〔註 129〕何良俊言：「身

〔註 123〕《遊名山記》，卷 3，〈觀音巖〉，頁 3 上。

〔註 124〕《晚香堂集》，卷 4，〈梅花樓記〉，頁 23 上。

〔註 125〕趙映林，〈中國古代的隱士與隱逸文化〉，頁 35。

〔註 126〕《武夷山志》，卷 16，江瓘〈武夷游記〉，頁 50 下。

〔註 127〕明．陳于朝，《苧羅山藁》（台北：漢學研究中心景照明萬曆四三年刊本），卷 4，〈答周姑夫〉，頁 48 下。

〔註 128〕《大竹文集》，卷之下，〈山居寄中峰少谷二年兄〉，頁 40 上。

〔註 129〕元．戴良，《九靈山房遺稿詩》（《四庫全書存目叢書》集部二三冊，台南：莊嚴文化事業有限公司，1997 年 6 月初版），卷 2，〈山居藁．五言古．山中度

偃仰山中，一無可語接。」〔註 130〕賀燦然索居空山，傷感言道：「二三兄弟，祖席龍淵，尚把袂驩然也，渭城一唱，淚不覺隱隱從腹中下矣。賀生非宦游，天奈何令一歲之中，北走燕、南走越，離群索居于空山窮谷之中。」〔註 131〕王穉登亦云：「山中寂然，無一載酒客，山僧俗如市井販夫，不知月輪爲何？」〔註 132〕趙懷玉「獨兀然一室，獨倚空庭，獨餐、獨臥，獨仰於天，獨俯於地，形影相憐，情神共楚，既無家人父子之悅，遂少友朋聚合之歡，撫膺躑躅，寧無怨哉？」〔註 133〕「獨坐孤窗，寂無人類，憂從中來，其何以任？」〔註 134〕山林棲居者用孤愁滿懷的心情，作〈怨寂論〉：

> 時居泰之鄙，獨坐孤齋，寂無一人，愁懣不任，作怨寂論。其辭曰：凡人之情，惟怨最深，然非必眞有不得已之勢，不可忘之痛爲人，人之所同飲恨者也，隨其人之情性，任其時之所値者，皆可以怨也。夫人以聚樂，物以儔群，故鳥孤飛者而悲鳴，雀同侶者而厭噪，鶺鴒在原，睢鳩關關，物則有然，況于伊人！是故棲風宿露，煮苕茹芝，不入人間煙火者，黃白之士也；不父不兄不妻不子者，面壁之人也。夫黃白者，吾所未能也，若面壁者，吾所不爲也，又何能甘以寥寂哉？〔註 135〕

「人以聚樂，物以儔群」，人類本爲群居的動物，山居的靜寂，常帶來無以復加的寂寥感，所以文人常將山居生活中的心神與行爲作調整，以避免山居的孤寂。王夢鳳爲楊東明《山居功課》寫序時稱：「山居寂寞之秋，易有怏怏失志之態，而先生泰然若忘。」〔註 136〕袁宏道則在出世又入世間作轉換，於萬曆年間，辭卻禮部儀制司主事，在公安城南購得數百畝低洼之地，圍堤植柳，名曰「柳浪」，與其弟中道及幾名僧人隱居其中，探究佛禪，吟詩作文，度過六年的安閑時光。山居既久，又苦於寂寞，復仕於京都。未及安穩，又慨然而歸。〔註 137〕入仕與歸隱的交遞，以避開山居的憂悶苦寂。袁宏道甚至言道：

歲〉，頁 1 上。

〔註 130〕《何翰林集》，卷 18，〈與叔皮第二書〉，頁 14 上。

〔註 131〕《六欲軒初稿》，卷 12，〈與沈恒甫〉，頁 16 下。

〔註 132〕《明月編》，〈閏中秋毗陵看月記〉，頁 16 上。

〔註 133〕《趙旬龍先生文集》，卷 7，〈怨寂論〉，頁 15 上～下。

〔註 134〕同上註，頁 16 下。

〔註 135〕同上註，頁 14 上～下。

〔註 136〕《山居功課》，王夢鳳〈山居功課序〉，頁 2 下。

〔註 137〕史小軍，《復古與新變——明代文人心態史》，頁 154。

「山居寂寞，鰥居冷淡，皆足以鬱鬱，皆足以致火，但一出一娶，便是一服清涼散，此常情亦至理也。」〔註 138〕男女間的調劑，亦是一法。屠隆身爲山人，「家無餘貲，好交游，蓄聲伎，不耐岑寂，不能不出游人間。自謂采眞者，十之三；乞食者，十之七。」〔註 139〕山間以采眞，人間以乞食，遊走山間與人間，在「似隱非隱」，「似出非出」的生活作調整，以此避開山居的寂寞。

二、結友之難

山居的寂寞，也來自山居結友之難。「山居，眷屬難，山鄰難，山友難，山僕難。」〔註 140〕吳亮釆〈山居友譜序〉載：

> 昔人謂：山居之難，難于山友。夫山林之交與市朝異，趨朝市者，昕滿夕虛，存往亡去，此毋足論。惟是山林之中，清福勝緣，能與有幾，不厭寂寞，一難；能甘澹泊，二難；省苛禮無繆恭敬，三難；解清談語默中竅，四難；飲酒不罵座、不逃席，五難；不限韻賦歪詩，六難；不說是非，不談人長短，七難；不借貸，八難；不居間求田問舍，九難；不攀緣縉紳，不勦襲朝除家事，十難。〔註 141〕

山居者須不厭寂寞、能甘澹泊、無俗事擾煩、無名利惑心，有此志同道合者不多，而山居人士又少，所以結友更不易。

三、思念之苦

山居者與友朋相隔兩地，在往來的書信中，常表達思念之意。賀燦然言：「山中寡交遊，可肆力于文，第遠別知己爲悵爾，山川阻，修臨書惘惘。」〔註 142〕屠隆云：「僕常坐齋中，聽戶外履聲，則謂足下來矣，而足下竟不果來！僕所居山中誠落莫，夫遯空谷者，聞跫然之音輒喜，斯恒物之大情也，矧僕與足下，交遊中號稱相知者哉？」〔註 143〕王用賓亦云：「僻處山樊，老病叢集，世間萬事，了不關心，惟有子修速歸一念而已。」〔註 144〕陳鼎思友亦是如此：

〔註 138〕《袁中郎全集》《袁中郎尺牘》，〈與陶祭酒〉，頁 49。
〔註 139〕《列朝詩集小傳》，〈丁集上・屠儀部隆〉，頁 486。
〔註 140〕《巖棲幽事》，《廣百川學海》，頁 24 上。
〔註 141〕《止園集》，卷 16，〈山居友譜序〉，頁 25 下。
〔註 142〕《六欲軒初稿》，卷 12，〈與陳孟常〉，頁 16 下。
〔註 143〕明・屠隆，《由拳集》（台北：偉文圖書出版社有限公司，1977 年 9 月初版），卷 13，〈讓柴仲初〉，頁 1 下～2 上。
〔註 144〕《三渠先生集》，卷 15，〈與張子修書〉，頁 25 上。

> 山居日久，邸報不多見，至於故人中升沉消息，不能盡曉。山埜成癖，疎慵日甚，安得與吾兄一二知己者接膝交言，獲見所未見，聞所未聞，日切箴規，以起黥骨之疾哉！思念到此，令人不能不掩首踟躕也。〔註 145〕

思友之情甚切，又云：「今春借故人力，縛一茅於山椒深處，較之舊址少加充拓，鼎日藏息於此，所謂農圃漁樵之趣，亦既見之，且身安之。但念山野成癖，迂疎日甚，追思往日笑談，遽成闊別，聖賢格言至論，不復前聞，胸次殊覺蕪沒。每念及此，使人慕執事者益切，不知吾兄亦有意於山人否也？」〔註 146〕與友笑談今古的情景歷歷在目，追憶往昔，增添思念之情。

四、物害之苦

山中常有猛禽野獸伏臥其間，徐世溥〈山居賦〉載：

> 山居良苦，春畏出蛟，冬畏伏虎，虎谷蹲以生風，蛟天飛而挾雨，是以居人春戒于雷陰，行者夜號以求伍爾。乃淒飈恒秋，寒日不午，峻隱霄而難旭，幽含嵐而易暮。見殪雲以生悲，復狂風之常怒，廻阿激峭，崩松飛梠，悄愴寂歷，怳惚驚憮。魈含睇以媚人，猨擲果而相侮，斑蛟蠆毒，玄蟻蠅巨，宵眠輾轉，閑居錯迕。且今守令失政，氓不安堵，稻稼鮮收，盜賊時舉，嗟短垣之易超，諒非薄墉之可禦。〔註 147〕

蛟、虎為害，或山中易藏盜賊，都可能危及身家安全，而山深嵐重，對身體的健康也有危害。李繼佑〈先祖父母先父母合狀〉載：祖父「闢畦藝花，疏池種魚，期與老年親故，同鷄黍几杖為樂。而先考數居深山，為嵐氣侵中，一旦疾作，瘇發肘背。」〔註 148〕山中潮溼多霧，對身體會有很大的傷害與影響。

五、經濟之難

明代山棲澤處之士，須先有經濟的後盾，才能實現閒逸的山居生活。一般文人的經濟來源大致有三種方式：一是先輩留下的財產；一是職業收入；

〔註 145〕《大竹文集》，卷之中，〈啓顧未齋大學士〉，頁 46。

〔註 146〕前引書卷，〈柬董中峰學士〉，頁 47 下～48 上。

〔註 147〕《媚幽閣文娛初集》，徐世溥〈山居賦〉，頁 10 上～下。

〔註 148〕明・李繼佑，《歸愚庵初學集》(台北：漢學研究中心景照明刊本)，卷 7，〈先祖父母先父母合狀〉，頁 52 下。

一是俸祿和官私贈與。〔註 149〕山居者若無恆產，又不作官，在經濟上可能會面臨困難。如陳洪綬選擇紹興縣城二十餘里的薄塢隱逸，〔註 150〕在棄儒、逃禪後的隱逸生活，只得靠畫爲活。〔註 151〕山居隱逸生活的開展與追尋，卻屢屢受到現實生活的影響，〔註 152〕最後被迫放棄，陳洪綬無可奈何之下離山入城，謀求生計。〔註 153〕山中在物資上的供給也很缺乏，大多勉強自給自足，袁宗道言：「居士入山雖清寂，恒苦衣食，于老人不宜，匡山、羅浮皆未可也。」〔註 154〕山居清寂或有清趣，但衣食物資的供給，則不可不深慮。

對於山居者的苦處，李日滁〈山居十畏〉有詳細的總論：

> 朝多瘴嵐，陰多毒霧，一也；病無醫藥，二也；户外即層巒疊磴，趾易顛易蹶，三也；春懼蛟騰，冬慮虎嗥，四也；黃藤之草，食之斷腸，蛇哺之菌，啖之殺命，五也；山百田一，五穀之利微薄，求菽粟於山，幾如求麋鹿於水，六也；余既居山間，已入雲霞縹渺之内，而此間復岡嶺環合，四面如金城鐵壁，日光已出，申沒窗户，床几之間，雲漫霧遮，烟籠露薄，九月之夕，徹骨奇寒，而余以兵苦之後，無衣無褐，七也；夜來鵑泣猿啼，使蒙難之羈人、悲憤之愁客，眼愈碧而心愈怛，如項羽聞楚歌壯氣頓灰，八也；居木石而友鹿豕，室無探幽之人，門鮮問奇之履，茹字獨饡，吐字獨疑，九也；佳山勝岫，無不足以供騷人之詩圖、墨士之畫譜，余幸歷此秀崖，其雲氣變幻，瀑布飛流，與夫禽鳥草木之鳴舞盛落，無不可繪、可賦、可咏、可歌，余以才短墨枯，莫與旌揚，酬答徒使巍巍美巔與空谷學士共嘆淪沒，謂余爲肉眼凡夫，十也。〔註 155〕

「山居十畏」佐證山居的苦處很多，若又有「五不治之疵」，則更難在山中長期居住。有載：

〔註 149〕陳冠至，《明代的江南藏書——五府藏書家的藏書活動與藏書生活》（宜蘭：明史研究小組，2006 年 10 月初版），頁 144。

〔註 150〕林宜蓉，〈理想的頓挫與現世的抉擇——陳洪綬「狂士畫家」生命型態之開展〉，《中國學術年刊》，20 期，1999 年 3 月，頁 326。

〔註 151〕同上註，頁 329。

〔註 152〕同上註，頁 325。

〔註 153〕同上註，頁 330。

〔註 154〕明・袁宗道，《白蘇齋類集》（台北：偉文圖書出版社有限公司，1976 年 9 月初版），卷 9，〈蔔醫序〉，頁 9 下。

〔註 155〕《竹裕園筆語集》，卷 2，〈山居十畏〉，頁 6 下～7 上。

> 中林之士有五不治之疵，有七可處之方。其樂天知命，安穩自在，不犯五疵者，上也；紛華易染，定力不堅，或犯一二者，中也；利欲薰陶，肝胆差別，全犯五疵者，下矣。請列五疵：假修隱逸，獨鼓虛聲，一疵也；口挂雲林，心謝煙壑，二疵也；浪語考槃、極情壟斷，三疵也；厭苦寂寥，轉深涼熱，四疵也；頻談游道，冀買山錢，五疵也。此五疵，神農歧伯所未論之證，本草圖經所不載之藥，又安能鍼砭哉！〔註 156〕

「七可處之方」難求，「五不治之疵」易犯；山居者若有「樂天知命，安穩自在」的心境，則才能在山居之苦中，尋得山居之樂。山居的苦處難免存在，而文人常掛口山居，卻又以多種理由，陳說不得已的苦衷來逃避。如吳亮釆云：「頃從塞上掛冠歸，擬卜築荊溪萬山中，而以太宜人在堂不得違只尺。」〔註 157〕屠隆言：「不穀又好刳心學道，還山以後，一切俱空，獨苦家人蕭然無生計，將棄去不顧，滅迹深山，則人道有缺。」〔註 158〕藉「父母在堂」或「家人生計」等原因，而放棄山居的念頭。「山靈問答」中有一段話，發人深省：「問：『長想巖阿逸，採藥尋芝朮，愛爾山中好，只少山中室。』答：『結艸可爲室，飽腹拾橡栗，不愁山中居，恐少山中質。』」〔註 159〕不能擇山而居的原因很多，但主因還是在於「恐少山中質」的山棲本色。

第四節　山居生活的樂趣

明代中葉以後，明人掙脫六經傳統、理學權威的束縛，〔註 160〕山居生活形態也從「隱」轉爲「逸」。「隱」是被迫的，是抗議，是痛苦；「逸」則是自主選擇、主體追求，不受羈絆的生活方式，從持守道德人格的「道隱」，進而實現追求人生樂趣的「樂隱」。〔註 161〕山居者徜徉於山林水涯之間，尋幽弔古，以暢襟懷，〔註 162〕在生活中尋找「樂」，在自然裡發掘「趣」。山中的自然景

〔註 156〕明．屠本畯，《韋弦佩》（《四庫全書存目叢書》子部九三冊，台南：莊嚴文化事業有限公司，1995 年 9 月初版），〈處方第一〉，頁 1。

〔註 157〕《止園集》，卷 17，〈止園記〉，頁 10 上。

〔註 158〕《白榆集》，卷 14，〈與李濟南〉，頁 7 下。

〔註 159〕《潛初子文集》，卷 2，〈山靈問答〉，頁 34 上。

〔註 160〕郭英德、過常寶，《雅風美俗之明人奇情》，頁 108。

〔註 161〕吳小龍，《適性任情的審美人生——隱逸文化與休閑》，頁 200～201。

〔註 162〕耿湘沅，〈眉公《巖棲幽事》所反映之處世態度〉，頁 6。

致可以澄淨心靈，沖淡是非心、利害心，和榮辱心，〔註 163〕山居者隱沒山林丘壑之間，從中得到自然率眞的韻趣。〔註 164〕

一、自然之樂

山居生活雖有苦處，卻享有天地自然的樂趣。「天下之樂，莫過於山水、泉石、烟雲、花竹、魚鳥之物，會於心而觸於目，以供遊賞之適、臨眺之娛，使人神志舒暢，意態蕭散，無一毫塵累。」〔註 165〕藉由自然景物，養耳目、暢心神。據載：

> 何以適志？青山白雲；何以娛目？朝霞夕曛。上有長林，下有廻谿，黃麛晝出，玄獱夜啼。耳聽松風，以當管弦，匡坐大石，手汲清泉，樂哉！山居可以徘徊巖洞，陡絕谿焉，中開竹房內幽，石壇外朗有容，清言無客獨往，人世隔絕，神冥大虛，一事關心，焚香展書。〔註 166〕

「青山白雲」、「朝霞夕日」，可以適志娛目。自然山水更有獨賞的幽趣：

> 幽人之趣欣然獨賞，所寄深遠，非惟世俗人不解，即還叩其人，口所莫能告其衷，亦不喻其所以然而然也。夫不喻其所以然而然，而趣足已！深林之蘭，但聞其芳之襲人；幽澗之水，但聆其韻之盈耳，世俗人値此，有不翛然魂清神徹者乎！〔註 167〕

在自然景致中，有種恬淡的意境，可以淨化塵心，有謂：「愛山中白晝偏長，翠苔巖洞，綠水邊傍，有一天風、一天月、一天涼。」〔註 168〕據〈三生石談月〉載：

> 山僻景幽，雲深境寂，松陰樹色，蔽日張空，人罕遊賞，炎天月夜，煮茗烹泉，與禪僧詩友，分席相對，覓句賡歌，談禪說偈。滿空孤月，露浥清輝，四野輕風，樹分涼影，岂儼人在冰壺，直欲譚空玉宇，寥寥岩壑境，是僊都最勝處矣！忽聽山頭鶴唳，溪上雲生，便欲駕我僊去，俗抱塵心，蕭然冰釋，恐朝來去，此是即再生五濁慾

〔註 163〕戴嘉枋等，《雅文化——中國人的生活藝術世界》，頁 646。

〔註 164〕林嘉琦，《晚明文人之觀物理念及其實踐——以陳繼儒《寶顏堂秘笈》爲主要觀察範疇》，頁 94。

〔註 165〕《金文靖公集》，卷 8，〈澹湖八景記〉，頁 24。

〔註 166〕《白榆集》，卷 19，〈雜志・適志〉，頁 23 上～下。

〔註 167〕《霞外麈談》，卷 5，〈幽賞〉，頁 1 上～下。

〔註 168〕《閒適劇談》，卷 2，頁 75 上～下。

界。〔註169〕

僻靜的山景，有寂然的幽況，所以有言：「山水之樂，到後愈覺有味，可以陶情；聲色之樂，到後殊覺無味，適以害性。」〔註170〕〈溪山清趣圖序〉載：

> 嘗觀古之賢士大夫，棲遲於山水之間，其跡與樵漁固無甚異，然而放情適興，以樂其樂，陶寫性靈，暢爲吟咏，探幽釣微，鼓動萬物之表，發舒造化之蹟。凡一邱一壑，煙雲草木，蟲魚鳥獸，與夫朝暮晦冥之變態，四時寒暑之更代，無非爲吾之資，一物之流形與吾心之妙用，相爲流通。〔註171〕

用心去體悟自然的草木魚鳥，朝夕四季的變化，增添頗多生活的樂趣。自然山水也可解寂寥之苦，有謂：「春來花發山椒，柳眠池岸，主人臨池其間，差以送日，亦區區成山中一境界，以此不大落莫。」〔註172〕另外，「士之隱於山林者，其寧靜澹泊可以觀物察理，晦迹求志，以積諸躬，以充其蘊蓄，而必得通都勝地爲之，觀游名山大川，備其登覽，以弘其器識，以拓其見聞。」〔註173〕更可開拓胸襟，增長見聞。

二、療病之樂

自然山水具有調節、淨化心靈的功能，置身湖光山色、清泉白石、幽壑奇洞之間，可除煩惱、鬱悶和憂傷。〔註174〕從中可以得到生活的樂趣，排解胸中的積鬱，療身心之疾，以強身健體。明人常藉由山居來養生療病，王寵「買田石湖之旁，築室其上，臨流賦詩，益窺古作者之奧。而山人病矣，乃養痾于虞山之白雀寺。」〔註175〕羅倫「尋以疾辭歸，隱於金牛山。」〔註176〕莊昶「臥病不起，入定山，據眞珠、達磨二泉交流之內居之，遶山墾田，引流種樹，賦詩爲樂。名公過者，無不造焉。」〔註177〕陳沂〈與楊達夫書〉載：

> 久居窮山，人跡幾絕，況天上故人金玉不遺，而至於此耶，感甚！

〔註169〕《雅尚齋遵生八牋》，卷4，〈四時調攝牋－夏卷・三生石談月〉，頁60上。
〔註170〕《尋樂編》，頁4上～下。
〔註171〕《胡文穆公文集》，卷12，〈溪山清趣圖序〉，頁4下。
〔註172〕《古今振雅雲箋》，卷6，何夢星〈山中・柬馬襞生〉，頁36下～37上。
〔註173〕《金文靖公集》，卷7，〈送聶士安重遊金臺序〉，頁73下。
〔註174〕夏咸淳，〈明人山水趣尚〉，頁46。
〔註175〕《雅宜山人集》，袁袠〈雅宜山人集序〉，頁1下。
〔註176〕《明儒學案》，卷45，〈諸儒學案上三・文毅羅一峰先生倫〉，頁1074～1075。
〔註177〕《玉堂叢語》，卷8，〈刺毀〉，頁279。

感甚！今歲江南淫雨六旬，繼以毒暑衰骨侵削，計無所逃，乃走山中，託之精舍，以救孱憊。豈意德音諄複，清風穆如，披對之餘，一洗沈痼，齊紈潔體，商芝保齡，蘭室神方，調攝周至，待盡之體或可以少延矣！〔註 178〕

在山林的幽靜中，以療痼疾。袁中道因沉溺聲色，以致多病，則逃於山中，以清靜的山水，浸潤洗滌身心，消解心中的煩鬱。〔註 179〕袁宏道也言：「以病得休，掛帆歸矣！每聞西湖之勝，欲於燈節前後，杖藜一來，湖水可以當藥，青山可以健脾，逍遙林莽，欹枕巖壑，便不知省卻多少參苓丸子矣！」〔註 180〕袁宏道在山居生活裡，描述其生活日課。據載：

病中無事，客亦不來，飯後散步城頭，俯仰景色，應接不暇，輕雲遠去，數鳥徐來，人聲四聚，笑語非明，一目兩山，條枝可數，步倦歸來，又月色溶溶矣，胸次悠然，乃從而歌之。歌曰：「世情貧自少，歲月病偏多，倚欄看明月，盈盈上石坡。」南鄰好友聞余之歌，乃步月就余，促膝傾談，夜分而去，此亦因病得閒之一樂也。〔註 181〕

從病中之閒，獲得山居的樂趣。

三、避暑之樂

夏日納涼避暑，山中是最理想的所在。高峰蔽日，竹木參天，青溪潺潺，是一清涼境地。（參見圖 20）在山中銷夏避暑，讓泉水清風滌盪俗慮，極有益身心的健康。〔註 182〕唐寅在蘇州楞伽山（吳山）避暑：

日來病軀不勝酷暑，暫避楞伽山，感山靈護我，披以涼風，神情鼓舞。遂捉筆伸紙，凡上方塔，茶磨嶼郊臺石湖，刹宇林木，盡收之尺幅中，而炎威之勢，賴山靈以敵之。〔註 183〕

山中似有山靈護體，而炎威不至。王宇則銷夏於山中安隱寺：

癸丑之夏，予以抱疴乞假，寄居長干里中。一室斗大且西嚮，炎威

〔註 178〕《石亭文集》，卷 7，〈與楊達夫書〉，頁 14 上～下。
〔註 179〕黃雅雯，《袁中道溪遊生活研究——以《遊居柿錄》爲例》，頁 83。
〔註 180〕《袁中郎全集》，《袁中郎尺牘》，〈湯隕陸〉，頁 20。
〔註 181〕前引書，《袁中郎隨筆》，〈山居雜記〉，頁 44。
〔註 182〕龔斌，《中國人的休閒》，頁 208。
〔註 183〕《古今振雅雲箋》，卷 6，唐寅〈楞伽山・答白陽陳山人〉，頁 33 下。

> 逼人，畏焉而輒犯，乃復逃之安隱寺。水木映帶，幽賞冷然，常穎士之語韓持國無以逾也，始知乾坤大矣，別自有清涼地待我，願山靜日長，熟睡還醒，無能銷此餘閒！〔註 184〕

水木景致，幽賞冷然，足以銷夏。李日華言：「老僧慈航贈余詩云：『山花發淺紅，林竹森寒碧，翛然北窗下，避暑來佳客。雲光落茗杯，清風展書帙，問余住山年，一笑指蘿石。』幽淡有味，亦一時實錄也。」〔註 185〕陳繼儒《銷夏部》載：

> 昔人避暑者曰：願得泰岱之長松焉、瀟湘之修竹焉、匡廬之飛瀑焉、太湖之明月焉、峨眉之古雪焉。又有渴思金莖之露，困憶石步之廊，又有飽風欲為蜩，泳水欲為魚者。其苦已不勝與祝融敵矣。獨一古老宿云：「避暑向鑊湯裏去，此眾熱所不到。」余深省斯語，而終不能舉似人，相與共享醍醐甘露之樂。惟當長夏，候轉徙山中，解籜冠，挂蕉服，展薤簟，卷筠簾，敞清風，于北窗之下，釣秋水于南華之上，刺蓮剝芡，戰茗嚼冰，蔗境彌甘，槐國非遠。〔註 186〕

敞清風於北窗之下，山氣涼颯，竹木寒碧，山居是消暑極佳的場域。

四、淡泊之樂

日常生活雖有很多的困頓與煩憂，山居生活能起淡泊之心，消煩解鬱，從中享受生活的樂趣。吳幼鍾「標格孤高，動遵矩矱，官歷三品，不廣田宅。致歸，鬻先產以償貸，葺舊廬，名曰『遯齋』。倚山襟江，植花卉，招風月，指為遯齋八景，日杜門披閱古典。」〔註 187〕在無欲無求之中，隱遯江山水月，縱是舊廬茅宅，仍能自樂。敖英《東谷贅言》有載：

> 予行役關西，嘗繇漢陰入子午谷，山行。見二叟策杖行歌，意似逍遙者，迺揖而問之曰：「叟何許人？」對曰：「山中學究也。」又問：「何以能自適如此？」一叟對曰：「力田收穀，可供饘粥；釀秫為酒，可留親友；臨野水，看閑雲，世事百不聞。」一叟對曰：「濬池養魚，灌園藝蔬，教子讀書，不識催租吏，不見縣大夫。」予乃作而謝曰：

〔註 184〕《烏衣集》，卷 2，〈銷夏集序〉，頁 32。

〔註 185〕《味水軒日記》，卷 1，頁 17 上。

〔註 186〕明・陳繼儒，《銷夏部》（《筆記小說大觀》一三編五冊，台北：新興書局，1983 年 10 月版），〈銷夏部序〉，頁 1 上。

〔註 187〕《適訓》，卷 12，〈清修〉，頁 7 下～8 上。

「眞太古之民哉！」〔註188〕

有謂:「山中有三樂:薜荔可衣，不羡繡裳；蕨薇可食，不貪粱肉；箕踞散髮，可以逍遙。」〔註189〕山中的自適來自心中的淡泊自足，只要有粥可食，有酒可待友，平日臨水觀雲、養魚灌蔬，則可怡然自得。據〈山莊獨樂詩序〉載:

士之徜徉于山水之間者，固恒懷自足之心，而一切身外之慕，不足以易其悠然之樂，其所得必有非眾人之所能同也。夫士得乎一邱一壑之勝，耕田鑿井，以樵以牧，與田夫野老朝暮而同其作息，其所爲不亦勞乎！然語其事則勞，而語其心則未嘗勞也！蓋田夫野老之所爲，役於其身，其勞也固宜，而士之事其事者，所以陶其情性，故樂而忘其勞也。惟能忘其勞，故凡耳目之所得者，皆吾所樂之趣，而耕鑿樵牧，皆吾所樂之事也。故惟達者爲能知此，雖萬鍾之富，不能以易之。而拘拘於事，爲之末者，其必至於牽外慕而戚窮其心也。邑人鄒某，樂恬退而忘於外慕之士也，嘗處于市廛，厭其喧囂，乃斂跡于山中，買田數畝，築室一區，與田夫野老相雜而處，悠然之懷，出乎事物之外，乃名之曰「山莊獨樂」。〔註190〕

山居的閒淡，可以培養自足的心，忘卻勞務役身，陶冶心性，得到樂趣。周是脩（1354～1402）〈南樵道者傳〉載:

所居之南峰，巒叢翠常，以綜理之暇，葛巾羽扇，携小童，操斧斤，入於松篁陰翳，泉石幽瓊，竟與意會之處，爲樵采以自適。曰:「人生斯世，趣向不同，觀其紛紛壤壤於交衢闤市，蠅營鳥聚所爭者，貨利多得以爲快，迷而不之悟，往而不之返，是豈知吾樵之有眞樂哉！」〔註191〕

俗世的紛攘、名利的爭競，將有礙眞樂的尋求。「山居觀世態紛紜，歷歷如覩。」〔註192〕不必混雜朝市，徒惹腥味，旁觀者之悠閒，才有生活的眞樂。陳繼儒言:「山居勝於城市，蓋有八德:不責苛禮，不見生客，不混酒肉，不競田宅，

〔註188〕明・敖英，《東谷贅言》（《四庫全書存目叢書》子部一〇二冊，台南：莊嚴文化事業有限公司，1995年9月初版），下卷，頁4下～5上。

〔註189〕《醉古堂劍掃》，卷5，〈素〉，頁，頁86。

〔註190〕《胡文穆公文集》，卷11，〈山莊獨樂詩序〉，頁8下～9上。

〔註191〕《芻蕘集》，卷4，〈南樵道者傳〉，頁30下。

〔註192〕明・陳于陛，《意見》（《筆記小説大觀》一三編五冊，台北：新興書局，1983年10月版），〈觀世〉，頁12上。

不問炎涼，不鬪曲直，不徵文甫，不談仕籍。如反此者，是飯傖牛店，販馬驛也。」〔註 193〕山居可以擺脫俗事的煩擾，「厭紛惡囂而屏跡絕俗，山栖川觀自足於閒寂之樂」，〔註 194〕這是山居生活的淡泊之樂。

對於山居生活的樂趣，李日滁列出「山居十快」：

> 谿谷僻阻無戎馬，一也；俗畏法而恥穿窬，二也；讓不再，禮不苛，三也；古處無機械，彷彿羲皇，四也；泉冽、茶香、酒辣，五也；無繁華紛雜以耀奪耳目，六也；不事臧否，飄忽之毀譽不生，七也；響澗絲竹、鳴禽歌舞，見聞靜而不寂，八也；笑傲長松之下，箕踞瘦石之間，暇如鹿，幽如猿，清如鶴，俾肥遯之人可以問天攄奇，可以據案評史，九也；山人之於樵農，猶如粵之鎛，燕之函，詩書之倫，百不得一見有儒行者，猶以楚人遇鄒魯之章甫，雖不必既其實，亦相競於其名，余以慘戚之餘，躑躅到此，倍承其綢繆，謬膺其恭敬，使余幾忘憂，十也。〔註 195〕

山居的樂趣皆在於俗事不擾、苛政不至、名利不興，以及環境幽靜、生活怡然。袁中道也載「居山五宜」：

> 自到山中，閱藏習靜，看山聽泉，不圖爲樂一至於斯！已傾囊市得一峰，將于其下建菴而老焉。誓畢此生，苦心參究，了佛祖一大事因緣，決不奔波紅塵，終日爲人忙也。……吾賦性坦直，不便忍嘿，與世人久處，必招愆尤。不若寂居山中，友麋鹿而侶梅鶴，此其宜居山者一也。又復操心不定，朱紫隨染，近繁華即易入繁華，適清淨即易歸清淨。今繁華之習漸消，清淨之樂方新，而青山在目，緣與心會，此其宜居山者二也。兄弟俱闡無生大法，而爲世緣迫逼，不得究竟。今居山中，一意理會一大事因緣，必令微細流注，蕩然不存，此其宜居山者三也。骨肉受命慳薄，惟盡捐嗜慾，可望延年。業緣在前，未能盡卻，必居山中，乃能掃除，此其宜居山者四也。生平愛讀書，但讀書之趣，須成一片。俗客熟友，數來嬲擾，則入之不深，得趣不固。深山閉門，可遂此樂，此其宜居山者五也。〔註 196〕

〔註 193〕《巖棲幽事》，頁 3 上。
〔註 194〕《半山藏稿》，卷 11，〈靜宜閣記〉，頁 16 上。
〔註 195〕《竹裕園筆語集》，卷 2，〈山居十快〉，頁 7 上～下。
〔註 196〕《珂雪齋集》，卷 24，〈寄祈年〉，頁 1017。

居山是為破除人事之累、繁華之習、世緣之逼迫、業緣之流轉，以及俗客之擾，肯定居山可護坦直之性、清淨之心、可習無生大法之究竟、可望延年、可得讀書之趣。〔註 197〕凡此種種，皆是擇山而居的原因，從中享有山居生活的樂趣。又載：

> 予之來山中，從困衡中計之已熟，拚捨百丈游絲而至，蓋將終身焉。何者？道不在定，定為道鎧。故古人舍喧入寂，假澄波以貯慧月。吾輩豈可逐逐紛囂，妄語那伽，如醉象之無鉤，似野馬之不御，此其宜居山者一也。鬼谷有言：「抱薪趨火，燥者先然；平地注水，濕者先濡。」外境之為水火也，亦大笑矣。而以燥濕之習氣與偶，政恐入餤常新，難同浣布；騰波不住，有媿蓮花。燃濡隨之，害豈有極。故知涉事難守，離境易防，此其宜居山者二也。蘭香石堅，羽飛鱗沉，各有至性。吾一觸塵纓，周旋世事，若枳若焚，形神俱困。乍對疊疊之山，湛湛之水，則胸中柴棘，若疾風隕籜，春陽泮冰。昔人睇棨戟為險道，走巖壁若康莊，信非欺我，此其宜居山者三也。謬許多生慧業，有志編摩，常欲取東國之靈文，西方之祕典，綜其萬派，匯歸一源，作後世津梁。中年馳鞅名利，垂情花月，羽陵蠹集，硯北塵生。自非偶影青巒，莫酬此志，此其宜居山者四也。世煩我簡，簡則疑傲；世曲我直，直則近訐；同固投膠，異或按劍。夫骨體如此，世路如彼，則采藥煮石，亦足以老矣。豈可臨砧刀而嘆秀芝、憶唳鶴哉！此其宜居山者五也。〔註 198〕

所列居山之五種好處：一、效古人舍喧入寂，假澄波以貯慧月，不可逐紛囂妄；二、外境如水火，涉塵俗事難守，避居離境則易防；三、蘭香石堅，羽飛鱗沈，種種山景有助解脫形神之困；四、可以酬葦編東國靈文西方祕典之志；五、採藥煮石亦足以老矣。〔註 199〕因為居山有頗多好處，袁中道嘎嘎然發誓云：「居山之事，吾志久定，吾計永決，終不捨此更逐世路矣。」〔註 200〕

縱觀山居生活的苦處與樂趣，苦處方面是生活的寂寥與物質的困窘，樂趣方面是身心的自由縱恣，恬淡蕭散。〔註 201〕文人逍遙自適於山水之間，享

〔註 197〕鄭幸雅，《晚明清言研究》，頁 317。
〔註 198〕《珂雪齋集》，卷 15，〈柴紫庵記〉，頁 654。
〔註 199〕毛文芳，《晚明閒賞美學》，頁 199。
〔註 200〕周群，《儒釋道與晚明文學思潮》，頁 317。
〔註 201〕張仲謀，《兼濟與獨善——古代士大夫處世心理剖析》（北京：東方出版社，

受逸興野趣、遠致閒情，而有一種羈鳥出籠、池魚投淵的解脫感；然而，雖欲在自然山水中求取心靈和諧，忘卻俗世社會的紛擾，卻感覺自我的孤寂與無助，無法獲得眞正的安頓。〔註 202〕所以山居者要轉苦爲樂，屠隆《白榆集》載：

> 不佞以是息影掩關，一切謝絕。古人有言：君平旣棄世，世亦棄君平，身世兩棄，則可以斷緣遣累，抱一完神，徼幸厚矣。當不佞之薄有名位，志芳而行羶爲物情所附，將迎酬應，形神俱罷，一毛一髮，悉非我有長，恐一不戒於風露，茁枯葦折爲有道所嗟傷，瞥而撒手，遂逃空虛。蓬户掩兮井逕荒，青苔滿兮屨綦絕，園種邵平之瓜，門栽先生之柳，曉起急呼童子，問山桃落乎？辛夷開未？手抱甕灌花，除去蟲絲蛛網，時不巾不履，坐北窗，披涼風，焚好香，烹苦茗，忽見五色異鳥來鳴樹間，小倦竹牀，藤枕一覺美睡，蕭然無夢，即夢亦不離竹坪花塢之旁，醒而起徐行數十步，則霞光零亂，月在高梧，妻孥來告袺朝廚中無米，笑而答之，明日之事，有明日在，且無負梧桐月色也，婦亦頗領此意，相共怡然二六時中，胸懷不絓一物，從此修煉，所謂旣無拘滯之情，亦不作奇特之想。〔註 203〕

爲擺脫俗世羈困而掩關閉戶，雖物質缺乏，寂寥縈身，然從苦處轉爲樂境，可在大自然環境中悠遊出超然人世的生活樂趣。

1998 年 2 月第 1 版），頁 186。

〔註 202〕羅中峰，《中國傳統文人審美生活方式之研究》，頁 181。

〔註 203〕《白榆集》，卷 13，〈與陳立甫司理〉，頁 19。

第七章　結　論

文人居室之「雅」，首先指向山林鄉野；〔註 1〕若要論述居室生活，山居生活則是非常重要的組成部份。明人好山，認爲：「身在世中未入山，無多受用；心遊域外更閉戶，有些便宜。」〔註 2〕甚至許下心願，「生平願無恙者四：一曰青山，一曰故人，一曰藏書，一曰名卉。」〔註 3〕其中就有「青山」，文人對於「山」的意象，從早期仰之彌高、望之彌遠的崇拜心態，而成爲浮世寄託、依戀的對象，更成爲文人擇居位置的首選。明人所營造的山居生活，定調爲：不喧、幽閒、深趣、適宜的生活狀態。〔註 4〕而山居的典型，以晚明山人陳繼儒爲例：

> 客過草堂，叩余岩棲之事，余倦于酬答，但拈古人詩句以應之。問是何感慨而甘棲遯？曰：「得閒多事外，知足少年中。」問是何功課而能遣日？曰：「種花春掃雪，看籙夜焚香。」問是何利養而獲終老？曰：「研田無惡歲，酒國有長春。」問是何往還而破寂寥？曰：「有客來相訪，通名是伏羲。」〔註 5〕

山居的目的、山居的功課、山居的經濟、山居的交遊等，皆是本文所要探討的主題。山居生活使得文人欣慕的山水，成爲「可行」、「可望」、「可遊」、「可居」，所以山水勝景「可常處」，泉石嘯傲「可常樂」，漁樵隱逸「可常適」，

〔註 1〕周積明，〈中國文人居舍的美學追求〉，頁 59。
〔註 2〕《張子遠先生爨下語》，卷上，頁 13 上。
〔註 3〕《小窗自紀》，卷 1，〈雜著〉，頁 43 上。
〔註 4〕吳智和，〈明人山水休閒生活〉，頁 113。
〔註 5〕《巖棲幽事》，頁 2 下。

猨鶴飛鳴「可常觀」，塵囂韁鎖「可常避」，〔註6〕這便是山居生活的寫照。周履靖的「山家賦」，更將山居樂趣描述得淋漓盡致：

> 卜居青峰之側，築室碧澗之濱。路悠兮日無客到，山靜兮時有鳥鳴。蒿萊而迷曲徑，蘿薜而繞衡門。谿畔巖花兮將笑，林間野鹿兮偏馴。泉清而涵皓月，簷寂而留白雲。遇隣叟而對弈，晤衲子而談經。或隨漁而釣水，或逐樵而斫薪。衣製枝頭綠葉，餐烹嶺上黃精。消受山林之樂，得逃塵世之名。〔註7〕

陳繼儒的「巖棲幽事」與周履靖的「山家賦」，已將明代文人山居的志向、樂趣等敘述明白確切。茲將明人山居生活的時代意義及其社會文化，綜述如下。

一、山居的時代特性

明代山居的狀態以「淺山而居」、「山城而居」爲主，不強調「隱」，而重視「逸」。明人創造一種有別於「特立獨行」、「離群索居」的隱逸風格，著重「逸樂」與「群友」。傳統山居隱逸的寂苦生活，至明代已有不同的時代風貌。依明代各時期來說，明人隱逸的方式，經歷幾個階段的發展：明初的政治性隱逸，弘治、正德之際的市隱以及追求性命眞諦爲主要目標的道隱，中葉以來的生活化、世俗化隱逸形成，晚明時期的通隱、吏隱。明初文人的隱居生活多以山居爲主；至明代中期，有大隱小隱之別，大隱隱城，小隱隱山；明代晚期「山人群體」興盛一時，呈現山居生活的不同狀貌；至明亡後，明遺民因國亡的沈痛，藉山林幽境來寄託內心的苦寂，又回歸明初政治性隱逸的山居生活。

明初和晚明的隱逸之風極爲盛行，隱士大量出現。明初多迫於無奈，而晚明多出於自願；迫於無奈多出於政治時局，出於自願則來自個性因素。個性的轉變，當然也受外在浪漫思潮的時代氛圍，佛道教思想的啓迪，商業發達的市井生活，以及動蕩的社會環境等影響，使得明代後期出現「世俗化」的隱逸現象。明人將自我生命進入閒適的隱居場域，而此一勝場既是人我可以相得相感，更可供自我逍遙閒賞於其中，常寄托於人、事、物，栽入山情水意之盛事中。世俗化潮流推動下，文人要求打通聖凡，溝通雅俗，從而使文藝、文化更加貼近世情人生，加劇庶民化的趨勢。晚明文人的人生觀是戀

〔註6〕《林泉高致集》，〈山水訓〉，頁1上。

〔註7〕明・周履靖撰、陳繼儒選，《梅顛稿選》（《四庫全書存目叢書》集部一八七冊，台南：莊嚴文化事業有限公司，1997年6月初版），卷1，〈山家賦〉，頁5上。

世的、適世的、娛世的，而非超世的、出世的、厭世的，世俗化使他們的人生觀、價值觀、美學觀產生深刻的變化。

二、山居的悲喜寄託

山居生活是寄悲暢意的生活選擇。明人面對政治現實的殘酷時，有時政治理念無法實現，有時政治污濁無法同流合污，他們既不願趨炎附勢，卑諂干進，又不想苟且祿位，久困吏局。於是毅然棄官而去，徜徉山水，或托病告歸，深藏遠避，或杜門謝事，著述自娛。尤其在明清易代之際，明遺民面對流離顛沛，喪亂頻仍，對於人生的幻滅，產生巨大的時代挫折感。此時往往選擇僻居山水，怡然自處，與天地同化，「山」遂成爲遺民們生息的保證，人生的寄託則由俗世的爭競，轉爲山居的閒逸；由亡國的遺恨，轉爲山居的避世。山居生活是在遭遇人生悲愴後，舒解抑鬱的方式；是一種短暫的沈潛，等待美好的時機；或是人生老計、死計的終養，得以寄託山水的勝景，進而可「轉悲爲喜」，「寄憂爲樂」。

三、山居的山水好尚

明代文人大多喜好山水，並以此作爲陶融性情，修養心性之所，以山水爲性命，流連山水已內化爲文人個體的生命內涵。當明人退離當前的世局，堅志歸隱山林，於是放曠情志於林野山壑，尋求物事的賞心樂事，從而將關懷人世之心志，轉爲寄興山水之眞情。山水自然是文人寄興情懷的歸宿，可以藉此掙脫世俗社會的禮教束縛，放縱心性，泄憤娛情，還歸本性，成爲安適性靈之地。所以明人擇山而居，也成就山水好尚的山居生活。

山居的環境皆環以山水景物，有群山環抱、疊嶂飛馳的壯闊，以及眾山伏卧、屹然高踞的幽遠，還有怪石、雲嵐、花木、川泉的細緻點綴，增添山居環境的多變。怪狀柱立的堅石使山雄偉壯闊，變化倏忽的雲嵐使山活潑秀麗，生生不息的花木使山青翠多姿，潺湲不休的川泉更增山的秘靜與撫媚。有「山」與「水」的交迴、「山」與「湖」的交映、「山」與「泉」的爭鳴、「山」與「石」的競峭、「山」與「雲」的幻變，以及「山」與「花木」的妝點，景致怡然的山居環境，使得明人生活具有多重面向的不同感受。

四、山居的質樸簡約

「一池荷葉衣無盡，數畝松花食有餘。剛被世人知住處，又移茆屋入深居。以是知隱者入山惟恐不深也，豈羨乎世之華靡哉！」〔註 8〕山居生活崇尚清雅淡泊，不欣羨富麗豪奢。在空間格局上，採簡單無華的建築格局，以符合樸質自在的山居生活。屋舍內部的佈置也以素雅簡潔，古樸大方爲尙，著重清新雅致的意境，體現出文人雅士的生活態度。

山居日常生活取之自然，用之自然，享之自然，兼具自然的風味與質樸的風格。食物以山蔬野菜爲主，服飾則自給自足，並將山中的天然物，就其物性而製成各種用品，具有實用價値，也使得山居生活更深涵自然與人文層次的美感。

五、山居的閒情雅致

山中竹木花果數畝，灌溉除草則幽然自得；魚禽鶴鳥，餵養賞玩則頗具閒趣，這是山居的園藝生活。山居環境幽靜無擾，澄心慮志，幽然覽閱，放情於書齋，這是山居的學藝生活。而文人禪衲，對坐品茗，壺中漫散幾縷清香；飲酒酣醉，消愁冶趣，壺中蒸引幾段恩怨；或放酒高歌，弄樂賞曲，輕揚淡泊雅意；弈棋消日，籌謀馳騁，爭戰幾回輸嬴，這是山居的閒適生活。有詩云：「身名幸自謝籠樊，白首爲農誓不諼；慣住山中知鹿性，數行樹下識禽言。巾車每許鄰翁借，書帙閒同道士翻；醉後漸看松月上，滿村雞犬寂無喧。」〔註 9〕在山居生活中，焚香啜茗，琴書寓意，禽魚寄娛，與客清談，樵歌偶嘯，牧笛輕悠，這些皆是明人閒情雅致的山居生活狀態。

六、山居的感觀精采

山居生活中，山水自然變幻無常，呈現動態的美感。隨著季節的更替和日月升落，山岳間聲、色、形、光的展現，是自然造化的結果。〔註 10〕天地間「聲之韻」者，曰：「溪聲、澗聲、竹聲、松聲、山禽聲、幽壑聲、芭蕉雨聲、落花聲、落葉聲，皆天地之清籟。」〔註 11〕這些皆山居才擁有的天籟之聲。山水、草木、日月、風雨，共謀天地的奇幻變化，繪成色彩斑爛的圖畫，奏出樂音悅耳的曲目。明代山居人士，親近自然，感受萬物，體悟自然萬物可喜可愕的天地情。無論聲音或色彩，山居生活皆能享有豐富精采的感觀境界。

〔註 8〕《趙氏連城》，《客窗隨筆》，卷 4，總頁 113。
〔註 9〕《古今圖書集成》，卷 130，〈山居部・山莊閑居〉，頁 1204。
〔註 10〕游琪、劉錫誠主編，《山岳與象徵》，頁 542。
〔註 11〕《小窗自紀》，卷 1，〈雜著〉，頁 45 下。

本文力求建構明人山居生活的整體面貌，藉由山居生活的論述來突顯當時的社會狀態，與明代文人的生活樣式、文化意識，並從山居生活方式中，反思現今的生活抉擇、生活環境，與物質的欲求或性靈的閒適，應具有一定的學術參考價值。

附　圖

圖1：明・徐賁〈畫山水〉

（國立故宮博物院編輯委員會，《故宮書畫圖錄》（台北：國立故宮博物院））

說明：層嶂懸流，小舟泊岸，有人策蹇從橋上行。

題識：山靄籠嘉樹，層巖瀉埜泉；高人於此住，所得靜中緣。

圖2：元・王蒙〈畫山中歸隱圖〉

（國立故宮博物院編輯委員會，《故宮書畫圖錄》（台北：國立故宮博物院））

說明：白石巉巖，清流映帶，茅屋數楹，環以老樹。一叟趺坐，一叟曳杖行。

圖 3：明・陸治〈支硎山圖〉

（國立故宮博物院編輯委員會，《故宮書畫圖錄》（台北：國立故宮博物院））

題識：千載支郎說此經，寒泉幽澗尚縱橫；鶯花浪示春聲色，水月猶通佛性情。嵌石半龕苔寄迹，空硬一箇鶴留名；許詢同侶眞同調，況有谿山照眼淸。

圖 4：明・劉度〈畫春山臺謝〉

（國立故宮博物院編輯委員會，《故宮書畫圖錄》（台北：國立故宮博物院））

說明：翠巖積秀，碧樹數英，臺榭參差，依山臨水。一人坐憩，一童捧茗盌侍，一童煮茗。

題識：曩余在西湖精舍，曾見宋人所畫《春山臺榭圖卷》，賞其神妙，心領意會，至今殆閱數月矣。適友人出此長素索筆，聊爲彷彿其概，深愧不能得萬一耳。崇禎九年（1636）春日。

圖 5：明・唐寅〈畫山靜日長圖〉

（國立故宮博物院編輯委員會，《故宮書畫圖錄》（台北：國立故宮博物院））

說明：山深林密，書齋中展卷靜坐，橋外谿邊，漁竿牧笛，意致幽閒。

題識：初夏山中日正長，竹梢脱粉午窗涼；幽情只許同麋鹿，自愛詩書靜裡忙。正德丁卯（1507）穀雨日。

圖 6：明・錢穀〈惠山煮泉圖〉

（國立故宮博物院編輯委員會，《故宮書畫圖錄》（台北：國立故宮博物院））

說明：喬林甃井，遊者冠巾僧道五人，童子三烹茶。

圖 7：「籃輿」「肩輿」

（明・王圻輯，《三才圖會》，卷 5，〈器用〉）。

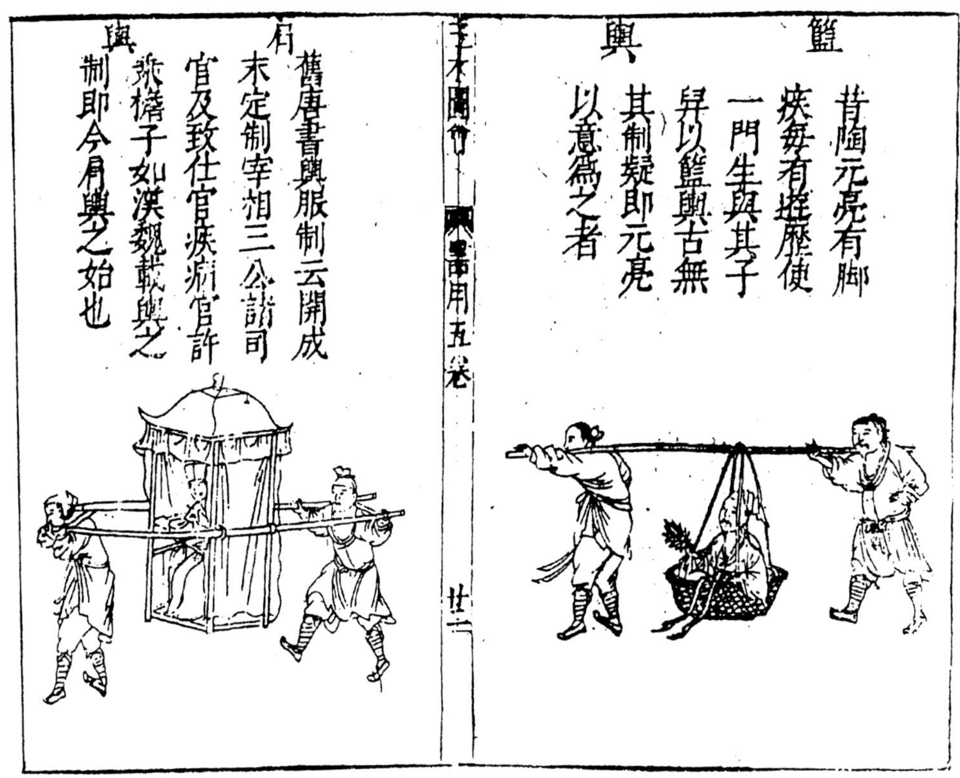

籃輿

昔陶元亮有脚疾每有遊歷使一門生與其子舁以籃輿古無其制疑即元亮以意爲之者

三才圖會　器用五卷　廿一

肩輿

舊唐書輿服制云開成末定制宰相三公諸司官及致仕官疾病官許乘檐子如漢魏載輿之制即今肩輿之始也

圖 8：明・尤求〈書閣早梅〉

（國立故宮博物院編輯委員會，《故宮書畫圖錄》（台北：國立故宮博物院））

說明：山瀑竹亭，梅林盛放，堂中橫几攤書，坡外有人策蹇度橋，童子隨後。

圖 9：明・沈周〈芝鶴圖〉

（國立故宮博物院編輯委員會，《故宮書畫圖錄》（台北：國立故宮博物院））

說明：修篁巖石，白鶴彩芝，一人敷簞靜觀。

題識：已知仁術壽生涯，醫國高垣槩太霞；小住人間一千歲，青精爲飯酒松花。

圖10：元・王蒙〈秋山讀書〉

（國立故宮博物院編輯委員會，《故宮書畫圖錄》（台北：國立故宮博物院））

圖11：明·文伯仁〈品茶圖〉

（國立故宮博物院編輯委員會，《故宮書畫圖錄》（台北：國立故宮博物院））

說明：兩人席地坐松陰下，几列書卷茶具，一童子取泉澗中。

題識：嫩湯自愛魚生眼，卷葉還誇碧展旗；穀雨江南佳節近，惠山泉下小船歸。幽人紗帽籠頭坐，曲徑風花繞鬢飛；酒客未通塵夢醒，靜看斜日照松扉。隆慶辛未（1571）春。

圖12：「石之屬」「竹之屬」

（明・王圻輯，《三才圖會》，卷3，〈器用〉）。

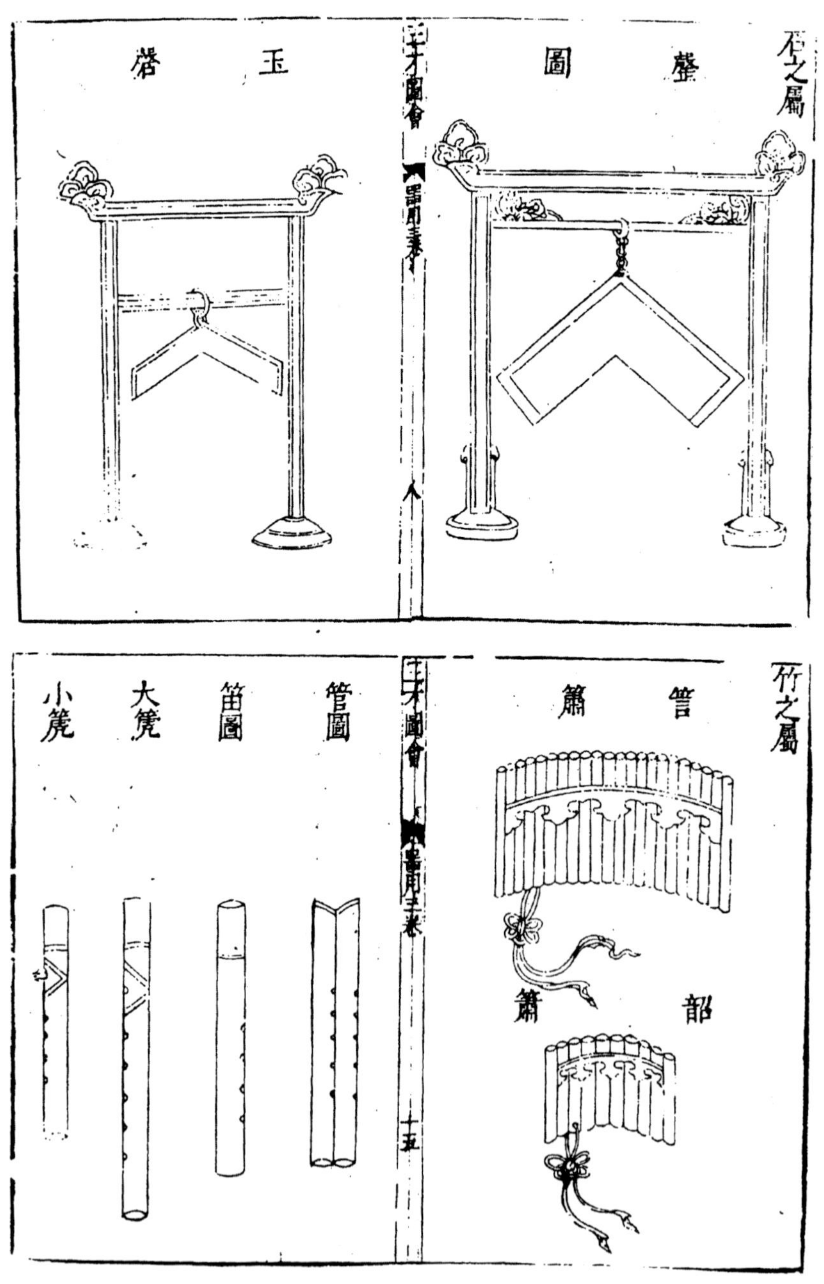

圖13：明・沈周〈抱琴圖〉

（國立故宮博物院編輯委員會，《故宮書畫圖錄》（台北：國立故宮博物院））

題識：川色巒光照客顏，柳風不動鬢絲閒；抱琴未必成三弄，趣在高山流水間。

圖14：明・周臣〈清泉聽阮圖〉

（國立故宮博物院編輯委員會，《故宮書畫圖錄》（台北：國立故宮博物院））

說明：高峰插雲，清泉噴雪。一人林下摘阮，一人坐聽。

圖15：明・王紱〈畫山亭文會圖〉

（國立故宮博物院編輯委員會，《故宮書畫圖錄》（台北：國立故宮博物院））

說明：山林樓閣，草亭中會者五人，二人自山麓來，一人乘舟至。

圖16：明・唐寅〈層巖策杖圖〉

（國立故宮博物院編輯委員會，《故宮書畫圖錄》（台北：國立故宮博物院））

說明：高嶺喬林，傑榭架谿，岸邊有人攜杖。

題識：拔嶂懸泉隔塵世，層臺曲閣倚雲霄；賞心會有東鄰約，清曉來過獨木橋。

圖 17：明・沈周〈天平聽雨圖〉

（國立故宮博物院編輯委員會，《故宮書畫圖錄》（台北：國立故宮博物院））

說明：天平山雨景。山巔松閣，二人對坐，山下一人持蓋度橋來。

圖18：明・唐寅〈空山觀瀑圖〉

（國立故宮博物院編輯委員會，《故宮書畫圖錄》（台北：國立故宮博物院））

題識：飛瀑潄蒼崖，山空響逾遠；惟有洗心人，行來不辭晚。

圖19：明・文徵明〈聽泉圖〉

（國立故宮博物院編輯委員會，《故宮書畫圖錄》（台北：國立故宮博物院））

說明：小山疎樹，曲澗平橋，一人坐聽泉。

題識：空山日落雨初收，烟樹沉沉水亂流；獨有幽人心不競，坐聽寒玉竟遲留。

圖 20：明・周臣〈山亭納涼圖〉

（國立故宮博物院編輯委員會，《故宮書畫圖錄》（台北：國立故宮博物院））

說明：峭石孤亭，芭蕉蔭綠。一人執羽扇倚几坐，旁置書卷，一童子折花。

附表一：明人山居資料表

姓　名	生卒年	籍　貫	山居地	出身／山居狀態	資料出處
于　立	1341？～？	江西南康	會稽山（今浙江會稽）	學道山中	清・錢謙益，《列朝詩集小傳》，〈甲前集・于立〉，頁 74。
于慎行	1545～1607	山東東阿	穀城山（今山東）	進士； 居山十七年	明・葉向高，《蒼霞草全集》，卷 8，〈穀城山館全集序〉，頁 38 上。
方以智	1611～1671	南直隸桐城	浮山（今安徽樅陽）	進士； 出家爲僧	《清史稿》，卷 500，〈遺逸一〉，頁 13832～13833。
方獻夫	？～1544	廣東南海	西樵山（今廣東佛山）	進士； 讀書山中十年	清・張廷玉等撰，《明史》，卷 196，頁 5185～5186。
王夫之	1619～1692	湖廣衡陽	石船山（今湖南衡陽）建「湘西草堂」	布衣； 明亡居山著述	《清史稿》，卷 480，〈儒林一〉，頁 13106～13107。

王弘撰	1622～1702	陝西華陰	華山（今陝西華陰）築「讀易廬」	布衣；明末居山治學	清・王弘撰，《山志》，〈點校說明〉，頁 1。
王守仁	1472～1528	浙江餘姚	龍泉山（今浙江餘姚）	進士；講學「陽明書院」	《明史》，卷 195，頁 5159～5169。
王叔果	1516～1588	浙江永嘉	半山（今浙江杭州北）	進士；讀書山中	明・王叔果，《半山藏稿》（附錄），李維楨〈王憲使傳〉，頁 3 上。
王　恭	生卒不詳	福建長樂	七巖山（今福建長樂縣西南）	隱山二十年	《列朝詩集小傳》，〈乙集・王典籍恭〉，頁 219～220。
王　冕	1287～1359	浙江諸暨	九里山（今浙江會稽）築「梅花屋」	隱士	《明史》，卷 285，〈文苑一〉，頁 7311。
王　問	1497～1576	南直隸無錫	寶界山（今江蘇無錫）	進士；築別墅於山	《列朝詩集小傳》，〈丁集上・王僉事問〉，頁 438。
王　紱	1362～1416	南直隸無錫	九龍山（今江蘇無錫惠山）	講學山中	《明史》，卷 286，〈文苑二〉，頁 7337～7338。
王　偁	1370～1415	福建永福	永福山（今福建）	舉人；爲道山中十年	《列朝詩集小傳》，〈乙集・王檢討偁〉，頁 219。
王　蒙	1308～1385	浙江湖州	黃鶴山（今浙江餘杭）	元末隱山三十年	《明史》，卷 285，〈文苑一〉，頁 7333。
王　賓	生卒不詳	南直隸長洲	西山（今江蘇蘇州）	隱士	明・曹蓋之，《舌華錄》，卷 5，〈清語第九〉，頁 2 上。

王　禕	1322～1373	浙江義烏	青岩山（今浙江義烏）	元末隱山	《列朝詩集小傳》，〈甲集・王待制禕〉，頁 121。
王　翰	生卒不詳	山西夏縣	中條山（今山西永濟）	元末隱山	《列朝詩集小傳》，〈甲集・王編修翰〉，頁 151。
王　彝	？～1374	南直隸嘉定	天台山（今浙江天台）	少時讀書山中	《明史》，卷 285，〈文苑一〉，頁 7320。
王　寵	1494～1533	南直隸吳縣	太湖洞庭西山；虞山（今江蘇常熟）	貢士； 讀書、養病於山	《列朝詩集小傳》，〈丙集・王貢士寵〉，頁 348。
王　鏊	1450～1524	南直隸吳縣	太湖洞庭東山，建「招隱園」	進士； 致仕歸隱	《明史》，卷 181，頁 4825～4826。
丘雲霄	生卒不詳	福建崇安	武夷山 （今福建武夷山市）	貢士； 歸隱山中	《列朝詩集小傳》，〈丁集中・丘柳城雲霄〉，頁 545。
安希范	1564～1621	南直隸無錫	膠山（今江蘇無錫）	進士； 歸隱山麓	《啓禎野乘》，卷 3，〈安光祿傳〉，頁 17 上。
安　國	1481～1534	南直隸無錫	膠山（今江蘇無錫）	治圃山中	國立中央圖書館，《明人傳記資料索引》，頁 119。
何　白	生卒不詳	浙江永嘉	梅嶼山（今浙江台州）	歸隱山中	國立中央圖書館，《明人傳記資料索引》，頁 270。
吳文潛	生卒不詳	福建莆田	武夷山 （今福建武夷山市）	僧人	《列朝詩集小傳》，〈丁集上・吳文潛〉，頁 504。
宋　濂	1310～1381	浙江浦江	龍門山（今浙江浦江）；青蘿山	元末隱山	《明史》，卷 128，頁 3784。
李孔昭	生卒不詳	北直隸薊縣	盤山（今天津薊縣）	進士； 明亡隱山	《清史稿》，卷 501，〈遺逸二〉，頁 13843～13844。
李日滌	生卒不詳	江西臨川	戴溪山（今江西宜黃）	明末避亂山中	清・李日滌，《竹裕園筆語集》，〈傳〉，頁 1 上。

李承箕	1452～1505	湖廣嘉魚	大匡山；黃公山（今浙江永嘉）	舉人；讀書講學山中	《列朝詩集小傳》，〈丙集・李舉人承箕〉，頁 326。
李　祁	生卒不詳	湖廣茶陵	永新山（今江西吉安）	進士；母憂隱山	《列朝詩集小傳》，〈甲前集・李翰林祁〉，頁 57。
李　贄	1527～1602	福建晉江	鷄足山（今雲南賓川）	舉人；致仕隱山	《明史》，卷 221，頁 5817。
沈　周	1427～1509	南直隸長洲	寶石峰（今浙江杭州西湖）	布衣；暫居山中	明・田汝成輯撰，《西湖遊覽志餘》，卷 17，〈藝文賞鑒〉，頁 337。
沈壽民	1607～1675	南直隸宣城	金華山（今四川射洪）；黃山（今安徽黃山市）	避禍講學山中	清・閔麟嗣，《黃山志定本》，卷二，〈人物〉，頁 71 下。
沈應魁	生卒不詳	南直隸常熟	虞山（今江蘇常熟）	進士；晚年居山	明・劉萬春，《守官漫錄》，卷 1，〈內編養生得失〉，頁 61 下。
貝　瓊	1297？～1379	浙江崇德	殳山（今浙江海寧）	元末隱山	《列朝詩集小傳》，〈甲集・貝助教瓊〉，頁 133。
佘書升	生卒不詳	南直隸歙巖鎮	黃山（今安徽黃山市）	閉門隱山	《黃山志定本》，卷 2，〈人物〉，頁 71 上。
來知德	1525～1604	山東梁山	釜山（今河北徐水）	舉人；讀書山中	清・黃宗羲，《明儒學案》，卷 53，〈諸儒學案下一・徵君來瞿塘先生知德〉，頁 1285。
周之翰	生卒不詳	南直隸華亭	神山（今安徽滁州）	布衣；元末隱山	《列朝詩集小傳》，〈甲前集・周處士之翰〉，頁 91。
周永年	1582～1647	南直隸吳江	西山（今江蘇蘇州）	秀才；明末隱山	《列朝詩集小傳》，〈丁集下・周秀才永年〉，頁 634。

周孚先	生卒不詳	廣東潮陽	陰那山（今廣東梅縣）	舉人； 不仕隱山	明・張萱，《西園聞見錄》，卷 22，〈高尚〉，頁 12 上。
周　砥	1367？～？	南直隸吳縣	荊溪山（今浙江樂清）	山人； 元末隱山	《列朝詩集小傳》，〈甲前集・周山人砥〉，頁 70～71。
祁彪佳	1602～1645	浙江山陰	寓山（今浙江紹興）	進士； 歸居隱山	《明史》，卷 275，頁 7051～7054。
金　傑	生卒不詳	浙江蘭溪	九華山（今安徽青陽）	貢生； 隱山學仙	明・談遷，《棗林雜俎》，和集，〈金傑棄官〉，頁 33 下。
冼桂奇	生卒不詳	廣東南海	羅浮山（今廣東惠州）	進士； 奉母居山	清・宋廣業，《羅浮山志會編》，卷 6，〈人物志三・名賢〉，頁 26 上。
胡宗仁	生卒不詳	南直隸上元	冶城山（今南京）	布衣隱山	《列朝詩集小傳》，〈丁集上・胡布衣宗仁〉，頁 507。
胡居仁	1434～1484	江西餘干	梅溪山（今浙江寧波）	布衣講學	《明儒學案》，卷 2，〈崇仁學案二・文敬胡敬齋先生居仁〉，頁 29。
胡　翰	1307～1381	浙江金華	南華山（今浙江開化）；北山（今浙江金華市北）	元末明初隱山	《明史》，卷 285，〈文苑一〉，頁 7310。
范允臨	1558～1641	南直隸吳縣	天平山（今江蘇蘇州）之陽	進士； 晚年隱山	明・范允臨，《輸寥館集》，張棣華〈敘錄〉，頁 1。
范文光	生卒不詳	四川內江	峨嵋山（今四川）	舉人； 避亂山中	《明史》，卷 279，頁 7149。
孫一元	1484～1520	湖廣安化	太白山（今陝西寶鷄）	山人； 十八歲隱山	《明史》，卷 298，〈隱逸〉，頁 7629。

孫奇逢	1584～1675	北直隸容城	五峰山（今河北保定）；蘇門山夏峯（今河南輝縣）	舉人； 明末清初居山	《清史稿》，卷 480，〈儒林一〉，頁 13101。
徐　渭	1521～1593	浙江山陰	天馬山（今松江）	舉人； 奉母居山	明・徐渭，《徐文長逸稿》，卷 19，〈天馬山房記〉，頁 288。
徐　賁	1335～1393	南直隸長洲	蜀山（今浙江吳興）建「蜀山精舍」	元末隱山	《列朝詩集小傳》，〈甲集・徐布政賁〉，頁 117。
徐達左	1333～1395	南直隸吳縣	光福山（今江蘇鎮江鄧尉山）	隱居山中	《列朝詩集小傳》，〈甲集・徐廣文達左〉，頁 173。
栗應宏	生卒不詳	山西長子	太行山（今山西）	舉人； 不第隱山	《列朝詩集小傳》，〈丁集上・栗舉人應宏〉，頁 432。
秦　金	1467～1544	南直隸無錫	錫山（今江蘇無錫）築「寄暢園」	進士； 歸鄉築園	《明史》，卷 194，頁 5142～5145。
袁宏道	1568～1610	湖廣公安	洞庭山（太湖）	進士； 居山怡情	《明史》，卷 288，頁 7397～7398。
袁　袠	1502～1547	南直隸吳縣	橫山（今江蘇常州）	進士； 讀書「橫山別業」	《列朝詩集小傳》，〈丁集上・袁僉事袠〉，頁 437。
馬　理	1474～1555	陝西三原	商山（今陝西丹鳳）	進士； 隱於「商山書院」	《明儒學案》，卷 9，〈三原學案・光祿馬谿田先生理〉，頁 164～165。
張之象	1507～1587	南直隸華亭	秀林山（今湖北石首）	監生； 晚年居山	《明史》，卷 287，〈文苑三〉，頁 7365。

張　羽	1323～1385	江西潯陽	菁山；戴山之東（今浙江吳興）	元末居山，曾任「安定書院」山長	《列朝詩集小傳》，〈甲集・張司丞羽〉，頁 116。
張居正	1525～1582	湖廣江陵	小湖山（今湖北江陵）	進士；歸鄉隱山	明・張居正，《新刻張太岳先生文集》，卷 47，〈太師張文忠公行實〉，頁 3 下～4 上。
張　岱	1597～1679	浙江山陰	剡溪山（今浙江嵊縣）	明亡隱山	明・張岱，《瑯嬛文集》，卷 5，〈自爲墓誌銘〉，頁 138～139。
張　岳	1492～1552	福建惠安	香山（今福建）	進士	明・張岳，《小山類稿》，卷 12，〈小山刻石〉，頁 8 上～下。
張　憲	1341？～？	浙江山陰	四明山（今浙江寧波）	元末隱山	清・黃宗羲，《四明山志》，卷 9，〈撮殘〉，頁 4 上。
張　簡	1367？～？	南直隸吳縣	鴻山（今江蘇無錫）	隱山學道	《明史》，卷 285，〈文苑一〉，頁 7321。
梁可瀾	生卒不詳	廣東順德	羅浮山（今廣東惠州）	隱山學仙	《羅浮山志會編》，卷 5，〈人物志二・仙二〉，頁 15 上。
梁　時	生卒不詳	南直隸長洲	會稽山（今浙江會稽）	讀書山中	《列朝詩集小傳》，〈乙集・梁典籍時〉，頁 242。
梁　寅	1309～1390	江西新喻	石門山（今山東曲阜）	辭歸居山	《列朝詩集小傳》，〈甲集・梁徵士寅〉，頁 138。
莊　昶	1437～1499	南直隸江浦	定山（今江蘇江浦）	進士；居山二十年	《明史》，卷 179，頁 4754。
許孚遠	1535～1604	浙江德清	德清山（今浙江德清）	進士；世居於山	明・許孚遠，《敬和堂集》，卷不明，〈德清山館記〉，頁 8 下～9 上。
許相卿	1479～1557	浙江海寧	茶磨山（今浙江海鹽）	進士；居山四十年	《列朝詩集小傳》，〈丁集上・許給事相卿〉，頁 446。
郭　完	生卒不詳	福建莆田	壺山（今福建莆田）	布衣；教授爲業	《列朝詩集小傳》，〈甲前集・郭處士完〉，頁 108。

郭　第	生卒不詳	南直隸長洲	焦山（今江蘇鎮江）	山人	《列朝詩集小傳》，〈丁集上・郭山人第〉，頁 498。
陳　誠	生卒不詳	浙江金華	夫容山（今浙江金華）	布衣	明・金幼孜，《金文靖公集》，卷 9，〈處士陳信中墓表〉，頁 76 上～下。
陳繼儒	1558～1639	南直隸華亭	東佘山（今上海）	山人；棄儒巾隱山	《明史》，卷 298，〈隱逸〉，頁 7631。
章　溢	1314～1369	浙江龍泉	匡山（今浙江浦城縣富嶺鎮）築「苦齋」	元末隱山	明・劉基，《劉基集》，卷 3，〈苦齋記〉，頁 125～126。
章　懋	1437～1522	浙江蘭溪	白露山（今浙江蘭溪）	進士；居山教授	明・朱國禎輯，《湧幢小品》，卷 23，〈甲乙之科〉，頁 4792。
彭祖年	生卒不詳	西蜀	終南山（今陝西西安）	隱山修道	明・任自垣纂修，《敕建大岳太和山志》，卷 7，〈采眞遊第六〉，頁 131。
湛若水	1466～1560	廣東增城	羅浮山（今廣東惠州）	進士；建書院於山	《羅浮山志會編》，卷 6，〈人物志三・名賢〉，頁 18 下。
程　誥	生卒不詳	南直隸歙縣	黃山（今安徽黃山市）	山人；終隱山中	《黃山志定本》，卷 2，〈人物〉，頁 54 下。
舒　頔	生卒不詳	南直隸績溪	北山（今浙江金華市北）	元末隱山	《列朝詩集小傳》，〈甲前集・舒學正頔〉，頁 109。
華　淑	1589～1643	南直隸無錫	惠山（今江蘇無錫）	讀書山中	國立中央圖書館，《明人傳記資料索引》，頁 672。
馮夢禎	1546～1605	浙江秀水	孤山之麓（今浙江杭州）築「快雪堂」	進士	《列朝詩集小傳》，〈丁集下・馮祭酒夢禎〉，頁 660。
黃　佐	1490～1566	廣東香山	羅浮山（今廣東惠州）	進士；晚年隱山	《羅浮山志會編》，卷 6，〈人物志三・名賢〉，頁 25 上。
黃宗羲	1610～1695	浙江餘姚	化安山（今浙江餘姚）築「龍虎草堂」	清初隱山	《清史稿》，卷 480，〈儒林一〉，頁 13102～13106。

黃道周	1585～1646	福建漳浦	羅浮山（今廣東惠州）	進士；讀書山中	《明儒學案》，卷 56，〈諸儒學案下四・忠烈黃石齋先生道周〉，頁 1332。
黃　綰	1480～1554	南直隸太平	翠屏山（今浙江台州）	讀書山中	《明儒學案》，卷 13，〈浙中王門學案三・尚書黃久菴先生綰〉，頁 280。
黃　畿	1464～1513	廣東香山	羅浮山（今廣東惠州）	生員；讀書山中	《羅浮山志會編》，卷 6，〈人物志三・名賢〉，頁 16 下。
黃　鞏	1480～1522	福建莆田	福建建寧山中，築「西嶼草堂」	進士	明・黃鞏，《黃忠裕公文集》，〈西嶼草堂記〉，頁 222～223。
惲日初	1601～1678	南直隸武進	天台山（今浙江天台）	舉人；僧人；明末隱山	《清史稿》，卷 500，〈遺逸一〉，頁 13834～13836。
楊　恒	生卒不詳	浙江諸暨	白鹿山（今浙江）	隱士；元末隱山	清・高兆，《續高士傳》，卷 4，〈楊恒〉，頁 8 下～9 上。
楊　基	1326～？	南直隸吳縣	赤山（天平山南赤城）（今江蘇蘇州）	元末隱山	《明史》，卷 285，〈文苑一〉，頁 7328。
楊循吉	1458～1546	南直隸吳縣	支硎山（今江蘇吳縣）	進士；致仕隱山	《明史》，卷 286，〈文苑二〉，頁 7351。
楊維楨	1296～1370	浙江會稽	鐵崖山；富春山（今浙江桐廬）	進士；元末讀書山中	《列朝詩集小傳》，〈甲前集・鐵崖先生楊維楨〉，頁 59。
楊　黼	生卒不詳	雲南太和	雞足山（今雲南賓川）	隱士	《明史》，卷 298，〈隱逸〉，頁 7629。
葉紹袁	1589～1648	南直隸吳江	皋亭山（今浙江杭州）	進士；棄家爲僧	國立中央圖書館，《明人傳記資料索引》，頁 731。

虞淳熙	1545～1621	浙江錢塘	南山回峰（今浙江杭州）	進士； 好佛隱山終老	《列朝詩集小傳》，〈丁集下‧虞稽勳淳熙〉，頁 659。
鄒守益	1491～1562	江西萬安	武夷山（今福建武夷山市）	進士； 授徒山中	明‧衷仲孺，《武夷山志》，卷 7，〈賢寓〉，頁 15 上。
鄒迪光	1550～1626	南直隸無錫	惠山之麓（今江蘇無錫）	進士； 罷官居山	《列朝詩集小傳》，〈丁集下‧鄒提學迪光〉，頁 687。
熊明遇	生卒不詳	江西進賢	京山（今屬湖北）	進士； 晚年居山	明‧熊人霖，《熊山文選》，卷 5，〈竹書述〉，頁碼不詳。
端　伯	生卒不詳	建昌新城	廬山（今江西九江）	進士； 避禍居山	《明史》，卷 275，頁 7048。
趙志皋	1524～1601	浙江蘭溪	六洞山（今浙江蘭溪）	進士； 建書院於山	國立中央圖書館，《明人傳記資料索引》，頁 757。
趙　汸	1319～1369	南直隸休寧	黃山（今安徽黃山市）；星溪古閬山；東山	元末避亂山中	《列朝詩集小傳》，〈甲集‧東山趙先生汸〉，頁 134。
趙宧光	1559～1625	南直隸吳縣	寒山（今蘇州）築「寒山園」	山人	國立中央圖書館，《明人傳記資料索引》，頁 760。
趙善瑛	生卒不詳	四川成都	樂績山（今四川）	山人； 元末隱山	《列朝詩集小傳》，〈甲前集‧玉峰山人趙善瑛〉，頁 87。
劉　基	1311～1375	浙江青田	青田山（今浙江）	進士； 元末隱山	《明史》，卷 128，頁 3777～3783。
劉　睿	生卒不詳	浙江括蒼	青田山（今浙江）	居山二十年	《列朝詩集小傳》，〈甲前集‧劉睿〉，頁 95。

劉養晦	生卒不詳	江西萬安	龍頭山（今湖南）	布衣； 元末隱山	《列朝詩集小傳》，〈甲前集・劉處士養晦〉，頁 108。
劉　觀	生卒不詳	江西吉水	虎丘山（今蘇州長洲）	進士； 建書院於山	《明史》，卷 282，〈儒林一〉，頁 7248。
樂　純	生卒不詳	福建沙縣	天湖山（今福建建甌縣）	布衣；世居山下	明・樂純，《雪菴清史》，洪謨〈清史自序〉，頁 9 下～10 下。
鄭　作	生卒不詳	南直隸歙縣	方山（今南京）	讀書山中	《列朝詩集小傳》，〈丙集・方山子鄭作〉，頁 362。
鄭　岳	1468～1539	福建莆田	壺山（今福建莆田）	進士	明・鄭岳，《鄭山齋先生文集》，卷 12，〈山翁樂丘記〉，頁 3 上。
鄭善夫	1485～1523	福建閩縣	金鼇峰（今福建）築「少谷草堂」	進士； 避亂政隱山	《列朝詩集小傳》，〈丙集・鄭郎中善夫〉，頁 369～370。
閻爾梅	1603～1679	南直隸沛縣	微山（今山東）	舉人	《清史稿》，卷 500，〈遺逸一〉，頁 13820～13821。
霍　韜	1487～1540	廣東南海	西樵山（今廣東佛山）	進士； 告歸讀書山中	《明儒學案》，卷 53，〈諸儒學案下一・文敏霍渭厓先生韜〉，頁 1272。
戴　良	1317～1383	浙江浦江	四明山（今浙江寧波）	山人； 明初隱山	《列朝詩集小傳》，〈甲前集・九靈山人戴良〉，頁 55。
薛　侃	1486～1545	廣東揭陽	羅浮山（今廣東惠州）；中離山	進士； 講學山中	《明儒學案》，卷 30，〈粵閩王門學案・行人薛中離先生侃〉，頁 656～657。
謝　仁	生卒不詳	廣東博羅	羅浮山（今廣東惠州）	舉人； 罷歸隱山	《羅浮山志會編》，卷六，〈人物志三・名賢〉，頁 24 上。
謝　祐	生卒不詳	廣東南海	葵山（今廣東潮州）	貧儉居山	《明儒學案》，卷 6，〈白沙學案下・謝天錫先生祐〉，頁 106。

謝應芳	1296～1392	南直隸武進	芳茂山（今江蘇常州一橫山）	布衣；晚年居山	《明史》，卷 282，〈儒林一〉，頁 7224～7225。
鍾　惺	1574～1624	湖廣竟陵	五華山（今湖北天門）	進士；讀書山中	國立中央圖書館，《明人傳記資料索引》，頁 911。
薩　琦	？～1457	福建閩縣	大夢山（今福州）築「廉山草堂」	進士；讀書山中	《明史》，卷 163，頁 4426。
藍　仁	生卒不詳	福建崇安	武夷山（今福建武夷山市）	布衣；曾任「武夷書院」山長	《列朝詩集小傳》，〈甲集・藍布衣仁〉，頁 147。
魏　觀	生卒不詳	湖廣蒲圻	蒲山（今河南南陽）	元末讀書隱山	《列朝詩集小傳》，〈甲集・魏蘇州觀〉，頁 127。
龐　嵩	生卒不詳	廣東南海	羅浮山（今廣東惠州）	舉人；講學山中	《明史》，卷 281，〈循吏〉，頁 7215。
羅　倫	1431～1478	江西永豐	金牛山（今湖南常德）	狀元；講學山中	《列朝詩集小傳》，〈丙集・羅修撰倫〉，頁 307。
顧元慶	1487～1565	南直隸長洲	陽山（今江蘇蘇州）	布衣	國立中央圖書館，《明人傳記資料索引》，頁 949。
顧雲鴻	生卒不詳	南直隸常熟	虞山之藤溪（今江蘇常熟）	舉人；退隱山中	《列朝詩集小傳》，〈丁集下・顧先輩雲鴻〉，頁 623。
顧　璘	1476～1545	南直隸蘇州上元	南山（今浙江杭州）	進士	明・顧璘，《顧華玉集》，《息園存稿文》，卷 4，〈屏山小隱記〉，頁 6 上～下。

說明：一、本表可與第三章「山居人士的類型」作參照互見。

二、依姓名筆劃羅列，共計 130 位。

附表二：明人山居地域統計表

地　域	姓　名	合計人數
北直隸	李孔昭、來知德	2
南直隸	方以智、王問、王紱、王賓、王寵、王鏊、安希范、安國、沈壽民、沈應魁、佘書升、周之翰、周永年、金傑、胡宗仁、范允臨、徐渭、徐達左、秦金、袁宏道、袁袠、張簡、莊昶、郭第、陳繼儒、程誥、華淑、楊基、楊循吉、鄒迪光、趙汸、趙宧光、劉觀、鄭作、謝應芳、顧元慶、顧雲鴻	37
山　東	于慎行、梁寅、閻爾梅	3
山　西	王翰、栗應宏	2
河　南	孫奇逢、魏觀	2
陝　西	王弘撰、孫一元、馬理、彭祖年	4
四　川	范文光、趙善瑛	2
江　西	李日滌、李祁、端伯	3
湖　廣	王夫之、張之象、張居正、熊明遇、劉養晦、鍾惺、羅倫	7
浙　江	于立、王守仁、王叔果、王冕、王蒙、王禕、王彝、何白、宋濂、李承箕、沈周、貝瓊、周砥、祁彪佳、胡居仁、胡翰、徐賁、張羽、張岱、張憲、梁時、許孚遠、許相卿、陳誠、章溢、章懋、舒頔、馮夢禎、黃宗羲、黃綰、惲日初、楊恒、楊維楨、葉紹袁、虞淳熙、趙志皋、劉基、劉睿、戴良、顧璘	40
福　建	王恭、王偁、丘雲霄、吳文潛、張岳、郭完、黃鞏、鄒守益、樂純、鄭岳、鄭善夫、薩琦、藍仁	13
廣　東	方獻夫、周孚先、冼桂奇、梁可瀾、湛若水、黃佐、黃道周、黃畿、霍韜、薛侃、謝仁、謝祐、龐嵩	13
雲南	李贄、楊黼	2

※本表依據「附表一」，作山居區域分佈之統計。

徵引書目

一、古籍史料

（一）一般

1. 南朝・范曄，《後漢書》，九〇卷，北京：中華書局，1965年5月第1版。
2. 宋・林洪，《山家清事》，《筆記小説大觀》三編三冊，台北：新興書局，1978年7月初版。
3. 宋・郭熙，《林泉高致集》，一卷，《景印文淵閣四庫全書》子部八一二冊，台北：臺灣商務印書館，1986年3月初版。
4. 宋・羅大經，《鶴林玉露》，六卷，《唐宋史料筆記叢刊》，北京：中華書局，1983年8月第1版。
5. 元・陶宗儀，《南村輟耕錄》，三〇卷，《元明史料筆記叢刊》，北京：中華書局，1959年2月第1版。
6. 元・賈銘，《飲食須知》，八卷，《四庫全書存目叢書》子部八〇冊，台南：莊嚴文化事業有限公司，1995年9月初版，江西省圖書館藏涵芬樓影印清道光十一年六安晁氏木活字學海類編本。
7. 明・于愼行，《穀山筆麈》，一八卷，《元明史料筆記叢刊》，北京：中華書局，1984年6月第1版。
8. 明・王圻輯，《三才圖會》，一〇六卷，《四庫全書存目叢書》子部一九一冊，台南：莊嚴文化事業有限公司，1995年9月初版，據北京大學圖書館藏明萬曆三十七年刻本影印。
9. 明・不著撰者，《名花譜》，不分卷，《四庫全書存目叢書》子部八二冊，台南：莊嚴文化事業有限公司，1995年9月初版，據南京圖書館藏清刻本影印。

10. 明・不著撰者，《居家必用事類全集》，一〇集（卷），《四庫全書存目叢書》子部一一七冊，台南：莊嚴文化事業有限公司，1995 年 9 月初版，據清華大學圖書館藏明刻本影印。

11. 明・文震亨，《長物志》，一二卷，《叢書集成簡編》，台北：臺灣商務印書館，1966 年 6 月臺 1 版。

12. 明・方學漸，《邇訓》，二〇卷，《四庫全書存目叢書》子部二四一冊，台南：莊嚴文化事業有限公司，1995 年 9 月初版，據北京圖書館藏明刻本影印。

13. 明・毛元淳，《尋樂編》，不分卷，《四庫全書存目叢書》子部九四冊，台南：莊嚴文化事業有限公司，1995 年 9 月初版，據無錫市圖書館藏明崇禎刻本影印。

14. 明・毛晉編，《山居小玩十種》，一三卷，《北京圖書館古籍珍本叢刊》子部叢書類，北京：書目文獻出版社，1988 年 2 月，據明刻本影印。

15. 明・毛晉輯，《香國》，二卷，《四庫全書存目叢書》子部七九冊，台南：莊嚴文化事業有限公司，1995 年 9 月初版，據中國科學院圖書館藏明崇禎二年虞山毛氏汲古閣刻群芳清玩本影印。

16. 明・王世懋，《閩部疏》，《廣百川學海》，台北：新興書局，1970 年 7 月初版，據明刻本影印。

17. 明・王世懋，《學圃雜疏》，《廣百川學海》，台北：新興書局，1970 年 7 月初版，據明刻本影印。

18. 明・王思任，《游喚》，一卷，《歷代筆記小說集成・明代筆記小說》一冊，石家莊：河北教育出版社，1995 年 11 月第 1 版。

19. 明・王思義輯，《香雪林集》，二六卷，《四庫全書存目叢書》子部八〇冊，台南：莊嚴文化事業有限公司，1995 年 9 月初版，據北京圖書館明萬曆三十三年自刻本影印。

20. 明・王路，《花史左編》，二七卷，《四庫全書存目叢書》子部八二冊，台南：莊嚴文化事業有限公司，1995 年 9 月初版，據北京大學圖書館藏明萬曆四十六年綠綺軒刻本影印。

21. 明・王道焜輯，《拈屏語》，《北京圖書館古籍珍本叢刊》子部叢書類，北京：書目文獻出版社，1988 年 2 月，據明刻本影印。

22. 明・王錡，《寓圃雜記》，一〇卷（加補遺十則），《元明史料筆記叢刊》，北京：中華書局，1984 年 6 月第 1 版。

23. 明・王鏊，《守溪筆記》，一卷，《歷代筆記小說集成・明代筆記小說》二冊，石家莊：河北教育出版社，1995 年 11 月第 1 版。

24. 明・王穉登，《明月編》，《廣百川學海》，台北：新興書局，1970 年 7 月初版，據明刻本影印。

25. 明・田汝成輯撰，《西湖遊覽志餘》，二六卷，台北：木鐸出版社，1982年6月初版。
26. 明・田藝蘅，《留青日札》，三九卷，《四庫全書存目叢書》子部一〇五冊，台南：莊嚴文化事業有限公司，1995年9月初版，據浙江圖書館藏明萬曆三十七年徐懋升重刻本影印。
27. 明・田藝蘅，《煮泉小品》，一卷，《四庫全書存目叢書》子部八〇冊，台南：莊嚴文化事業有限公司，1995年9月初版，據湖南圖書館藏明萬曆四十一年刻茶書二十種本影印。
28. 明・安世鳳，《燕居功課》，二七卷，《四庫全書存目叢書》子部一一〇冊，台南：莊嚴文化事業有限公司，1995年9月初版，據山東省圖書館藏明萬曆刻本影印。
29. 明・朱國禎輯，《湧幢小品》，三二卷，《筆記小說大觀》二二編七冊，台北：新興書局，1978年9月初版。
30. 明・朱權，《神隱》，二卷，《四庫全書存目叢書》子部二六〇冊，台南：莊嚴文化事業有限公司，1995年9月初版，據北京圖書館藏明刻本影印。
31. 明・余永麟，《北窗瑣語》，不分卷，《歷代筆記小說集成・明代筆記小說》二冊，石家莊：河北教育出版社，1995年11月第1版。
32. 明・余繼登，《典故紀聞》，一八卷，《元明史料筆記叢刊》，北京：中華書局，1981年7月第1版。
33. 明・吳兗，《山居雜著》，不分卷，台北：國家圖書館藏明崇禎間刊本。
34. 明・吳拭，《武夷雜記》，《廣百川學海》，台北：新興書局，1970年7月初版，據明刻本影印。
35. 明・吳從先輯，《小窗自紀》，四卷，《四庫全書存目叢書》子部二五二冊，台南：莊嚴文化事業有限公司，1995年9月初版，據上海圖書館藏明萬曆刻本影印。
36. 明・宋彥，《山行雜記》，一卷，《筆記小說大觀》一三編五冊，台北：新興書局，1983年10月初版。
37. 明・李介，《天香閣隨筆》，二卷，《筆記小說大觀》二二編八冊，台北：新興書局，1978年9月初版。
38. 明・李日華，《六研齋三筆》，四卷，《景印文淵閣四庫全書》子部八六七冊，台北：臺灣商務印書館，1986年3月初版。
39. 明・李日華，《味水軒日記》，八卷，《續修四庫全書》史部五五八冊，上海：上海古籍出版社，2002年3月第1版，據民國十二年劉氏刻嘉業堂叢書本影印。
40. 明・李日華，《紫桃軒又綴》，三卷，《四庫全書存目叢書》子部一〇八冊，台南：莊嚴文化事業有限公司，1995年9月初版，據復旦大學圖書館藏明末刻清康熙李琱重修本影印。

41. 明・李日華，《紫桃軒雜綴》，四卷，《四庫全書存目叢書》子部一〇八冊，台南：莊嚴文化事業有限公司，1995 年 9 月初版，據復旦大學圖書館藏明末刻清康熙李琱重修本影印。

42. 明・李清，《三垣筆記》，《元明史料筆記叢刊》，北京：中華書局，1982 年 5 月第 1 版。

43. 明・李鼎，《偶譚》，一卷，《叢書集成新編》九〇冊，台北：新文豐出版股份有限公司，1985 年 1 月初版。

44. 明・李詡，《戒庵老人漫筆》，八卷，《元明史料筆記叢刊》，北京：中華書局，1982 年 2 月第 1 版。

45. 明・李豫亨，《三事遡眞》，一卷，《四庫全書存目叢書》子部八五冊，台南：莊嚴文化事業有限公司，1995 年 9 月初版，據陝西省圖書館藏明萬曆繡水沈氏刻寶顏堂祕笈本影印。

46. 明・李贄，《藏書》(上下兩冊)，六八卷，台北：臺灣學生書局，1974 年 8 月初版。

47. 明・沈仕輯，《林下盟》，《山林經濟籍》，台北：漢學研究中心景照明刊本。

48. 明・沈沈，《酒概》，四卷，《四庫全書存目叢書》子部八〇冊，台南：莊嚴文化事業有限公司，1995 年 9 月初版，據北京圖書館藏明刻本影印。

49. 明・沈長卿，《沈氏日旦》，一二卷，《四庫禁燬書叢刊》子部一二冊，北京：北京出版社，2000 年 1 月 1 版，據明崇禎刻本影印。

50. 明・沈德符，《萬曆野獲編》，三〇卷，補遺四卷，《元明史料筆記叢刊》，北京：中華書局，1959 年 2 月第 1 版。

51. 明・沈懋孝，《長水先生文鈔》，二四卷，《四庫禁燬書叢刊》集部一六〇冊，北京：北京出版社，2000 年 1 月 1 版，據明萬曆刻本影印。

52. 明・周文華，《汝南圃史》，一二卷，《四庫全書存目叢書》子部八一冊，台南：莊嚴文化事業有限公司，1995 年 9 月初版，據北京圖書館藏明萬曆四十八年書帶齋刻本影印。

53. 明・周履靖，《山家語》，一卷，《叢書集成新編》七一冊，台北：新文豐出版股份有限公司，1985 年 1 月初版。

54. 明・周應治輯，《霞外麈談》，一〇卷，《四庫全書存目叢書》子部一三一冊，台南：莊嚴文化事業有限公司，1995 年 9 月初版，據湖南圖書館藏明崇禎刻本影印。

55. 明・林有麟輯，《素園石譜》，四卷，《四庫全書存目叢書》子部七九冊，台南：莊嚴文化事業有限公司，1995 年 9 月初版，據中山圖書館藏明萬曆四十一年刻本影印。

56. 明・祁彪佳，《祁忠敏公日記》，一五卷，《北京圖書館古籍珍本叢刊》史部傳記類，北京：書目文獻出版社，1988 年 2 月，據明末祁氏遠山堂抄本影印。

57. 明・俞弁，《山樵暇語》，一〇卷，《四庫全書存目叢書》子部一五二冊，台南：莊嚴文化事業有限公司，1995 年 9 月初版，據首都圖書館藏民國商務印書館影印明朱象玄鈔本影印。

58. 明・胡文煥，《新刻文會堂琴譜》，六卷，《四庫全書存目叢書》子部七四冊，台南：莊嚴文化事業有限公司，1995 年 9 月初版，據北京圖書館藏明萬曆二十五年胡氏文會堂刻本影印。

59. 明・范濂，《雲間據目抄》，五卷，《筆記小說大觀》二二編五冊，台北：新興書局，1978 年 9 月初版。

60. 明・茅一相編，《欣賞續編十種》，一〇卷，《北京圖書館古籍珍本叢刊》子部叢書類，北京：書目文獻出版社，1988 年 2 月，據明刻本影印。

61. 明・計成，《園冶》，台北：金楓出版有限公司，1987 年 5 月初版。

62. 明・夏基，《隱居放言》，一二卷，台北：漢學研究中心景照清康熙卅二年刊本。

63. 明・徐火勃，《茗譚》，《中國茶書全集》，東京：汲古書院，1988 年 12 月。

64. 明・徐復祚，《花當閣叢談》，台北：廣文書局有限公司，1969 年 1 月初版。

65. 明・徐渭輯，《古今振雅雲箋》，一〇卷，《四庫禁燬書叢刊》集部一八冊，北京：北京出版社，2000 年 1 月 1 版，據明末刻本影印。

66. 明・徐渭輯，《刻徐文長先生秘集》，一二卷，《四庫全書存目叢書》子部一二九冊，台南：莊嚴文化事業有限公司，1995 年 9 月初版，據天津圖書館藏明天啓刻本影印。

67. 明・徐獻忠，《水品》，二卷，《四庫全書存目叢書》子部七九冊，台南：莊嚴文化事業有限公司，1995 年 9 月初版，據湖南圖書館藏明萬曆四十一年刻茶書二十種本影印。

68. 明・翁吉火鼎撰、田居中編，《榷倀小品》，一六卷，台北：漢學研究中心景照明崇禎六年刊本。

69. 明・袁宏道，《瓶史》，《廣百川學海》，台北：新興書局，1970 年 7 月初版，據明刻本影印。

70. 明・高濂，《山齋志》，一卷，《廣百川學海》，馮可賓輯，台北：新興書局，1970 年 7 月初版，據明刻本影印。

71. 明・高濂，《雅尚齋遵生八牋》，一九卷，北京：書目文獻出版社，1988 年版，據明萬曆十九年自刻本縮印。

72. 明・婁元禮輯，《田家五行》，《廣百川學海》，台北：新興書局，1970 年 7 月初版，據明刻本影印。

73. 明・屠隆，《考槃餘事》，四卷，《叢書集成簡編》（王雲五主編），台北：臺灣商務印書館，1966年6月臺1版。

74. 明・屠隆，《韋弦佩》，不分卷，《四庫全書存目叢書》子部九三冊，台南：莊嚴文化事業有限公司，1995年9月初版，據北京大學圖書館藏明刻居家必備本影印。

75. 明・屠隆，《冥寥子游》，《廣百川學海》，台北：新興書局，1970年7月初版，據明刻本影印。

76. 明・屠隆，《清言》，《山林經濟籍》，台北：漢學研究中心景照明刊本。

77. 明・屠隆《茶說》，《中國茶書全集》，東京：汲古書院，1988年12月。

78. 明・張大復，《梅花草堂集筆談》，一四卷，《四庫全書存目叢書》子部一〇四冊，台南：莊嚴文化事業有限公司，1995年9月初版，據中國科學院圖書館藏明崇禎三年刻清順治十二年補修本影印。

79. 明・張大復，《聞雁齋筆談》，六卷，《四庫全書存目叢書》子部一〇四冊，台南：莊嚴文化事業有限公司，1995年9月初版，據北京圖書館藏明萬曆三十三顧孟兆等刻本影印。

80. 明・張岱，《陶庵夢憶》，八卷，《筆記小說大觀》六編六冊，台北：新興書局，1983年1月初版。

81. 明・張所望，《閱耕餘錄》，六卷，《四庫全書存目叢書》子部一一〇冊，台南：莊嚴文化事業有限公司，1995年9月初版，據上海圖書館藏明天啓元年刻本影印。

82. 明・張昶，《吳中人物志》，一三卷，《四庫全書存目叢書》史部九七冊，台南：莊嚴文化事業有限公司，1996年8月初版，據浙江圖書館藏明隆慶四年張鳳翼等刻本影印。

83. 明・張復，《張子遠先生甕下語》，二卷，《四庫全書存目叢書》子部九四冊，台南：莊嚴文化事業有限公司，1995年9月初版，據北京圖書館藏明天啓二年重刻本影印。

84. 明・張源，《張伯淵茶錄》，《中國茶書全集》，東京：汲古書院，1988年12月。

85. 明・張萱，《西園聞見錄》，中華文史叢書之四十二，民國廿九年北平哈佛燕京學社排印本，一〇七卷，華文書局股份有限公司印行。

86. 明・張瀚，《松窗夢語》，八卷，《元明史料筆記叢刊》，北京：中華書局，1985年5月第1版。

87. 明・敖英，《東谷贅言》，二卷，《四庫全書存目叢書》子部一〇二冊，台南：莊嚴文化事業有限公司，1995年9月初版，據南京圖書館藏明嘉靖二十八年沈淮刻本影印。

88. 明・曹蓋之，《舌華錄》，九卷，《筆記小說大觀》二二編五冊，台北：新興書局，1978 年 9 月初版。

89. 明・許次紓，《茶疏》，《中國茶書全集》，東京：汲古書院，1988 年 12 月。

90. 明・都穆，《聽雨紀談》，一卷，《四庫全書存目叢書》子部一〇二冊，台南：莊嚴文化事業有限公司，1995 年 9 月初版，據中央民族大學圖書館藏明正德嘉靖間陽山顧氏家塾刻顧氏明朝四十家小說本影印。

91. 明・陳于陛，《意見》，一卷，《筆記小說大觀》一三編五冊，台北：新興書局，1983 年 10 月初版。

92. 明・陳宏緒，《寒夜錄》，三卷，《筆記小說大觀》六編七冊，台北：新興書局，1983 年 1 月版。

93. 明・陳其德，《垂訓樸語》，一卷，《四庫全書存目叢書》子部九四冊，台南：莊嚴文化事業有限公司，1995 年 9 月初版，據南京圖書館藏清嘉慶十八年刻本影印。

94. 明・陳洪謨，《繼世紀聞》，六卷，《元明史料筆記叢刊》，北京：中華書局，1985 年 5 月第 1 版。

95. 明・陳詩教，《花裏活》，三卷補遺一卷，《筆記小說大觀》六編五冊，台北：新興書局，1983 年 1 月初版。

96. 明・陳繼儒，《太平清話》，四卷，《歷代筆記小說集成・明代筆記小說》二八冊，石家莊：河北教育出版社，1995 年 11 月第 1 版。

97. 明・陳繼儒，《長者言》，《廣百川學海》，台北：新興書局，1970 年 7 月初版，據明刻本影印。

98. 明・陳繼儒，《茶話》，《中國茶書全集》，東京：汲古書院，1988 年 12 月。

99. 明・陳繼儒，《筆記》，二卷，《筆記小說大觀》一四編四冊，台北：新興書局，1976 年 8 月初版。

100. 明・陳繼儒，《銷夏部》，四卷，《筆記小說大觀》一三編五冊，台北：新興書局，1983 年 10 月初版。

101. 明・陳繼儒，《巖棲幽事》，《廣百川學海》，台北：新興書局，1970 年 7 月初版，明刻本。

102. 明・陳繼儒、程銓，《古今韻史》，一二卷，《四庫全書存目叢書》子部一四八冊，台南：莊嚴文化事業有限公司，1995 年 9 月初版，據北京大學圖書館藏明刻本影印。

103. 明・陸深，《春風堂隨筆》，一卷，《筆記小說大觀》一三編五冊，台北：新興書局，1983 年 10 月初版。

104. 明・陸深，《燕閒錄》，一卷，《筆記小說大觀》一三編五冊，台北：新興書局，1983 年 10 月初版。

105. 明・陸紹珩，《醉古堂劍掃》，一二卷，台北：金楓出版社，1998 年 7 月革新 1 版。

106. 明・陸樹聲，《茶寮記》，《中國茶書全集》，東京：汲古書院，1988 年 12 月。

107. 明・陶珽編，《説郛續》，四六卷，《續修四庫全書》子部雜家類一一九一冊，上海：上海古籍出版社，2002 年 3 月第 1 版，據清順治三年宛委山堂刻本影印。

108. 明・彭年，《林水錄》，《廣百川學海》，台北：新興書局，1970 年 7 月初版，據明刻本影印。

109. 明・彭汝讓，《木几冗談》，《廣百川學海》，台北：新興書局，1970 年 7 月初版，據明刻本影印。

110. 明・焦竑，《玉堂叢語》，八卷，《元明史料筆記叢刊》，北京：中華書局，1981 年 7 月第 1 版。

111. 明・程羽文，《清閒供》，一卷，《筆記小説大觀》五編五冊，台北：新興書局，1980 年 1 月初版。

112. 明・費元祿，《鼂采館清課》，二卷，《筆記小説大觀》一四編四冊，台北：新興書局，1976 年 8 月初版。

113. 明・馮汝弼，《祐山雜記》，一卷，《筆記小説大觀》五編四冊，台北：新興書局，1980 年 1 月初版。

114. 明・黃奐，《黃玄龍先生小品》，四卷，《四庫全書存目叢書》子部一一一冊，台南：莊嚴文化事業有限公司，1995 年 9 月初版，據北京圖書館藏清康熙刻本影印。

115. 明・愼蒙，《山棲志》，《廣百川學海》，馮可賓輯，台北：新興書局，1970 年 7 月初版，據明刻本影印。

116. 明・愼懋官輯，《華夷花木鳥獸珍玩考》，一二卷，《四庫全書存目叢書》子部一一八冊，台南：莊嚴文化事業有限公司，1995 年 9 月初版，據復旦大學圖書館藏明萬曆刻本影印。

117. 明・楊表正，《重修正文對音捷要眞傳琴譜大全》，一〇卷，《四庫全書存目叢書》子部七三冊，台南：莊嚴文化事業有限公司，1995 年 9 月初版，據中國科學院圖書館藏明萬曆十三年唐富春刻積秀堂印本影印。

118. 明・葉子奇，《草木子》，四卷，《元明史料筆記叢刊》，北京：中華書局，1959 年 5 月第 1 版。

119. 明・趙世顯，《趙氏連城》，一八卷，《四庫全書存目叢書》子部一〇七冊，台南：莊嚴文化事業有限公司，1995 年 9 月初版，據北京圖書館藏明鈔本影印。

120. 明・趙民獻輯，《萃古名言》，四卷，《四庫全書存目叢書》子部一四九冊，台南：莊嚴文化事業有限公司，1995 年 9 月初版，據首都師範大學圖書館藏明崇禎元年刻本影印。

121. 明．劉基輯，《多能鄙事》，一二卷，《四庫全書存目叢書》子部一一七冊，台南：莊嚴文化事業有限公司，1995 年 9 月初版，據上海圖書館藏明嘉靖四十二年范惟一刻本影印。

122. 明．劉萬春，《守官漫錄》，五卷，《四庫禁燬書叢刊》子部三七冊，北京：北京出版社，2000 年 1 月第 1 版，據北京圖書館藏明萬曆四十八年劉氏澹然居刻本影印。

123. 明．樂純，《雪菴清史》，五卷，《四庫全書存目叢書》子部一一一冊，台南：莊嚴文化事業有限公司，1995 年 9 月初版，據北京圖書館藏明書林李少泉刻本影印。

124. 明．蔣以忠、蔣以化撰．林大桂集註，《新刻藝圃球瑯集註》，四卷，《四庫全書存目叢書》子部八七冊，台南：莊嚴文化事業有限公司，1995 年 9 月初版，據北京圖書館藏明萬曆張可久重刻本影印。

125. 明．衛泳輯，《枕中秘》，不分卷，《四庫全書存目叢書》子部一五二冊，台南：莊嚴文化事業有限公司，1995 年 9 月初版，據北京師範大學圖書館藏明刻本影印。

126. 明．談遷，《棗林雜俎》，六卷，《筆記小說大觀》二二編六冊，台北：新興書局，1978 年 9 月版。

127. 明．鄧球，《閒適劇談》，五卷，《四庫全書存目叢書》子部八四冊，台南：莊嚴文化事業有限公司，1995 年 9 月初版，據中國科學院圖書館藏明萬曆十一年鄧雲臺刻本影印。

128. 明．謝肇淛，《五雜組》，一六卷，《四庫禁燬書叢刊》子部三七冊，北京：北京出版社，2000 年 1 月 1 版，據明刻本影印。

129. 明．謝肇淛，《文海披沙》，八卷，《四庫全書存目叢書》子部一〇八冊，台南：莊嚴文化事業有限公司，1995 年 9 月初版，據北京圖書館藏明萬曆三十七年沈儆炌刻本影印。

130. 明．瞿佑，《四時宜忌》，一卷，《四庫全書存目叢書》史部一六四冊，台南：莊嚴文化事業有限公司，1996 年 8 月初版，據北京大學圖書館藏明刻居家必備本影印。

131. 明．羅廩，《茶解》，《中國茶書全集》，東京：汲古書院，1988 年 12 月。

132. 明．顧元慶，《茶譜》，《中國茶書全集》，東京：汲古書院，1988 年 12 月。

133. 明．顧起元，《客座贅語》，一〇卷，《元明史料筆記叢刊》，北京：中華書局，1987 年 4 月第 1 版。

134. 清．王弘撰，《山志》，一二卷（初集六卷、二集六卷），《元明史料筆記叢刊》，北京：中華書局，1999 年 9 月第 1 版。

135. 清．朱佐，《類編朱氏集驗醫方》，一五卷，《叢書集成三編》三〇冊，台北：新文豐出版股份有限公司，1997 年 3 月台 1 版。

136. 清・李日滁，《竹裕園筆語集》，一五卷，《四庫全書存目叢書》子部一六五冊，台南：莊嚴文化事業有限公司，1995年9月初版，據中國科學院圖書館藏清乾隆李丹臣重刻本影印。

137. 清・李漁，《閒情偶寄》，一四卷，台北：長安出版社，1975年9月台1版，1979年9月台三版。

138. 清・唐甄，《潛書》，四卷，《四庫全書存目叢書》子部九五冊，台南：莊嚴文化事業有限公司，1995年9月初版，據北京圖書館藏清康熙王聞遠刻本影印。

139. 清・徐元，《谿山琴況》，一卷，《四庫全書存目叢書》子部七四冊，台南：莊嚴文化事業有限公司，1995年9月初版，據北京大學圖書館藏清康熙十二年蔡毓榮刻本影印。

140. 清・高士奇，《北墅抱甕錄》，一卷，《四庫全書存目叢書》子部八二冊，台南：莊嚴文化事業有限公司，1995年9月初版，據北京圖書館分館藏清康熙刻本影印。

141. 清・高兆，《續高士傳》，五卷，《四庫全書存目叢書》史部一二一冊，台南：莊嚴文化事業有限公司，1996年8月初版，據中國科學院圖書館藏清康熙遺安草堂刻本影印。

142. 清・張廷玉等撰，《明史》，三三二卷，北京：中華書局，1974年4月第1版。

143. 清・張潮著、方雪蓮注釋，《幽夢影》，台南：漢風出版社，1992年1月初印。

144. 清・陳元龍，《格致鏡原》，一〇〇卷，《景印文淵閣四庫全書》子部一〇三一冊，台北：臺灣商務印書館，1986年3月初版。

145. 清・陳鼎，《竹譜》，一卷，《四庫全書存目叢書》子部八一冊，台南：莊嚴文化事業有限公司，1995年9月初版，據山西大學圖書館藏清道光吳江沈氏世楷堂刻昭代叢書本影印。

146. 清・陳夢雷編，《古今圖書集成》，台北：鼎文書局，1977年4月初版。

147. 清・陸廷燦，《藝菊志》，八卷，《四庫全書存目叢書》子部八一冊，台南：莊嚴文化事業有限公司，1995年9月初版，據中國科學院圖書館藏清康熙五十七年棣華書屋刻本影印。

148. 清・湯傳楹，《閒餘筆話》，一卷，《叢書集成續編》文學類二一五冊，台北：新文豐出版股份有限公司，1989年7月台1版。

149. 清・黃宗羲，《明儒學案》，六二卷，《明代傳記叢刊》，台北：明文書局，1991年1月初版。

150. 清・黃宗羲編，《明文海》，《景印文淵閣四庫全書》集部一四五六冊，台北：臺灣商務印書館，1986年3月初版。

151. 清・楊士美，《山中問答》，一卷，《叢書集成續編》文學類二一五冊，台北：新文豐出版股份有限公司，1989 年 7 月台 1 版。

152. 清・鄒漪，《啓禎野乘》，一六卷，《明代傳記叢刊》，台北：明文書局，1991 年 1 月初版。

153. 清・趙翼，《廿二史箚記》，三六卷，台北：洪氏出版社，1974 年 10 月 15 日再版。

154. 清・劉源長撰、余懷補，《茶史》，二卷補一卷，《四庫全書存目叢書》子部七九冊，台南：莊嚴文化事業有限公司，1995 年 9 月初版，據復旦大學圖書館藏清雍正六年墨韻堂刻本影印。

155. 清・錢謙益，《列朝詩集小傳》，八一卷，《明代傳記叢刊》，台北：明文書局，1991 年 1 月初版。

156. 清・歸莊，《尋花日記》，《叢書集成續編》文學類二一八冊，台北：新文豐出版股份有限公司，1989 年 7 月台 1 版。

157. 趙爾巽等撰，《清史稿》，五二九卷，北京：中華書局，1977 年 8 月第 1 版。

158. 朱劍心選注，《晚明小品選注》，台北：臺灣商務印書館股份有限公司，1964 年 12 月臺 1 版。

（二）文集

1. 元・戴良，《九靈山房遺稿詩》，四卷，《四庫全書存目叢書》集部二三冊，台南：莊嚴文化事業有限公司，1997 年 6 月初版，據首都圖書館藏清同治十二年永康胡氏退補齋刻本影印。

2. 明・丁紹軾，《丁文遠集》，二○卷，外集八卷，台北：漢學研究中心景照明天啓刊本。

3. 明・于孔兼，《山居稿》，八卷首一卷，台北：漢學研究中心景照明萬曆四○年序刊本。

4. 明・方孝孺，《遜志齋集》，二四卷，寧波：寧波出版社，1996 年 10 月第 1 版。

5. 明・王世貞，《弇州山人續稿》，二○七卷，台北：文海出版社，1970 年 3 月初版。

6. 明・王用賓，《三渠先生集》，一六卷附一卷，台北：漢學研究中心景照明天啓二年序刊本。

7. 明・王宇，《烏衣集》，四卷，台北：漢學研究中心景照明天啓四年刊本。

8. 明・王叔果，《半山藏稿》，二○卷，台北：漢學研究中心景照明萬曆二八年序刊本。

9. 明・王思任，《王季重雜著》，台北：偉文圖書出版社有限公司，1977 年

9月初版。

10. 明・王禕，《王忠文集》，二四卷，《景印文淵閣四庫全書》集部一二二六冊，台北：臺灣商務印書館，1986年3月初版。

11. 明・王褒撰、王應鍾編，《王養靜全集》，五卷，台北：漢學研究中心景照明萬曆一六年序刊本。

12. 明・王寵，《雅宜山人集》，一〇卷，《四庫全書存目叢書》集部七九冊，台南：莊嚴文化事業有限公司，1997年6月初版，據北京大學圖書館藏明嘉靖十六年董宜陽朱浚明刻本影印。

13. 明・王鏊，《震澤集》，三六卷，《景印文淵閣四庫全書》集部一二五六冊，台北：臺灣商務印書館，1986年3月初版。

14. 明・王穉登，《王百穀集十九種》，三九卷，《四庫禁燬書叢刊》集部一七五冊，北京：北京出版社，2000年1月第1版，據明刻本影印。

15. 明・田藝蘅，《香宇初集・續集》，三四卷內集一卷初集拾遺稿一卷，台北：漢學研究中心景照明嘉靖刊本。

16. 明・江盈科，《江盈科集》，長沙：岳麓書社，1997年4月第1版。

17. 明・何白，《汲古堂集》，二八卷，《四庫禁燬書叢刊》集部一七七冊，北京：北京出版社，2000年1月第1版，據北京圖書館藏明萬曆刻本影印。

18. 明・何良俊，《何翰林集》，二八卷，《明代藝術家集彙刊續集》，台北：國立中央圖書館，1971年6月初版。

19. 明・何喬遠，《鏡山全集》，七二卷，台北：漢學研究中心景照明崇禎一四年序刊本。

20. 明・吳亮采，《止園集》，二四卷附四種合二八卷，台北：漢學研究中心景照明天啓元年序刊本。

21. 明・吳寬，《家藏集》，七七卷，《景印文淵閣四庫全書》集部一二五五冊，台北：臺灣商務印書館，1986年3月初版。

22. 明・宋濂，《文憲集》，《四庫全書薈要》，長春：吉林人民出版社，1997年初版。

23. 明・李日華，《恬致堂集》，四〇卷，台北：國立中央圖書館，1971年10月初版。

24. 明・李流芳，《檀園集》，一二卷，《景印文淵閣四庫全書》集部一二九五冊，台北：臺灣商務印書館，1986年3月初版。

25. 明・李蛟禎，《增城集》，二二卷，台北：漢學研究中心景照明崇禎刊本。

26. 明・李贄，《李溫陵集》，二〇卷，《續修四庫全書》集部別集類一三五二冊，上海：上海古籍出版社，2002年3月第1版，據明刻本影印。

27. 明・李繼佑，《歸愚庵初學集》，一二卷，台北：漢學研究中心景照明刊本。

28. 明・周拱辰，《聖雨齋集》，一三卷，台北：漢學研究中心景照清初刊本。
29. 明・周是脩，《芻蕘集》，六卷，《明代藝術家集彙刊續集》，台北：國立中央圖書館，1971 年 10 月初版。
30. 明・周履靖撰、陳繼儒選，《梅顛稿選》，二〇卷，《四庫全書存目叢書》集部一八七冊，台南：莊嚴文化事業有限公司，1997 年 6 月初版，據北京大學圖書館藏明刻本影印。
31. 明・岳元聲，《潛初子文集》，二〇卷，台北：漢學研究中心景照明刊本。
32. 明・邵寶，《容春堂集》，《景印文淵閣四庫全書》集部一二五八冊，台北：臺灣商務印書館，1986 年 3 月初版。
33. 明・金幼孜，《金文靖公集》，一〇卷，台北：文海出版社，1970 年 3 月初版，據明成化四年新淦金氏家刊本影印。
34. 明・侯一元，《二谷山人集》，台北：漢學研究中心景照明嘉靖三七年序刊本。
35. 明・皇甫汸，《皇甫司勳集》，六〇卷，《景印文淵閣四庫全書》集部一二七五冊，台北：臺灣商務印書館，1986 年 3 月初版。
36. 明・胡廣，《胡文穆公文集》，二〇卷，《四庫全書存目叢書》，集部二八冊，台南：莊嚴文化事業有限公司，1997 年 6 月初版，據復旦大學圖書館藏清乾隆十五年刻本影印。
37. 明・范允臨，《輸寥館集》，八卷，《明代藝術家集彙刊續集》，台北：國立中央圖書館，1971 年 10 月初版。
38. 明・孫應奎，《燕詒錄》，一三卷，台北：漢學研究中心景照明萬曆年刊本。
39. 明・徐枋，《居易堂集》，台北：臺灣學生書局，1973 年，據中研院史語所藏本景印。
40. 明・徐渭，《徐文長逸稿》，二四卷，台北：淡江書局，1956 年 6 月初版。
41. 明・袁中道，《珂雪齋集》（全三冊），二五卷，上海：上海古籍出版社，1989 年 1 月第 1 版。
42. 明・袁宏道，《袁中郎全集》，台北：文星書店，1965 年 1 月 10 日初版。
43. 明・袁宗道，《白蘇齋類集》，二二卷，台北：偉文圖書出版社有限公司，1976 年 9 月初版。
44. 明・屠隆，《由拳集》，二三卷，台北：偉文圖書出版社有限公司，1977 年 9 月初版。
45. 明・屠隆，《白榆集》，二〇卷，台北：偉文圖書出版社有限公司，1977 年 9 月初版。
46. 明・張以寧，《翠屏集》，四卷，《景印文淵閣四庫全書》集部一二二六冊，台北：台灣商務印書館，1986 年 3 月初版。

47. 明・張羽，《張來儀先生文集》，一卷補遺一卷，《叢書集成續編》文學類一八五冊，台北：新文豐出版股份有限公司，1989 年 7 月台 1 版。
48. 明・張居正，《新刻張太岳先生文集》，四七卷，《續修四庫全書》集部一三四六冊，上海：上海古籍出版社，2002 年 3 月第 1 版，據明萬曆四十年唐國達刻本影印。
49. 明・張岱，《瑯嬛文集》，六卷，台北：淡江書局，1956 年 5 月初版。
50. 明・張岳，《小山類稿》，四六卷，台北：漢學研究中心景照明嘉靖三九年序刊本。
51. 明・張維樞，《澹然齋小草》，一二卷，台北：漢學研究中心景照明萬曆四三年序刊本。
52. 明・莫雲卿，《莫廷韓遺稿》，一六卷，台北：漢學研究中心景照明刊本。
53. 明・許孚遠，《敬和堂集》，一三卷，台北：漢學研究中心景照明萬曆二二年序刊本。
54. 明・許樂善，《適志齋稿》，一〇卷，台北：漢學研究中心景照明天啓五年跋刊本。
55. 明・陳于朝，《苧羅山藁》，六卷附三卷，台北：漢學研究中心景照明萬曆四三年刊本。
56. 明・陳沂，《石亭文集》，一二卷，台北：漢學研究中心景照明嘉靖年刊本。
57. 明・陳鼎，《大竹文集》，三卷，台北：漢學研究中心景照明嘉靖刊本。
58. 明・陳勳，《陳元凱集》，五卷，台北：漢學研究中心景照明天啓二年序刊本。
59. 明・陳寰撰，陳繩武編，《琴溪陳先生集》，八卷傳誌行實附一卷，台北：漢學研究中心景照明刊本。
60. 明・陳繼儒，《白石樵眞稿》，二八卷，《四庫禁燬書叢刊》集部三二冊，北京：北京出版社，2000 年 1 月 1 版，據北京大學圖書館藏明崇禎刻本影印。
61. 明・陳繼儒，《晚香堂集》，一〇卷，《四庫禁燬書叢刊》集部六六冊，北京：北京出版社，2000 年 1 月第 1 版，據北京大學圖書館藏明崇禎刻本影印。
62. 明・陸深，《儼山集》，一〇〇卷，《景印文淵閣四庫全書》集部一二六八冊，台北：臺灣商務印書館，1986 年 3 月初版。
63. 明・湯顯祖，《湯顯祖集》，五〇卷，台北：洪氏出版社，1975 年 3 月 1 日初版。
64. 明・程敏政，《篁墩文集》，九三卷，《景印文淵閣四庫全書》集部一二五二冊，台北：臺灣商務印書館，1986 年 3 月初版。

65. 明・賀燦然，《六欲軒初稿》，一九卷，台北：漢學研究中心景照明刊本。
66. 明・黃綰，《久庵先生文集》，一六卷，台北：漢學研究中心景照明萬曆刊本。
67. 明・黃潛，《未軒公文集》，一二卷附一卷，台北：漢學研究中心景照明嘉靖三四年跋刊本。
68. 明・黃鞏，《黃忠裕公文集》，揚州：江蘇廣陵古籍刻印社，1997 年 3 月第 1 版。
69. 明・楊東明，《山居功課》，一〇卷，台北：漢學研究中心景照明萬曆四〇年刊本。
70. 明・楊應詔，《天游山人集》，二〇卷，台北：漢學研究中心景照明刊本。
71. 明・萬廷言，《學易齋集》，一六卷，台北：漢學研究中心景照明萬曆刊本。
72. 明・葉向高，《蒼霞草全集》，揚州：江蘇廣陵古籍刻印社，1994 年 12 月第 1 版。
73. 明・董其昌，《容臺集》，一七卷，《四庫禁燬書叢刊》集部三二冊，北京：北京出版社，2000 年 1 月 1 版，據北京大學圖書館藏明崇禎三年董庭刻本影印。
74. 明・虞淳熙，《虞德園先生集》，文二五卷詩八卷，台北：漢學研究中心景照明天啓三年序刊本。
75. 明・熊人霖，《熊山文選》，二一卷，台北：漢學研究中心景照明刊本。
76. 明・趙懷玉，《趙旬龍先生文集》，一〇卷，台北：漢學研究中心景照明刊本。
77. 明・劉元卿，《劉聘君全集》，一二卷，《四庫全書存目叢書》集部一五四冊，台南：莊嚴文化事業有限公司，1997 年 6 月初版，據南開大學圖書館藏清咸豐二年重刻本影印。
78. 明・劉基，《劉基集》，二六卷，杭州：浙江古籍出版社，1999 年 12 月第 1 版。
79. 明・鄭元勳輯，《媚幽閣文娛初集》，九卷，《四庫禁燬書叢刊》集部三二冊，北京：北京出版社，2000 年 1 月 1 版，據北京大學圖書館中國科學院圖書館藏明崇禎刻本影印。
80. 明・鄭以偉，《靈山藏》，二二卷，《四庫禁燬書叢刊》集部一七五冊，北京：北京出版社，2000 年 1 月第 1 版，據北京圖書館藏明崇禎刻本影印。
81. 明・鄭岳，《鄭山齋先生文集》，二四卷，台北：文海出版社，1970 年 3 月初版。
82. 明・鄭懷魁，《葵圃存集》，三〇卷，台北：漢學研究中心景照明萬曆年刊本。

83. 明．錢士鰲，《錢麓屏先生遺集》，八卷，台北：漢學研究中心景照明萬曆年刊本。
84. 明．錢琦，《東畬先生家藏集》，一四卷，台北：漢學研究中心景照明隆慶二年序刊本。
85. 明．錢琦，《錢臨江集》，一四卷，台北：漢學研究中心景照明萬曆三二年刊本。
86. 明．鍾惺，《隱秀軒集》，四二卷，《中國古典文學叢書》，上海：上海古籍出版社，1992 年 9 月第 1 版。
87. 明．歸有光，《震川集》，三〇卷，《景印文淵閣四庫全書》集部一二八九冊，台北：臺灣商務印書館，1986 年 3 月初版。
88. 明．魏裳，《雲山堂集》，六卷，台北：漢學研究中心景照明萬曆七年序刊本。
89. 明．譚元春，《譚元春集》，三四卷，上海：上海古籍出版社，1998 年 12 月第 1 版。
90. 明．釋道炤，《響泉齋詩集》，不分卷，台北：漢學研究中心景照明崇禎八年序刊本。
91. 明．顧起元，《嬾眞草堂集》，三〇卷，台北：文海出版社，1970 年 3 月初版。
92. 明．顧璘，《顧華玉集》，四五卷，《景印文淵閣四庫全書》集部一二六三冊，台北：臺灣商務印書館，1986 年 3 月初版。
93. 清．錢謙益，《牧齋初學集》，一一〇卷，上海：上海古籍出版社，1985 年 9 月第 1 版。
94. 周作人原編，《明人小品集》，台北：金楓出版有限公司，1987 年 1 月初版。

（三）山志

1. 明．王永積，《錫山景物略》，一〇卷，《四庫全書存目叢書》史部二三四冊，台南：莊嚴文化事業有限公司，1996 年 8 月初版，據復旦大學圖書館藏明末嘉樂堂刻本影印。
2. 明．任自垣纂修，《敕建大岳太和山志》，一五卷，《明代武當山志二種》，武漢：湖北人民出版社，1999 年 9 月第 1 版。
3. 明．朱諫撰、胡汝寧重輯，《鴈山志》，四卷首一卷，《四庫全書存目叢書》史部二二九冊，台南：莊嚴文化事業有限公司，1996 年 8 月初版，據上海圖書館藏明萬曆刻本。
4. 明．邵寶，《慧山記》，四卷，《四庫全書存目叢書》史部二二九冊，台南：莊嚴文化事業有限公司，1996 年 8 月初版，據北京師範大學圖書館藏清咸豐七年二泉書院刻本影印。

5. 明・徐嘉泰，《天目山志》，四卷，《四庫全書存目叢書》史部二三三冊，台南：莊嚴文化事業有限公司，1996 年 8 月初版，據浙江圖書館藏舊鈔本影印。

6. 明・桑喬撰、清・范礽補訂，《廬山紀事》，一二卷，《四庫全書存目叢書》史部二二九冊，台南：莊嚴文化事業有限公司，1996 年 8 月初版，據中國科學院圖書館藏清順治十六年刻本影印。

7. 明・衷仲孺，《武夷山志》，一九卷，《四庫全書存目叢書》史部二二八冊，台南：莊嚴文化事業有限公司，1996 年 8 月初版，據江西省圖書館藏明崇禎十六年刻本影印。

8. 明・都穆，《遊名山記》，四卷，《筆記小說大觀》一三編五冊，台北：新興書局，1983 年 10 月初版。

9. 明・傅梅，《嵩書》，二二卷，《四庫全書存目叢書》史部二三一冊，台南：莊嚴文化事業有限公司，1996 年 8 月初版，據故宮博物院圖書館藏明萬曆刻本影印。

10. 明・談修，《惠山古今考》，一〇卷，《四庫全書存目叢書》史部二三三冊，台南：莊嚴文化事業有限公司，1996 年 8 月初版，據華東師範大學圖書館藏明萬曆刻本影印。

11. 明・魯點，《齊雲山志》，五卷，《四庫全書存目叢書》史部二三一冊，台南：莊嚴文化事業有限公司，1996 年 8 月初版，據北京圖書館藏明萬曆刻本影印。

12. 明・韓晃，《羅浮野乘》，六卷，《四庫全書存目叢書》史部二三二冊，台南：莊嚴文化事業有限公司，1996 年 8 月初版，據上海圖書館藏清康熙刻本影印。

13. 明・顧元鏡，《九華志》，八卷，《四庫全書存目叢書》史部二三四冊，台南：莊嚴文化事業有限公司，1996 年 8 月初版，據上海圖書館藏明崇禎二年刻本影印。

14. 清・王維德，《林屋民風》，一二卷，《四庫全書存目叢書》史部二三九冊，台南：莊嚴文化事業有限公司，1996 年 8 月初版，據清華大學圖書館藏清康熙五十二年王氏鳳梧樓刻本影印。

15. 清・宋廣業，《羅浮山志會編》，二二卷首一卷，《四庫全書存目叢書》史部二四〇冊，台南：莊嚴文化事業有限公司，1996 年 8 月初版，據中國科學院圖書館藏清康熙宋志益刻本影印。

16. 清・范承勳，《鷄足山志》，一〇卷首一卷，《四庫全書存目叢書》史部二三八冊，台南：莊嚴文化事業有限公司，1996 年 8 月初版，據北京圖書館藏清康熙刻本影印。

17. 清・閔麟嗣，《黃山志定本》，七卷，《四庫全書存目叢書》史部二三五冊，台南：莊嚴文化事業有限公司，1996 年 8 月初版，據安徽叢書影印清康熙刻本影印。

18. 清・黃宗羲，《四明山志》，九卷，《四庫全書存目叢書》史部二三六冊，台南：莊嚴文化事業有限公司，1996年8月初版，據北京圖書館藏清康熙四十年黃炳刻本影印。

19. 清・蔣鑛，《九疑山志》，八卷，《四庫全書存目叢書》史部二三二冊，台南：莊嚴文化事業有限公司，1996年8月初版，據首都圖書館藏明萬曆四十八年刻本影印。

20. 清・釋元賢，《鼓山志》，一二卷，《四庫全書存目叢書》史部二三五冊，台南：莊嚴文化事業有限公司，1996年8月初版，據北京圖書館藏清初刻本影印。

二、近人論著

（一）專書

1. 丁易，《明代特務政治》，北京：中華書局，2006年1月第1版，533頁。

2. 尹恭弘，《小品高潮與晚明文化：晚明小品七十三家評述》，北京：華文出版社，2001年5月第1版，492頁。

3. 毛文芳，《晚明閒賞美學》，台北：臺灣學生書局，2000年4月初版，526頁。

4. 毛文芳，《圖成行樂：明清文人畫像題詠析論》，台北：臺灣學生書局，2008年1月初版，575頁。

5. 牛建強，《明代中後期社會變遷研究》，台北：文津出版社，1997年8月初版，253頁。

6. 王小舒，《中國審美文化史・元明清卷》，濟南：山東畫報出版社，2000年10月第1版，415頁。

7. 王凱旋、李洪權，《明清生活掠影》，瀋陽：瀋陽出版社，2002年1月第1版，320頁。

8. 史小軍，《復古與新變——明代文人心態史》，石家庄：河北教育出版社，2001年11月第1版，227頁。

9. 左東嶺，《王學與中晚明士人心態》，北京：人民文學出版社，2000年4月第1版，784頁。

10. 布丁，《文人情趣的智慧》，台北：新潮社文化事業有限公司，2005年5月初版，318頁。

11. 任仲倫，《遊山玩水——中國山水審美文化》，台北：地景企業股份有限公司，1993年6月初版，294頁。

12. 朱倩如，《明人的居家生活》，宜蘭：明史研究小組，2003年8月初版，

306 頁。
13. 李焯然，《明史散論》，台北：允晨文化實業股份有限公司，1987 年 10 月出版，220 頁。
14. 何平立，《崇山理念與中國文化》，濟南：齊魯書社，2001 年 1 月第 1 版，609 頁。
15. 吳小龍，《適性任情的審美人生——隱逸文化與休閑》，昆明：雲南人民出版社，2005 年 5 月第 1 版，331 頁。
16. 吳中杰主編，《中國古代審美文化論——第一卷：史論卷》，上海：上海古籍出版社，2003 年 8 月第 1 版，518 頁。
17. 吳兆路，《中國性靈文學思想研究》，台北：文津出版社，1995 年 1 月初版，233 頁。
18. 吳承學，《晚明小品研究》，南京：江蘇古籍出版社，1999 年 9 月第 1 版，474 頁。
19. 吳智和，《茶藝掌故》，宜蘭：著者出版，1985 年 5 月初版，199 頁。
20. 吳智和，《明清時代飲茶生活》，台北：博遠出版有限公司，1990 年 10 月初版，222 頁。
21. 吳智和，《明人飲茶生活文化》，宜蘭：明史研究小組，1996 年 7 月初版，268 頁。
22. 吳智和，《明人休閒生活文化》，宜蘭：明史研究小組，2009 年 10 月初版，272 頁。
23. 吳調公、王愷，《自在・自娱・自新・自懺——晚明文人心態》，蘇州：蘇州大學出版社，1998 年 9 月第 1 版，154 頁。
24. 杜書瀛，《李漁美學思想研究》，北京：中國社會科學出版社，1998 年 3 月第 1 版，334 頁。
25. 周志文，《晚明學術與知識分子論叢》，台北：大安出版社，1999 年 3 月第 1 版，260 頁。
26. 周明初，《晚明士人心態及文學個案》，北京：東方出版社，1997 年 8 月第 1 版，269 頁。
27. 周紀文，《中華審美文化通史・明清卷》，合肥：安徽教育出版社，2006 年 8 月第 1 版，327 頁。
28. 周群，《儒釋道與晚明文學思潮》，上海：上海書店出版社，2000 年 3 月第 1 版，358 頁。
29. 林利隆，《明人的舟遊生活——南方文人水上生活文化的開展》，宜蘭：明史研究小組，2005 年 10 月初版，298 頁。
30. 林語堂，《生活的藝術》，西安：陝西師範大學出版社，2006 年 2 月第 1

版，403 頁。
31. 范宜如、朱書萱，《風雅淵源——文人生活的美學》，台北：臺灣書店，1998 年 3 月初版，261 頁。
32. 夏咸淳，《情與理的碰撞：明代士林心史》，保定：河北大學出版社，2001 年 11 月第 1 版，360 頁。
33. 夏咸淳，《明代山水審美》，北京：人民出版社，2009 年 5 月第 1 版，頁 652。
34. 孫立群，《中國古代的士人生活》，北京：商務印書館，2003 年 12 月第 1 版，314 頁。
35. 孫適民、陳代湘，《中國隱逸文化》，長沙：湖南出版社，1997 年 5 月第 1 版，197 頁。
36. 展望之，《居室雅趣》，上海：上海古籍出版社，1991 年 12 月第 1 版，171 頁。
37. 徐華龍、王有鈞，《山與山神》，北京：學苑出版社，1994 年 10 月第 1 版，164 頁。
38. 高小康，《中國古代敘事觀念與意識形態》，北京：北京大學出版社，2005 年 9 月第 1 版，251 頁。
39. 常立，《看山》，濟南：山東畫報出版社，2004 年 1 月第 1 版，163 頁。
40. 張立偉，《歸去來兮：隱逸的文化透視》，北京：生活．讀書．新知三聯書店，1995 年 9 月第 1 版，270 頁。
41. 張仲謀，《兼濟與獨善——古代士大夫處世心理剖析》，北京：東方出版社，1998 年 2 月第 1 版，316 頁。
42. 張節末，《狂與逸》，北京：東方出版，1995 年第 1 版，157 頁。
43. 張嘉昕，《明人的旅遊生活》，宜蘭：明史研究小組，2004 年 8 月初版，231 頁。
44. 張德建，《明代山人文學研究》，長沙：湖南人民出版社，2005 年 1 月第 1 版，410 頁。
45. 曹明綱，《人境壺天——中國園林文化》，上海：上海古籍出版社，1994 年 12 月第 1 版，230 頁。
46. 曹淑娟，《晚明性靈小品研究》，台北：文津出版社，1988 年 7 月初版，356 頁。
47. 曹淑娟，《流變中的書寫——祁彪佳與寓山園林論述》，台北：里仁書局，2006 年 3 月初版，428 頁。
48. 莊華峰，《中國社會生活史》，合肥：合肥工業大學出版社，2003 年 11 月第 1 版，426 頁。

49. 許建平，《山情逸魂——中國隱士心態史》，北京：東方出版社，1999年6月第1版，396頁。

50. 郭英德、過常寶，《雅風美俗之明人奇情》，台北：雲龍出版社，1996年2月初版，230頁。

51. 郭英德，《中國古代文人集團與文學風貌》，北京：北京師範大學出版社，1998年11月第1版，238頁。

52. 陳少棠，《晚明小品論析》，台北：源流文化事業有限公司，1982年5月初版，178頁。

53. 陳水雲編著，《中國山水文化》，武漢：武漢大學出版社，2001年10月第1版，389頁。

54. 陳江，《明代中後期的江南社會與社會生活》，上海：上海社會科學院出版社，2006年4月第1版，405頁。

55. 陳冠至，《明代的江南藏書——五府藏書家的藏書活動與藏書生活》，宜蘭：明史研究小組，2006年10月初版，488頁。

56. 陳洪，《隱士錄——中國歷史上的隱士》，台南：笙易有限公司文化事業部，2002年6月初版，331頁。

57. 陳炳盛執行主編，《中國山川地圖》，台北：人類智庫股份有限公司，2007年1月初版，239頁。

58. 陳書良，《中國小品文史》，台北：桂冠圖書股份有限公司，2001年9月初版，265頁。

59. 陳登原，《國史舊聞》，台北：明文書局，1984年3月初版。

60. 陳萬益，《晚明小品與明季文人生活》，台北：大安出版社，1988年5月第1版，1997年10月第2版，197頁。

61. 陳寶良，《悄悄散去的幕紗——明代文化歷程新說》，西安：陝西人民教育出版社，1988年12月第1版，251頁。

62. 陳寶良，《中國的社與會》，杭州：浙江人民出版社，1996年3月第1版，478頁。

63. 陳寶良，《明代社會生活史》，北京：中國社會科學出版社，2004年3月第1版，669頁。

64. 游琪、劉錫誠主編，《山岳與象徵》，北京：商務印書館，2004年2月第1版，562頁。

65. 費振鐘，《墮落時代——明代文人的集體墮落》，台北：立緒文化事業有限公司，2002年5月初版，319頁。

66. 黃長美，《中國庭園與文人思想》，台北：明文書局股份有限公司，1985年4月初版，1988年4月3版，244頁。

67. 楊布生、彭定國，《中國書院文化》，台北：雲龍出版社，1997 年 12 月初版，359 頁。
68. 董天策，《仁智的樂趣——山水泉石》，台北：雙笛國際事務有限公司出版部，1998 年 2 月第 1 版，306 頁。
69. 詹怡娜，《明代的旅館事業》，宜蘭：明史研究小組，2004 年 8 月初版，283 頁。
70. 雷慶銳，《晚明文人思想探析：《型世言》評點與陸雲龍思想研究》，北京：中國社會科學出版社，2006 年 12 月第 1 版，283 頁。
71. 劉天華，《畫境文心——中國古典園林之美》，北京：生活．讀書．新知三聯書店，1994 年 10 月第 1 版，287 頁。
72. 蔣星煜，《中國隱士與中國文化》，上海：中華書局，1947 年 1 月再版，94 頁。
73. 錢杭、承載，《十七世紀江南社會生活》，杭州：浙江人民出版社，1996 年 3 月第 1 版，319 頁。
74. 戴嘉枋等，《雅文化——中國人的生活藝術世界》，鄭州：中州古籍出版社，1998 年 9 月第 1 版，810 頁。
75. 謝凝高編著，《中國的名山》，上海：上海教育出版社，1987 年 9 月第 1 版，390 頁。
76. 謝凝高，《山水審美：人與自然的交響曲》，台北：淑馨出版社，1992 年 9 月初版，105 頁。
77. 韓兆琦，《中國古代隱士》，台北：臺灣商務印書館股份有限公司，1998 年 12 月初版，182 頁。
78. 羅中峰，《中國傳統文人審美生活方式之研究》，台北：洪葉文化事業有限公司，2001 年 2 月初版，307 頁。
79. 羅宗強，《明代後期士人心態研究》，天津：南開大學出版社，2006 年 6 月第 1 版，544 頁。
80. 龔斌，《中國人的休閒》，台北：漢欣文化事業有限公司，1999 年 10 月初版，267 頁。
81. 龔鵬程，《晚明思潮》，台北：里仁書局，1994 年 11 月初版，454 頁。
82. 龔鵬程，《飲食男女生活美學》，台北：立緒文化事業有限公司，1998 年 9 月初版，283 頁。

（二）學位論文

1. 呂允在，《明人的讀書生活——知識階層生涯規劃的一個歷史側面》，台北：私立中國文化大學史學研究所博士論文，2008 年 6 月，276 頁。
2. 汪栢年，《元明之際江南的隱逸士人》，台北：國立臺灣師範大學歷史研究所碩士論文，1998 年 6 月，175 頁。

3. 林嘉琦，《晚明文人之觀物理念及其實踐——以陳繼儒《寶顏堂祕笈》爲主要觀察範疇》，台北：私立淡江大學中國文學研究所碩士論文，1995 年 6 月，236 頁。
4. 邵曼珣，《明代中期蘇州文人生活研究》，台北：私立東吳大學中國文學系博士論文，2001 年 6 月，313 頁。
5. 徐世珍，《張岱《夜航船》研究》，台北：國立政治大學中國文學研究所碩士論文，2002 年 6 月，247 頁。
6. 陳世忠，《王學末流的異端癥候——以李贄爲主的個案研究》，台北：私立淡江大學中國文學研究所碩士論文，1995 年 6 月，113 頁。
7. 黃明莉，《明代江南的遊觀文化與社會心態》，台北：國立台灣師範大學歷史學系碩士論文，2003 年 7 月，218 頁。
8. 黃雅雯，《袁中道溪遊生活研究——以《遊居柹錄》爲例》，台北：私立淡江大學中國文學研究所碩士論文，2004 年 6 月，163 頁。
9. 廖肇亨，《明末清初遺民逃禪之風研究》，台北：國立臺灣大學中國文學研究所碩士論文，1994 年 5 月，189 頁。
10. 蔡嘉麟，《明代的山林生態——北邊防區護林伐木失衡的歷史考察》，台北：私立中國文化大學史學研究所博士論文，2006 年 5 月，348 頁。
11. 鄭幸雅，《晚明清言研究》，嘉義：國立中正大學中國文學研究所博士論文，2000 年 6 月，429 頁。
12. 盧玟楣，《晚明文人自覺意識及其實踐之研究》，台北：私立淡江大學中國文學研究所碩士論文，1992 年 6 月，235 頁。
13. 蕭慧媛，《明代官員的乞休致仕——官場困局下求退告歸的時代現象》，台北：私立中國文化大學史學研究所博士論文，2004 年 12 月，331 頁。

（三）一般論文

1（日）金文京，〈晚明山人之活動及其來源〉，《中國典籍與文化》，1997 年 1 期，頁 37～42。

2（日）鈴木正，〈明代山人考〉，收入清水博士追悼紀念明代史論叢編纂委員會編，《清水博士追悼記念——明代史論叢》（東京：大安出版社，1962 年 6 月），頁 357～388。

3. 丁俊清，〈水與居住文化〉，《同濟大學學報》（人文社會科學版），5 卷 1 期，1994 年 5 月，頁 47～51。
4. 丁原基，〈明代遺民隱於僧者著述考〉，《東吳文史學報》，6 號，1988 年 1 月，頁 123～165。
5. 牛建強，〈明代山人群的生成所透射出的社會意義〉，《史學月刊》，1994

年2期，頁30～36。

6. 王永波、崔子慶，〈明初文人畫風意韻——初探王紱的藝術價值及意義〉，《內蒙古民族大學學報》，13卷3期，2007年5月，頁131～132。
7. 王克嬰，〈明代宗教對民間世俗生活影響之探析〉，《歷史教學》(高校版)，2007年6期，頁32～36。
8. 王建光，〈明代學子的心態及其價值取向的歸宿〉，《史學月刊》，1994年2期，頁37～40。
9. 王紅蕾，〈從憨山德清的交往看晚明叢林與士林的思想互動〉，《南開學報》(哲學社會科學版)，2007年3期，頁101～102。
10. 王毅，〈中國士大夫隱逸文化的興衰〉，《文藝研究》，1989年3期，頁55～64。
11. 王鴻泰，〈明清間士人的閒隱理念與生活情境的經營〉，《故宮學術季刊》，24卷3期，2007年3月，頁1～44。
12. 史小軍，〈論中晚明士商關係的轉變及士對商的人文關懷〉，《湖南商學院學報》(雙月刊)，14卷2期，2007年4月，頁104～106，114。
13. 田小豔，〈明代詩文家徐學謨與武當山〉，《鄖陽師範高等專科學校學報》，24卷1期，2004年2月，頁23～26。
14. 白文固，〈明中後期的居士佛教初探〉，《青海民族學院學報》(社會科學版)，33卷2期，2007年4月，頁20～25。
15. 白豔玲，〈明代中後期士階層對生存方式的探索〉，《內蒙古大學學報》(人文社會科學版)，32卷增刊，2000年6月，頁103～106。
16. 吳世偉、段仁斌，〈明代遊記興盛原因探析〉，《皖西學院學報》，21卷1期，2005年2月，頁55～58。
17. 吳功正，〈明代遊賞美學研究〉，《湖南師範大學社會科學學報》，35卷5期，2006年9月，頁34～38。
18. 吳宏一，〈中國古典文學中的居室建築〉，《中外文學》，8卷3期，1979年8月，頁104～111。
19. 吳承學，〈遺音與前奏——論晚明小品文的歷史地位〉，《江海學刊(雙月刊)》，1995年3期(總177期)，頁169～176。
20. 吳承學，〈論晚明清言〉，收入吳承學、李光摩編，《晚明文學思潮研究》(武漢：湖北教育出版社，2002年10月第1版)，頁332～350。
21. 吳承學、李光摩，〈晚明心態與晚明習氣〉，《文學遺產》，1997年6期，頁65～75。
22. 吳承學、李斌，〈隱逸與濟世——陳眉公與晚明的士風〉，《中國文化研究》，2005年春之卷，頁68～81。

23. 吳美鳳，〈明清文人閒情觀——事在耳目之內，思出風雲之表〉，《國立歷史博物館館刊（歷史文物）》，7 卷 9 期，1997 年 12 月，頁 18～23。

24. 吳家閣，〈飲茶與隱士〉，《農業考古．中國茶文化專號》，1997 年 4 期，頁 11～13。

25. 吳智和，〈明代僧家、文人對茶推廣之貢獻〉，收入吳智和，《明清時代飲茶生活》（台北：博遠出版有限公司，1990 年 10 月初版），頁 1～74。

26. 吳智和，〈明代文人集團的山寺茶會〉，《茶學》，1 卷 1 期，1990 年 10 月，頁 37～44。

27. 吳智和，〈文人茶的璀璨———茶寮．茶會．茶人三位一體〉，《臺北縣立文化中心季刊》，42 期，1994 年 9 月，頁 24～27。

28. 吳智和，〈晚明茶人集團的飲茶性靈生活〉，收入吳智和主編，《明史研究專刊》（宜蘭：明史研究小組，1994 年 12 月），11 期，頁 253～275。

29. 吳智和，〈明人居室生活流變〉，《華岡文科學報》，24 期，2001 年 3 月，頁 221～256。

30. 吳智和，〈明人山水休閒生活〉，《漢學研究》，20 卷 1 期，2002 年 6 月，頁 101～129。

31. 吳智和，〈明人習靜休閒生活〉，《華岡文科學報》，25 期，2002 年 3 月，頁 145～193。

32. 吳調公，〈晚明文人的「自娛」心態與其時代折光〉，《社會科學戰線．中國古代文論》，1991 年 2 期，頁 250～260。

33. 吳璧雍，〈人與社會——文人生命的二重奏：仕與隱〉，收入蔡英俊主編，《中國文化新論．文學篇一．抒情的境界》（台北：聯經出版事業公司，1982 年 9 月初版），頁 161～201。

34. 呂興昌，〈人與自然〉，收入蔡英俊主編，《中國文化新論．文學篇一．抒情的境界》（台北：聯經出版事業公司，1982 年 9 月初版），頁 111～160。

35. 宋后楣，〈明初畫家王紱的隱居與竹茶爐創製年代〉，《故宮學術季刊》，2 卷 3 期，1985 年春季，頁 13～27。

36. 李明宗，〈晚明文人的休閒生活及其反映的時代意義〉，收入《休閒．觀光．遊憩論文集》（台北：地景企業股份有限公司，2003 年 10 月修訂 1 版），頁 290～298。

37. 李俊杰，〈晚明社會變遷與士人休閒活動之探究——以江南地區爲例〉，《國立台中技術學院學報》，2 期，2001 年 6 月，頁 19～24。

38. 李國安，〈古代士人休閒生活的寫眞集——行樂圖〉，《歷史月刊》，38 期，1991 年 3 月，頁 4～9。

39. 李硯祖，〈環境藝術設計：一種生活的藝術觀——明清環境藝術設計與陳設思想簡論〉，《文藝研究》，1998 年 6 期，頁 129～136。

40. 李斌，〈晚明「山人」與晚明士風——以陳眉公爲主線〉，《學術月刊》，38 卷 6 月號，2006 年 6 月，頁 142～147。

41. 李聖華，〈晚明山人與山人詩〉，《西北師大學報》（社會科學版），39 卷 4 期，2002 年 7 月，頁 77～82。

42. 李瑄，〈豪傑：明遺民群體的人格理想〉，《浙江學刊》，2007 年 5 期，頁 98～106。

43. 咚咚，〈山居閑適品茗香——唐寅《事茗圖》〉，《中外食品》，2007 年 2 期，頁 44～45。

44. 周志文，〈眞情與享樂——論晚明小品的兩個主題〉，《中華學苑》，48 期，1996 年 7 月，頁 65～78。

45. 周志斌，〈論晚明商潮中的儒士〉，《長白論叢（長春）》，1994 年 2 期，頁 68～74；收入中國人民大學複印報刊資料《經濟史》，1994 年 3 期，頁 67～73。

46. 周明初，〈袁宏道：適意與避世〉，《中國文學研究》，1997 年 1 期，頁 50～56。

47. 周榮，〈明代致仕官員的食俸與養老〉，《武漢大學學報》（人文科學版），59 卷 1 期，2006 年 1 月，頁 62～68。

48. 周質平，〈袁宏道的山水癖及其遊記〉，收入吳承學、李光摩編，《晚明文學思潮研究》（武漢：湖北教育出版社，2002 年 10 月第 1 版），頁 419～429。

49. 周積明，〈中國文人居舍的美學追求〉，《中南民族學院學報》（哲學社會科學版），4 期，1993 年 7 月，頁 59～64。

50. 孟彭興，〈16、17 世紀江南社會之丕變及文人反應〉，《史林（滬）》，1998 年 2 期，頁 34～43；收入中國人民大學複印報刊資料《明清史》，1998 年 5 期，頁 24～33。

51. 林宜蓉，〈晚明文藝社會「山人崇拜」之研究〉，《國立臺灣師範大學國文研究所集刊》，39 號，1995 年 6 月，頁 633～747。

52. 林宜蓉，〈理想的頓挫與現世的抉擇——陳洪綬「狂士畫家」生命型態之開展〉，《中國學術年刊》，20 期，1999 年 3 月，頁 295～334。

53. 林素玟，〈晚明「賞鑑」的審美意識〉，收入淡江大學中國文學研究所主編，《文學與美學》5 集（台北：文史哲出版社，1995 年 9 月初版），頁 225～253。

54. 祁偉、周裕鍇，〈從禪意的「雲」到禪意「屋」——禪宗山居詩中兩個意象的分析〉，《文學遺產》，2007 年 3 期，頁 91～96。

55. 邵曼珣，〈明代中期蘇州文人尚趣之研究〉，《古典文學》，12 期，1992 年 10 月，頁 177～199。

56. 邵曼珣，〈明代中期蘇州園林空間的書寫——文人生命情境的投射〉，收入元培科學技術學院國文組主編，《生命的書寫——第二屆主題文學學術研討會論文集》（台北：萬卷樓圖書股份有限公司，2003 年 8 月初版），頁 247～294。

57. 邱曉平、胡璟，〈明中葉吳中文人的才士風度形成探析〉，《北京科技大學學報》（社會科學版），23 卷 2 期，2007 年 6 月，頁 96～101。

58. 施昌東，〈山水何以美〉，收入伍蠡甫編，《山水與美學》（台北：丹青圖書有限公司，1987 年 1 月台 1 版），頁 49～54。

59. 胡建次，〈趣：中國古代文論的核心範疇〉，《南昌大學學報》（人文社會科學版），36 卷 3 期，2005 年 5 月，頁 111～116。

60. 夏金華，〈明末封建士大夫逃禪原因初探〉，《學術月刊》，1998 年 2 期，頁 69～79。

61. 夏咸淳，〈論明代徐霞客現象〉，《上海社會科學院學術季刊》，1995 年 3 期，頁 168～175。

62. 夏咸淳，〈明人山水趣尚〉，《學術月刊》，1997 年 4 期，頁 43～49，72。

63. 徐林，〈明中後期狂士的社會交往生活與江南士林風氣〉，《北方論叢》，2004 年 2 期，頁 70～73。

64. 徐林，〈明代中後期隱士與山人之文化透析〉，《西南師範大學學報》（人文社會科學版），30 卷 4 期，2004 年 7 月，頁 137～141。

65. 徐波，〈從「仕」與「隱」看歷史上知識分子的價值實現與阻斷〉，《歷史月刊》，99 期，1996 年 4 月，頁 37～42。

66. 耿湘沅，〈眉公《巖棲幽事》所反映之處世態度〉，《中華學苑》，48 期，1996 年 7 月，頁 1～18。

67. 張立偉，〈隱逸文化積極因素的消解〉，《社會科學研究》，1994 年 2 期，頁 121～126，99。

68. 張和平，〈晚明社會的經濟與人文〉，《中國社會經濟史研究》，1993 年 1 期，頁 39～46。

69. 張忠良，〈晚明小品文作家的思想及其生活〉，《台南家專學報》，14 期，1995 年 6 月，頁 17～24。

70. 張輔麟，〈晚明文化思潮述略〉，收入吳智和主編，《明史研究專刊》（宜蘭：明史研究小組，1994 年 12 月），11 期，頁 131～148。

71. 張德建，〈明代山人群體的生成演變及其文化意義〉，《中國文化研究》，2003 年夏之卷，頁 80～90。

72. 張德健，〈隱逸圖景的建構與演變——論山人的隱逸詩〉，《學術界》（雙月刊），2006 年 1 期，頁 188～197。

73. 張德建，〈明代隱逸思想的變遷〉，《中國文化研究》，2007 年秋之卷，頁

19～35。

74. 張璉，〈偕我同志——論晚明知識分子自覺意識中的群己觀〉，《中國文化》，2002 年 19、20 期，頁 255～264。
75. 張靜秋，〈晚明山人的文化風貌及文化建構〉，《安慶師範學院學報》（社會科學版），21 卷 4 期，2002 年 7 月，頁 41～44。
76. 曹淑娟，〈晚明文人的休閒理念及其實踐〉，《户外遊憩研究》，4 卷 3 期，1991 年 9 月，頁 35～63。
77. 曹淑娟，〈從清言看晚明士人主體自由之追尋與呈顯〉，收入淡江大學中國文學研究所主編，《文學與美學》2 集（台北：文史哲出版社，1991 年 10 月初版），頁 253～277。
78. 陳平原，〈晚明小品論略〉，收入吳承學、李光摩編，《晚明文學思潮研究》（武漢：湖北教育出版社，2002 年 10 月第 1 版），頁 303～313。
79. 陳江，〈退隱與抗憤——晚明江南士人的生存困境及其應對〉，《史林》，2007 年 4 期，頁 99～108。
80. 陳建華，〈論晚明思潮——一個反儒文化斷層〉，《復旦學報》（社會科學版），1986 年 3 期，頁 77～83。
81. 陳香，〈藏書家列傳（三）——彙介歷來的藏書家及私人書目〉，《書評書目》，30 期，1975 年 10 月，頁 113～117。
82. 陳憲猷，〈素琴本無弦——論陳白沙的主靜說〉，《華南師範大學學報》（社會科學版），6 期，2002 年 12 月，頁 74～79。
83. 陳澤修，〈中國建築中文人生活的趣觀〉，《逢甲建築》，21 期，1984 年 6 月，頁 45～50。
84. 陳靜秋，〈論晚明大山人陳繼儒的文化性格及其形成原因〉，《中國文化月刊》，248 期，2000 年 11 月，頁 50～68。
85. 陳寶良，〈論晚明的士大夫〉，《齊魯學刊（曲阜）》，1991 年 2 期，頁 58～62，86；收入中國人民大學複印報刊資料《明清史》，1991 年 6 期，頁 17～22。
86. 陳寶良，〈晚明生員的棄巾之風及其山人化〉，《史學集刊》，2 期，2000 年 5 月，頁 34～39。
87. 陳寶良，〈晚明社會生活的新動向〉，《福建論壇》（人文社會科學版），2004 年 9 期，頁 42～49。
88. 陳寶良，〈從旅遊觀念看明代文人士大夫的閑暇生活〉，《西南師範大學學報》（人文社會科學版），32 卷 2 期，2006 年 3 月，頁 45～50。
89. 陳寶良，〈明代的宗教旅遊〉，《中州學刊》，2006 年 5 期，頁 199～203。
90. 陶建平，〈明代謫官的典型心態與作爲述論〉，《中南民族學院學報》（哲學社會科學版），1994 年 5 期，頁 66～70。

91. 華建新，〈黃宗義與化安山詩情——「山居詩」審美透視〉，《電大教學》，2000 年 6 期，頁 24～27。

92. 覃瑞南，〈從《長物志》管窺明代文人的居室美學〉，《台南女子技術學院學報》，17 期，1998 年 6 月，頁 289～300。

93. 黃卓越，〈明正嘉年間山人文學及社會旨趣的變遷〉，《文學評論》，2003 年 5 期，頁 54～64。

94. 黃明理，〈「晚明文人」型態之研究〉，《國立臺灣師範大學國文研究所集刊》，34 號，1990 年 6 月，頁 943～1059。

95. 黃桂蘭，〈晚明文士風尚〉，《東南學報》，15 期，1992 年 12 月，頁 139～158。

96. 黃桂蘭，〈論張岱小品文的雅趣與諧趣〉，收入中國明代研究學會主編，《明人文集與明代研究》（台北：中國明代研究學會，2001 年 12 月初版），頁 271～288。

97. 楊麗麗，〈龔賢《山水冊》〉，《文物》，1997 年 4 期，頁 62～71。

98. 廖玉蕙，〈晚明小品中的遊記、傳記與日記〉，《中正嶺學術研究集刊》，4 集，1985 年 6 月，頁 55～72。

99. 蓋瑞忠，〈元明時期的園林建築研究〉，《嘉義師院學報》，5 期，1991 年 11 月，頁 409～449。

100. 趙映林，〈中國古代的隱士與隱逸文化〉，《歷史月刊》，99 期，1996 年 4 月，頁 31～36。

101. 趙軼峰，〈山人與晚明社會〉，《東北師大學報》（哲學社會科學版），2001 年 1 期，頁 8～16。

102. 趙園，〈遊走與播遷——關於明清之際一種文化現象的分析〉，《東南學術》，2003 年 2 期，頁 4～18。

103. 劉春玲，〈論晚明士大夫的狂狷之風〉，《江漢論壇》，2005 年 4 期，頁 89～93。

104. 劉紀曜，〈仕與隱——傳統中國政治文化的兩極〉，收入黃俊傑主編，《中國文化新論・思想篇一・理想與現實》（台北：聯經出版事業公司，1982 年 10 月初版），頁 291～343。

105. 劉康德，〈從明儒的「號」：山、水、川、谷看「心性之學」〉，《復旦學報》（社會科學版），1998 年 3 期，頁 41～46。

106. 劉曉東，〈晚明科場風變與士人科舉心態的演變〉，《求是學刊》，34 卷 5 期，2007 年 9 月，頁 130～136。

107. 滕新才，〈明朝中後期旅遊熱初探〉，《北方論叢》，1997 年 3 期（總 143 期），頁 17～21。

108. 滕新才，〈明朝中後期旅遊文化論〉，收入《且寄道心與明月：明代人物風俗考證》（北京：中國社會科學出版社，2003 年 6 月第 1 版），頁 205～222。

109. 蔣玉斌、楊欣，〈明代中晚期小說與士人的慕俗心態〉，《中國文學研究》，2006 年 2 期，頁 63～67。

110. 鄭威，〈試析明代後期士人旅行家王思任的旅遊觀〉，《中南民族大學學報》（人文社會科學版），2003 年 23 卷，頁 254～255。

111. 樸人，〈詩人之居〉，收入《詩人生活》（台北：臺灣學生書局，1971 年 4 月初版），頁 57～69。

112. 錢穆，〈中國古代山居考〉，《新亞書院學術年刊》，5 期，1963 年 9 月，頁 1～43。

113. 謝景芳，〈明代仕途蹭蹬下的文人心態——「洪朝選案」的時代思考〉，收入吳智和主編，《洪芳洲研究論集》（台北：洪芳洲研究會，1998 年 6 月初版），頁 387～409。

114. 謝景芳，〈理論的崩潰與理想的幻滅——明代中後期的仕風與士風〉，《學習與探索》，1998 年 1 期，頁 124～131。

115. 藍東興，〈歸隱：晚明士大夫的政治退避與個性張揚〉，《貴州社會科學》，2002 年 5 期，頁 93～96。

116. 魏向東，〈時間禁忌與旅遊空間——晚明旅遊時間分析與研究〉，《江蘇社會科學》，2007 年 3 期，頁 174～179。

117. 羅宗強，〈社會環境與明代後期士人之心態走向〉，《粵海風》，2006 年 3 期，頁 4～8。

118. 羅筠筠，〈明人審美風尚概觀〉，《明史研究》，1993 年 4 期，頁 167～178。

119. 羅筠筠，〈禪悅士風與晚明小品〉，《文學評論》，2001 年 1 期，頁 123～130。

120. 龔鵬程，〈遊人記遊：論晚明小品遊記〉，《中華學苑》，48 期，1996 年 7 月，頁 39～56。

121. 龔鵬程，〈由菜根譚看晚明小品的基本性質〉，收入吳承學、李光摩編，《晚明文學思潮研究》（武漢：湖北教育出版社，2002 年 10 月第 1 版），頁 430～463。

三、工具書

1. 中文大辭典編纂委員會，《中文大辭典》，台北：中國文化大學出版部，1973 年 10 月初版，1993 年 10 月 9 版，17244 頁。

2. 中國社會科學院歷史研究所明史研究室編，《中國近八十年明史論著目錄》，鎮江：江蘇人民出版社，1981 年 2 月初版，449 頁。

3. 中國學術期刊電子雜誌社等，《中國學術期刊全文數據庫》，北京：中國學術期刊電子雜誌社，1915 年 1 月～至今。

4. 中華文化復興運動推行委員會四庫全書索引編纂小組主編，《四庫全書文集篇目分類索引》（雜文之部），台北：臺灣商務印書館，1989 年 2 月初版，993 頁。
5. 文偶初主編，《中國名山事典》，北京：中國國際廣播出版社，1997 年 7 月第 1 版。
6. 王重民，《中國善本書提要》，台北：明文書局，1984 年 12 月初版，707 頁。
7. 四庫全書存目叢書編纂委員會，《四庫全書存目叢書·目錄索引》，台南：莊嚴文化事業有限公司，1997 年 10 月初版 1 刷，571 頁。
8. 四庫禁燬書叢刊編纂委員會編，《四庫禁燬書叢刊·目錄索引》，北京：北京出版社，2000 年 1 月 1 版，239 頁。
9. 吳智和，《中國史研究指南 VI·明史》，台北：聯經出版事業公司，1990 年 5 月初版，頁 3～74。
10. 吳智和，〈民國以來的明代史料整理與研究〉，《中華民國史專題論文集第四屆討論會》（台北：國史館，1998 年 12 月初版），頁 785～814。
11. 李小林、李晟文，《明史研究備覽》，天津：天津教育出版社，1988 年 2 月 1 版 1 刷，494 頁。
12. 沈乾一編，《叢書書目彙編》，上海：上海醫學書局印行，1928 年正月初版，600 頁，文海出版社印行版。
13. 周駿富，《明代傳記叢刊索引》，台北：明文書局，1991 年 10 月初版，1249 頁。
14. 柏陽，《中國歷史年表》（上、下冊），台北：躍昇文化事業有限公司，1994 年元月初版，1365 頁。
15. 國立中央圖書館，《明人傳記資料索引》，台北：國立中央圖書館，1978 年元月再版，1171 頁。
16. 國立中央圖書館特藏組，《國立中央圖書館善本書目》，台北：國立中央圖書館，1986 年 12 月增訂 2 版，1887 頁。
17. 國立故宮博物院編輯委員會，《故宮書畫圖錄》（五），台北：國立故宮博物院，1990 年 6 月初版，378 頁。
18. 國立故宮博物院編輯委員會，《故宮書畫圖錄》（六），台北：國立故宮博物院，1991 年 9 月初版，360 頁。
19. 國立故宮博物院編輯委員會，《故宮書畫圖錄》（七），台北：國立故宮博物院，1991 年 11 月初版，356 頁。
20. 國立故宮博物院編輯委員會，《故宮書畫圖錄》（八），台北：國立故宮博物院，1991 年 12 月初版，388 頁。

21. 國立故宮博物院編輯委員會，《故宮書畫圖錄》（九），台北：國立故宮博物院，1991 年 3 月初版，356 頁。

22. 國家圖書館古籍組、北京圖書館出版社編，《北京圖書館古籍珍本叢刊目錄》（含索引），北京：北京圖書館出版社，2000 年 2 月初版，70 頁。

23. 新興書局編者，《筆記小說大觀叢刊索引》（附：筆畫檢字），台北：新興書局，1981 年 12 月初版，368 頁。

24. 漢學研究中心資料組，《漢學研究中心景照海外佚存古籍書目初編》，台北：漢學研究中心，1990 年 3 月初版，62 頁。

25. 臺灣商務印書館編審會編，《景印文淵閣四庫全書目錄》（含索引），台北：臺灣商務印書館，1986 年 7 月出版，856 頁。

26. 劉復、李家瑞，《宋元以來俗字譜》，台北：中央研究院歷史語言研究所發行，1930 年 2 月初版，1992 年 12 月景印 1 版，137 頁。

27. 魏嵩山主編，《中國歷史地名大辭典》，廣州：廣東教育出版社，1995 年 1 版，1359 頁。

28. 藝文印書館主編，《百部叢書集成分類目錄》（四冊），四卷，台北：藝文印書館，1971 年 10 月編印。